고신역사 아카이브
고신교회 정신사 연구 I

고신교회 정신사 연구 I

초판1쇄 인쇄	2025년 10월 1일
초판1쇄 발행	2025년 10월 13일
지은이	나삼진
펴낸이	이기룡
발행처	생명의 양식
등록번호	서울 제22-1471호(1998년 12월 11일)
주소	06593 서울시 서초구 고무래로 10-5(반포동)
전화	02-533-2182
팩스	02-533-2185
홈페이지	www.edpck.org
디자인	CROSS765
ISBN	979-11-6166-305-0 (03230)

책값은 뒤표지에 있습니다.
이 책은 저작권법에 의해 보호를 받는 출판물입니다.
기록된 형태의 출판사의 허락이 없이는 무단 전재와 복제를 금합니다.

광복 80주년 교회쇄신운동 80주년 기념

고신교회 정신사 연구 I

나삼진 지음

추천의 글
고신의 역사와 인물, 신앙과 신학을 보여주는 소중한 기록

　　나삼진 박사의 《고신교회 정신사 연구》라는 역저의 출판을 축하드립니다. 이 책 출판을 보면서 뒤돌아보니 나박사는 오랜 기간 동안 고신 울타리에서 사랑과 우의를 나눈 나의 동료이자 친구였고, 후배이자 제자였습니다. 하나님의 교회와 우리가 속한 고신교회(교단)을 위한 동일한 목적과 목표로 교회, 역사, 신학을 위해 함께 연구하고 강연하고 책을 출판했으니 동료였고, 세상 사는 이야기를 나누며 허심탄회하게 우의를 나누었으니 마음의 친구였습니다. 그런가 하면 그는 나의 후배이기도 합니다. 고신대학 신학과도 동문이지만 고려신학대학원도 그러합니다. 내가 신대원 34회인데 나박사는 40회이니 나의 후배라고 할 수 있습니다.

　　나는 1982년 고신대학교에 임용된 이래 대학 영어, 신약개론, 영문 신학 강독, 한국교회사, 그리고 역사신학을 강의했고, 나박사는 내가 담당했던 몇 강좌를 수강했으니 제자라고 할 수 있으나, 나는 솔직히 나박사를 제자라고 부르기에는 저 스스로가 미흡하고 부끄러울 뿐입니다. 나박사는 내가 초빙된 대학에 초기 신학도였고, 그가 수강한 강좌가 많지 않았기 때문입니다. 그럼에도 불구하고 자신을 이상규의 제자라고 말하고 있으니 고마울 뿐입니다. 그래서 나삼진 박사는 나의 친구이자 동료였고, 후배이자 제자로 50년을 살아왔고, 그와 나는 근린지교의 세월은 소중한 기억으로 남아 있습니다.

나삼진 박사는 늘 나에게 소중한 존재였습니다. 내가 처음 출판한 책이 《성경 연구 입문》이라는 책인데, 이 책을 집필하도록 요청하고, 아담한 단행본으로 제작해 준 이가 나삼진 박사였습니다. 1980년대 한국교회와 기관에서 성경공부가 강조되고 성경연구운동이 전개되고 있었으나 마땅한 지침서가 없었습니다. 이런 현실을 감안하여 총회교육위원회가 교사통신대학을 개교하면서 교재로 성경공부 지침서를 발행하기로 하고, 총회교육위원회 간사였던 나박사는 나에게 집필을 의뢰했던 것입니다. 이 책은 두 차례 판을 달리하면서 개정판 《성경을 어떻게 공부할 것인가》까지 3판 출판에 각 책이 격년에 한 차례씩 2007년까지 22년 동안 11쇄 이상 출판되는 인기를 누렸습니다. 지금 생각해보면 보잘것없는 책자이지만 첫 저서의 출판은 큰 기쁨이었고, 교사통신대학 교수로서 각 지역을 다니며 많은 독자까지 만나게 되었으니, 나박사가 베풀어 준 좋은 선물이었습니다. 그후에도 그는 나에게 그가 관계하던 〈교회와 교육〉지 등에 원고를 쓰게 하고 각종 모임에 강연을 하게 하는 등 저의 학문여정에 영향을 끼쳤고, 나를 이끌어 주었습니다. 내가 쓴 글이나 논문에 대해서도 의견을 제시하고 이견을 말한 적도 있었지만, 그는 나의 수학의 여정에 선한 동료였습니다.

뒤돌아보면 나삼진 박사는 신앙인격이나 인품이 훌륭한 인격자입니다. 저는 그가 남과 다투거나 불화하는 것을 본 적이 없고, 온화하고 평화로운 성격의 소유자였습니다. 균형잡힌 사고와 심리적인 평정을 누리는 그리스도인이었습니다. 그래서 그의 마음(mind)은 중세 수도사들이 누렸던 아파테이아(apatheia)의 상태라고 할 수 있는데, 사랑, 자비, 배려, 베풂 등이 그가 추구해 온 소중한 가치였습니다. 히브리어의 헤세드, 라틴어의 카리타스(caritas), 그리고 영어의 패시피즘(pacifism) 같은 단어가 그의 인격에 대한 적실한 단어라는 생각이 듭니다.

이번에 출간하는 이 책은 고신교회 역사에 대한 그의 오랜 연구를 집대성한 문집이란 점에서 저와의 사적인 관계와 옆에서 본 인간 나삼진의 일면을 소개했는데, 이제 이 책에 대한 의견을 더하고자 합니다. 나삼진 박사의 이 책은 제목이 암시하는 바처럼 고신교회의 역사와 전통, 신앙과 신학을 역사, 인물, 제도를 통해 관찰하면서 고신교회 70여 년의 역사 속에 드러난 이념 혹은 정신이 어떠한가를 추적한 작품입니다.

그는 우리 고신교회의 교육과정, 교육정책을 관장하고, 각종 교재를 개발하는 등 교육학자로서 기여하였을 뿐만 아니라, 우리 교단(나는 '고신교회'라는 표현을 선호하지만) 역사에도 깊은 식견과 통찰력을 가진 역사학자입니다. 그는 지난 10여 년 동안 세 차례 《하나님의 주권을 이 땅 위에: 학생신앙운동사》(2013), 《대한예수교장로회(고신) 교회교육 역사》(2016). 《대한예수교장로회 고신총회 70년사》(2022)의 공저자로 함께 작업한 일이 있고, 내가 엮은 《송상석과 그의 시대》(2021)와 《이약신과 그의 시대》(2022)에 수준 높은 논문을 기고하여 그의 역량을 잘 알고 있습니다. 이 책을 보면 교단 역사에 대한 그는 깊은 식견과 실력을 확인할 수 있습니다.

이 책은 고신의 역사와 인물, 신앙과 신학이 어떠한가를 보여주는 소중한 기록이라고 생각합니다. 그래서 저의 연구를 뛰어넘는 결실이라고 확신합니다. 그래서 이 책은 심군식과 허순길의 연구를 이어 (감히 이상규도 고신역사 연구에 다소 기여했다고 본다면) 이상규를 거쳐 고신교회사 연구의 새로운 단계로의 진입을 보여주는 연구라고 생각합니다. 이 책은 많은 1차 사료들을 사용하는 실증적인 연구이지만, 단순히 실증적인 역사 연구라기보다는 고신교회를 사랑하는 저자의 애정이 드러난 저술이라는 점에서 사랑의 결실(accomplishment of love)이라고 생각합니다. 이런 점에서 저는 이 책을 충심으로 추천합니다.

2025. 7. 25.

이상규 교수

전 고신대학교 교수, 현 백석대학교 석좌교수

머리말

　일본제국주의의 침탈로 우리나라가 36년 동안 깊은 어둠에 갇혔다가 다시 빛을 찾고 광복이 된 지 80년이 되었습니다. 일제강점기와 광복 당시의 우리나라는 세계에서 가장 가난한 나라들 중에 하나였고, 광복 후 바로 동족상잔의 비극을 겪고 회생할 수 없는 상태였지만, 그동안 하나님께서 큰 은혜를 베푸셨습니다. 근면하고 성실한 민족성에 기독교 복음을 받아들이면서 우리나라는 그동안 산업화와 민주화를 함께 이루고 이제 선진국이 되었습니다. 우리나라는 산업은 물론 최근 음악, 문학, 영화, 예술 등 여러 분야에서 세계 선도국가가 되고 있습니다. 이것은 우리 민족의 흥과 오랫동안 갈고 닦은 인문학적 전통이 꽃피고 열매 맺는 것이라 할 것입니다.

　광복 80년의 역사는 광복 후 한국교회에서 일어난 교회쇄신운동 80년 역사와 크게 다르지 않습니다. 그동안 필자는 총회교육원에서 28년 6개월 동안 사역하면서 고신교회의 역사와 신앙과 정신을 전국화시키고 세계화시키고자 했으며, 부산경남지방 일우에 머물던 우리의 정신을 대중화시키고 현대화 시키는 일에 노력을 기울였습니다. 그리하여 한국교회 교육 분야에서 큰 성과를 얻었습니다. 필자는 그동안 한국교회사 연구자로서 고신교회의 역사와 정신을 탐구(探究)해 왔는데, 광복 80년, 교회쇄신운동 80년을 맞이하여 《고신교회 정신사 연구》이라는 책을 펴냅니다. 여기에 실린 논문들은 필자가 지난 10년 동안 탐구해 온 '고신교단 정신사 서설'이라고 할 수 있을 것입니다.

필자는 하나님이 일하시는 역사의 무대를 살피면서 한국교회 교육과 함께 교회역사를 공부하고 오랫동안 깊은 관심을 가지고 논구해 왔습니다. 고신교회 70주년을 맞아 대한예수교장로회(고신)의 통사를 발간할 때 집필위원으로서 11개의 소논문을 집필하였습니다. 또 고신총회에 속한 전국적인 기구인 총회교육원, 전국SFC, 전국주일학교연합회 역사를 집필하였고, 서문로교회 60년사를 비롯한 교회 역사, 학생신앙운동과 총회교육원 등 기관의 역사를 집필한 바 있습니다. 이런 작업을 하는 동안 저의 한결같은 관심은 고신교회의 역사와 정신 세계였습니다. 그리하여 지난 10년 동안 고신교회 창립기의 중요한 인물들을 깊이 탐구해 왔습니다. 이러한 긴 노력이 이 책으로 결실을 맺게 되었습니다.

이러한 인물들을 연구하기 위해 〈파수군〉, 〈개혁주의〉, 〈고신대학보〉, 〈개혁신앙〉, 〈고신대신문〉, 〈월간 고신〉, 〈기독교보〉 등 고신교회의 역대 정기간행물들을 일일이 살피고, 고신교회가 형성기부터 바른 신앙과 바른 교회를 세워 가고자 했던 제반 노력을 놓치지 않으려고 노력했습니다.

이 책은 모두 세 부로 구성되어 있습니다. 제1부는 한국교회와 광복후 교회쇄신운동의 배경으로 먼저 한국교회의 역사적 흐름을 개관하였고, 한상동 목사의 신사참배 반대운동을 정리했습니다. 그리고 신사참배 반대운동을 전개했던 인물들이 투옥된 후 한국장로교회의 신사참배 결의와 1940년대 부일과 배교가 어떻게 심각하게 이루어졌는가를 다루었으며, 광복 후 교회재건운동과 교회쇄신운동과 친일청산의 문제를 정리했습니다.

제2부는 인물로 본 교회쇄신운동 역사 혹은 고신교회의 정신사라 할 수 있습니다. 고신교회의 설립자들(founding fathers)인 한상동, 주남선, 박윤선, 한부선, 손양원, 이약신, 송상석, 한명동, 박손혁 등의 인물을 탐구하였고, 그들의 연표도 새롭게 정리했습니다. 이들은 대부분 신학자들이거나 목회자들이지만, 자신의 분야에서 특별한 전문성을 확보한 장기려 박사도 포함했습니다. 그는 신앙적인 면에서는 차이도 적지 않지만, 작은자를 향한 그의 절대 사랑은 고신교회의 울타리 안에서 복음병원을 통해 면면이 흘러내려오고 있다는 점에서 주목했습니다.

제3부에서는 고신교회의 정신과 영성을 정리하였습니다. 먼저 고신교회에서 역사 연구와 출판이 어떻게 이루어졌는가를 살폈습니다. 그리고 고신교회의 영성 형성의 네 기둥, 〈파수군〉에 나타난 고신교회 초기의 신앙과 정신, 그리고 교회쇄신운동과 고신교회의 정신사에 비추어 본 21세기 고신교회의 과제를 제시하였습니다. 이러한 논구는 광복 80주년을 맞아 교회쇄신운동의 역사를 정리하면서 찾은 고신교회 정신사입니다.

이 책은 2부작으로 출판됩니다. 이 책과 별도로 출간되는 제2부작에서는 고신교회 설립자들의 신앙과 경건과 영성을 이어받아 다음 세대로 계승한 이들의 모습과 사상과 정신을 함께 논구했습니다. 고려신학교가 고려신학대학과 고신대학교로 발전하는 가운데 개혁주의 신학을 책임졌던 '동방박사 세 사람' 홍반식, 이근삼, 오병세 박사와 그들의 친구로서 선교에 헌신하여 한국 교회 선교의 탁월성을 드러내고 타이완의 개혁주의 교회를 건설한 김영진 선교사, 고신교회 제2세대 신학자 허순길과 김병원 박사, 그리고 대표목회자로 교회쇄신운동을 이선에서 이끌었던 황철도, 이인재, 윤봉기, 남영환 등과 다음 세대 목회자들인 김주오, 최해일, 박종수, 심군식 목사와 김경래, 박재석 장로의 생애와 사상, 신앙과 경건을 함께 정리하였습니다. 교회쇄신운동과정에 평신도들과 여성도들도 포함했습니다.

두 권의 책에 등장하는 28인의 지도자들은 교회쇄신운동의 시작부터 고신교회의 설립자들과 제2세대 지도자들로 광복 후부터 시작하여 새천년이 열릴 때까지 고신교회와 한국교회를 위해 중요한 역할을 한 분들입니다. 각 인물들은 신학자로서, 목회자로서, 문필가로서, 평신도로서 자신에게 주어진 은사를 따라 하나님 나라를 위해 특별한 봉사를 하였습니다. 우리는 이 책을 통해 각기 다른 삶과 신앙, 그리고 경건과 영성으로 고신교회 역사와 정신에 더욱 아름다운 색깔을 내고 있음을 알 수 있습니다.

이 책의 출판을 기꺼이 맡아주신 도서출판 생명의 양식 이기룡 원장과 출판의 실무를 담당해 준 김은덕 출판실장과 동역자들에게 감사를 표합니다. 이 생명의 양식 출판사역은 제가 총회교육원에 사역하던 시절 시작했는데 그동안 뿌리가 내리고 아름다운 꽃을 피우고 소담한 열매를 맺는 든든한 나무가 되었으니 함께 기뻐할 일입니다. 그 무엇보다도 여러 가지로 부족한 소품임에도 불구하고 과분한 추천의 글을 주신 존경하는 이상규 교수님께 깊은 감사를 드립니다. 더욱 연구에 힘쓰라는 격려로 받아들입니다.

우리가 사는 사회는 이전과는 차원이 다른 다원주의 사회입니다. 각기 다른 생각을 하며 다른 삶을 살아가는 사람들이 서로 이해하고 관용하고 각기 아름다운 삶을 살아가야 합니다. 이런 시대에 고신교회가 가지고 있는 아름다운 역사와 정신을 새롭게 새겨야 합니다. 이 시대의 정신과 같이 우리 그리스도인들도 우리의 역사나 정신에 대해 깊이 있는 관심을 보이지 못하고 있습니다. 다원주의 사회에서는 우리가 가진 전통과 터전이 어떠한가를 배우고 바로 알아야 든든히 설 수 있습니다. 광복 80주년, 교회쇄신운동 80주년 기념도서로 출간되는 이 책이 다원주의 사회에서 우리의 모습을 잃지 않고, 다음 세대에도 아름답게 계승해 갈 수 있기를 기대합니다.

2025년 8월 15일
나삼진

목차

추천의 글: 이상규 교수 **5**

머리말 **9**

제1부 교회쇄신운동의 배경

한국교회의 역사적 흐름 **19**

일제의 신사참배 강요와 한국교회의 대응 **45**

한상동 목사의 조직적인 신사참배 반대운동 **63**

한국 장로교회 신사참배 결의 이후 1940년대의 부일과 배교 **81**

광복 후 한국교회 상황과 교회쇄신운동, 친일청산의 문제 **95**

제2부 교회쇄신운동의 길을 연 사람들

한상동 목사의 광복 후 한국교회 쇄신운동 **119**

주남선의 신앙과 삶, 나라 사랑과 교회 사랑 **145**

박윤선의 신학이 고신교회와 SFC에 미친 영향 **167**

한부선 선교사의 생애와 신학과 광복 후 초기(1946-1948) 선교사역 **193**

광복 80주년 교회쇄신운동 80주년 기념 **고신교회 정신사 연구 I**

손양원 목사의 생애와 순교와 고신교회 **221**

이약신 목사의 광복 후 사역과 고신교회 **249**

송상석 목사의 사역과 공헌에 관한 서지학적 분석 **273**

한명동 목사의 목회와 사역 **311**

박손혁 목사와 고신교회 초기 교육 **335**

장기려 박사와 복음병원, 고신교회 평신도들의 디아코니아 사역 **359**

제3부 고신교회 정신과 영성

고신교회 역사 연구와 편찬의 현황과 과제 **383**

고신교회 경건과 영성 형성의 네 기둥 **413**

고신교회 정신사에 비추어 본 21세기 교회의 과제 **437**

에필로그- 신앙의 정통과 생활의 순결로 빚은 60년 **449**

참고문헌 **453**

찾아보기 **461**

고신교회
정신사
연구 I

제1부
교회쇄신운동의 배경

한국교회의 역사적 흐름

1. 기독교 복음의 한국 전래와 한국교회의 시작

　기독교가 전래되던 당시의 19세기 후반 한국은 정치적, 경제적, 사회적으로 매우 어려운 상황이었다. 순조 즉위 이후 발흥하였던 세도정치에 의해 국가의 3정(전정, 군정, 환정)이 문란하여지고, 백성들의 생활이 매우 피폐하여 국민들은 도탄에 빠지게 되었으며, 곳곳에서 민란이 일어날 정도로 민심이 흉흉하였다.[1] 이러한 국가적인 혼란과 위기의 상황에서 기독교가 한국에 전래되었고, 한국장로교회가 시작되었다.

　한국에 처음 도래한 선교사는 네덜란드선교회 소속의 독일인 칼 구츨라프(Karl A. Gutzlaff)로, 그는 1832년 입국하여 황해도를 거쳐 충청도 홍천 고대도 지역과 금강 입구에서 복음을 전하며 한문성경을 반포하였다.[2] 이후 30년 동안 침묵의 기간을 거친 후 1866년에는 토마스

---

1. 이근삼, 《개혁주의 신학과 한국교회》 (서울: 생명의 양식, 2007). 18.
2. 이근삼, 《개혁주의 신학과 한국교회》, 20.

(Robert J. Thomas) 선교사가 입국하였다. 그는 영국 하노버교회에서 목사 안수를 받고, 그 해 중국 선교사로 파송 받았지만, 아내 캐롤라인이 출산과정에서 아기와 함께 죽어 그는 심적으로 큰 고통을 받았다. 토마스 선교사는 선교본부와 여러 차례 갈등이 있었는데, 런던선교회의 선교사직을 사임하고, 청국의 해상 세관의 통역관으로 일하였다. 그는 1865년 황해도 서해안 자라리에 도착하여 두 달 동안 복음서를 나누어 주고 한국어를 습득하였다.[3]

런던선교회를 사임한 그는 이때 한국 선교의 가능성을 보고, 프랑스 함대의 통역관으로 일하게 되었다. 토마스 선교사는 1866년 8월 미국 상선이었지만 중무장한 제너럴 셔먼(General Sherman)호가 상품을 싣고 조선으로 갈 때 통역을 요청받았다. 프랑스 함대의 무력시위와 같았던 그 배와 함께한 그는 다량의 한문성경을 준비하고 참여해 대동강을 거슬러 올라갔다가 배가 나포되었고, 관군과의 전투에서 선원들이 죽임을 당할 때 그도 함께 대동강변에서 죽으면서, 그는 한국 기독교 최초의 순교자가 되었다.[4] 토마스 선교사는 순교할 당시에 조선인들에게 한문성경을 전해주었는데, 후일 그 성경을 읽고 기독교 신앙을 가진 이들이 있었다.

그 이후에도 알렉산더 윌리엄슨(Alexander Williamson) 등이 성경을 전하며 한국 선교를 위해 노력하였으나, 그러한 일련의 유럽 중심의 선교는 당시 흥선대원군의 쇄국정책 아래에서 성공을 거두지 못하였다. 이러한 서구교회의 선교와 접촉에 대해 민경배는 '이루지 못한 서구교

---

3. 허순길, 《한국장로교회사》, (서울: 영문, 2008), 32.
4. 민경배, 《한국기독교사》, (서울: 대한기독교출판사, 1982), 142-144.

회의 선교'라고 평가한 바 있다.[5] 이것은 유럽교회가 한국 선교를 위해 여러 가지 노력을 기울였으나 단순한 접촉에 그치고, 선교에서 결실적인 결실을 보지 못하였기 때문이었다.[6]

기독교의 초기 선교는 한글 성경번역에서 결실을 보이기 시작하였다. 스코틀랜드 선교사 맥킨타이어(John McIntyre)와 로스(John Ross)가 만주 우시장을 중심으로 선교활동을 전개하던 가운데, 의주 청년 이응찬, 서상륜, 서경조 등을 만나게 되어 선교의 새로운 기회를 얻었다. 매킨타이어와 로스는 이들을 한국어 교사 겸 번역인으로 채용하였고, 이들이 중심이 되어 1878년에는 누가복음을 번역하였다. 또한 이들의 요청으로 세례를 베풀기도 하였다.[7] 그들의 노력으로 1882년에는 누가복음이, 1983년에는 요한복음과 사도행전이 우리말로 번역, 출판되었다.[8] 또 이들을 통해 한국어 입문서, 한국의 역사, 관습, 그리고 예절 등이 저술, 출판되었는데, 이것은 한국교회 역사에서 매우 의미 있는 일이었다.[9]

이와 같은 한글 성경 번역은 일본에서도 이루어졌다. 임오군란의 처리를 위해 일본에 파견되었던 수신사 박영효의 비공식수행원 자격으로 일본으로 건너간 이수정은 공무를 마치고 일본의 문물을 배우기 위해 40개월 동안 일본에 머물렀다. 그는 그때 기독교로 개종하고 우리말 성경 마가복음 번역에 참여하였다.[10] 이수정은 그곳에서 성경을 연구하고

---

5. 민경배, 《한국기독교회사》, 134.
6. 이근삼, 《개혁주의 신학과 한국교회》, 97.
7. 이만열, 《한국 기독교 수용사 연구》, (서울: 두레시대, 1998), 55, 59. 이만열은 민족사관의 입장에서 한국인 최초의 세례자가 나온 이때를 한국교회 출발점으로 보고 있다.
8. 김광수, 《한국기독교 전래사》, 263; 이만열, 《한국기독교와 민족의식》, (서울: 지식산업사, 1981), 10.
9. 이근삼, 《개혁주의 신학과 한국교회》, 21.
10. 이만열, 《한국 기독교 수용사 연구》, 95.

도일 7개월만인 1883년 4월에 세례를 받았고, 그해 6월에 개설되었던 주일학교 모임이 발전하여 일본 최초의 한인교회가 설립되었다.[11] 이렇게 한국인 세례교인이 나오고, 한국인에 의해 교회가 설립된 것은 한국에 선교사가 입국하기 전의 일이었다. 이처럼 한국교회는 그 출발과정에서 역사적 독특성을 가지고 있다. 한국에 공식적인 선교사가 입국하기 전에 국외에서 한국인 세례자가 나왔고, 한국인 교회가 설립되었으며, 한국인에 의해 한글 성경이 번역되었기 때문이었다. 이런 일은 세계 선교 역사에서 매우 드문 일이었다.

우리나라에 본격적으로 기독교가 도래한 것은 1980년대 중반이었다. 흥선대원군의 쇄국정책이 중단되고, 1882년 한미통상조약이 체결되어 제물포 개항이 이루어졌는데, 이는 한국 근세사는 물론 기독교 역사에 매우 중요한 일이었다. 1884년 9월에는 의료선교사 알렌(Horace Allen)이 미국 영사관 공의의 자격으로 한국에 처음으로 입국하였다. 그는 미국 북장로교선교부의 첫 한국선교사였다.[12] 이를 이어 1885년 4월 5일 부활절 아침 장로교의 언더우드(Horace Underwood) 선교사와 감리교의 아펜젤러(Henry Appenzeller) 선교사가 제물포항으로 입항하였다.[13]

이들에 의해 한국에서 본격적인 선교활동이 시작되었는데, 교회와

---

11. 이만열, 《한국 기독교 수용사 연구》, 97-105.
12. Rhodes, Harry, *History of the Korea Mission Presbyterian Church in the U.S.A.(II) 1935-1959*, Seoul: The Presbyterian Church of Korea Department of Education, 1984. 알렌은 1884년 입국한 북장로교회 첫 선교사로 1890년에 은퇴하였다.
13. 민족주의적인 시각의 이만열은 한국인 최초의 자생교회의 설립 등을 고려할 때 그 이전으로 보고자 한다.

학교와 병원 설립으로 활발한 선교활동을 펼치게 되었다. 그들을 이어 미국 북장로교회 선교부는 6월에 의료선교사 헤론(J. W. Heron), 7월에 여의사 엘러즈(Annie Ellers)를 비롯한 선교사들이 입국하였고, 이어 모 펫(Samuel Moffet), 베어드(W. M. Baird) 등이 입국함으로써 선교부를 조직하였다.[14] 1889년 10월에는 호주 장로교회 조셉 데이비스(Joseph H. Davis) 선교사가 입국하였고, 1891년 언더우드 선교사가 안식년 중에 '해외선교를 위한 신학교 연합회'에서 한국 선교를 호소하였던 것에 감동한 미국 남장로교회에 속한 다수의 신학생들이 졸업과 함께 한국 선교사로 입국하였다.[15] 1898년에는 캐나다 장로교회가 선교사를 파송하기 시작했다.

한국에서 선교를 위해 미국과 캐나다, 호주 등 각 교단에서 파송한 선교부는 서로 협력하는 체계를 갖추었다. 이것은 선교지역을 분할함으로써 선교 자원을 중복하여 사용하지 않고 효과적으로 사역하기 위한 목적이었다. 1893년 각 선교부는 '예양협정'을 통해 선교지역 분할정책을 결의하였다. 이에 미국 북장로교 선교부는 평안도, 황해도, 경상북도 지역을, 미국 남장로교 선교부는 전라도와 충청도 일부 지역을, 캐나다 장로교 선교부는 함경도 지역과 간도 지방을, 호주 장로교 선교부는 부산과 경남 일대를 담당하였다.[16]

한국장로교회 선교는 미국 북장로교회, 미국 남장로교회, 캐나다 장로교회, 그리고 호주 장로교회가 중심적인 역할을 하게 되었고, 한국장로교회의 시원이 되었다. 유래없이 한국에서 장로교회가 강세를 보이는

14. 허순길, 《한국장로교회사》, 57-58.
15. 허순길, 《한국장로교회사》, 60.
16. 이상규, 《한국장로교회사》, 20.

것은 이들 네 선교부의 선교 때문이었다.

　감리교 역시 아펜젤러 선교사 이후 미국 남감리교회와 미국 북감리교회가 선교사를 파송하였고, 그들은 병원과 학교를 통해 활발하게 선교활동을 전개하였다. 감리교는 1930년 12월 2일 미국 남북 감리교 선교회가 연합하여 조선감리교회로 치리회를 구성하였다.[17]

2. 한국장로교회의 형성과 발전

　한국교회 초기의 선교사업은 주로 교육과 의료 사업을 중심으로 이루어졌다.[18] 1885년에 우리나라 최초의 신식 병원인 광혜원(후에 제중원)이 설립되었고, 서울에 배재학당(1885), 이화학당(1886), 정신여학교(1887) 등의 선교학교가 세워졌으며, 평양에 숭실학교(1887), 개성에 호수돈여학교(1904), 한영서원(1906) 등 각 지역마다 선교 학교들이 설립되었다. 초기 선교사들은 교육을 선교의 중요한 선교수단으로 활용하였는데, 선교사들이 설립한 학교의 수는 1897년에 16개, 1901년에 32개가 되었다.[19] 초기 선교사들은 의료와 교육, 성경의 번역과 간행을 통한 문서 선교, 순회 전도 등의 방식으로 선교활동을 전개하였고, 이를 통해 기독교의 성장이 급속하게 이루어졌다.[20] 당시 한국 사회에서 기독교는 개화의 방편이었고, 나라의 새로운 희망이 되어,[21] 많은 뜻있는 지식인들이 기독교에 귀의하게 되었다.

---

17. 민경배, 《한국기독교회사》(증보판), 339.
18. 이만열, 《한국기독교와 역사의식》, (서울: 지식산업사, 1981), 12.
19. 이만열, 《한국 기독교 수용사 연구》, 16-17.
20. 허순길, 《한국장로교회사》, 63-74.
21. 이만열, 《한국 기독교 수용사 연구》, 12-20.

각 선교부가 한국에서 선교활동을 활발하게 하는 가운데, 연합과 선교 협력을 위해 1901년 '장로회 정치를 쓰는 선교공의회'(The Council of Missions Holding the Presbyterian Form of Government)를 조직하였다. 언더우드가 한국 선교를 시작한 지 26주년이 되던 1901년에는 한국인 목회자 양성을 위해 평양에 장로회 신학교를 설립하였다. 이들이 신학교에서 수학하고 첫 졸업식이 열리게 되면서 이들을 안수하는 문제가 부각되었고, 목사 임직은 노회에서 하는 것이므로 이를 계기로 선교부 간의 합의에 따라 1907년 '조선예수교장로회 독노회'를 창립하였다.[22] 이 노회에서 평양신학교 첫 졸업생들인 서경조, 한석진, 송린서, 양전백, 방기창, 길선주, 이기풍 등 7인을 한국 장로교회 최초의 목사로 임직했다.

'조선예수교장로회 독노회' 설립은 선교사가 치리하는 교회가 아니라 한국 자율의 조직교회의 모습을 갖추는 것을 의미하는 것이었다. 독노회는 일곱 지방에 대리회를 두었고, 1911년 제5회 독노회의 산하에 있던 북평안, 남평안, 황해, 경기 충청, 남북 전라, 남북 경상, 남북 함경 등 대리회를 일곱 노회로 승격시켰고, 이듬해에 총회로 확대하기로 결의하였다. 이로써 한국장로교회는 대한제국이 멸망한 2년 후인 1912년 9월 첫 주에 '조선예수교장로회 총회'를 조직하게 되었다. 이로써 한국장로교회는 선교사들의 감독 아래에 있는 선교지 교회가 아니라 독자적인 치리회로서 완전한 교회의 모습을 갖추게 되었다.

그 과정에서 한국장로교회는 1907년 평양부흥운동을 경험하였고, 이어 백만인 구령운동을 전개하면서 본격적인 교회성장이 이루어졌다.

---

22. 허순길, 《한국장로교회사》, 144.

이로인해 한국장로교회는 1919년 3.1운동을 적극적으로 이끌 수 있었다. 20세기에 접어들면서 한국장로교회의 성장은 더욱 박차를 가하게 되었는데, 한국장로교회 50년이 되었을 때는 기독교가 우리 사회에서 큰 영향력 있는 기관이 되었다. '조선예수교장로회 총회'는 이때부터 일본에 의해 모든 기독교파가 강제로 일본기독교 조선교단으로 통합되던 1942년까지 단일총회로서 한국장로교회의 최고 치리기관으로 존재하였다.

초기 선교사들은 한국 개화 과정에서 학교교육과 의료사업에 결정적인 역할을 하였다. 한국 기독교는 초기부터 구습을 타파하고, 건강한 사회를 이루는 데도 크게 기여하였다. 구한말, 축첩제 폐지운동, 금주 절제운동, 여권신장운동, 미신 타파, 혼례와 장례의 개혁 등이 기독교회에 의해 주도적으로 이루어졌다.[23] 한국기독교는 이러한 노력을 통해 봉건주의 사회에서 민주주의 사회로 발전하는 기틀을 마련하게 되었다.

이처럼 1945년 광복 이전까지 한국교회는 개화의 상징이 되었고, 한국에서 새로운 희망으로 부각되던 신학문을 익히기 위해 교회에 나오는 이들도 많았다. 개화기에 뜻이 있는 많은 이들이 기독교에 귀의하였고, 독립운동에 동참한 이들이 많아 광복 이후 제1공화국이 건설되었을 때는 기독교가 소수였음에도 기독교인들이 중심이 되었다. 이를 두고 이만열은 제1공화국을 사실상 '기독교 정부'라고 말할 정도였다고 했다. 초대 이승만 대통령이 신실한 기독교인이었고, 부통령 함태영이 기독교 목사였으며, 제헌의원 가운데 상당수가 목사 혹은 기독교인이었다. 1948년 대한민국 국회 개원을 이원영 목사의 기도로 시작하였던 것은

---

23. 허순길,《한국장로교회사》, 103-113.

널리 알려진 사실이다.

3. 한국장로교회 초기의 신앙과 신학

한국 기독교는 외세종교가 뿌리를 내리기 어려웠던 한국에 일찍이 뿌리를 내렸다. 한국 기독교가 정착에 성공한 직접적인 동기는 한국 기독교의 초기 신앙형태가 '경건주의와 복음주의'였기 때문이다.[24] 한국에 최초로 복음을 전한 미국 선교사들의 배경은 복음주의자들(Evangelicals)이었다. 민경배는 한국 교회의 복음주의적인 성격 때문에 신학의 빈곤, 교회론의 약화, 사회부재의 영혼구제, 정치무관의 정숙주의, 합리성의 결여, 그리고 이원적인 신앙이 존재하였다고 보고 있다.[25] 그러나 한국교회에 이같은 성격이 있음을 이해하면서도, 이것이 한국교회를 포괄적으로 표현한 것인가에 대해서는 의문이 있다. 한국장로교회의 신앙과 신학에 대해 다음과 같이 정리할 수 있다.

첫째, 한국교회의 초기 선교사들은 청교도적인 선교사들이었다. 한국장로교회 최초의 신학교였던 평양신학교는 선교사들이 일제의 박해로 한국을 떠났던 1930년대까지 첫 40년은 선교사들의 신학적인 영향 아래에 있었다.[26] 그 당시 한국에 도래한 미국 선교사들의 신앙은 청교도적(Puritan)인 신앙이었다. 선교협의회 총무 브라운(Brown)은 한국 선교사들의 신학을 다음과 같이 말하고 있다.

---

24. 민경배, 《한국기독교회사》, 148.
25. 민경배, 《한국기독교회사》, 149.
26. 이근삼, 《개혁주의 신학과 한국교회》, 108

개국 이후 첫 25년간 내한한 선교사는 전형적인 퓨리턴형 선교사였다. 이들은 1세기 전 그들의 조상이 뉴잉글랜드에서처럼 안식일을 지켰으며, 술이나 담배, 그리고 카드 놀이를 기독교 신자들이 빠져서는 안 될 죄라고 보았다. 신학과 성경비평에 대해서는 그들은 철저히 보수적이었으며 그리스도의 재림을 확신했고, 저들은 자유주의 신학을 배격했다.[27]

둘째, 한국교회의 신앙은 처음부터 넓은 의미에서 보수적이며 복음주의적인 성격을 가지고 있었다. 한국장로교회의 신학은 장로교 신학의 원류인 '웨스트민스터 신앙고백'과 구 프린스턴[28] 신학을 이어받아 보수적이며 복음적인 신학을 형성하였다. 이근삼은 한국 초기 선교사들의 신학적 배경, 네비우스 선교정책에 나타난 신학적 배경, 독노회 신조에 나타난 신학적 배경, 평양신학교의 신학적 배경을 고찰하여, 초기 한국교회의 신학이 보수적이며 복음주의적인 성격임을 논증하고 있다.[29]

셋째, 한국교회는 초기부터 복음적인 신앙생활을 강조하였다. 초기 선교사들은 청교도들의 영향을 받아 초기부터 술과 담배를 금하였으며, 그리스도인들에게 복음적인 신앙생활을 하도록 강조했다. 초기 선교사들은 미국 맥코믹신학교 출신 선교사들이 주류를 이루었는데, 미국에서 1920년까지 가장 강한 영향을 미쳤던 신학이었다.[30] 맥코믹신학교는 부흥사 무디(D. L. Moody)가 부흥운동을 전개하였던 시카고에 소재한 학

---

27. A. J. Brown, *The Masery of the Far East*, Scribers, 1919, 54., 이근삼, 《개혁주의 신학과 한국교회》, 109에서 중인.
28. 미국 장로교(PCUSA) 교단 산하 최초의 신학교.
29. 이근삼, 《개혁주의 신학과 한국교회》, 107-118.
30. 허순길, 《한국장로교회사》, 84.

교로 그 부흥운동의 영향권에 있었다. 평신도 선교사들의 분포 역시 같은 경향을 보이는데, 당시 의료선교사를 포함한 평신도 선교사 74명 가운데 무디성경학교 출신 선교사가 단연 1위일 정도로 압도적이었다. 이것은 당시 선교사들의 신앙적 신학적 성향을 잘 보여주는 것이라고 할 수 있다.[31] 이러한 점에서 초기 한국에 온 선교사들의 신학은 장로교회 신앙고백(교리)에 기반을 둔 정체성을 가진 고백교회보다는 미국 복음주의의 짙은 영향을 받은 근본주의적 성향을 가진 복음주의 장로교회로 자리잡게 되었다.[32]

한국교회의 보수적이고도 복음적인 신학 분위기 가운데 1930년대에 이르러 '새로운 신학'이 나타나게 되었고, 총회적으로도 신학적인 문제가 제기되기 시작하였다. 1935년 조선예수교장로회 제24회 총회에서 제기된 '아빙돈 주석 문제', 창세기 저자 문제와 여권 문제 등으로 새로운 신학운동은 교회 안에서 갈등이 표면화하기 시작하였다. 그 무렵 일본 유학에서 돌아온 김재준이 '신학이념 5개조'를 발표하는 등 이른바 자유주의 신학이 발아되기 시작했다. 당시 한국교회에서 신학에 대한 새로운 인식이 감지되기 시작하였고, 새로운 신학에 대한 분위기가 형성되기 시작하였다. 이와 관련하여 간하배는 한국교회에서의 자유주의 신학 유입의 요인을 캐나다 선교부 중심으로 자유주의적인 선교사 스콧(Scott), 프레지어(Frazier) 등의 영향, 미국 북장로교회의 신학적 좌경화에서 오는 좌경신학적 경향, 일본 유학을 하는 동안 자유주의 신학을 받아들임으로 생기는 일본 신학의 영향, 초대선교사들의 교구 조정

---

31. 박용규, 《한국장로교 사상사》, (서울: 총신대 출판부, 1993), 67.
32. 허순길, 《한국장로교회사》, 86.

으로 일부 지역이 자유주의 신학의 성역이 되어 버린 사실 등 네 가지로 지적하고 있다.[33]

김재준은 일본 유학을 마치고 귀국하였지만 그가 유학한 청산학원의 신학적 입장 때문에 박형룡의 강력한 반대로 평양신학교의 교수로 임용되지 못하였고, 장로교 유일의 신학지였던 〈신학지남〉에 기고도 할 수 없었다. 박형룡과 김재준의 신학적 입장의 차이와 갈등은 1930년대 초반부터 시작되었는데, 이는 광복 후 한국교회의 분열의 씨앗이 되었다.

이러한 과정에도 불구하고 한국장로교회 초기의 신앙과 신학은 한국교회가 복음주의적인 교회로 발전하는데 큰 영향을 미쳤다. 한국교회는 이런 신학적 기반 위에서 건강하게 성장하였으며, 1970년대의 교회성장기를 거치면서 세계교회사에 유래가 없는 괄목할만한 성장을 하였다.

4. 한국교회의 시련과 저항

조선은 1897년 국호를 대한제국으로 바꾸었지만 열강의 침탈이 노골화되고, 1900년대에 들면서 국운이 급속도로 기울었다. 1905년 강제적인 '을사늑약'으로 나라의 외교권과 군사권이 일본으로 넘어갔고, 1910년에는 '한일합방'으로 국가적인 수치를 경험하였다. 나라의 운명과 함께 한국교회도 큰 시련기에 접어들게 되었는데, 일제가 1925년 신사를 세운 이래 1935년 이후에는 '신사참배'를 강요하기 시작하였기 때

---

33 간하배, "한국장로교 신학에 관한 연구", 〈신학지남〉 제34권 4집, 13-20.

문이었다. 이것은 삼일운동 이후 한국교회에 가장 심각한 시련이 되었다. 일제의 신사참배 강요에 대해 천주교가 1936년 5월 25일 일찌감치 굴복하였고, 1938년 9월 감리교가 굴복하였으며, 장로교는 1938년 서문밖교회에서 가진 제27회 총회에서 경찰이 임석한 가운데 신사참배를 가결하고, 다음과 같은 성명서를 발표하였다.

> 아등은 신사는 종교가 아니요, 기독교의 교리에 위반하지 않는 본의를 이해하고, 신사참배가 애국적 국가의식임을 자각하며, 이에 신사참배를 솔선여행하고 추히 국민정신총동원에 참가하여 비상시국하에서 총후(總後) 황국신민(皇國臣民)으로 적성(赤誠)을 다하기로 기(期)함.
>
> 소화 13년 9월 10일
> 조선예수교장로회 총회장 홍택기

신사참배 강요로 한국교회가 박해를 받게 되었는데, 그 저항운동 '신사불참배운동' 혹은 '신사참배 반대운동'은 다음 세 지역을 중심으로 일어났다. 첫째, 신사불참배운동 혹은 신사참배 반대운동은 평안도를 중심으로 한 운동이 있었다. 평안도는 평양에 조선예수교장로회신학교가 있었고, 기독교가 왕성하여 '동양의 예루살렘'이라고 부르던 곳이었고, 선교부가 중요한 영향을 미치던 곳이었다. 신사참배 강요가 본격화되자 미국 북장로교 선교부는 이를 반대하기로 방침을 정하였고, 산하 교회와 학교도 이를 반대하기로 하였다. 신사참배 반대로 많은 학교들이 스스로 폐쇄하였고, 주기철, 이기선 등이 평안도를 중심으로 한 신사참배 반대운동의 중심이 되었다.

둘째, 신사불참배운동은 경남에서 활발하게 전개되었다. 경남 지역은 주기철(진해), 한상동(부산), 손양원(함안), 주남선(거창) 등 신앙인물들을 배출한 지역이었고, 그들의 신앙적인 영향 아래에 있었다. 경남지역은 한상동 목사가 중심이 되어 조직적으로 반대운동을 전개하였다.

셋째, 신사불참배운동은 만주를 중심으로도 전개되었다. 그 중심에는 한부선 선교사가 있었고, 그를 중심으로 신사불참배 운동의 근거가 되는 신앙고백문서를 작성하기도 하였다. 그 외에도 전라도 지역은 손양원 전도사가 중심을 이루고 있었다.

일제는 이러한 신사불참배운동에 대해 강력한 탄압정책을 사용하여 2천여 명이 투옥되었고, 광복이 되기까지 주기철 목사 등 50여 명이 순교하였으며,[34] 1945년 8월 광복과 함께 20여 명이 출옥하였다.

5. 광복과 1950년대의 한국교회

광복은 우리나라의 새로운 출발을 의미하였다. 일제강점기에 더럽혀진 민족정기를 바로잡고, 새로운 국가 건설을 위해 매진해야 했다. 그러나 신탁통치로 정부 수립이 늦어졌고, 당시 제헌국회에서 일제하 친일세력을 척결하기 위해 '반민특위'를 구성했지만, 흐지부지되고 말았다. 이것은 한국장로교회도 마찬가지였다. 광복과 함께 한국교회는 일제강점기에 신사참배와 그에 따른 배교 행위에 대해 철저하게 회개하고 청산하고, 새롭게 출발해야 했다. 그러나 한국교회는 철저한 회개운동과 친일청산을 통해 광복된 조국교회에 신앙의 정기를 바르게 하기

---

34. 김양선, 《한국기독교 해방 10년사》, 서울: 대한예수교장로회 총회종교교육부, 1956, 43.

보다는 기독교사회당을 만드는 등 정치적인 노력에 관심을 가지거나, 일제강점기의 범과에 대해 침묵하고 있었다. 이는 광복된 한국교회에게 대단히 불행한 일이었다.

정부 수립이 된 후 곧 이어 발발한 1950년 한국전쟁으로 이 땅에 3년 동안 동족상잔의 비극이 계속되었다. 1950년대에 한국장로교회는 세 차례의 분열을 통해 한국 4대 장로교단이 형성되었다. 1950년대 이후 신사참배 회개를 통한 교회쇄신운동의 추진과정에서 고신측이 축출되었고, 김재준의 자유주의 신학의 문제로 기장측이 분리되었으며, 1959년에는 세계교회협의회(WCC) 회원권의 문제로 승동측과 연동측이 분리되었다.

1) 제1차 분열

경남지방에서 조직적인 신사참배 반대운동을 전개하다 투옥되었던 한상동은 옥중에서 독일이 패망한 소식을 듣고, 머잖아 우리나라도 독립할 것을 내다보며 옥중에서 기도하기 시작했다. 그는 한국교회가 일제의 신사참배 강요로 무너진 것은 목회자의 실패로 보고 광복 이후에 새로운 신학교를 설립해 신실한 목회자를 배출해야 한다고 보았다. 그는 광복 후 1946년 9월 20일 부산에서 고려신학교를 설립하였다. 고려신학교가 개교될 때 한국교회의 신학교육을 위해 박형룡을 모시기로 하고, 송상석을 파송하여 만주에 체재하던 그를 국내로 모셔왔다.[35] 그러나 박형룡은 고려신학교의 총회의 승인을 얻는 문제, 고려신학교의

---

35. 당시는 38선으로 남북이 분단되었지만 왕래가 가능했던 시기로, 고려신학교에서는 그를 초빙하기 위해 1차로 남영환 전도사를 보내었으나 콜레라의 창궐로 인천에서 돌아옴으로 실패하였고, 1947년 2차로 송상석 목사를 보내어 모셔왔다. 그는 1947년 10월 14일 고려신학교 초대 교장으로 취임하였다.

위치 문제, 고려신학교와 외국 선교부와의 관계 등의 문제에서 설립자 한상동, 주남선 목사 등과 견해를 달리하게 되었다.[36] 박형룡은 고려신학교측이 목숨을 걸고 국내로 모셔왔지만 부산으로 내려가기를 꺼리다가 늦게 교장에 취임하였고, 취임 한 학기만에 고려신학교를 떠나고 말았다. 박형룡은 1948년 6월 '장로회 신학교'를 설립하고 이듬해인 1949년 4월 총회의 허락을 받았으나 여러 과정을 거쳐 1951년 조선신학교와 함께 직영이 취소되었다. 이후 장로회신학교는 총회 직영신학교로서 신학교육을 담당하게 되었고, 고려신학교를 중심으로 한 교회쇄신운동에 대해 제36회 총회에서 고려신학교를 설립하고 지지하던 경남(법통)노회 총대들에게 총회 입장권을 발부하지 않는 형식으로 총회에서 추방하였다. 고신측은 이후 한 해를 더 기다리며 총대도 파송했지만 총회의 변화의 여지가 없음을 확인하고, 1952년 9월 독자적인 치리회로 '대한예수교장로회 총로회'를 조직하였다.

2) 제2차 분열

제2차 분열은 김재준의 신학사상과 깊은 관련을 가진다. 김재준은 일본 청산학원에서 공부하고 캐나다에서 유학하였는데, 그 영향으로 자유로운 신학을 하기를 원하였다. 그가 일본 유학을 마치고 귀국하였지만, 그의 신학에 대해 비판적이었던 박형룡의 반대로 평양신학교에 교수로 임용되지 못하였고, 장로교 유일한 신학자였던 〈신학지남〉에 기고도 할 수도 없었다.

1939년에 설립된 '조선신학교'는 평양신학교가 폐쇄된 후 일제강점

---

36. 허순길,《한국장로교회사》, 357-364. 많은 학자들이 이 점들을 박형룡 박사가 고려신학교를 떠난 이유로 생각하지만, 총회측에 속한 지도자들의 조직적인 운동이 있었다.

기에 일본적 기독교를 추동하면서 목회자 양성기관으로서 역할을 하였으며, 광복 후 1946년 잠시 총회 직영신학교로 인정받았으나, 박형룡이 귀국하고 장로회신학교가 설립된 후 직영신학교가 취소되었다. 이들은 결국 1953년 장로교 총회를 떠나 별도의 총회를 구성해, 지금의 '한국기독교장로회'가 되었다.

3) 제3차 분열

고려신학교를 떠난 박형룡은 1953년 9월 장로회신학교 교장으로 취임하였다. 그는 이후 장로회신학교의 교장으로서 신학교 교사 확보를 위해 노력하던 가운데 1958년 소위 '남산 대지 불하 3,000만환 사기 사건'의 피해자로 연루되었다. 그는 그 집행과정에서 국가의 법률을 위반하는 불법성이 제기되어 책임을 지고 학교장직을 사임하여야 했다. 그 당시 WCC 문제로 말미암아 야기된 신학적인 차이가 조선신학교와의 결별 후에 드러나기 시작한 것이 분열의 주원인이라고 주장하고 있다.

이 시기에 한국장로교회는 '세계교회협의회'(World Council of Churches) 성격 규명과 회원권 유지 문제가 논란을 가져왔다. 당시 한국장로교회는 1948년 네덜란드 암스테르담에서 세계교회협의회가 창립될 당시 김관식을 대표로 파송해 회원교회로 참여하였다. 1954년 미국 에반스톤에서 열린 WCC 총회에 3인의 대표를 파송하게 되었는데, 제40회 총회에서 대표단이었던 김현정과 명신홍이 각각 상이한 보고를 하면서 문제가 촉발되었다. 이에 명신홍이 속한 경북노회에서는 WCC의 신학적 성격을 밝혀달라고 청원하여 제41회 총회에서는 연구위원회를 구성하였고, 제42회 총회에서 보고를 받았으나 수년간 WCC 문제가 신학적인 이슈가 되었다.[37] 이 시기에 교단 내적으로 잠재되어 있던 세계교회협의회(WCC)의 용공성 등을 문제로 제기하고, WCC를 찬성하는 이들과 반대하는 복음주의자들(NAE) 사이의 암투가 교회정치에 나타나게 되었다.[38] 이 와중에 박형룡의 사기 사건 연루에 대해 책임 문제를 제기하였다.

이와 함께 WCC의 문제에 대해 교회에서는 입장을 서로 달리하였다. 찬성하는 이들의 입장은 한국교회가 세계교회의 일원으로서 세계교회와 함께 일해야 한다는 것이었고, 반대하는 이들의 입장은 WCC에 다수의 공산주의자들과 자유주의 신학자들과 무신론자들이 참여하고 있어 함께할 수 없다는 것이었다. 1950년대 말 당시에는 이남지역 보다도 이북지역에 교회가 왕성하였고, 한국전쟁 때 이북교회는 공산주의자들의 박해로 말미암아 수많은 순교자를 내었고, 교회 지도자들 가운데 모든 재산과 교회를 버려두고 월남한 이들이 많았던 때였다. 공산주의자들을 원수와 같이 생각하던 시기에 공산주의 국가의 교회를 회원으로 받아들이고 있는 세계교회협의회(WCC)와 그 회원교회에 대한 진정성이 의심되어 세계교회협의회에 가입한다는 것을 받아들이기 어려웠을 것이다.

교세가 약하고 총회직영신학교이면서도 총회의 신학교 지원이 여의치 않던 당시에 박형룡 교장은 남산에 있던 신학교를 운영하는 것이 쉽지 않았다. 몇 차례 신학교를 이전하는 계획을 추진하였지만 여의치 않았고, 당시로서는 거금이었던 3,000만환의 지출에 합법적인 절차를 거치지 않았고, 그 집행과정에서 국가법을 어기는 일도 있어 교장으로서

---

37. 김요나, 《총신대학교 90년사》, 579.
38. 허순길, 《고려신학대학원 50년사》, 140.

의 책임을 면할 수 없게 되었다. 이후 이들 두 계파 사이에는 갈등이 심화되어 이사의 선임 문제나, 경기노회 분규로 나타났다. 1595년 9월 24일, 대전에서 개최된 제44회 총회에서 경기노회의 정기노회가 선출한 명단(비WCC측)과 임시노회가 선출한 명단(WCC측) 등 두 종류의 총대 명단이 올라옴으로써 총대권 문제로 고성이 오가고 논란을 거듭하던 가운데 사흘 동안 회무가 진행되지 못해 결국 11월 24일에 속회하기로 하고 산회하였다. 그러나 WCC를 지지하는 이들은 곧바로 상경하여 9월 29일 연동교회에서 속회하였고, WCC를 반대하는 이들은 예정대로 11월 24일 승동교회당에서 속회하여 각기 별도의 임원을 구성하고 회무를 진행함으로써 한국장로교회의 대분리가 이루어졌다. 김요나는 제3차 분열의 원인을 에큐메니칼 대 NAE의 골이 깊어진 계파 싸움, 선교부 지지세력과 비지지세력 간의 이해상반된 두터운 벽, 경기노회의 총대 부정선거에 따른 양쪽의 총대 파송 문제, 박형룡 박사의 삼천만환 사건이 양 계파의 돌이킬 수 없는 분열작용을 하였다고 정리했다.[39] 한국장로교회의 제3차 분열은 WCC에 대한 견해 차이와 총회신학교 삼천만환 사기 사건에 대한 박형룡의 책임론에 있었다.

이렇게 한국장로교회는 세 차례 교단 분열이 있었고, 1963년 이후 합동측, 통합측, 고신측, 기장측으로 분리되어 4대 장로교단이 되었고, 분열의 중심에는 비슷한 시기에 태어난 박형룡, 한경직, 한상동, 김재준 등 네 사람의 지도자들이 있었다.[40] 이들 네 상로교난에서 통합측은 장로회신학대학교, 합동측은 총신대학교, 고신측은 고신대학교와 고려신

---

39. 김요나, 《총신 90년사》, (서울: 총신대학교, 2003), 387. 허순길, 《고려신학대학원 50년사》에서 중인, 141.
40. 이상규, 《한국교회 역사와 신학》, 30.

학대학원, 기장측은 한신대학교를 중심으로 신학교육과 목회자 양성이 이루어지고 있다.

6. 1960-70년대의 한국교회

1960년대는 한국사회에서 4.19 혁명과 5.16 군사 쿠데타의 발생으로 역사상 새로운 전기가 되었다. 1960년대의 한국교회는 제3공화국의 경제성장 정책에 따라 산업화와 도시화가 이루어지고, 경제성장 정책으로 인해 가난을 탈피하려는 노력이 처절하게 이루어졌다. 교회 역시 활발하게 전도활동을 전개하기에 이르렀다. 1960년대에 기독교를 중심으로 '민족복음화운동'이 전개되었고, 군대에서는 '전군신자화 운동'을 활발하게 전개하였다. 1960년대 한국교회는 민족복음화운동을 전개하였고, 1960년대 후반부터는 이전과 달리 민주화에 대한 열망이 나타나기 시작했다.

1960년에 한국교회에서는 승동측과 고신측의 합동이 이루어져 보수교회에 큰 기대와 희망을 가져왔으나, 그 합동은 3년이 채 되지 못하여 고신측의 환원으로 원점으로 돌아가고 말았다. 이때 고신교회는 이북 출신 목회자들이 대거 합동측에 잔류함으로써 충현교회(김창인), 동도교회(최훈), 신용산교회(정문호), 내수동교회(박희천) 등 유력한 교회들을 상실하였다. 합동 당시에 590교회이던 고신교회는 환원 당시에 수도권을 중심으로 한 150여 교회를 상실하였다. 이는 당시 고신교회의 교세의 25.5%에 달하는 것이었다. 또 합동측에 잔류한 수도권의 대표적인 인물들 가운데는 후일 합동측에서 총회장을 지내는 등 교단적으로나 한국교회적으로 크게 봉사한 인물들이 많았다. 이것은 당시 합동측

교회가 모두 2,000교회인 것을 고려할 때도 상당한 규모였고, 그 내용면에서도 이북 출신의 목회자들이 목회하는 교회가 상당수 합동측에 잔류함으로써 고신교회는 영남중심교회로 고착화되고 말았다. 결국 고신교회는 한국교회가 복음화운동으로 전진해야 할 시기에, 교단 합동과 환원의 후유증을 극복하는 일에 에너지를 투입해야 했다.

광복 당시 기독교 신자는 약 35만 명으로 추산되었고, 이로부터 10년 후인 1955년에는 60만 명에 지나지 않았다. 1960년대 중반부터 민족복음화운동이 전개되면서 1965년에는 150만 명에 이르게 되었다. 경제성장을 국가적인 제일의 목표로 하던 당시의 분위기와 함께 1960년대 이후 한국교회는 교회성장을 가장 중요한 가치로 생각하고 있었다.[41] 1960년대 후반에 들면서 교회가 노동현장에 대한 관심이 증대하면서 보수와 진보의 분리가 나타나기 시작하였다.

1970년대 한국교회는 복음주의권 교회에서는 이른바 '정교분리정책'으로 인해 한국의 정치와 사회 곧 사회적 불의에 대해 무관심하며 복음 전도에만 매진하였다. 보수적인 교회는 정교분리정책을 빌미로 친정부적인 행태를 보이면서 복음 전도와 교회성장에 관심을 기울였다. 이 시기에 제3공화국의 경제개발 계획에 따라 산업화와 도시화가 이루어졌고, 교회성장이 함께 이루어졌다. 한국교회는 신자 350만 명으로 성장하였고, 이후에도 놀라운 속도로 증가하였다. 1970년대 한국교회는 교회 성장이 가치의 중심이었다고 할 수 있다.

한국교회의 다른 한 편, 진보적인 교회들에서는 독재정권에 대한 거센 저항과 산업선교를 통한 노동자 의식화운동이 일어나기 시작하였다.

---

41. 이상규, 《한국교회 역사와 신학》, 37.

1970년대에 접어들면서 산업사회의 전도와 노동자들의 인권 문제 등을 개선하기 위해 '도시산업 선교'가 활발하게 이루어졌다. 1970년대 한국교회에서는 진보진영을 중심으로 학생운동과 노동운동을 중심으로 사회참여 문제가 자주 이슈가 되었다. 이를 기반으로 민중신학이 배태되고, 한국적인 신학으로 발전하였다.

1970년대 한국 기독교의 보수교회에서는 '시월유신'의 독재치하에서도 CCC의 김준곤은 정부와 협력하며 대규모 집회를 여의도광장에서 개최하였고, 성장의 발판을 마련했다. 정교분리의 정책을 근거로 사실상 정부의 협력과 지원을 받으며 전도활동을 전개한 것이었다. CCC가 1972년 '빌리 그레함 전도집회'에 이어, 2년 후에는 '엑스풀로 74'를 개최하여 여의도광장에서는 거의 100만 명이 운집하는 대형집회를 이끌었다. CCC는 엑스풀로 74를 통해 한국의 대표 선교단체로 성장하였다.

1970년대 후반에 박정희는 강력한 독재체제에 기반한 획일적인 분위기를 끌고 갔는데, 진보적인 학생운동은 반박정희정권 운동을 전개하였다. 진보적인 기독교 학생운동은 KSCF를 중심으로 학사단 활동, 도시산업선교 등과 연루되면서 민주화운동에 적지 않게 기여했다. 1974년 발생한 '민청학련 사건'에서 이철 등은 사형선고를 받는 등 학생운동도 치열하게 전개되었다. 1970년대의 기독교 학생운동은 복음주의권에서는 정치적인 상황에 대해 외면하고, 기도와 찬양, 전도에 대한 관심이 증대되었고, 진보적인 학생단체에서는 학생운동과 노동운동에 깊숙이 참여하기 시작하였다. 1970년대에는 학기마다 학생시위로 인해 잦은 휴교 등으로 학사일정이 정상적으로 진행되지 못했다.

한국교회는 1960년대에는 경제발전에, 1970년대는 민주화운동에 기여하였다. 지금도 사회봉사 기관 가운데 70% 이상이 기독교가 설립하였거나, 기독교인이 운영하는 것으로 집계되고 있다. 1952년에 외국 민간원조기관 한국연합회(KAVA)가 설립되었는데, 기독교아동복리회, 선명회, 기독교세계봉사회, 홀트아동복지회 등이 주요 회원단체였다. 그 소속기관 128개 기관 가운데 50% 이상이 기독교 기관이라는 것은 우리 사회에서 기독교의 사회봉사 상황을 잘 보여주고 있는 것이다. 또한 1970년대 이후 진보적인 입장을 가졌던 기장측은 민주화운동에 깊이 참여하였고, 때로 많은 박해를 받기도 하였다.

7. 1980년대 이후의 한국교회

1980년대가 시작되면서 이른바 삼김(三金)을 중심으로 '서울의 봄'을 구가하던 가운데, '12.12사태'를 통해 군부실권을 장악한 전두환은 광주민주화운동을 짓밟고 집권에 성공하여 강력한 군사통치를 하였다. 이 시기에 한국교회 지도자들은 군사 쿠데타로 집권한 전두환 대통령을 위해 조찬기도회를 갖는 등 정치와 타협하는 행적을 보였다. 노태우 대통령에 이어 1993년이 되어서야 '삼당 합당'으로 김영삼이 대통령에 당선되어 형식적인 면에서나마 '문민정부'를 수립하게 되었다. 이는 1980년 '서울의 봄'으로부터 10년도 더 늦어진 때였다.

한국교회는 1984년에 '한국기독교 100주년 기념대회'를 개최하였다. 한국기독교의 이러한 연합사업들은 진보와 보수가 함께하는 기회가 되었다. 이후 한경직을 중심으로 '한국기독교총연합회'를 구성하게 되었고, 진보적인 교회는 '한국기독교교회협의회'(NCCK)를 중심으로 민주화운동을 전개하였다. 1970년대 후반부터는 한국교회의 진보진영과 보수진영은 확연히 구분되어 사역하였다.

1970년대를 거치면서 기독교 안에서 이단들의 발흥이 계속되어 새롭게 등장한 여러 유사 기독교가 기독교에 부정적인 이미지를 더하게 만들었다. 1980년대 중반에 이르렀어도 한국교회는 거대하게 성장한 자신의 몸짓을 자랑할 뿐, 이 땅과 이 백성들에 대해 책임지지 못하였다. 무자격신학교 문제가 등장하며 목회자의 배출에 공적인 관리가 되지 않음으로써 목회자의 위상이 떨어지게 되었다. 기독교 안에서 계속하여 유입되는 새로운 신자들에 대해 지속적인 교육과 훈련이 이루어지지 못함으로써 교회의 수준이 향상되지 못하였다. 교회는 여전히 예배당 건축, 수양관 확보, 교회 묘원 설치 등 교회 내적인 일에 주로 관심을 갖게 되었고, 하나님 나라를 준비하지 못하였다. 그 결과 1980년대 후반부터 기독교에 대한 부정적인 이미지가 더욱 강화되었다.

1980년대 후반에 접어들면서 기독교 안에는 한국기독교교회협의회를 중심으로 통일운동에 대한 관심이 나타나기 시작하였다. 남북교회간 교류가 시작되었고, 1984년에는 일본 도잔소에서 모인 '도잔소선언'과 1988년 2월에 'NCCK 통일선언'이 발표되었다. 이 시기에 한국교회는 선교와 NGO활동에 많은 관심을 쏟기 시작했다. 1989년 한국국제기아대책기구의 설립 이후 1990년대에 접어들면서 다양한 NGO들이 설립되어 세계선교의 동반자 역할을 하게 되었는데, 제3세계 선교와 세계의 빈곤 문제 해결을 위해 노력하고 있다.

8. 2000년대의 한국교회

2000년대, 곧 새로운 밀레니엄에 접어들면서 한국사회의 문화는 급격하게 변화가 이루어졌다. 그동안 한국경제가 크게 성장하게 되었고, 시민의식이 크게 신장되었으며, 사람들은 삶의 질을 추구하기 시작하였다. 사람들은 '소유의 양보다는 질'을 추구하면서 목표의 성취보다도 그 과정을 소중하게 생각하기 시작하였다. 대화와 소통이 중요한 관심으로 등장하게 된 것이다. 2002년 '한일 월드컵'을 통해 시민들의 사회참여가 활발해졌고, 노무현 대통령과 민주당 집권을 통해 '참여 민주주의'가 활발해져 '촛불시위'에서 그 절정을 이루었다. 정치, 사회, 문화 전반에 걸쳐 새로운 의식이 크게 일어난 것이다.

기독교계에서도 1970년대 개발과 함께 자리 잡았던 대형교회들의 목회 리더십 이양이 부자관계에서 이루어지면서(이른바 '목회 세습') 교회의 리더십이 도전을 받기 시작하였다. 교회의 행정과 재정과 리더십 이양도 철저하게 투명하게 이루어져야 한다고 본 것이다. 그동안 자주 기독교 지도자들의 비도덕적인 행태가 언론에 노출되면서 교회의 권위가 심각하게 추락되고 있다. 젊은이들이 교회를 떠나고 세계에서 반기독교적인 정서가 크게 증가하여 기독교가 우리 사회에서 심각한 도전에 직면하게 되었다. 교회의 신뢰도가 떨어지면서 인터넷상에서는 기독교의 신인도와 권위가 형편없이 떨어져 반기독교 정서가 광범위하게 퍼져 있다.

맺는 말

한국교회는 지난 140년 동안 괄목할만한 성장으로 전국에 8만 교회, 890만 명에 달하는 교회로 성장하였으며, 세계 174개국에 23,318명의 선교사를 파송하여 세계선교 중심 국가로 자리잡고 있다.[42] 그러나 한국

---

42. 〈KWMA-KRIM 2023 한국선교현황 자료〉.

교회가 지난 세기 동안 성장한 만큼 건강한 모습을 갖추고 있는지, 교회가 본질적인 사명에 충실하고 주어진 책무를 다하고 있는지, 우리 사회에서 빛과 소금의 역할을 다하고 있는지에 대해서는 의문이 많다. 전 국민에게 공개되어 있는 공영방송에서 자주 교회의 부정적인 모습이 등장하고, 한국교회는 특히 여론주도층에서 외면당하고 있는 실정이다.

어린이들과 청소년들은 줄어들고, 청년들은 교회를 떠나 다음 세대에 교회가 제대로 기능을 할 것인가에 대해 우리를 고민하게 만든다. 한국교회가 이천 년 긴 교회사의 흐름에 비추어보면 아직 '어린 교회'(young church)임에도 불구하고, 벌써 '소아 비만증상'을 보이고 있다.

오늘의 한국교회는 이제 건강한 교회로 거듭나야 한다. 교회성장은 교회의 선교적 차원에서 중요한 관심이 되어야 하지만, 그 성장이 어떤 성장인가가 더욱 중요하다. 건강한 교회로 성장해야 하고, 교회의 건강도를 점검하며 내실을 더욱 튼실하게 해야 한다. 한국 그리스도인들은 한국교회의 역사를 이해하고, 이를 통해 얻는 통찰을 바탕으로 한국교회의 미래를 준비해야 한다. 한국교회는 하나님 말씀의 터 위에 세운 개혁교회로서 더욱 건강한 교회로 성장해야 할 것이다.

일제의 신사참배 강요와 한국교회의 대응

한국 역사에서 가장 부끄러운 사건이 '경술국치(庚戌國恥)'라고 한다면, 한국교회 140년의 역사에서 가장 치욕적인 사건은 일제강점기에 신사참배(神社參拜) 강요에 굴복하고 협력한 것이라 할 수 있다. 이 글에서는 신사와 그 성격, 신사참배 강요의 배경과 모습, 이에 대한 한국교회의 대응, 그리고 신사참배 지도자들의 신앙정신을 살펴보고자 한다.

1. 신도와 신사, 일제의 신사참배 강요

1) 신도와 한국에서의 신사

신사는 일본 민족의 정신생활에 기본이 되는 일본 고유의 사상으로, "신도의 최고의 신은 황조(皇祖) 천조대신(天祖大神)이며, 가장 실질적인 신은 현인신(顯人神)인 천황(天皇)이며, 신도의 가장 중요한 문제는 조선에 봉사, 즉 숭조관념(崇祖觀念)이요, 천황과 국가에의 봉사 즉 충

신사참배의 총 본산 조선신궁(1925)

군애국(忠君愛國)이다."¹ 우찌무라간조(內村鑑三)과 같은 무교회주의자들과 뜻있는 기독교 지도자들은 천황제 이데올로기가 종교적 성격을 띠고 있다며 반대했지만, 일본 기독교의 전체적인 분위기는 이것이 종교가 아니라 국가에 대한 국민의 예의로 받아들였다.² 1868년 메이지유신을 단행하면서 신도가 종교적으로 부활하여 황실의 권위를 높여주는 국가주의적 종교가 된 것이다.³

신도가 한국에 들어오고 일제의 통치이념으로 자리잡게 된 것은 조선신궁이 준공된 1925년 이후이다. 일제는 신도의 조선 본산이 될 웅대한 신사 건설을 결의하여, 삼일운동 직후 일본과 조선의 하나됨, 곧 내선일체(內鮮一體)를 주장하며 1919년 7월 2일 서울 남산에 웅대한 신사

---

1. 下野省三, 神社神道, 1940, 102. 박용규, 《한국기독교회사 3》, 680에서 중인.
2. 박용규, 《한국기독교회사 3》, 681.
3. Kun Sam Lee, *The Christian Cobfrontation with Shinto Nationalism*, 33.

건설을 착공하여 5년의 공사 기간을 거쳐 1925년 조선신궁을 완성하였다. 조선총독부는 이때로부터 전국에 신사를 건립하도록 하여, 부산 용두산공원을 비롯해 전국의 중요도시의 중앙에 신사를 건립해 일본 종교 신도(神道)를 한국에 이식하기 시작하였다. 1936년에는 전국에 54개의 신사(神社)와 293개의 신사(神祠)를 보유하게 되었다. 일제는 신사참배로 국민들의 정신적 통일을 이루려 하였다. 조선총독부는 '1면1신사 정책'을 수립하여, 1945년까지 전국에 79개의 신사(神社)와 2,062개의 신사(神祠)가 건립되었다.[4] 이에 학생들과 국민들은 각 지역에서 신사참배에 내몰렸고, 신사참배는 일본 제국주의의 강력한 통치의 수단이 되었다.

2) 일제강점기 기독교 탄압의 배경

임오군란, 청일전쟁, 러일전쟁을 거쳐 1910년 대한제국을 강제로 병합한 일본은 한국에 식민지 통치를 시작했다. 일본 제국주의(일제)의 식민지 정책은 정치적 억압 정책, 경제적 수탈 정책, 문화적 말살 정책 등 세 가지 정책으로 나타났다.[5] 정치적 억압 정책은 한국을 무력으로 제압하고 한국인의 정치적 참여를 봉쇄하는 것이었고, 경제적 수탈 정책은 농업 방면과 상공업 방면에서의 수탈이 중심이 되었으며, 문화적 말살 정책은 교육 정책과 언어 정책, 역사 왜곡 등이 중심이 되었다. 거기다가 종교적 탄압 정책도 함께 나타났는데, 이는 일제가 기독교에 내해서 극심한 적대감을 가지고 있었기 때문이었다. 그 이유는 천황숭배와 신사신앙을 축으로 하는 그들이 가진 정치적, 문화적, 종교적 이데올로기

---

4. 김승태, "일본 신도의 침투와 1910·1920년대의 신사문제", 《한국기독교와 신사참배 문제》, 210.
5. 노치준, 《일제하 한국기독교 민족운동 연구》, 서울: 한국기독교역사연구소, 1993. 54-63.

가 기독교와는 조화, 공존할 수 없었기 때문이었다. 일제에게 당시 기독교가 민족운동과 깊은 연대를 가진 배일세력으로 인식되었으며, 일본과 경쟁, 혹은 적대관계에 있는 영국과 미국 등 서구 여러 나라들과 선교사를 매개로 연결되어 통제나 지배가 쉽지 않았기 때문이기도 했다.[6] 일제가 기독교를 유독 탄압했던 것은 기독교가 일본의 제국주의적 본성을 그대로 받아들일 수 없다는 것을 잘 알고 있었기 때문이었다.

1910년 한일합방으로 한국을 식민지로 삼은 일본은 그 야욕을 중국으로도 뻗히게 되었는데, 1932년에 허수아비 정권 만주국을 수립했다. 일제의 야욕은 1930년대에 접어들면서 더욱 노골화되어, 1937년 7월 선전포고 없이 중국을 도발한 후에는 대동아공영권을 주창하며 중국대륙을 병탄하려 했다. 1940년에는 독일과 이탈리아와 군사동맹을 체결하였으며, 1941년 12월 8일 하와이 진주만을 기습 공격함으로써 태평양전쟁을 일으켰다. 이제 그들이 즐겨 사용했던 '총후(銃後, 총 뒷편, 곧 후방을 의미)의 지원과 협력을 위해 국민정신의 통일이 중요했다. 이에 조선과 일본이 하나임을 강조하는 내선일체(內鮮一體) 정신 계몽에 적극적이었다.

1936년 8월 관동군 사령관 출신의 미나미가 제7대 조선총독으로 부임하면서 우리 민족을 말살하는 대대적인 억압 정책을 폈다. 일제는 1937년에 들면서 9월 6일 애국일 제정, 10월 2일 '황국신민 서사'의 제정과 일상적 제창 강요, 1938년 2월 6일 지원병제 실시, 3월 4일 민족성 말살을 위한 조선교육령 개정, 1939년 1월 10일 창씨개명 강요, 1942년 5월 징병제 실시, 1942년 초등교육 배가 계획 등의 정책을 연속으로 강

---

6. 친일인명사전 편찬위원회 편, 《친일인명사전 1》, 서울: 민족문제연구소, 49.

력히 추진하였다.[7] 통감부의 이러한 강력한 정책은 학교와 교회에 신사참배 강요로 나타났다.

일본 제국주의는 국민들의 황민화로 정신적인 통일을 추구하려 하였고, 중일전쟁 이후 더욱 노골적으로 일본국기 게양, 동방요배, 신사참배를 강요하였다.

1937년 7월에 1면 1신사 정책이 추진되면서, 신사가 급격히 늘어 1945년에는 신사(神社) 79개와 신사(神祠) 2,062개가 되었다.[8] 최근 공개된 1942년 5월 경 전남 담양면장의 공문에 의하면, 일제는 신사운영비까지 주민이 부담한 사례도 있다.[9]

3) 기독교 학교에 신사참배의 강요와 기독교학교의 폐쇄

일제가 신사참배를 강요한 것은 공립학교가 먼저였고, 이어 기독교 학교에도 강요하기 시작하였다. 그 첫 시도는 1932년 평양에서 있을 춘기황령제에 각 학교의 참석을 요구한 데서 시작되었다. 기독교 학교에 신사참배를 강요하기 시작한 첫 인물은 야스다께 평안남도지사였다. 그는 1935년 11월 4일 도내 공사립중등학교 교장회의를 소집하고, 개회벽두에 신사참배를 명령하였다. 숭실중학교 윤산온 선교사 등은 이에 불응하였다.[10] 이 시기부터 일제는 기독교계 학교들에 대해 주목하였다. 일본제국주의는 매월 1일을 애국일로 정하여 신사참배를 시행하도록 하였는데, 이를 반대하는 많은 기독교계 학교들이 강제로 문을 닫거나

---

7. 송건호,《한국현대사론》, 서울: 한국신학연구소, 1980. 239.
8. 이상규,《해방전후 한국장로교회의 역사와 신학》, 서울: 한국기독교역사연구소, 2015. 23.
9. 〈동아일보〉 2011. 2. 22.
10. 김양선, "신사참배 강요와 박해",《한국기독교와 신사참배의 문제》, 23.

스스로 폐교해야 했다.[11]

이러한 일련의 신사참배 강요에 대해 남장로교회가 단호히 반대하였다. 남장로교회 선교사들은 선교부 총무 풀톤(Darby Fulton)의 역할로 만장일치로 신사참배를 반대하기로 하였다. 그는 일본에서 출생하여 일본에 주재하던 선교사였는데, 신도의 성격을 잘 알고 있었기 때문이었다. 그는 신사참배가 사소한 문제가 아니라 신앙의 근본문제와 관계되는 것으로 생각했고, 기독교의 유일신 신앙과 다신론을 결정해야 하는 문제로 보았다. 그리하여 1937년 2월 24일 각급학교에 "기독교적 원리를 포기하지 않는 한 학교의 유지가 불가능하기 때문에 학교를 폐쇄하기로" 통지하였다. 1937년 9월에 미국 북장로교회 선교부는 선교부가 운영하는 6개 학교를, 미국남장로교회 선교부는 선교부가 운영하는 10개 학교를 폐쇄하였다.[12]

신사참배 강요에 대한 저항도 있었는데, 평양 장로회신학교는 신사참배를 하지 않기 위해 1938년 졸업생들에게 우편으로 졸업장을 보내고 스스로 휴교했다. 주한 각 선교부들은 신사참배에 응하지 않기 위해 그동안 설립, 운영해오던 기독교 학교를 폐교했다. 이들 선교부들 가운데는 남장로교회 선교부가 강력한 입장을 가지고 있었다. 9월 6일 전라남북도의 도지사들은 신사참배를 거부하는 전라지역의 네 학교를 강제로 폐교하였다. 순천 매산학교, 전주 신흥학교, 기전여학교 등의 세 학교도 스스로 폐교를 신청해 폐교되었다.[13] 부산경남지역을 관할하던

---

11. 일제강점기 한국교회의 신사참배 반대운동과 그로인한 수난에 대해서는 이근삼, 《개혁주의 신학과 한국교회》 서울: 생명의 양식, 2007, 168-251과 김남식, 《한국기독교 수난사》, 서울: 베다니, 2008. 57-222을 보라.
12. 김영재, 《한국교회사》(개정판), 수원: 합신대학원 출판부, 2009, 253-255.
13. 김양선, "신사참배 강요와 박해", 29. 일제강점기 한국교회의 신사참배 반대운동과 그로 인한 수난에

호주장로교회도 1938년 6월에 설립한 여러 학교들을 폐쇄하였다.

2. 장로교 총회의 신사참배 결의와 한국교회의 대응

1) 각 교파의 신사참배 결의

일제는 기독교 여러 교파에 신사참배를 강요하였다. 각 종교단체나 다른 교파들 가운데 일본과 우호적이었고, 훗날 군사동맹을 맺은 이탈리아와 특수관계에 있는 천주교는 교황청의 정책에 따라 1936년 5월에 국가의식으로 받아들였다. 안식교는 1935년에, 감리교는 1938년 9월 3일 총리사 양주삼 명의로 신사참배 여행 성명서를 발표했다. 장로교에서는 1938년 2월 9일 평북노회가 신사참배를 결의한 이후 8월에 평양노회, 9월에 경안노회가 신사참배를 결의하였고, 전국 23개 노회 가운데 17개 노회가 일제의 강요에 의해 신사참배를 결의하였다.[14]

평양경찰서장은 총회 개회 전일에 평양, 평서, 안주 세 노회장을 불러 신사참배 결의를 논의하였는데, 평양노회장 박응률이 "신사참배가 종교의식이 아니라 애국적 국가의식이므로 기독교인들은 솔선여행해야 된다"는 것을 제안하고, 평서노회장 박임현은 신사참배 결행을 동의하고, 안주노회 총대 길인섭은 제정할 것을 강요하여 내락을 받았다.[15] 마지막으로 장로교 총회가 1938년 9월 10일 일본 경찰이 임석한 위압

대해서는 이근삼의 박사학위 논문, 《기독교와 신도국가주의의 대결》, 서울: 생명의 양식, 2008과 《개혁주의 신학과 한국교회》 168-251과 김남식, 《한국기독교 수난사》, 서울: 베다니, 2008. 149-222을 보라.

14. 허순길, 《한국장로교회사》, 255-256.
15. 김양선, "신사참배 강요와 박해", 김승태 편, 《한국기독교와 산사참배 문제》, 서울: 한국기독교역사연구소, 2003, 31.

장로교 노회장들의 평양신사 참배(1938. 9. 12/조선일보)

적인 분위기 가운데서 제27회 총회에서 신사참배를 결의하였다. 결의 후 다음과 같은 성명서를 발표하였다.

> 아등(我等)은 신사는 종교가 아니오, 기독교 교리에 위반되지 않는 본의를 이해하고 신사참배가 애국적 국가의식임을 자각하며 이에 신사참배를 솔선 여행하고 추히 국민정신총동원에 참가하여 비상시국 하에서 총후(銃後) 황국신민으로서 적성(赤誠)을 다하기로 기(期)함
>
> 소화 13년 9월 10일
> 조선예수교장로회 총회장 홍택기

제27회 총회에서는 이 결의 후 평양기독교친목회 심익현 목사가 신사참배 즉시 실행을 특청하자, 총회가 이를 받아들여 김길창 부총회장의 인솔로 전국노회장 23명이 총회를 대표하여 평양 신사에 참배하였

다.¹⁶ 이어 총회에서 김길창이 제출한 건의안의 일부는 다음과 같다.¹⁷

1) 당국과 조선교회와 선교사단과의 삼각적 관계의 원만을 도모할 일
2) 총후보국(銃後報國)에 물자헌납운동은 물론 우선 정신 동원의 일부로서 내지교회와의 연락을 위한 친선사절을 보낼 일
3) 국방헌금은 교회가 일정한 시일에 애국예배를 보는 동시에 국방헌금대로서 조직할 일
4) 신사참배는 사대절(四大節)에 일반시민과 같이 참배하도록 당국과 교섭할 일.

장로교의 신사참배 결의 후 세 달 만인 12월 12일에는 장로교 홍택기, 김길창, 감리교의 양주삼, 김종우, 성결교의 이명직 등 5인이 한국교회 대표단으로 일본의 이세신궁과 가시하라신궁 참배를 떠났다.¹⁸ 총독부의 재정 지원이 따른 보은 관광인 셈이었다. 제27회 총회의 신사참배 결의는 일제의 강요에 의한 것이겠지만, 총회에서의 부속 결의와 그 이후 지도자들의 행적으로 볼 때 신사참배는 자발적인 성격이 강했다고 할 수 있다.

신사참배 반대에 따른 일제의 종교적 탄압이 가속화되면서 다른 교파들에도 영향을 미쳤다. 전세가 심각해지면서 1942년 2월 20일 미국 감리교회 해외선교부에서 선교사들은 모든 선교지역에서 철수하라는

---

16. 허순길, 239.
17. 경성 〈매일신보〉, 9월 13일자. 민경배, 《교회와 민족》, 1981, 405에서 중인.
18. 《매일신보》, 1938. 12. 13; 허순길, 《한국장로교회사》, 260. 이들 대표단은 대표적인 기독교계 친일인사로 김종우를 제외한 네 명이 모두 《친일인명사전》에 등재되었다. 김길창: 《친일인명사전 (1)》, 286-287, 양주삼: (2), 482-485, 이명직: (2) 846-847, 홍택기: (3), 990-991.

지시가 하달되었고, 대부분의 선교사들은 본국으로 철수하였다.[19]

2) 신사참배 강요에 대한 한국교회의 대응

제27회 조선예수교장로회 총회의 신사참배 결의 후 일본 제국주의의 압제가 더욱 심해졌다. 이에 대한 한국교회의 대응은 다음 몇 가지로 정리할 수 있다. 먼저, 신사참배에 반대하거나 반대운동을 전개하던 소수의 그리스도인들이 있었다. 일제강점기에 200여 교회가 폐쇄되고, 2천여 명이 투옥되고, 50여 명이 옥중에서 순교했다.[20] 이들을 따르던 사람들은 신사참배를 하는 교회에서 예배하지 않기 위해 가정예배를 드렸고, 교회에 헌금하지 않았다. 조직적인 신사참배 반대운동을 전개한 이들은 1940년 9월 20일 새벽 4시 일제검거로 체포되었고, 1945년 광복이 되기까지 5년 동안 투옥되어 고문으로 큰 고통을 당했다. 평신도들 가운데 이들의 신앙을 적극적으로 따르던 신자들이 있었다. 함안 칠원교회의 경우 손양원의 아들 동인과 엄주신의 두 아들 둔섭과 무섭이 신사참배를 거부하면서 퇴학 처분을 받았고, 밀양마산교회 박수민의 아들 정덕은 신사참배를 하지 않기 위해 초등학교 2학년 때 학교에 나가지 않고 하릴없이 지내야 했다.[21] 이들은 신사참배 반대운동을 전개하던 지도자들의 적극적인 추종자들이었다.

둘째, 신사참배 강요를 피해 일본과 만주 등 해외로 도피하거나, 목

---

19. 이성삼, 《한국감리교회사 (1)》, 서울: 기독교 대한감리회 본부 교육국, 1980, 254.
20. 김양선, 《한국기독교 해방 10년사》, 53.
21. 그는 이렇게 일제강점기에 정규교육을 받는데 지장을 받았지만, 광복 후 고려고등성경학교에 입학해 성경을 집중적으로 공부해 오종덕 목사의 수제자가 되어 '성경박사'라 불리웠고, 고려신학교를 졸업하고 총회가 설립한 성경통신대학 학장으로 지냈으며 대구서교회와 제일영도교회에서 역량있는 목회를 했다.

회자들은 목회에서 인퇴하여 초야로 돌아간 경우도 있었다. 황철도는 평양 장로회신학교를 다니던 중 신사참배 반대로 학교가 문을 닫으면서, 여항산에서 숯가마를 하며 교역에서 인퇴하여 생활했다. 이약신은 신사참배 반대로 투옥되었다가 병보석으로 출감한 후 피해 다니다가 북으로 이동 중에 광복 소식을 듣고 집에 돌아왔다. 박형룡과 박윤선은 정상인이 설립한 동북신학교 교수로 가르쳤는데, 학교 당국은 일제와 협의하여 학생들은 신사참배를 하고 두 교수는 신사참배를 하지 않는다는 조건으로 교수로 가르쳤다. 신사참배를 하며 공부하는 학생들을 막지 못하는 교수들은 여간 괴로운 일이 아니었을 것이다. 남영환은 신사참배를 거부하면서 퇴학을 당했다.

셋째, 신사참배 강요에 적극적으로 친일, 부일한 세력도 있었다. 제27회 총회장 홍택기과 부회장 김길창은 신사참배 결의에 앞장섰다. 이러한 일은 문인과 예술가들도 마찬가지였는데, 3.1운동 당시 독립선언서에 서명했던 민족지사들 중에도 일제의 군국주의가 깊어가면서 적지 않은 수가 변절하였다. 이런 현상은 다른 교파 지도자들도 마찬가지였는데, 양주삼은 기독교조선감리회연맹을 조직하고 이사장을 역임했고, 기독교조선감리교교단 통리사를 역임하며 친일에 앞장섰다. 그는 일본 경찰의 도움을 받아 감리교 총회를 해산했다. 그는 광복 후 감리교 내부에서도 반발을 받아 감리교에서 일할 수 없어 천주교로 개종했다.[22] 성결교 지도자 이명직도 〈활천〉 수간으로서 친일석인 글을 다수 발표하였고, 특별헌금 독려, 징병제에 찬동하고 시국강연회에 앞장섰으며, 1940년 국민총력 조선성결교회 연맹 조직 때 이사와 이사장을 맡아 일제에

---

22. 《친일인명사전 3》, 514-515.

적극 협력했다. 이들 각 교파 지도자들은 장로교 총회가 신사참배를 결의한 3개월 후 조선총독부의 경비 지원을 받아 한국교회 대표단으로서 일본에 건너가 야스꾸니 신사 등에 참배하였다.[23] 이들은 일제강점기에 신사참배 결의에 앞장 섰고, 광복 후 교회쇄신운동에 앞장서 반대했으며, 부산·경남지방의 경우 교회 쇄신운동이 진행되어 노회 분란이 계속될 때 중앙교권주의자들로서 지방 교권주의자들을 지원해 교회쇄신운동을 방해했다.

넷째, 다수의 지도자들은 신사참배 강요가 성경의 가르침에 위배된다는 것을 인식하면서도 총회의 결의에 다소 위안을 갖고, 일본의 황민화 정책과 일본적 기독교 추진에 순응하면서 목회를 이어갔다. 당시 교회에 가면 가미다나(信朋)와 그 위에 일본 국기가 있었고, 국가를 부르고 천황에게 경례하는 궁성요배(宮城遙拜)를 하고 예배를 시작하였다.[24] 또 성도들이 드린 헌금으로 국방헌금을 보내곤 하였다.

마지막으로, 신사참배를 반대하고 투옥된 지도자들을 존경하고 따르던 신자들은 그들의 행동지침에 따라 교회 출석을 하지 않고 가정예배를 드리는 경우가 많았다. 신사참배 반대운동 실천방안의 하나로, 많은 그리스도인들이 신사참배를 하는 교회에 출석하지 않고 가정예배를 드렸다. 감리교회 출신 장기려도 그 시기에 교회 출석을 하지 않고 가정예배를 드리다가 광복 후부터 산정현교회에 출석하기 시작했다.

---

23. 《친일인명사전 2》, 846-847.
24. 조수옥, "나의 신사참배 반대운동". 84.

3. 신사참배 반대운동의 전개

1) 신사참배 반대운동의 전개

제27회 총회의 신사참배 결의 후 전국적인 신사참배 반대운동이 전개되었다. 각 지역의 대표적인 인물은 평안남도 주기철, 평안북도 이기선, 경상남도 한상동, 전라도 손양원, 만주 한부선 등이었다.[25] 첫째, 평안남도에서의 반대운동은 주기철과 산정현교회가 그 중심을 이루었다. 주기철은 1937년 마산문창교회에서 당시 한국교회의 중심지였던 산정현교회로 이동한 후 서북지방의 신사참배 반대운동의 중심에 섰다. 그는 1936년 평양신학교의 부흥회에서 '일사각오'라는 신사참배 반대 설교를 했고, 1938년 2월 9일 평북노회가 신사참배를 결의하자 이를 반대하였다. 신사참배를 반대하였던 주기철 목사는 세 차례 투옥과 석방을 반복하느라 조직적인 반대운동을 전개할 기회가 없었다. 오히려 교회에 피해가 갈 것을 우려하여 반대운동에는 소극적이었다. 그는 1940년에 일제검거 때 투옥되어 광복을 1년 남짓 앞둔 1944년 4월 21일 평양형무소에서 순교했다.[26] 평안남도 반대자들은 채정민, 김의창, 이인재, 방계성, 오윤선, 박관준, 안이숙, 함일돈, 마두원, 이약신 등이었다.[27] 평안북도에서의 반대운동은 이기선 목사가 주도적인 인물이었다. 신의주 김화준, 이광록, 강계 고흥봉, 선천 김인희, 정주 김형락, 박천 안이숙, 영변 박관준 등이 중심을 이루었다.

---

25. 이근삼, 《기독교와 신도국가주의와의 대결》, 367-387. 한석희, "신사참배의 강요와 저항",《한국기독교와 신사참배 문제》, 서울: 서울: 한국기독교역사연구소, 1992. 재판.
26. 이 과정은 이상규, "주기철 목사의 신사참배 반대와 저항"을 보라.《소양 주기철 목사 기념 논문》, 서울: 주기철 목사 기념사업회, 2000, 153-192.
27. 김양선,《한국기독교사 연구》, 198.

둘째, 부산·경남지역에서의 반대운동은 한상동이 중심을 이루었다. 초량교회에 시무할 당시부터 신사참배 반대 설교를 하였던 한상동은 주기철이 평양 산정현교회로 이동하면서 그 후임으로 마산문창교회의 청빙을 받아 시무하였다. 그는 1938년 제27회 조선예수교장로회 총회의 결의가 있은 후 이것이 계명에 위반됨을 알리고, 마산문창교회에서 신사참배를 반대하는 설교를 했다. 경찰의 압력이 거세어지면서 교회에 피해를 주지 않기 위해 부임 2년 2개월 만에 교회를 사임했다. 이후 그는 밀양마산교회의 청빙을 받아 시무하면서 부산, 경남 지역에서 조직적인 신사참배 반대운동을 이끌었는데, 각 지역을 중심으로 자신이 부산과 마산을 책임지고, 거창 주남선, 밀양 이인재(남북연락책), 남해 최상림, 함안 이현속 등이 함께 했으며, 또 최덕지, 조수옥 등과 같은 여성 지도자들도 함께했다.

셋째, 만주지방에서의 신사참배 반대운동은 한부선이 중심이 되었다. 한부선은 주한선교사 2세 선교사로 제27회 총회에서 총회장이 신사참배를 결의할 때 가만 묻고, 부를 묻지 않은 것을 항의하다가 경찰에게 끌려 나갔다. 그 이후 그는 신사참배 반대운동으로 1939년 심양노회에서 목사직이 면직되었다. 그는 만주에서 신사참배를 거부하는 그리스도인의 신앙고백을 정리해 '장로교 언약문서'(A Presbyterian Covenant)를 작성했다. 이 문서에 서명한 이들이 430명이 되었고, 이를 따르던 70명 이상의 그리스도인들이 투옥되었다.[28] 그는 신사참배 반대운동으로 1941년 10월 검거와 투옥, 재투옥을 거쳐 1942년 6월 포

---

28. 그 전문이 《The Presbyterian Guardian》 1943년 1-2월호에 개제되었다. 다른 신사참배 반대자들이 그들의 뜻을 담은 결의사항만 기록한 것과 달리, 만주에서는 그의 지도로 체계적인 반대운동의 근거가 되는 문서를 작성하였다.

로 교환 형식으로 미국으로 추방되었다. 한부선은 제2차 세계대전 종전 후 만주로 돌아가 선교하기를 원하였으나, 중국의 공산화로 입국이 불가능하게 되면서 1946년 부산으로 입국해 1975년 미국으로 돌아갈 때까지 평생 고려신학교와 깊은 관계를 맺으며 선교했다. 그 외에도 전라도에서는 손양원이 중심인물이었다.

2) 신사참배 반대운동 지도자들의 신앙정신

그러면 신사참배 반대운동을 전개하였던 지도자들의 신앙과 정신은 무엇이었던가? 이에 대해 이근삼은 그의 박사학위 논문에서 한국에서 기독교 저항의 중요 동기 곧 신사참배를 반대하고 항쟁한 그리스도인들의 신앙과 정신을 다음과 같은 네 가지로 정리하고 있다.[29]

· 하나님의 계명에 대한 복종과 교회를 위한 사랑

한국 그리스도인들은 성경이 성령에 의해 영감된 하나님의 말씀이며, 또한 신앙과 삶의 절대적 표준이라는 기독교 신앙을 철저하게 수용하였다. 성경은 기독교 사상을 판단하는 최종 재판정이 되었다. 그들은 신사참배는 하나님의 계명을 위반하는 우상숭배로 여겼고, 제1계명과 제2계명을 위반하는 것으로 보았으며, 그 의식을 종교적인 행위로 보았다. 그들은 1938년 제27회 총회의 신사참배 결의를 원천무효로 여기며, 이를 인정하지 않게 됨으로써 총회로부터 출교를 당하였다. 신사참배가 우상숭배라는 확신은 그리스도인이 그러한 혼합주의적인 숭배행위와

---

29. Kun Sam Lee, *The Christian Cobfrontation with Shinto Nationalism*, 《기독교와 신도국가주의의 대결》, (서울: 생명의 양식, 2008), 388-408, 이 부분은 이근삼, 《개혁주의 신학과 한국교회》 제3부 한국교회의 신사참배 반대운동에서도 잘 정리되어 있다.

야합하고 타협한 학교와 교회에 출석하지 못하도록 하는 동인이 되었다. 한상동과 주남선은 감옥 속에서 기도를 통해 영감을 얻어 새로운 신학교 설립을 계획했다. 이러한 계획은 일본 신도 국수적 민족주의 국가가 패망한 이후에 한국장로교회 개혁주의 전통을 재수립하기 위한 포석과도 같은 중요한 과업이었다.

· 종말론적인 기대와 그리스도 왕권에 대한 개인적 언약

그들은 모든 예언의 말씀이 반드시 실현될 것을 믿었다. 하나님의 나라(파루시아)의 대망하는 가운데서 전개되는 기독교적 증언과 세상 모든 권세에 대한 그리스도의 왕권은 신자들에게 그리스도 외에는 그 어떤 권세에도 두려워하지 않게 만들었다. 일제에 저항하다가 고초를 겪게 된 성도들이 지녔던 그리스도의 재림에 대한 종말론적 기대와 소망은 그리스도가 다시 오신다는 약속에 근거한 것이었다. 당시 그리스도인들은 주로 전천년설을 신봉하였는데, '그리스도께서 오신다'는 점, 그리스도의 완전한 왕권이 강조되어 있다는 점, 그리고 이러한 일은 하나님 아버지와 그의 아들 예수 그리스도의 사랑에 기인한다는 점 등에 초점을 두었다. 그들은 종말론적 기대와 그리스도 왕권에 대한 확신을 가지고 있었다.

· 신적 진리에 대한 비타협적인 증언과 교회와 국가에 대한 기독교적 책임성

한국교회 신자들은 가족과 친척, 친구와 이웃, 그들이 살고 있는 공동체와 사회에서 그리스도의 증인이라는 의식을 항상 갖고 있었다. 그 결과 한국교회 선교 시작 50년 만에 오십만 명의 신자를 얻을 수 있었다. 신사 참배 강요에 저항한 이들은 그러한 저항이 세상 권세 앞에서

그리스도의 복음을 증언할 기회로 생각했다. 신사참배로 투옥된 성도들의 체형조서에 의하면 한상동은 관리들에게 복음의 진리를 증거했다. 이같은 일은 박관준, 주기철, 손양원 등에서도 발견된다. 이들은 하나님을 대항하는 범죄에 대해 회개를 촉구하였다. 그들은 이렇게 가면 나라가 망한다고 증거하였는데, 국가에 대한 기독교적 책임성을 가지고 있었다.

· 순교에 대한 열망과 하나님의 영광

예수 그리스도 안에서 오직 자신들의 위로를 발견하였던 그들은 박해 가운데서도 하나님의 계명을 기쁘게 순종하였다. 그들은 주의 명령과 약속으로 인해 죽음을 두려워하지 않았고, 그리스도를 위해 순교를 열망하게 되었다. 그들은 자신은 물론 가족들까지 극심한 고초를 당했지만, '죽도록 충성하라'는 명령을 최고의 명령으로 받아들였다. 일본제국주의는 태평양 전쟁의 어려움과 수년 동안의 투옥 생활로 인한 신체적 고통을 이용해 석방이라는 달콤한 유혹으로 타협과 야합을 이끌어내고자 하였지만, 그들은 이에 굴하지 않았고 오히려 장래에 한국교회의 재건과 개혁주의 신학교 설립 계획을 세우게 되었다.

맺는 말

지금까지 일본의 제국주의적 종교 신도의 종교적 성격과 신도가 어떻게 한국에 도입되었으며, 이것이 일제가 어떻게 신사참배를 강요하게 되었는지를 살펴보았다. 1930년대 중반부터 신사참배가 강요되면서 시차는 달리하지만 기독교의 모든 교파들이 신사참배를 결의하고 협력하였다. 개인적으로 신사참배를 하지 않았던 사람들은 총회가 결의한 신사참배를 따르지 않는다는 것이 박해의 이유가 되기도 했다.

그 시기에 한국의 정치, 교육, 문화, 예술, 종교 등 각 분야의 사회 지도층들은 강연과 논설을 통해 신사참배 강요에 찬동한 것은 물론 군 입대와 위안부 동원을 위한 강연에도 참여하여 우리 아들딸들을 전장과 위안부로 몰아넣었다. 많은 기독교 지도자들은 신사참배를 국가의식으로 치부하며 이를 따라 목회를 하고 있었다. 정치적 억압, 경제적 수탈, 문화적 말살과 동화, 신앙적 박해 가운데서 일제강점기의 어두움은 더욱 깊어갔다. 교회는 부끄러운 모습을 보이며, 성도들이 드리는 헌금이 전쟁을 수행하는 무기를 구입하기 위한 국방헌금으로도 사용되고 있었다. 일제강점기의 어두움이 깊어가던 시기였다.

한상동 목사의 조직적인 신사참배 반대운동[1]

- 〈예심종결서〉를 중심으로[2]

한상동 목사(1901-1976)는 일제강점기에 신사참배 반대운동과 광복 후 한국교회 쇄신운동의 지도자로서, 같은 시기에 태어난 박형룡(1897-1978, 예장 합동), 한경직(1902-2000, 예장 통합), 김재준(1901-1987, 기장) 목사와 함께 한국교회를 위해 특별한 봉사를 한 인물이다. 이들은 1950년대에 세 차례의 분열을 통해 형성된 한국장로교회 4대 교단의 중심에서 때로 한국교회의 미래를 위해 협력하며, 때로 긴장과 갈등 관계를 형성하며 함께 사역하였다. 이들이 한국교회를 위해 각각 중요한 역할을 했음에도 불구하고, 유독 한상동 목사에 대한 평가는 인색한 편이라 할 수 있다. 이같은 현상은 장로교회의 분열 책임론을 그 바탕에 깔고 있는 것이지만, 그보다는 고신교회가 영남지방을 중심으로 한 교

---

1. 이 논문은 한상동 목사 서거 40주년 기념 강연회(Evangelia University, 2016. 1. 25.)에서 발표된 논문의 일부로, '일제의 신사참배 강요와 기독교의 부일협력', '한국교회 신사참배 반대운동' 등 두 항은 편집상 필요에 의해 이를 분리, 별도로 취급하였음을 밝힌다.
2. 이 분석은 훗날 대법관을 지낸 부산지방법원 김신 판사가 정리한 "한글로 풀어 쓴 예심종결서"를 기초로 하였고, 교차분석을 위해 남영환 목사의 번역본,《일제수난성도의 발자취》, 서울: 영문, 1991를 대조하였다.

단이라는 점과 인간적인 평가에 관심을 갖지 않았던 그의 '무명에의 의지'가 작용한 것이라 할 수 있다.[3]

이 글은 고려신학교 설립 75주년과 한상동 목사 탄생 120주년, 서거 45주년을 맞이하여 한상동 목사가 일제강점기에 신사참배 반대운동으로 한국교회를 지키기 위해 어떤 봉사하였는가를 논의하는 것을 목적으로 한다.

1. 한상동 목사의 신사참배 반대운동의 개요

한상동 목사는 1937년 평양 조선예수교장로회신학교를 제32회로 졸업한 후 부산으로 내려와 초량교회의 강도사로 청빙을 받았는데, 경남노회장이었던 이약신 목사가 호주장로교회 100주년을 축하하는 친선사절로 호주를 방문하는 6개월 동안 실질적으로 초량교회를 목회하였다. 그는 초량교회에 시무하는 동안 "현 정부는 정의와 신의(神意)에 위반한 우상인 신사참배를 강요하니 오등(吾等)은 굴하지 말고 이것에 절대로 참배해서는 안 된다"고 설교하였다.[4] 한상동 목사는 1937년 12월 경남노회에서 목사 안수를 받으면서 마산문창교회의 청빙을 받아 목회하였고, 신사참배 반대로 인해 일본 경찰의 압력으로 교회를 사면해야 했다. 그후 박수민 장로의 초청으로 밀양마산교회를 시무하며 전국적인 신사참배 반대운동을 전개하였다. 이 시기에 여러 차례 마산경찰서에 불려가 조사를 받았다.

---

3. 이상규, "한상동론", 《한상동 목사, 그의 생애와 신앙》. 부산: 글마당, 2000, 310.
4. 이상규, 《한상동과 그의 시대》, 서울: SFC, 50.

한상동 목사는 부산경남지역에서 신사참배 반대에 동조하는 이들을 모아 1939년 8월 부산 수영해수욕장에서 수양회를 진행하였고, 수양회에서 기도하면서 신사참배 반대운동의 원칙과 방향을 결의하고, 이를 시행하였다.[5]

1. 신사참배 하는 교회에는 출석하지 아니할 것
2. 신사참배 한 목사에게 성례를 받지 아니할 것
3. 신사참배 한 교회에 십일조와 연보하지 아니할 것(우리 신앙 부흥 운동하는 일에 연보하여 도와주기 위한 까닭이다)
4. 교회 출석하지 않는 교인끼리 모여 예배하되, 특별히 가정예배를 할 것

이 수양회에 참여한 이들은 한상동 목사와 부인 김차숙, 한정교 목사와 부인 이정자, 윤술용 목사, 이인재 전도사, 백영옥 집사, 김현숙 전도사, 배학숙 선생(후에 황철도 목사 부인), 조수옥 전도사 등이었다.[6]

한상동 목사는 경남지역의 효과적인 반대운동을 위해 부산지방, 마산지방, 진주지방, 거창지방, 통영지방 등 다섯 구역으로 구분하여 책임자를 세워 반대운동을 전개하고, 평양 장로회신학교 학생으로서 평양을 오가던 이인재 전도사를 남북연락책으로 하여 서북지방의 신사참배

---

5. 한상동, 《주님의 사랑》, 부산: 성문사, 23-24; 심군식, 《세상 끝날까지》, 서울: 대한예수교장로회 총회출판국, 1997, 130-134.
6. 조수옥, "나의 신사참배 반대운동", 〈장로교회와 역사〉, 제2호, 2009. 83-84. 조수옥은 이 결의에 추가하여 "조선총독부의 신사참배 요구는 조선인의 신앙의 자유와 민족정신 말살정책임을 일본정부에 호소하고, 세계에 전할 것"을 권했다고 했다. 또 기존교회에 헌금을 하지 않게 한 것은 당시 헌금은 국방헌금으로 보내졌기 때문이었다.

반대운동 주체들과 소통하는 등 조직적인 반대운동을 전개했다.[7] 그 지역 외에도 함안, 남해, 하동, 창녕, 합천, 산청 등의 지역에도 한상동 목사를 지지하고 신사참배를 반대하는 이들이 있었다.[8] 그는 영남 일원을 다니며 다양한 사람들에게 신사참배 반대의 필요성을 주지시키고, 이러한 박해 시기에 개인 신앙부흥운동을 전개하였다. 그는 또 호주 선교사 테매시(Miss M. Tait), 영국 선교사 서덕기, 허대시, 미국 선교사 함일톤(Hamilton) 등과 협력하였다.

한상동 목사는 경남은 물론 평양과 전국을 연결하는, 전국에서 가장 조직적인 신사참배 반대운동을 이끌었다. 1940년 3월 5일에는 경남부인전도회(여전도회 연합회)가 다가오면서 신사참배 반대하는 이들이 임원을 맡도록 격려하고,[9] 그 선거에서 회장에 최덕지 전도사가 당선되었다.

한상동 목사는 주기철 목사가 세 번째 검속에서 가석방되었다는 소식을 듣고, 1940년 4월 20일 평양에 도착하여 이인재, 최봉석, 박관준 등과 회합하여 신사참배 반대 의견을 교환하였다. 그는 다음날 평양의 채정민 목사의 집에서 이인재, 오윤선, 박관준, 김선지, 김의창 등을 만나 '하나님을 신뢰하라'는 요지의 설교를 한 후, 신사불참배운동에 대한 의견을 교환하고, 신사불참배 교회 및 신사불참배 노회의 재건을 위해 전 조선에 걸쳐 운동을 전개하기로 합의했다.[10]

---

7. 한상동, 《주님의 사랑》, 부산: 성문사, 1954. 24.
8. 김양선, 《한국기독교사연구》, 서울: 기독교문사, 1971. 194-199.
9. 3월 1일에 최덕지, 염애나, 한상동은 3월 5일에 있을 경남부인전도회 총회시 신사불참배 신도를 임원으로 당선시킬 것을 합의하고, 최덕지는 마산, 염애나는 김해 선거권자를 획득하기로 했다.
10. "한상동 목사 예심종결서", 이상규·최수경 편, 《한상동 목사, 그의 생애와 신앙》, 부산: 글마당, 2000, 317-333. 허순길, 《한국장로교회사》, 298.

한상동 목사는 강력하고도 조직적인 운동을 전개하였으나, 주기철 목사는 이에 대해 신중한 태도로 시기상조론을 편 것으로 알려져 있는데, 이것은 교회에 닥칠 위험을 생각하였기 때문이었다.[11] 한상동 목사는 다소 과격한 방향에서 반대운동을 전개하였는데, 신사참배를 하지 않는 노회 조직을 생각하였기 때문이었다. 이에 대해 분리주의라는 비판을 하는 경우도 있는데, 일제 환난기에 배도의 길을 걷고 있었던 교회와의 단절을 위해 노회 구성을 제안한 것을 두고 분리주의라 규정하는 것은 정당한 평가라 할 수 없다.[12]

2. 예심종결서에 나타난 한상동 목사의 신사참배 반대운동

1) 일제강점기 신사참배 반대운동 기록과 사료의 문제

한상동 목사는 신사참배 반대운동을 조직적으로 전개해 큰 공을 세웠지만, 그에 대한 기록을 남기지 않았다. 이것은 대부분의 독립운동가들이 풍찬노숙을 하면서 제 몸 하나 건사하기도 어려워 독립운동에 대한 기록을 제대로 남길 수 없었던 것과 같다. 혹시 설사 기록을 하려고 해도 그 기록이 발각되면 자신과 동역하는 동지들에게 어려움을 야기할 수 있기 때문에 기록을 남기지 않았던 것이다. 그렇기 때문에 많은 경우 오늘날 독립운동의 실상을 확인하기 위해서는 일제가 작성한 기록에 의존할 수밖에 없다. 역사학자로서 국사편찬위원장을 지냈고, 오

---

11. 조수옥 권사의 증언; 최덕성, "한상동과 주기철의 교회론"《고려파교회의 정체성 개관》, 서울: 글마당, 2016, 30.
12. 김영재,《한국교회사》, 수원: 합동신학대학원 출판부, 2009, 261. 허순길, 홍치모, 최덕성 등은 같은 입장을 가지고 있다.

랫동안 독립운동 공적 심사위원으로 참여한 바 있는 이만열의 지적과 같이, 한국의 독립운동 상황을 그 지배자였던 일제에 의해 확인해야 하는 이 아이러니한 현실은 불행히도 독립유공자 공적 심사제도가 넘어서지 못하는 한계이다.[13]

한상동 목사는 신사참배 반대운동과 옥중에서의 고난의 기록이 자신의 자랑이 되길 원하지 않아, 이를 드러내는 것을 지나치게 조심했고, 또 옥중에서 당한 고문, 옥중에서의 기적적인 결핵 치유, 혹은 여러 가지 자신이 경험한 신비한 사건들을 증언하지 않았다. 한상동 목사의 신사참배 반대투쟁에 대한 자료는 세 가지가 있다. 먼저는 한상동 목사가 구술하고 박윤선 교장이 기록한 옥중기 《주님의 사랑》이 남아 있는데, 박윤선은 그 구술을 얻기 위해 한상동 목사에게 "애걸복걸하여 구했다"고 할 정도로 극구 사양했다.[14]

둘째로, 한상동 목사의 가해자였던 일본 검찰의 심문 기록을 통해 한상동 목사와 신사참배 반대운동을 전개 과정을 알 수 있다. 일본 검찰은 심문 기록을 그대로 남기면서 한상동과 동료들의 신사참배 반대운동이 기록으로 남게 되었다. 이 심문기록을 살펴보고, 교차 비교하면 그들의 신사참배 반대운동이 재현되는 것이다.

셋째로, 출옥성도들의 개인적인 회고기나 전기적인 기록이다. 전자는 조수옥, 안이숙 등의 기록이 있고, 후자는 심군식의 전기가 대표적이라 할 수 있다. 회고담이나 전기는 간접적인 기록이기 때문에 다른 기록과 비교, 평가해야 한다. 당사자들이 어떤 회고를 할 때 당사자이기 때

---

13. 이만열, 《역사의 길, 현실의 길》, 서울: 푸른역사, 2021. 319.
14. 〈파수군〉 1953년 3월호, 4월호, 5월호부터 세 차례 연재하였다가 책으로 출간되었다. 한상동, 《주님의 사랑》, 부산: 성문사, 1954.

문에 신빙성이 있다는 주장을 할 수 있지만, 사건이 지난 오랜 후에 회고하면 기억의 정확성에도 문제가 있을 수 있기 때문에 문헌비평이 필요하다. 회고담은 반드시 진술되는 사실이 다른 공적이고, 객관적인 기록에 의해 확인, 증명되어야 하는 것이다. 잘못하면 왜곡된 증언이 역사적 사실로 탈바꿈 할 수 있어, 증언에 의존하는 역사 기술은 위험성이 많다.

이 논문에서 주로 사용되는 자료는 신사참배 반대운동으로 옥고를 치루던 수난 성도 21인의 예심종결문으로, 이《수난성도의 발자취: 일본 검사의 기소 내용》는 남영환 목사에 의해 번역, 출판되었다.[15] 이기선, 김인희, 김형락, 박신근, 김화준, 고흥봉, 서정환, 장두희, 양대록, 한상동, 주남선, 조수옥, 이현속, 최덕지, 손명복, 이인재, 채정민, 안이숙, 이광록, 방계성, 오윤선 등 21명이다. 이 예심종결서는 한상동 목사 60항, 이인재 전도사 48항, 최덕지 전도사 38항, 이기선 목사 35항 순으로 '범죄사실'을 열거하고 있는데, 한상동의 신사참배 반대운동을 다른 이들의 활동(범죄사실)과 교차 분석을 통해 정리하니 모두 69개 항으로 집계되었다. 일본 검찰이 작성한 '예심종결서'를 기준으로 요약하여, 도표로 정리하면 다음과 같다.[16]

---

15. 남영환 역,《수난성도의 발자취: 일본 검사의 기소 내용》, 서울: 영문, 1991.
16. 이상규, 최수경 편,《한상동 목사 그의 생애와 신앙》, 부산: 광야, 1986. 261-275.

2) 예심종결서에 나타난 한상동 목사의 신사참배 반대운동

표_ 한상동 목사의 예심종결서에 나타난 신사참배 반대운동

번호	날짜	장소	모인 사람들	내용
1	소화 13 (10. 24)	초량교회	신도 400명	현 정부는 정의와 신의 뜻에 반한 우상인 신사참배를 강요하니, 우리들은 이에 굴복하지 말고 절대 참배해서는 안 된다는 설교
2	소화 14년 2월	마산 문창교회	신도 약 300명	위와 같은 취지의 설교
3	3월 6일	마산 문창교회	신도 약 400명	신이 성의로 창조하신 만물을 국가가 악으로 사용하므로 모든 만물은 탄식한다 … 만물은 신국의 실현을 고대하므로 탄식이 가득 차 있다고 설교
4	같은 해 8월	수영 해수욕장	한상동, 이인재, 조수옥, 손명복 등	"신사참배 반대의 당위성과 교회가 무너질 것이므로 하나님의 뜻 실현되도록 노력해야 한다"는 운동 방침 나눔
5	같은 해 9월 초	부산 T.G. 호킹 집	한상동, 호킹	신사참배 반대 운동의 지도 요청, 격려 받고, 운동방법 논의
6	같은 날	추루딩거 선교사 집	한상동, 추루딩거	신사불참배운동 지도 요청. 운동방법 협의
7	같은 해 11월	호킹과 추루딩거 방문	한상동, 호킹, 추루딩거	신사참배 반대운동 보고, 이후 활동 상의
8	12월 29일	마산리교회	한상동, 이인재	이인재 방문, 평안도 지방 운동 보고 듣고, 정치운동화 전환방법 5개항 논의, 이인재로부터 운동자금 200원 받음.
9	같은 날	윤술용 목사집/ 동래 내성여관	한상동, 이인재, 윤술용	운동 목적 알리고 동지로 협력 요청
10	같은 달 30일 오전	부산 초읍 조수옥 집	한상동, 이인재, 조수옥	신사참배 부패 정도를 알리고, 충심으로 협력 요청. 금후 활동 방향 협의
11	30일 오후	호킹과 추루딩거 집	한상동, 이인재, 호킹, 추루딩거	운동상황과 이후 활동 의논

12	31일	조수옥 집	한상동, 이인재, 조수옥, 서영수, 박신출	초량교회 서영수, 박신출 불러 협력 요청.
13	소화 15년 1월 1일	마산 태메시 집	한상동, 이인재, 태매시, 최덕지	운동의 목적과 상황 설명, 전적인 제휴, 부인 동지 획득에 주력.
14	2일	진주 서덕기 선교사 집	한상동, 이인재, 서덕기	운동 목적과 상황 설명, 지도 요청, 승낙받음
15	2일	진주 김주학 집	한상동, 이인재, 최상림, 김주학	운동 목적과 상황 설명, 협력 요망
16		진주 황원택 집	한상동, 이인재, 황원택, 이현속	운동 목적과 방향 설명, 협력 요청
17	2일 밤	거창 주남선 집	한상동, 이인재, 주남선	운동 목적과 방향 설명, 협력 요청과 승낙, 운동자금 100원 제공
18	2월 초순	호킹 집	한상동, 호킹	각지 순회 운동 결과 보고
19	2월 초순	초량 배학숙 집	한상동, 배학숙	각지 방문 결과 알리고, 함께 협력 종용
20	2월 중순	초량 조수옥 집	한상동, 조수옥	조수옥으로부터 24원 제공받음
21	3월 초순	마산 최덕지 집	한상동, 최덕지	각자의 활동 상황 나눔, 장래의 운동 방법 의논, 최덕지로부터 50원 받음
22	3월 초순	마산 이찬수 집	한상동, 이찬수	현세가 말세인 까닭 설명, 신사불참배 운동 협력 요청, 50원 제공
23	3월 초순	진주 황원택 집	한상동, 황원택	운동상황 설명, 협력 요망
24	다음 날	남해교회당	한상동, 최상림, 김두만 등 신도 수십 명	소화 14년 12월 이후 각지 순회 상황 설명, 협력 요청
25	그 무렵	마산 주영신 집	한상동, 주영신	각지 상황 설명, 협력 요청
26	3월 1일	김해 염애나 집	한성동, 최딕지, 염애나	3월 5일 경남부인전도회 총회시 신사불참배 신도를 임원으로 당선시킬 것을 합의, 최덕지는 마산, 염애나는 김해 선거권자 획득하기로 함.
26-1	3월 21일	밀양 한상동 집	한상동, 이인재	신사참배(로 인한 교회의) 부패 정도를 알리고, 충심으로 협력 요청. 금후 활동 방향 협의

26-2	3월 23일	마산 호킹 집	한상동, 이인재, 호킹	신사참배 반대운동 상황 설명, 협력 요청, 운동 방법 의견 교환
26-3	3월 25일	지트 집	한상동, 지트, 이인재, 최덕지	최덕지, 천황경례는 우상숭배 주장
26-4	3월 27일	진주 황성호 집	한상동, 이인재, 이현속	신사참배 반대운동 상황 설명, 금후 활동 의견 교환
26-5	3월 27일	진주 스다기 집	한상동, 이인재, 이현속 스다기	신사참배 반대운동 상황 설명, 금후 활동 방법 지도받음
26-6	3월 28일	진주 황성호 집	한상동, 이인재, 이현속	주남선에게 운동 자금 40원 제공
27	4월 4일	진주 황원택 집	한상동, 배학숙, 황원택	경남부인전도회 선거에 대해 설명 (3월 5일 선거에 최덕지 당선)
28	4월 6일	부산 호킹 집	한상동, 호킹	경남부인전도회 선거 결과 설명, 칭찬과 함께 이후 운동 방침 의논
29	4월 21일	밀양 자택	한상동, 이인재	북선(이북)지방 만주 한부선, 산정현교회의 반대운동을 보고받고, 운동자금 100원을 받았음을 보고 받고, 정치운동으로 동지 획득에 노력할 필요 강조.
29-1	4월 21일		한상동, 이인재, 김인희, 박의흠	각 지방 상황과 검속자 상황 공유, 신사불참배 교회 및 노회 재건을 전선적으로 전개하기로 결의.
29-2	4월 23일	평양 이병희 집	한상동, 이인재, 김형락, 박의흠	김인희는 궁성요배가 우상숭배 아니라는 논의
30	4월 23일	호킹 집	한상동, 이인재, 호킹	평안북도 지방의 반대운동 보고, 격려받음
31	4월 24일	산리교회 손명복 집	한상동, 이인재, 손명복	한상동과 이인재의 반대운동 상황 설명, 협력 요청, 운동 방법 의견 교환
32	4월 25일	티트의 집	한상동, 이인재, 티트, 최덕지, 김묘년, 박경애	비밀기도회 개최, 이인재 평안도 지방 운동 설명, 이후 활동 방안 의견 교환
33	4월 27일	진주 황성호 집	한상동, 이현속, 주남선, 황성호	기도회 개최, 어떠한 탄압에도 지상신국 건설에 노력할 것 강조

34	같은 날	서덕기 집	한상동, 이현속, 주남선, 황성호 등	운동 상황 설명, 이후 활동방법 지도받음
35	4월 28일	진주 황성호 집	한상동, 주남선, 최덕지	주남선에게 10원 제공함
36	같은 날	진주 봉래동 길	한상동, 최덕지	최덕지에게서 10원 제공 받음
37	같은 날	자택	한상동, 이인재	신사불참배운동을 전국적으로 확대할 것을 역설, 이인재의 동의를 받고, 곧 석방될 주기철 석방 때 전국적인 모임 의논
38	4월 20일	평양 이인재 집	한상동, 이인재, 최봉석, 박관준 등	박관준의 반대 취지에 공감, 방법상 의견 교환
39	4월 21일	평양 채정민 집	한상동, 채정민, 이인재, 오윤선, 박관준, 김의창, 김지성 등	하나님을 신뢰하라는 설교, 참석자 전원의 찬동으로 운동 방법 의견 교환
40	같은 날 밤	평양 이인재 집	한상동, 이인재, 김인희, 김형락, 박의흠 등	신사불참배 교회 및 노회 재건을 꾀하고 전국적인 운동으로 전개할 것을 협의
41	4월 22일	평양 채정민 집	주기철, 한상동, 김인희, 이인재, 채정민, 이광록, 방계성, 안이숙, 박의흠, 최봉석, 김의창, 오정모, 등	경남에서 신사불참배 노회 재건 가능성 언급. 주기철은 새 노회의 즉시 재건은 시기상조의 감이 있다 함. 각자가 동지 획득에 노력하기로 함
42	4월 25일	평양 하밀톤 집	한상동, 하밀톤	신사불참배 운동 설명, 이후 비용 필요시 티트 통해 연락하라고 지시
43	4월 27일	평양 역 구내	한상동, 이인재	이인재 통해 김인희가 제공하는 200원 받음
44	5월 초순	마산 의신 여학교 기숙사	한상동, 박경애, 최덕지, 티트	비밀 예배, 평양에서의 상황 보고하고, 남북이 동일한 보조로 운동에 노력할 것을 발언

45	그 무렵	거창 주남선 집	한상동, 주남선	평양 모임 상황 설명, 이후 운동 방법 논의
46	그 무렵	마산 티트 집	한상동, 티트	평양에서의 모임 상황 설명, 이후의 운동 방법 의논
47	그 무렵	부산 손명복 집	한상동, 손명복, 여러 신자들	가정예배 보고, 경남지방과 평양에서의 모임 설명, 운동 방법 의논
48	5월 21일	남해교회	한상동, 최상림	운동 상황과 평양 모임 설명, 남해지역 책임자로 협력 요청, 승락받음
49	5월 23일	진주 황원택 집	한상동, 주남선, 황원택	비밀기도회, 북선지방 모임과 남북선 동지 모임과 연락 상황 알림, 서로 격려.
49-1	5월 23일	진주 하은혜 집	한상동, 주남선, 이현속	신사불참배 내용 설명, 협력 요청
50	그날 밤	진주 문창경업 집	한상동, 주남선, 문창경업, 이현속, 황원택, 문산원석 등	48항의 설명, 실행 방법 모색
51	5월 25일	통영 조봉련 집	한상동, 최덕지, 보봉련 이웃 10여 명	신사불참배운동의 내용 수렴, 협력 종용
52	5월 하순	부산 호킹 집	한상동, 호킹	평양 모임 상황 설명, 호킹이 신변위협을 걱정함
53	그 무렵	해운대교회	한상동, 구재화, 주남선	이후의 활동에 대한 의논, 회개 강조
54	6월 4일	해운대 구재화 집	한상동, 윤술용, 구재화	윤술룡에게 평양에서의 모임 설명, 남북 보조 운동할 때 협력 요청
55	6월 초순	남해 최복음 집	한상동, 최복음	당국이 내사하는 것 같으니 신변 경계하고 총독정치 경고하기 위해 진정서 제출 등에 관해 의견 교환
56	6월 10일	거창교회	한상동, 주남선	이 운동을 관에서 내사하므로 신변 경계를 당부, 운동자금 40원 제공,
57	6월 중순	마산 최덕지 집	한상동, 최덕지	총독과 각도 지사에 진정할 신사불참배 교회 문제 논의

58	6월 27일	평양 이약신 집	한상동, 이약신	신사불참배운동 필요성 강조와 협력 종용
59	6월 28일	평양 하밀톤 집	한상동, 하밀톤	경남지방의 반대운동 보고와 이후 방안 논의
60	6월 29일	영주교회당	한상동, 한석지, 김길준, 김사엽 등 15-16명	경남지방의 신사불참배운동 설명과 박관준, 안이숙의 일본중의원 진정사실 전달과 협력 요청
61	6월 30일	영주 구성공원	대산병철, 한석지, 김사엽, 김금선 등	경안노회 신사불참배 회원 획득을 종용

3. 예심종결서에 나타난 한상동의 신사참배 반대운동의 요약

일본 검찰이 예심종결서에서 열거하는 이른바 한상동 목사의 범죄사실에 근거하여 신사참배 반대운동의 실제와 특징을 요약하면 다음과 같다. 첫째, 한상동 목사는 신사참배 강요에 조직적인 반대운동을 전개하였는데, 그 활동 범위는 부산, 마산, 진주, 남해, 김해, 밀양, 거창, 통영 등 경남지역 전체를 포함하였고, 경북 영주까지 방문하였다. 나아가 평양을 여러 차례 방문하여 주기철 목사와 긴밀한 관계를 갖고 협력하였고, 남부의 경남지방과 북부의 평안도 지역을 잇는 조선 남북을 포괄하는 조직적인 신사참배 반대운동을 전개하였다.

둘째, 한상동 목사는 신사참배 반대운동을 전개하면서 경남지역의 호수선교부 소속 호킹, 추루징거, 데미시, 서덕기, 티트 등 선교사들, 평양의 해밀턴 북장로교 선교사와도 협력하여 반대운동을 전개하였고, 그들로부터 반대운동 자금을 몇 차례 지원받았다. 이들 선교사들은 한국에서 일어나고 있는 신사참배 반대운동의 상황을 본국 교회 선교본부에 보고하면서 국제적인 연대를 하였으며, 신사참배 반대운동을 위해 기도를 요청하였던 것을 알 수 있다. 더 깊은 연구를 위해 각 선교 본부에 제출된 보고서를 발굴할 필요가 있다.

셋째, 한상동 목사는 초량교회와 문창교회에서 신사참배의 부당성을 설교하여 교회적인 각성을 이끌었고, 교회에서 물러난 후에는 전국 각지의 그리스도인들을 방문하여 신사참배 반대의 필요성을 알리고, 경남 각 지역에 책임자들을 세워 이들을 격려하며 반대운동을 이끌었다. 이것은 주기철 목사가 신사참배를 개인적으로 반대하였지만 조직적인 반대운동을 전개하는 것에 대해서는 교회의 피해를 우려했던 것과는 선명한 대조를 이룬다.[17] 경북 영주 지역 성도들이 한상동 목사의 방문으로 인해 피해를 당했지만, 이들은 신사참배 반대로 인한 고난을 그리스도를 위한 고난으로 생각하고 기쁨으로 동참하였다.

넷째, 한상동 목사의 신사참배 반대운동에는 여성도들의 적극적인 참여와 동역이 있었다. 최덕지, 조수옥, 염애나, 배학숙, 박인순 등이 대표적인 여성도들이었다. 한상동은 경남노회여전도회 연합회 총회에 적극 가담하여 여성도들의 힘을 결집하여 조직적인 반대운동에 동참하게 하였다. 이것은 조직의 힘을 활용한 한상동만의 운동 방식이었다. 한상동 목사가 투옥되자 부인 김차숙은 슬하에 자녀가 없어 6년 동안 평양에 거주하며 수난성도들의 옥바라지를 하였고, 이들은 신사참배 반대운동으로 투옥된 성도들과 전국에서 반대운동에 참여하는 성도들간의 영적인 연결고리가 되었다. 함께 협력하였던 여성도들 중에 광복 후 재건교회를 분리해 나간 최덕지 전도사 외에 박인순, 조수옥 등의 여성도들

---

17. 이상규는 이에 대해 "주기철은 조직의 약점을 우려했으나 한상동은 조직의 장점을 이용하려 했다"고 했다. 이상규, "주기철 목사의 신사참배 반대와 저항", 《소양 주기철 목사 기념논문》, 서울: 주기철 목사기념사업회, 2000. 396-407.

은 훗날 고신교회의 여성 리더십 형성에 크게 기여하였다.

다섯째, 신사참배 반대운동은 주일 예배 때의 다수의 회중을 대상으로 설교한 것 외에는 대부분 각 지역의 핵심적인 사람들을 방문하여 경과를 보고하고 지침을 하달하는 형태로 이루어졌다. 이러한 점조직과 같은 반대운동은 경찰의 시선을 피하게 하는 요인이 되었다. 이는 오랫동안 반대운동이 전개되었음에도 불구하고, 일제의 강력한 조처가 늦어진 이유이기도 할 것이다.

여섯째, 일본 검찰은 한상동 목사를 비롯한 수난성도들의 범죄사실을 열거하며, 치안유지법, 보안법, 불경죄, 선동죄, 금품수수죄, 연속범죄 등으로 기소하고 있다. 이들의 신사참배 반대운동은 종교적인 이유에서 출발했으나, 일본 검찰의 기소장에서는 국체를 흔들 수 있는 중대범죄로 보았다. 신사참배 반대운동에 동참한 이들은 하나님 말씀에 순종하려는 전적으로 종교적인 이유로 이를 반대하여 투옥되었다. 독립운동으로 국가유공자가 된 주남선의 경우는 광복 후 제헌의원 선거에서 당시 첨예하게 나뉘어있던 좌우 진영 모두에서 출마를 요청받은 상황이었지만, 그의 관심은 세속정치와 일정한 거리를 두었기 때문에 반응하지 않았다. 신사참배 반대운동이 애국운동으로서 정당한 평가가 필요한 지점이다. 신사참배 반대운동에 참여한 이들의 자세에는 하나님 사랑과 나라 사랑이 밀접한 관계를 갖고 공존하고 있었고, 결과적으로 일본제국주의를 반대한 하나의 애국운동이 되었다. 이에 대한 정당한 평가가 필요하다.

한상동 목사와 뜻있는 지도자들은 이렇게 신사참배 강요에 저항하고 반대운동을 전개하였다. 1940년 일제검거 때 체포되어 경찰서와 도

경찰국에서 조사와 고문을 당하다가 대부분 평양형무소로 이송되었다. 당시 교회는 강압에 의해 소극적으로 신사참배에 응한 신자들도 있었지만, 적극적으로 신사참배를 지지하고 앞장서 참배하는 이들도 있었다. 특히 각 교파의 지도력을 가진 인사들이 그러하였다. 조선예수교장로회 제28회 총회(1942. 10. 16-20, 평양 서문밖교회)가 신사참배를 가결한 후부터 총회 결의는 신사참배 강요의 수단이 구실이 되었다. 광복 전 마지막 총회가 되었던 제42회 조선예수교장로회 총회에서는 총대원 전원이 개회 이튿날 아침 평양 신사에 가서 참배하였고, 주일에는 성만찬 예배 후 조선군보도부장의 시국강연을 듣고, '전승기원예배'라는 이름으로 '예배'를 드리면서 '대동아 전쟁과 우리의 태도'라는 강연을 들었다.[18] 이런 어려운 시기에 뜻있는 성도들은 신사참배 반대운동가들의 뜻을 따라 교회에 출석하지 않고 가정예배를 드렸지만, 신사참배에 찬성한 목회자들은 큰 부끄럼을 안고 목회를 하였다. 이때가 한국교회 140년의 역사 가운데 가장 어두웠던 시절이었다.

맺는 말

신사참배 반대운동은 일차적으로 신앙적인 저항운동이었지만, 일본 제국주의자들은 이를 다양한 형태의 항일운동들 곧 무장항일운동, 물산장려운동, 조선어학회의 한글보존운동, 농촌계몽운동, 절제운동 등과 함께 반일 민족운동의 하나로 이해했다. 신사참배 반대운동을 그대로 두면 중국 점령에 이어 장차 대동아공영권 구축에 큰 장애가 될 수 있

---

18. 《조선예수교장로회 제31회 총회 회의록》, 경성: 조선예수교장로회 총회사무국, 소화 18년. 65.

다고 보았다. 그리하여 1940년 7월 각 지방에서 일제검거를 통해 신사참배 적극 반대자들을 체포하고 극심한 고문을 자행했는데, 이들을 단순한 종교사범이 아니라 치안사범으로 분류하고 강력하게 대처한 것도 그같은 이유에서였다.

일본제국주의는 신사참배 반대운동의 분위기를 진정시키기 위해 1940년에 들어와 두 차례에 걸친 일제검거로 전국의 신사참배 반대자들을 일시에 체포하였다. 한상동 목사는 문창교회와 밀양 마산교회에 시무하는 동안 경찰로부터 여러 차례 고초를 당했고, 신사참배 반대운동이 조직화되면서 1940년 7월 3일 일제검거 때 마산경찰서에 체포되었다. 그는 1941년 8월 25일 평양형무소로 이송되어 6년 동안 옥고를 치렀다. 한상동 목사는 옥중에서도 자주 끌려나가 극심한 고문으로 고통을 당하였고, 폐결핵으로 죽음을 기다리는 목숨을 건 옥중투쟁을 하며, 너무 괴로워 '나를 언제 데려가실까'를 생각하며 지내야 했다.[19] 그 고난 가운데서 폐결핵 치유를 경험하였고, 살아서 옥을 나간다는 확신을 갖게 되었다.

한상동 목사는 1944년 11월경 옥중에서 독일이 패망하였다는 소식을 듣고, 머지않아 일본도 패망할 것을 확신하였다. 그때부터 광복 이후의 한국교회의 재건을 위해 세 가지 기도 제목을 두고 기도했는데, 첫째, 수양원을 설립하여 일본 치하에 타락된 목사들을 수양할 것, 둘째, 신학교를 설립하여 진리를 위해서 한국 교회와 운명을 같이 할 목사를 양성할 것, 셋째, 전도인들을 길러서 교회를 설립할 것 등이었다.[20] 이같

---

19. 한상동, 《주님의 사랑》, 37.
20. 한상동, 《주님의 사랑》, 45-56; 김양선, 《한국기독교 해방 10년사》, 서울: 대한예수교장로회 종교교육부, 1956, 146-147.

은 기도는 주남선 목사에게서도 마찬가지였다. 그는 옥중에서 기도하는 중에 서부 경남의 중심이었던 거창지역에 성경학교를 세워 전도자를 양성하고자 하였다.

일제강점기 말기에 기독교계 친일목사들의 친일행각은 극에 달했는데, 광복 두 주 전에 한국의 각 교파를 해체하고 일본기독교단에 흡수하는 일본기독교 조선교단을 창설하고, 김관식 목사는 통리로 취임하였다.[21] 한상동, 주남선 목사의 평양형무소에서의 기도는 광복 후 고려신학교 설립으로 나타났고, 이는 광복 후 한국교회 쇄신운동의 실질적인 시작이 되었다.

21.《친일인명사전》1, 서울: 민족문제연구소, 2009. 248.

한국 장로교회 신사참배 결의 이후
1940년대의 부일과 배교

    2018년 9월 10일은 조선예수교장로회 제27회 총회가 신사참배를 가결, "이를 솔선 여행하고, 비상시국하에서의 총후 황국 신민으로서의 적성을 다하기로" 결의하고 성명서를 낸 지 80주년이 되는 날이다. 이는 한국 장로교회 50주년 희년잔치를 마친 후 불과 4년 만의 일이었는데, 한국 장로교회 역사에서 가장 수치스러운 사건이라 할 수 있다.

    그런데 한국 교회는 이 신사참배 결의 80주년을 맞이하여 관심은 갖지만 매우 피상적으로 알고 있으며, 그 이후 1945년 광복 때까지 교회가 어떤 범과를 저질렀는가를 아는 사람들은 많지 않다. 신사참배 결의 80주년을 맞이하여 회개 집회를 갖는다는 보도가 있지만,[1] 신사참배 결의에 대한 학문적인 평가와 반성도 빈약한 실정이다. 더구나 올해는 한국 장로교회 중요 교단 총회가 신사참배 결의 80주년 기념일에 개회하는 데도, 이에 대한 의미있는 행사가 준비되지 않고 있는 것은 한국교

---

1. 〈국민일보〉, 2018. 8. 9. 역사적 사건에 대한 회개운동은 결의 주체였던 장로교 총회나 한국장로교총연합회 등 연합기관이 담당하는 것이 옳다. 역사적인 범과의 해결은 당사자의 시인과 회개가 중요하기 때문이다.

회의 빈곤한 역사의식을 보여주는 것이라 할 수 있다.

한국교회 역사를 연구하는 연구자로서 한국 장로교회 총회의 신사참배 결의 80주년을 맞이하여, 그 이후 1940년대 한국장로교회의 부일과 배교의 역사를 정리하고자 한다. 이 사건은 우리 시대에 무엇을 가르치고 있는지, 그 역사적인 경계를 삼고자 한다. 이 논의를 통해 한국 장로교회가 새롭게 나아가야 할 방향을 생각할 수 있을 것이다.

1. 신사참배 결의 이후의 한국 장로교회의 훼절과 배교

장로교 총회가 신사참배를 종교의식이 아니라 국가의식으로 결의한 이후 교회는 급속도로 무너지기 시작하였다. 이듬해 9월에 있었던 제28회 총회에서는 일제에 협력하기 위한 기구로 국민정신총동원 조선예수교장로회연맹을 조직했다. 파회 후 산회되는 총회와는 달리 이 기구는 상시체제를 유지하였는데, 이사장은 총회장이 맡고, 각 노회장은 이사로, 총대들은 평의원으로 선임되었다. 또 전국에 26개 노회 지맹이 결성되고, 그 산하에 731개 애국반이 조직되었다. 1937년 7월부터 1940년 8월까지 장로회 총회연맹에 보고된 장로교의 친일행위는 전승축하회 604회, 무운장구기도회 8,953회 국방헌금 15,803.46원, 휼병금 1,726.46원, 유기 308점, 시국강연회 1,355회, 위문 181회, 위문대 1,580개였다.[2]

1940년대의 한국 장로교회 총회는 개회 후 총대 일동이 신사에 참

---

2. 《친일인명사전1》, 49.

배하는 치욕을 겪어야 했다.³ 제30회 총회에서는 시난극복의 결의문을 작성, 총회장 명의로 발표하고, 이를 인도차이나 주둔 황군사령관에게 보내기로 결의하였다.⁴

> 동양평화를 확보하고 팔기일우의 대이상을 구현한다는 황국부동의 국시를 지금은 적성국가의 제국에 대한 도전적 태도가 일일 노골화 되어 아국의 국시수행에 방해를 위해 광분하는 현 시국의 긴박하고 비상의 때인 가을에 기독교도로서 초연하지 않고 장로교파 36만 신도는 불퇴전의 결의를 가지고 국책에 순응하여 결전 태도를 실천 확립하고 시난극복(時難克復)의 정신을 갖도록 한다.
>
> 소화 16년 11월 22일
> 조선예수교장로회 총회장

1940년대의 한국 장로교회가 얼마나 부일과 배교의 길을 걷게 되었는가는 제31회 총회 회의록에 고스란히 남아 있다.⁵ 제2차 세계대전이 발발한 후 개회되었던 제31회 총회는 개회예배 전에 먼저 필승 기원선언문을 채택하고, 다음과 같은 선언문을 발표했는데, 회의록에 "일동은 크게 감격해서 박수를 하였다"고 기록했다.⁶

---

3. 《조선예수교장로회 제31회 총회 회의록》, 서울: 대한예수교장로회 총회, 2012. 6, 73.
4. 제30회 총회 회의록, 《경남(법통)노회 상황보고》, 경남: 경남(법통)노회 기독교문화연구위원회, 2013. 68.
5. 《조선예수교장로회 총회 제31회 회의록》은 일본어로 기록되고 출판되었는데, 사학자 김남식의 번역으로 예장합동측 총회에서 출판하였다. 서울: 대한예수교장로회 총회, 2010.
6. 《조선예수교장로회 총회 제31회 회의록》, 경성: 조선예수교장로회 총회사무국, 1943. 1.

천황의 덕분으로 대동아공영권을 건설하고, 그로 인해 세계 신질서를 완성한 것이 우리 제국의 국시입니다. 우리의 황군 장병은 하늘에서 바다에서 육지에서 큰 전과를 거둬가고 있는 것에 대하여 전장의 뒤에 있는 국민은 감격할 수밖에 없습니다. 이 가을에 우리 조선예수교장로회 총회는 천황의 은혜에 감격해 눈물을 흘리고, 협심 전력으로 성스러운 업적을 완수하도록 매진할 것을 결심합니다.
왼쪽과 같이 선언합니다.

소화 17년 10월 16일
조선예수교장로회총회

제31회 총회에서는 이 선언문 채택뿐만 아니라 개회 이튿날 1942년 10월 17일 오전 9시 30분 총대원들이 일제히 평양 신사에 가서 참배하였으며, 평안남도 고등감찰과장의 시국강연, 국민의례, 특별강연회, 전승기도예배가 있었다. 주일에는 성만찬 예식이 있은 후 창무 조선군 보도부장의 강연, 저녁에는 오후 7시에 전승기원예배를 갖고 시국강연을 들었다. 총회 주최로 대동아전쟁 목적 관철과 기독교도의 실무를 재삼 격려하기 위하여 호남선, 경부선, 함경선, 황해선, 경의선 등 다섯 조로 나누어 전조선 중요도시에서 시국순회 강연대를 파송하기도 했다.[7] 총회의 경건회에서도 설교를 맡은 목사가 로마서 13:1-3을 중심으로 '기독교인의 국민적 각오'라는 친일적 설교를 하였다. 제27회 총회에서 신사참배를 가결한 이후 불과 4년 안에 총회에서 일어난 변화였다. 이는 더 이상 하나님 교회의 총회일 수가 없었다.[8]

---

7. 《조선예수교장로회 총회 제31회 회의록》, 54.
8. 허순길은 이런 모습을 '배교한 교회', '배교 총회', '사단의 회'라고 규정하고 있다. 허순길, 259, 265.

1940년대에는 황민화 사상이 기독교 안에까지 깊숙이 들어왔는데, 전국 교회에 가미다나(信朋)을 설치하고, 예배 전에 천조대신의 신패에 경배하고, 동쪽을 향해 일본 왕에게 절하고, 황국신민서사 낭독과 국기 배례를 한 후 예배를 드렸다. 더구나 서울의 한강이나 부산의 송도 앞바다에서 천조대신 이름으로 신도침례(미소기 바라이)를 받도록 했다.

또 구약성경 사용을 폐지하고, 찬송가도 부분적으로 삭제되었다.[9] 한부선은 그 시대에 모든 교회가 총독부의 선전도구가 되기 위해 하나의 교회로 묶여 총독부의 통제 아래 놓이게 되었다고 증언한다. 성경도 신약성경에서 종말론과 연관이 있는 부분들은 사용이 금지되었고, 복음서를 중심으로 설교하게 했으며, 기독교인들이 주일에도 '전쟁을 위한 노력 동원'이 되었다고 전한다.[10] 찬송도 '삼천리 반도 금수강산', '금주가' 등 21곡이 삭제되었다.[11] 이같은 일은 정춘수 감독의 친일행적으로 감리교에서 더 적극적이었는데, 1939년 1월 히라누마 내각에 의해 종교단체법이 통과된 후에 일본기독교조선감리교단 정춘수 통리가 전국교회에 시달한 공문에서 확인된다. 공문에는 구약성서와 신약의 묵시록을 사용하지 않고, 사복음서에 기인하여 교의를 선포하기로 교회에 송달이 있었다.[12]

---

9. 조수옥, "나의 신사참배 반대운동", 《장로교회와 역사》, 제2호, 79.
10. 브루스 헌트, 《브루스 헌트》, 서울: 한국고등신학연구원, 2013. 198.
11. 이성삼, 《한국감리교회사 (1)》, 277.
12. 이성삼, 《한국감리교회사 (1)》, 322.

3. 1940년대 한국 장로교회의 부일, 배교 행적들

제31회 조선예수교장로회 총회가 1942년 10월 16일 서문밖교회당에서 26개 노회 총대 목사 69명, 장로 66명, 모두 135명이 참석한 가운데 회집했다. 이 총회에 각 노회에서 상황 보고서를 제출했는데, 총회 회의록에 수록되어 있다.[13] 각 노회는 감사의 건, 교회상황, 특별상황, 교육상황, 장래 계획, 교세 통계 등을 보고하는데, 노회는 특별상황과 장래 계획이라는 항에서 부일, 배교 행적들을 상세하게 남기고 있다. 이를 내용별로 분류, 정리하면 다음과 같다.

1) 애국기 헌납 헌금

1841년 8월 '조선장로교도 애국기 헌납기성회'가 조직되고, 모금을 시작하였다. 이 일은 '국민총력 조선예수교장로회 총회 연맹'을 통해 이루어졌다. 다수의 노회에서는 애국기 헌납을 위해 헌금하였는데, 충청노회는 4,051원, 전북노회는 4,000여 원, 군산노회는 4,500원, 용천노회 25,000원, 평서노회 8,000여 원을 헌금했고, 삼산노회와 제주노회는 금액을 밝히지는 않지만 애국기 헌금을 위해 후방국민으로서 정성을 다했다고 보고하고 있다. 이 모든 헌금은 기성회를 통해 모금되어 군에 전달되었다.

제2차 세계대전이 계속되자 일제는 무기 제작을 위한 물자 확보를 위해 교회의 종을 징발했다. 충청노회는 82개 교회 가운데 80개 교회의 종을 헌납하였고, 평서노회는 68교회에서 국방헌금 외에 조종 77개와 놋그릇 152개를 헌납하였으며, 전북노회는 종과 함께 금속류 회수운

---
13. 《조선예수교장로회 제31회 총회 회의록》, 79-90.

동을 전개하여 놋그릇 수 천점과 교회 조종을 헌납했다고 보고하고 있다.[14] 이렇게 수납된 종은 1941년 10월부터 1942년 10월 15일까지 전국적으로 1,540개, 총액 약 11만 9,832원에 달했으며, 놋그릇 등 잡종기 헌납은 2,165점이었다.[15]

이렇게 모금운동을 전개하여 1942년 2월 10일 육해군에 애국기 1대 또는 기관총 7정의 대금으로 150,317.50원을 헌납하였고, 그 후 들어온 자금으로 같은 해 6월 조선군 사령부를 방문하여 육군환자용 자동차 3대 기금으로 23,221.28원을 납부했다.[16] 1942년 9월 20일 해군성으로 헌납한 애국기 명명식이 경성운동장에서 개최되었는데, 총회 대표가 함께해 감사장과 수납서를 받았으며, 해군보국호 선상전투기 한 대와 육군 기관총 두 정에 대한 명명은 '조선장로호'로 명하고, 당일 헌납 보국호 사진을 해군성으로부터 받았다는 총회 연맹 보고를 하고 있다.[17]

총회 연맹은 1944년 반도인에 대한 징병령 계획에 따라 "이 감격을 안고 동 준비운동을 함에 있어 실제적 운동으로서 전 조선기독교 가정부인계몽운동을 하기로" 하고, "전 조선 기독교 지도자는 일본적 기독교 정신 아래 교회원을 지도하도록 함에 있어서 본 총회 연맹은 그 지도자에 대한 황도정신에 함양과 함께 기독교 신학사상의 명랑화를 기해서 철저하게 연성운동을 하도록 함"이라 보고한다.[18] 이 시기 한국 장로교회의 부일협력과 반민족적인 행위는 심각한 수준이었다.

---

14. 제31회 총회에서 경남노회는 이에 대해 보고하고 있지 않은데, 이는 다른 노회보다 늦게 추진된 것으로 보인다. 경남노회 지역 창녕읍교회의 경우 강요에 의해 종을 경찰서에 갖다 주었다가, 이를 거두어 가기 전에 광복이 되어 종을 찾아 온 사례도 있었다.
15. 《조선예수교장로회 제31회 총회 회의록》, 55.
16. 《조선예수교장로회 제31회 총회 회의록》, 50.
17. 《조선예수교장로회 제31회 총회 회의록》, 55.
18. 《조선예수교장로회 제31회 총회 회의록》, 54-56.

2) 시국강연회와 전승축하대회

이 시기에 여러 노회에서 시국강연회도 실시하였다. 충청노회는 관내 82개 교회 가운데 80교회에서 시국강연회를 실시하고, 조종을 헌납하고, 부여신궁 제조에 근로봉사대 3인을 파견했다. 이와 함께 충청노회가 교파합동 청원서를 총회에 제출하였다.[19] 삼산노회는 징병제 실시 경연과 애국예배를 실시하였고, 제주노회도 1938년 2월 지원징병제 실시에 따라 축하 강연을 도경찰서 고등계의 후원 아래 제주도 내 20여 교회에서 개최하였다.

일본군이 전장에서 승리하면서 노회에서는 전승축하대회도 개최하였다. 이 일에 가장 앞장섰던 노회는 경성노회였는데, 결전 체제강화 신도대회를 개최하고, 전승기원대회와 남방 출정 황군장병을 위한 일장기 500본을 발송했으며, 싱가포르 함락 축하 신도대회 및 징병제 실시 감사대회를 개최하였다.[20] 노회 관내 여러 교회는 국어(일본어) 강습회 개최, 황군장병에 대한 위문품, 위문금을 종전대로 발송하였다는 보고로 보아 이전부터 계속된 사업임을 알 수 있다.

3) 교회 통폐합

일제는 교회의 통폐합에도 적극적이었다. 일제는 기독교 세력의 약화를 기하기 위해 지역교회의 통폐합을 강요하여 1941년 3,624교회에서 1942년에는 2,543교회로 줄어들었다.[21] 한 해 동안 1,081교회가 폐쇄되었는데, 이는 당시 장로교회 총수의 30%가 되는 것이다. 그중 가

---

19. 《조선예수교장로회 제31회 총회 회의록》, 80.
20. 《조선예수교장로회 제31회 총회 회의록》, 79.
21. 《조선예수교장로회 제31회 총회 회의록》, 30.

장 큰 피해를 본 곳이 경남노회로, 노회 상황보고에서 "통제에 의해 교회의 통폐합을 실행한 결과, 335교회 중에 108교회가 감소하였다"고 보고하고 있다.[22] 이는 총회산하 교회 감소분의 10%를 차지하는 수로, 전국 26노회인 것을 고려하면 가장 많은 수의 교회가 폐쇄되었다. 이 시기에 일제의 박해에 의해 기독교 신앙과 교회를 떠난 사람들이 있었을 것이지만, 노회의 보고를 볼 때 노회가 일제의 뜻을 따라 적극적으로 교회 통폐합에 협력하였음을 알 수 있다.

4) 일본적 기독교 추진

일제는 기독교를 일본적 기독교로 바꾸기에 혈안이 되었고, 교회들이 이에 협력했다. 충청노회는 일본적 기독교로 진일보 전환했다고 보고하고, 함북노회는 교역자 하기 수련회를 개최하여 일본정신사 강의를 한 주 동안 청강을 보고하고 있다. 황해노회는 신도의 신앙에 충실하기 위해 힘을 쏟았음을 보고하고, 평양노회는 비상시국에 임하여 각 시찰부에서 활동하는 선교 대신에 목사를 파견하여 순회하도록 하고 있다. 삼산노회에서는 일요학교에서 일본어로 가르치고, 일요학교 지도수련회를 개최할 계획을 세우고 있음을 보고했다.

또한 여러 노회가 일본적 기독교화에 앞장서겠다는 장래 계획을 제시하고 있다. 경성노회는 신도로서 충성보국의 정신을 철저하게 하도록 하며, 전북노회는 일본적 기녹교 확립에 매신하며, 선남노회도 황국길에 따라서 일본 기독교 완성에 매진할 계획을 보고했다. 제주노회도 국어 보급을 장려하고, 일본적 기독교에 매진하며, 경남노회도 교회의 지

---

22. 《조선예수교장로회 제31회 총회 회의록》, 83.

도자 및 신도 등을 노회 또는 지방적으로 각각 훈련시켜 일본적 기독교 건설에 매진하며, 경동노회도 신도들에게 철저히 시국인식을 하게 하여 전도 사업 및 종교교육에 임하여 일본적 기독교 건설에 매진토록 하는 것을 장래 계획으로 보고하고 있다. 경북노회와 함북노회 등도 유사한 내용을 보고했다.

5) 교파의 통폐합

한국 장로교회의 이같은 부일협력과 배교행위가 따르는 사이, 일제는 기독교를 효율적으로 통제, 관리하기 위해 교파 통합을 추진, 각 교파를 일본기독교 조선교단으로 통폐합하려 했다. 교파 통합을 위한 일제의 뜻을 파악하였던 충청노회와 평양노회는 교파 통합청원서를 총회에 제출하였다. 이 청원은 정치부로 보내졌다가, 정치부 보고를 받아 가결하고 중앙상치위원회에 위임되었다.[23]

교파의 통폐합은 제31회 총회 이전에 이미 추진되고 있었는데, 1942년 1월 장로교, 감리교, 성결교, 일본기독교 조선교구, 구세군 등 다섯 교파 대표가 모여 '조선기독교합동준비위원회'를 구성하여 통합을 추진하다가 감리교의 이탈로 실패로 돌아갔다. 교파 통합이 결렬되자, 장로교 총회는 상치위원회의 결의에 따라 1943년 5월 총회를 해산하고, '일본기독교 조선장로교단'이 되었다.[24] 이어 일제는 전세가 이미 기울었음에도 불구하고 1945년 8월 1일에 다시 모든 교파들을 '일본기독교 조선교단'으로 통합하였다.[25] 초대 통리는 장로교 김관식, 부통리에 감리교

---

23. 《조선예수교장로회 제31회 총회 회의록》, 28.
24. 허순길, 《한국장로교회사》, 276.
25. 김양선, 《한국기독교 해방 10년사》, 서울: 대한예수교장로회 총회 종교교육부, 1956, 43.

정춘수가 맡았다. 이것이 불과 광복 두 주 전의 일이었다. 당시 지도자들의 빈약한 역사의식을 볼 수 있는 장면이다.

장대현교회 목사로 평양노회 총대로서 교파 통합안을 헌의하고, 일본기독교 조선교단 설립에 앞장서 통리가 되었던 김관식은 제2차 세계대전이 끝나자 재빠르게 변신해 조선교단의 기구적인 재건에 앞장섰다. 그는 1945년 9월 8일 새문안교회당에서 남부대회를 소집해 대회장을 맡아 교단을 이끌기를 원했으나 감리교와 장로교 대표들이 각각 교파로 환원을 원하면서 단일교단 유지가 무산되었다. 기독교계 친일인사들이 이렇게 광복 후 자숙없이 한국교회 대표로 등장하였는데, 일본기독교조선교단 통리였던 김관식은 1948년 네덜란드 암스테르담에서 세계교회협의회(WCC)가 창립될 때 한국교회 대표로 참가하였다. 그에 비해 출옥성도 중심의 교회쇄신론자들은 분리주의자로 매도되고, 결국 1951년 장로교 총회에서 축출되고 말았다.[26]

이는 대한민국 정부 수립 당시 국가의 체계를 갖추기에 급급한 나머지 친일청산이 이루어지지 않아 민족정기가 바로 서지 못한 것과 맥을 같이 하고 있다. 한국 교회의 불행한 역사가 아닐 수 없다. 이것은 제2차 세계대전 당시 히틀러 정권에 협력하였던 독일 교회가 1945년 8월에 프랑크푸르트에서, 10월에 슈투트가르트에서 모여 지난날의 잘못을 참회하고 '슈투트가르트 죄책 고백'을 발표하고 하고, 책임있는 사람들은 독일교회의 재건과정에서 물러난 것과 대비되고 있다.[27]

---

26. 그는 1948년 5월 제34회 총회에서 순천노회가 '고려신학교에 학생을 추천해도 되는지' 질의를 했을 때, 심의도 없이 정치부장으로서 '고려신학교는 총회와 관계가 없으니 노회가 추천서를 줄 필요가 없다' 단안해, 고신을 총회로부터 분리시키는 일에 앞장섰다. 그는 1948년 세계교회협의회(WCC)가 창립될 때 한국교회 대표로 참가했다가 병을 얻어 그해 10월에 별세했다. 《친일인명사전 1》, 373-374.
27. 김영재, 《되돌아보는 한국 기독교》, 수원: 합신대학원 출판부, 2008, 410.

맺는 말

지금까지 일제의 기독교 탄압과 조선예수교장로회 제27회 총회에서 신사참배 결의, 그 후 1940년대 한국 장로교회가 어떻게 훼절되고 배교의 길을 걸었는가를 논의하였다. 이제 몇 가지 생각을 정리하며 이 소론을 마친다.

첫째, 한국교회는 신사참배 결의 80년을 맞아 부끄러운 하나의 역사적 사건을 회개하는 것에 머물러서는 안 된다. 1930년대 말과 1940년대 당시의 우상은 신사에 절하는 것이었는데, 이 시대에 어떤 우상들이 그리스도인의 삶과 교회에 침투하고 있는가를 인식하고, 이를 청산하는 노력을 기울여야 한다. 오늘날 한국 교회의 가장 심각한 우상은 돈과 명예와 권력일 것이다. 끊이지 않고 발생하는 교회와 목회자들의 재정비리는 교회가 돈을 우상으로 섬기고 있기 때문이다. 목회에 어느 정도 성취를 경험한 이들이 감투에 대한 욕심이 연합기관을 만들어 명예를 추구하고, 비상식적인 기관 운영으로 자주 물의를 일으킨다. 또 교회의 역량을 넘어선 거대한 교회당을 건축하고, 이를 유지하지 못해 이단교회에 넘기는 일까지 발생되는 것은 교계 지도자들이 명예와 욕망의 우상을 섬기기 때문이다. 또 오늘의 한국교회에 교권주의가 판을 치고, 교회 지도자들이 국가권력과 결탁하는 경우도 적지 않다. 이것은 권력 우상을 섬기는 것과 다르지 않다. 한국교회에서 더 이상 교권이 교회와 하나님 나라의 일을 지배하게 해서는 안 된다.

둘째, 우리는 한국 장로교회 총회의 신사참배 결의 이후 발생한 교회의 훼절과 배교에 주목해야 한다. 한국교회는 총회에서 신사참배 결의로 그 방파제가 무너진 후 1940년대에 모든 것이 일시에 무너지는 도

미노 현상을 경험했다. 1940년대에 목사들이 신도 침례까지 받았고, 한국 장로교총회는 애국기 헌납 헌금, 시국강연회와 전승축하대회, 교회 통폐합, 일본적 기독교화 추진, 교파 통폐합 등으로 부일과 반민족적 배교의 길을 걸었다.

이는 오늘날도 마찬가지이다. 최근 한 매체의 보도에 의하면 한국교회 총회장이나 중요 기관장들의 상당수가 교회를 자녀에게 세습했다.[28] 한국 장로교회의 정통성을 주장하는 예장통합의 총회 재판국이 총회 헌법의 규정을 벗어나 명성교회의 세습이 합법적인 것으로 인정함에 따라 이 문제가 제103회 총회의 핫이슈가 되어 있다. 한국 교회 희년 잔치를 벌인 후 4년 만에 이루어진 신사참배 결의와 같이 이 사건은 한국장로교회 총회 설립 100년 잔치를 벌인 후 불과 6년 만에 일어났다. 한국 장로교회 총회의 신사참배 결의가 한국 교회의 일제강점기의 부일과 배교의 본격적인 출발이 된 것과 같이 명성교회 세습의 용인은 한국 장로교회가 향후 돈과 명예와 권력으로부터 독립할 수 있을 것인가의 바로미터가 될 것이다. 이 문제의 통합총회의 최종 결정이 한국 교회의 미래의 결정적인 방향타가 될 것이 분명하다. 한국교회는 지금 흥망의 기로에 서 있다.

셋째, 한국교회와 교계는 법과 상식으로 목회와 행정이 이루어지게 해야 한다. 최근 비리 혐의로 총신대 총장과 이사들이 해임되어 임시이사가 파송되었고, 백년 역사를 가신 한 기독교 내학 총장은 20년 동안 여직원 성추행이라는 파렴치한 사건으로 법정 구속되었다.[29] 대형교회

---

28. http://www.newsnjoy.or.kr/news/articleView.html?idxno=219213. 기침 11명, 예성 8명, 합동 7명, 감리교 6명 등의 순서였고, 부자 총회장 세습도 세 쌍이 있었다.
29. http://www.newsnjoy.or.kr/news/articleView.html?idxno=219378

들에서 발생한 목회자 비리와 윤리적인 문제들이 법정에서 유죄판결을 받고 있으며, 많은 기독교계 대학들이 비리로 몸살을 앓고, 이러한 여러 문제들이 자주 방송에 노출되어 많은 사람들이 기독교에 대해 혐오감을 갖고 있다. 한국교회는 교회 행정과 재정운영에서 사회에서 통용되는 기준도 따르지 못해 사법부의 판단과 정죄를 받고 있다. 한국 교회는 공적 신앙을 회복해야 한다.

넷째, 한국교회와 몇몇 연합기관은 지난 수년 동안 정치적인 행사에 참여하면서 극단적인 수구세력으로 지목되고, 지성사회의 혐오를 받고 있다. 지도자들이 역사의식을 갖지 못하고 교회를 정치집회에 동원하면서 교회의 영광이 손상을 당하고 있는 것이다. 그리스도인은 이 세상에 살지만, 이 세상에 속한 사람이 아니다. 한국교회는 이 땅에 존재하지만, 이 땅에 속한 기관이 아니다.

한국교회가 신사참배 결의 80주년을 맞아 이 중대한 역사적 범죄를 깨닫고, 이를 철저히 회개해야 한다. 나아가 그리스도인들과 교회를 사로잡고 있는 우리 시대의 돈과 명예와 권력의 우상을 척결하는 일에 앞장 서야 한다. 그리고 우리 시대의 교회에 주어진 사명에 충실해 하나님 나라를 새롭게 하여 한국교회 200년의 새로운 역사를 준비해야 할 것이다.

광복 후 한국교회 상황과 교회쇄신운동, 친일청산의 문제

제2차 세계대전이 끝나면서 우리나라는 광복을 맞이했고, 올해는 그 광복 80주년을 맞는 의미 깊은 해이다. 이와 함께 교회쇄신운동도 80주년을 맞고 있다. 교회쇄신운동은 1946년 고려신학교 설립을 그 출발로 하고 있지만, 사실은 광복과 함께 시작되었다고 보는 것이 옳다. 이 글에서는 태평양전쟁이 끝나면서 광복 전후의 한국교회 상황과 교회쇄신운동이 전개될 때 모습을 살펴보고자 한다.

1. 광복과 한국교회 상황

1) 광복과 한국교회

우리나라의 정치, 경제, 산업, 사회 등 모든 분야에서 그러했지만, 일제강점기에 기독교에 대한 박해와 신사참배 강요로 인한 피해는 매우 심각한 것이었다. 김양선은 한국교회는 신사참배 강요 이후 200여 교회가 폐문되었고, 2000여 신도가 투옥되었으며, 50여 명의 교직자들은 순교의 피를 흘렸다고 했다.[1] 김양선의 이 책은 광복 전후의 역사를 가장 잘 다루는 것으로 평가받고 있어 대부분의 역사서들은 이를 인용하고 있지만, 이는 정확한 통계가 아니다. 일제강점기 마지막 총회였던 제31회 총회 보고서에는 한해 동안의 교세증감 일람표를 전년과 비교하여 3,624교회에서 2,543교회로 감소하였음을 제시하는데 별도로 통계한 만주분 331교회를 포함 750교회가 감소한 것으로 나타난다.[2] 투옥되었던 사람들 가운데 마지막까지 생존해 광복 후 출옥한 이들은 20여 명에 불과했다. 출옥성도들이 1945년 8월 18일 처형이 예정되어 있었던 것을 고려하면,[3] 그들의 생존과 출옥은 밤나무 상수리나무가 베임을 당해도 남겨두신 '이 땅의 그루터기'(사 6:13)였으며, 한국교회의 미래를 위한 하나님의 특별한 섭리였다고 할 것이다.

제2차 세계대전에서 일본은 1941년 12월 8일 진주만 습격으로 미국에 상당한 타격을 가하였고, 얼마 동안 승전을 계속하였지만 이후 일본의 전세가 불리해졌다. 동남아시아에서는 항일 게릴라전이 활발하게 전개되었고, 유럽에서도 1943년 9월 3일 이탈리아가 항복하면서 제2차 세계대전의 전세가 급격히 기울었고, 1943년 독일 나찌군이 소련전선에서 30만이 전멸당하기도 했다. 베를린 전투에서 독일군이 패배해, 패전이 분명해진 1945년 4월 30일 히틀러가 베를린에서 자살로 생을 마감해, 유럽에서의 전쟁은 종식되었다. 태평양에서는 일본의 저항이 계속되다가 1945년 8월 6일에 히로시마에, 8월 7일 나까사끼에 원자폭탄이 투하되면서 일본 국왕의 이른바 '어성방송'(御聲放送)으로 항복이

---

1. 김양선,《한국기독교 해방 십년사》, 43.
2. 《제31회 조선예수교장로회 총회 회의록》, 30.
3. 허순길,《한국장로교회사》, 291.

발표되었다.

　1945년 8월 15일 광복이 되었지만, 남북한에서는 미국과 소련이 중심이 되어 신탁통치가 계속되었다. 광복 후 친일청산이 이루어져야 했지만, 미국 군정이 진행되는 동안 진전을 이루지 못하였다. 1948년이 되어서야 대한민국 정부가 수립되었다. 광복 후 한국교회는 폐쇄된 교회를 복구하고, 일제강점기에 훼절된 신앙을 회복하고, 신사참배로 더럽혀진 신앙을 회개하고 새롭게 하는 것이 기독교계의 제1의 과제였다. 일제강점기에 신사참배 강요에 굴복하고 친일과 부일배교 행위와 일제 잔재를 청산하고, 회개운동을 통해 흐트러진 신앙의 정기를 바로 세우고 교회를 쇄신해야 했다.

　광복 후 한국교회에서 친일 교권주의자들이 교회 정치에서 물러나고 교회를 새롭게 해야 했지만, 그렇지 않았다. 일제강점기에 한국교회 지도력을 행사하였던 이들이 기구의 재건을 주도하였다. 이 시기에 교회 쇄신운동은 두 가지로 나타났는데, 기구적으로 대한예수교장로회 총회와 각 노회가 복구되어야 했고, 신앙적으로 일제강점기의 부끄러운 모습을 회개하고 새로운 대한교회를 건설해야 했다.

2) 광복 후 한국교회의 네 가지 모습

　이상규는 당시 경남노회 목사가 66명이 있었는데, 교회 재건 혹은 쇄신을 주장하는 고려신학교 중심의 한상동, 주남선, 송상석, 이약신 목사 등 출옥성도들과 그들을 지지하는 일파, 고려신학교와 교회 쇄신운동을 거부했던 김길창, 권남선, 배성근 목사 등 교권주의자들을 지지하는 일파, 그리고 양측에 직접적으로 관여하지 않았던 노진현, 심문태, 이수필 목사 등 중간파 등 세 파로 나뉘어 있었다고 했다. 김양선은 이렇게 분열된 시기를 1948년 12월 7일 제50회 경남노회에서 심문태 목사를 위원장으로 고려신학교에 유리한 신학부 보고 후 인가 취소 결의 후부터, 고려신학교와 출옥성도를 지지하는 일파, 고려신학을 적극 반대하는 교권주의 일파 그리고 중간파로 분열되었다고 했다.[4] 이를 한부선의 기준으로 구분하면 광복 후 한국교회 지도자들은 네 그룹로 나눌 수 있다.[5] 이것은 경남노회만 아니라 한국교회도 마찬가지였다.

먼저, 한부선의 표현대로는 '타협주의자들을 용서할 수 없다'고 생각한 사람들이 있었는데, 남한에서는 최덕지가 중심이 된 재건파 그룹이었다. 재건파는 기존교회와의 교류를 '동참죄'를 짓는다고 생각해 관계를 단절했다. 심지어 신사참배 반대운동으로 투옥되어 옥고를 치루었던 신앙적인 동지 한부선이 방문하였을 때, 설교는 물론 인사도 시키지 않고 냉담하게 대했다. 당시 재건교회는 개교회가 외부 강사를 청할 때 노회장의 허락을 받아야 했는데, 김문제가 노회장 허락없이 한부선을 집회 강사를 초청한 일로 제명 처리를 해, 그들은 재건파를 이탈했다.[6] 북한에서는 이기선 혁신복구파 그룹이 비슷한 입장이었다. 이기선은 평북노회가 주최한 그 지역 6개 노회(평동, 평북, 용천, 의산, 산서, 삼산) 교역자 퇴수회에서 박형룡이 발표한 출옥성도들의 교회쇄신방안이 거부되는 것을 보고 평안남북도와 황해도 지방의 30여 교회를 규합하여 1945년 11월에 혁신복구파 독노회를 창립하였다. 이것이 광복 후 첫 교단 분열이었다.

둘째, 기존 신자들이 정화되면 용서해야 하고, 정화를 위해 노력해

---

4. 김양선, 《한국기독교 해방 십년사》, 156.
5. 한부선, 아내에게 보낸 편지, 1946년 10월 31일. 《한부선 서간집 1》, .
6. 《재건교회사》, 186-187.

야 한다고 생각한 사람들이다. 이는 고려신학교를 설립하고 교회쇄신운동을 전개하던 한상동, 주남선, 이약신, 손양원 등의 그룹이었다. 이들은 출옥성도들이 중심을 이루었지만, 신사참배를 하였더라도 이를 회개하면 누구든지 받아들였다. 실제로 이들은 많은 집회로 교회쇄신운동을 일으켰고, 고려신학교를 중심으로 한 교회쇄신운동 결과 경남(법통)노회는 지지하는 교회들로 규모를 늘여갔다.

셋째, '타협주의자들 그룹'으로 일본을 위해 적극적으로 부역한 사람들이 있었는데, 김길창이 대표적인 인물이었다. 그는 일제강점기에 1940년부터 2년간 경남노회장을 맡았고, 노회가 해산되고 1942년에 일본기독교 조선장로교단 경남교구가 되었을 때 1942년 5월 첫 조직부터 1944년까지 3년 동안 경남교구장을 맡았다.[7] 일제강점기에 마지막 장로교 총회였던 제31회 총회에서는 경남노회장으로서 교회상황에 대해 "통제에 의해 교회의 통폐합을 앞장서 실행한 결과, 경남노회가 335교회 중에 108교회가 감소함"으로 보고하였고, 장래 계획으로 "교회의 지도자 및 신도 등을 노회 또는 지방적으로 각각 훈련시켜 일본적 기독교 건설에 매진함"이라 보고하였다.[8] 이들은 다수는 아니었지만, 기독교계 내에서 대표적인 친일세력이었는데, 광복 후에도 중앙의 친일세력들과 깊은 유대관계로 교회의 지도력을 행사하면서 경남노회 안에서 문제가 되었다. 노회의 어른들로서 강력한 영향력을 가지고 있었다. 광복 후 잠시 숨을 죽였으나 1946년 11월 김길창이 다시 노회상에 선출되면서 고려신학교 인가를 취소하였고, 이들로 인해 교회쇄신운동이 위기에 봉착했다.

---

7. 《경남(법통)노회 100년사》, 403.
8. 《제31회 조선예수교장로회 총회 회의록》, 서울: 대한예수교장로회 총회, 2010. 83.

마지막으로, 신사참배에 대해 타협주의자들 중에 '강압에 의해 어쩔 수 없다'고 여겨서 따라간 사람들이었다. 이들은 신사참배에 적극적이지는 않았지만 시류에 따라 일제에 협력한 타협주의자들로 광복 후 경남노회 쇄신운동 과정에 중간노선에 섰던 노진현이 대표적인 인물이었다. 1945년 11월 경남노회가 실질적으로 복구되었을 때 출옥성도 주남선을 노회장으로 추대하였지만, 그 다음해에는 친일세력 김길창 목사를 노회장으로 선출하였는데, 이는 중간파의 협력 없이는 될 수 없는 일이었다. 이상규는 "이 중간파의 일관적이지 못한 처신이 노회의 문제를 어렵게 만드는 경우가 없지 않았다."고 했는데, 이들이의 입장에 따라 경남노회에서의 교회쇄신운동이 크게 영향을 받았다.

2. 광복 후 한국교회의 기구적 재건

1) 경남노회 복구운동

남한에서 교회재건에 가장 적극적이었던 곳은 부산이 중심이 된 경남노회였다. 주기철, 최상림, 손양원, 주남선, 한상동 등이 모두 경남 사람으로 다년간 그곳에서 목회한 영향이 적지 않았기 때문이었다.[9] 광복 후 두 주 만에 1945년 9월 2일 경남노회 산하 부산지구에 있는 교회들의 광복 후 첫 연합예배를 부산진교회에서 개최하고, 이를 기해 20여 중견목회자들과 평신도 지도자들이 신앙부흥운동 준비위원회를 조직하고 선언문을 발표하였다.[10] 이날 참석한 이들은 권남선, 김길창, 한익

---

9. 김양선, 《한국기독교 해방 십년사》, 51.
10. 〈경남노회 진상보고와 진정서〉, 경남노회통일대책위원회, 1951. 5. 25, 5. 이 선언문을 교회쇄신운동을 위한 선언으로 생각하는 이들이 있지만, 그런 것은 아니었다.

동, 최재화, 김만일, 김상순, 강성갑, 윤인구, 노진현, 김두만, 심문태, 한정교 등의 목회자와 양성봉, 우덕준, 서명준, 김기현, 구영기, 백낙철, 김사선 장로 등이었다. 이 위원회에서는 9월 12일 경남노회를 복구하여 회장 심문태, 부회장 최재화, 서기 강성갑, 회계 구영기 등의 임원을 선출하였다.

2) 이북에서의 재건운동

1945년 11월 14일부터 한 주 동안 선천 월곡동교회에서 있었던 평북노회 여섯 노회(평동, 평북, 용천, 의산, 산서, 삼산) 교역자 퇴수회에 200여 명이 참석한 가운데, 이기선과 박형룡이 강사로 참여했다. 이때 박형룡이 출옥성도들이 발표한 한국교회 재건원칙을 발표하였지만, 신사참배 결의 당시 총회장이었던 홍택기 등의 강력한 반박을 받았다.[11] 그 해 12월 초 이북5도연합회에서도 재건원칙을 발표하였으나, 노회적으로나 총회적으로 대대적인 반향과 회개운동을 갖지는 못했다. 광복 후 한국교회의 신사참배 죄에 대해 제32회 총회(1946. 6. 11-14, 제1회 남부대회)와 제39회 총회(1954. 4.23-27)에서 두 차례 결의를 하였지만, 진정한 회개운동으로 연결되지 못하였고, 행정적이고도 절차적인 것에 머물고 말았다.

이렇게 한국교회 지도자들은 철저한 참회와 자기정화, 하나님과 사람 앞에서 인정받을 만한 공적 권징의 과정을 거치지 않고, 광복 후 교회 정치에 계속 참여하고 주도하였다. 이것이 한국교회의 신앙의 정기를 흐리게 하고 말았다. 이것은 제헌국회에서 반민특위의 실패로 친일

---

11. 김양선, 《한국기독교 해방 십년사》, 46.

인사들이 대한민국 정부 수립에 깊숙이 참여하게 된 과정과 크게 다르지 않았다.

3) 한국교회 기구 재건 노력들

　일제강점기에 한국장로교회는 제31회 총회 후 일본기독교 조선장로교단으로 통합되고 말았다. 1945년에는 장로교와 감리교, 성결교, 침례교, 구세군 등 거의 대부분의 종파가 일본기독교 조선교단이라는 이름으로 통합되었고, 초대 통리는 김관식이 맡았다. 이것은 광복 불과 두 주 전이었다.

　신사참배 반대운동으로 투옥되었던 이들은 평양형무소의 문이 열려 출옥하였고, 산정현교회에서 한국교회의 미래를 두고 기도하기 시작하던 시기에, 한국교회가 기구적인 여러 가지 형태로 기구적인 재건운동이 일어났다. 기구적인 재건은 일본기독교 조선교단으로 복구를 위한 노력이었다. 일제강점기 말에 일본의 지원 아래 '일본기독교조선교단'을 창설한 이들은 광복 후에도 여전히 지도력을 행사하기 위해 1945년 9월 8일 새문안교회에서 '남한 만의 교단 대회'라는 의미의 '남부대회'라는 이름으로 일본기독교 조선교단의 대회를 소집했다. 이날 회의에는 장로교와 감리교 대표만 참석하였는데, 감리교에서 변홍규, 이규갑, 박연서 등이, 장로교에서는 김관식, 송창근, 김영주 등이 참여했다.[12] 이때 감리교 대표자들은 교단 대회에서 탈퇴한 후 같은 날 동대문교회에서 재건중앙위원회를 개최하고 감리교의 재건을 도모하였다. 일본기독교 조선교단 관계자들은 건국과 교회와의 관계를 역설하여 교단의 지속을

---
12. 민경배, 《한국기독교회사》, 456.

위해 노력하였으나 장로교측에서도 자신의 교파 환원을 희망하는 교역자들이 적지 않게 있었으므로 남부대회는 아무 성과 없이 무산되었다.[13]

4) 연합기구의 복구

이듬해 1946년 10월 9일 조선기독교연합회가 복구되었는데, 김관식이 회장으로 선출되었다. 이 조직은 오늘날 한국기독교교회협의회로 이어지고 있다. 그는 1948년 암스테르담에서 세계교회협의회(WCC)가 창립될 때 한국장로교회 대표로 파송되었다. 일제강점기에 리더십을 가졌던 친일인사들이 그대로 광복 후에도 그대로 지도력을 행사하게 되었고, 당사자는 물론 한국교회도 이를 당연한 것으로 받아들일 정도로 역사의식이 무감각한 상태였다. 이는 제2차 세계대전 후의 철저하게 죄책을 고백하고 정치 일선에서 퇴진한 독일교회의 모습과 비교된다고 하겠다.[14]

3. 한국교회 쇄신운동의 시작과 전개

1) 경남노회 쇄신안 발표

1945년 9월에 복구된 경남노회는 현역 교역자들의 자숙안으로 다음과 같이 발표했다.[15]

---

13. 김양선, 《한국기독교 해방 10년사》, 50-51; 허순길, 《한국장로교회사》, 333.
14. 김영재, 《되돌아보는 한국 기독교》, 수원: 합신대학원 출판부, 2008, 387-418.
15. 김양선, 《한국기독교 해방 십년사》, 149.

1. 목사, 전도사, 장로는 일제히 자숙에 옮겨 일단 교회를 사직할 것,
2. 자숙기간이 종료되면 교회는 교직자에 대한 시무투표를 시행하여 그 진퇴를 결정할 것.

이 쇄신방안의 발표는 주남선, 한상동 등 경남 출신의 출옥성도들이 평양 산정현교회에서 기도하며 한국교회 쇄신방안을 논의하던 시기로 아직 남하하기 전이었다는 것이 중요하다. 출옥성도들과 교감을 거친 것이 아니었음에도 불구하고 더 강력한 내용이 포함되어 있는데, 이것이 기독교계 친일청산에 대한 당시 그리스도인들의 상식이었음을 알 수 있다. 그러나 스스로 발표한 이 쇄신운동 방안은 1946년 정기노회에서 김길창을 다시 노회장으로 선출하면서 유야무야 폐기되고 말았다.

2) 출옥성도들의 교회쇄신방안 발표

신사참배 반대운동을 조직적으로 전개한 지도자들은 1940년 일제 검거 때 각 지역에서 체포되었고, 지방 경찰국에서 지내다가 대부분 평양형무소로 이송되었다. 그들은 5년 이상의 옥고를 치르고 광복과 함께 8월 17일 출옥하였다. 이들은 오랜 투옥생활에 건강이 극도로 약해져 건강회복이 필요했고, 또 한국교회의 미래를 위한 논의와 의견 통일이 필요하여 주기철 목사 사택에 머물며 약 두 달 동안 기도회를 가지며 한국교회의 재건에 관한 제반 문제를 논의하였다.[16] 그들은 이 기간에 한국교회를 위해 기도하며 교회쇄신 방안을 논의하였고, 광복 한 달 후 9월 20일 한국교회 재건을 위한 다섯 가지 기본원칙을 발표하였다.[17] 이

---

16. 김양선,《한국기독교 해방 10년사》, 149.
17. 김양선,《한국기독교해방십년사》, 45.

출옥성도들의 모습(1945. 8/평양)

에 앞서 경남노회에서 발표한 교회쇄신방안과 비교하면 다음과 같다.

표 1_경남노회 자숙안과 출옥성도들의 교회쇄신방안

경남노회 자숙안(1948. 8. /부산)	한국교회 재건 기본원칙(1945. 9. 20/평양)
1. 목사, 전도사, 장로는 일제히 자숙에 옮겨 일단 교회를 사직할 것. 2. 자숙기간이 종료되면 교회는 교직자에 대한 시무투표를 시행하여 그 진퇴를 결정할 것.	1. 교회의 지도자들(목사와 장로)은 모두 신사에 참배하였으니 권징의 길을 취하여 통회정화한 후 교역에 나아갈 것. 2. 권징은 자책 혹은 자숙의 방법으로 하되 목사는 최소한 2개월간 휴직하고 통회자복할 것. 3. 목사와 장로의 휴직 중에는 평신도가 예배를 인도할 것. 4. 교회재건의 기본원칙을 전한(全韓) 각 노회 또는 지교회에 전달하여 일제히 이것을 실행케 할 것. 5. 교역자 양성을 위한 신학교를 복구, 재건할 것.

출옥성도들의 교회쇄신방안에 대해 독선적인 신앙형태로 비난하기도 하지만, 두 방안을 비교할 때 출옥성도들의 방안이 더 과격하거나 독선적이라 할 수 없다. 경남노회의 방안은 목회자들이 교회를 사직할 것을 제안했지만, 출옥성도들의 방안은 회개가 주된 방식이었고, 그것도 자책 혹은 자숙의 방식으로 실행하는 것이었다. 경남노회의 쇄신방안은 당시 그리스도인의 신앙양심에서 나온 것이며, 출옥성도들의 자숙방안의 과격성을 비난하는 것은 합당하지 않다. 당시 한국교회 재건 기본원칙에 대한 교계의 반향은 적지 않았는데, 이를 전 노회적으로 혹은 개교회적으로 실시한 곳도 적지 않았다.[18]

그러나 신사참배나 친일 부역에 앞장섰던 교계 지도자들이 이를 거부하면서, 한국교회의 재건은 어려운 국면으로 접어들었다. 한 달 동안 요양과 기도회 후 건강을 회복한 출옥성도들은 각기 고향으로 돌아갔는데, 주남선은 거창교회의 청빙을 받아 목회를 재개하였고, 한상동은 주기철의 후임으로 산정현교회의 청빙을 받아 목회를 시작했다.

3) 경남노회 교회쇄신운동의 전개와 반작용

경남노회가 기구적인 복구를 이루었으나, 본격적인 교회쇄신운동은 제47회 정기노회에서 주남선을 회장으로 선출하면서 시작되었다. 주남선은 노회장으로서 개혁안을 제출하였는데, 그 여섯 개 항의 내용은 다음과 같았다.

· 본 노회 소속 일반교회는 내년 부활주일 전 주일까지 성례 시행을

---

18. 김양선,《한국기독교해방십년사》, 45.

정지하기로 함.
- 본 노회 소속 교회 제직은 내년 1월 10일까지 시무사면을 단행하기로 함.
- 본 노회 소속 목사와 전도사는 전기 기간 중 자숙 수양하되, 1946년 1월 1일부터 10일까지 일전 한 장소에서 공동 집합하야 수양하기로 함.
- 각 교회 교역자는 전기 수양회 후에 청빙하기로 함.
- 내년 1월 제1차 주일은 금식 참회일로 정함.
- 신사참배 결의 취소를 총회 헌의하기로 함.

주남선의 이러한 제안에 따라 경남노회는 노회적으로 일제강점기의 과오를 청산하고 새로운 출발을 하고자 1946년 1월 태종대에서 1월 1일부터 10일까지 '절회주간' 행사로 교역자 수양회를 가졌다. 손양원을 강사로 부흥회를 갖고, 일제강점기의 잘못을 회개하는 시간을 갖는 것이었다. 이 모임에는 추운 겨울임에도 불구하고, 경남노회 산하 교직자 백여명이 참석하였다.

그러나 일제강점기에 친일에 앞장섰던 김길창, 권남선 등은 이에 동참하지 않았다. 그들은 대신 노회 재진입을 모의하였고, 1946년 12월 3일 진주에서 모인 경남노회 제48회 정기노회에서 김길창을 노회장으로 선출하였다. 노회에서는 종전의 노회 결의에 따른 교회쇄신운동을 교묘히 폐기시켰고, 고려신학교 인가 취소를 단행했다. 이에 한상동이 '불순한 태도를 고침이 없이 그대로 나아가는 경남노회가 배로 설 때까지'라는 조건을 달고 잠정적인 탈퇴선언을 하였다.[19] 노회 후 1947년 1월 3일

---

19. 김양선, 《한국기독교해방십년사》, 152.

경남노회 교역자 수양회(1946. 1. 11)

자로 초량교회(한상동), 마산교회(송상석), 부산진교회(최재화), 거창교회(주남선), 영도교회(한명동), 남해읍교회 등 여섯 교회가 성서적 기독교 교리 확립, 전통적 경남노회 재건, 복음적 정통교회 신앙 재건을 요점으로 하는 성명서를 발표하였고, 이어 경남노회 67교회가 한상동을 지지하는 성명을 발표하였다. 2월 14일에는 244교회가 경남노회의 처사를 비난하는 성명서를 발표했다.[20]

이런 교회의 강력한 반발에 1947년 3월 10일 구포교회에서 모인 임시노회에서는 김길창 등의 사임이 가결되고, 3월 24일에는 문창교회 등 67개 교회 평신도 대표 200명이 황철도를 대표로 선정하고 노회 지도부의 행위를 규탄하게 되었다. 당시 교회쇄신운동 과정에서 목회자들의 비협조로 교회쇄신방안이 제대로 시행하지 않았으나, 평신도들의 열화와 같은 지지로 교회쇄신운동이 힘있게 지속될 수 있었다.

---

20. 이상규, 《교회쇄신운동과 고신교회의 형성》, 56-57.

4) 교회쇄신운동기의 세 가지 삽화

교회쇄신운동 과정을 기록하는 세 가지 삽화는 그 시대의 교회의 분위기를 알 수 있게 만든다. 먼저, 주남선, 한상동, 손양원 등은 장로교 총회 안에서 교회쇄신운동을 이루기를 원했다. 이를 두고 재건파에서는 고려신학교 설립자 한상동 등에 대해 비난하며 교류를 단절했는데, 서울 장신대 총장을 지낸 문성모의 기술을 살펴보자.[21]

> 한상동 목사는 대쪽 같은 신앙의 절개를 가진 사람이지만 한국교회의 일치를 위해 타협과 관용을 잃지 않은 목회자였다. 한 목사는 그를 배척하고 고통을 주었던 친일파 지도자인 김길창 목사와 함께 경남노회에서 무려 6년간이나 함께 얼굴을 맞대고 지냈다. 그는 교회 개혁을 밖으로 나가서 하자는 신앙적 동지 최덕지 목사와 소원해지면서까지도 교단에 남아 김길창의 얼굴을 용납하며 타협과 일치를 위해 끝까지 노력한 지도자였다.

어떤 학자들은 한상동의 '신앙노선'이 박형룡에게 총회 이탈을 요구했을 가능성을 말하지만,[22] 한상동과 경남(법통)노회 지도자들은 교회쇄신운동 과정에서 여러 차례 총회 이탈과 새로운 총회 조직에 대한 의지가 없음을 분명히 하였다.[23]

또 다른 다른 하나의 그림은 손양원의 목사 안수식 장면이다. 그는 1938년 평양 장로회신학교를 졸업했지만, 신사참배 반대운동과 투옥 등으로 목사 안수가 늦어졌고, 1946년 2월 제47회 경남노회에서 목사

---

21. 문성모, "한상동 목사의 설교", 《33인에게서 배우는 설교》, 서울 두란노, 2012, 319.
22. 김양선, 《한국기독교 해방 십년사》, 154., 양낙홍, 《한국장로교회사》, 366, 377-383.
23. 〈호소와 공약선언〉, 1949. 9.

안수를 받았다. 행사 준비위원들이 출옥성도 손양원을 고려하여 윗 강단 의자에 위치시켰지만, 김길창이 피안수자는 아래로 내려가라고 해 내려왔는데 예배에 참석한 평신도들이 올라가도록 요구하여 왔다갔다 하던 일이 있었다.[24] 이는 당시의 교권주의자들과 평신도들이 출옥성도를 대하는 자세를 보여주는 그림이라 할 수 있다.

당시의 교회쇄신운동 분위기를 보여주는 또 다른 그림은 경남(법통)노회가 제36회 속회 총회(1951. 5. 25-29)에서 추방된 지 1년 후 발회된 대한예수교장로회총로회에서는 임원 선거가 마친 후 일본기독교조선교단 시절에 장립과 안수를 받은 자는 재시취하기로 결의하였다. 이에 부회계로 선출되었던 김인식은 일본 교단 시절에 장로 임직을 받았으므로 스스로 사퇴하였고, 부회계는 황성학으로 보선되었다. 그는 12월 18일 경북지방회가 회집하여 대구시찰회에서 재시취하여 교회에서 장로로 받아들여졌다.[25] 이는 교회쇄신운동기에 고신교회 지도자들이 얼마나 자기관리에 철저했는가를 보여주는 사례가 된다.

5) 박형룡 박사의 고신교장 취임과 이탈

만주에 체재하고 있던 박형룡은 1945년 11월 14일 평북노회 퇴수회 강사로 초청을 받아 평북노회 교역자 퇴수회에 참여해, 출옥성도들의 교회쇄신방안을 발표하였다. 그러나 신사참배 결의 때 총회장이었던 홍택기 등의 강력한 반발로 교회쇄신방안을 받아들이지 않으면서 교회쇄신운동이 용이하지 않다는 것을 절감했다. 이것은 박형룡이 실효성 없는 교회쇄신운동보다는 신학교육을 통한 목회자 양성에 관심을 기울이

---

24. 최종규, "한국기독교 재건운동사", 《오직 진리 오직 재건》. 서울: 교음사. 1987. 55.
25. 나삼진, 《서문로교회 60년사》, 108.

게 된 계기가 되었다. 박형룡은 그러한 경험으로 교회쇄신방안의 실천이 거의 불가능할 것을 알았고, 교회쇄신운동 보다는 목회자 양성에 관심을 가진 계기가 되었다. 이것은 신학교육과 교회쇄신운동에 함께 관심을 갖고 가르쳤던 박윤선 교장과 다른 점이었다.

박형룡은 교회의 반응에 실망을 하고 만주로 돌아갔는데, 고려신학교가 평양 조선예수교장로회신학교를 계승하는 차원에서 한국교회를 대표하는 신학자인 그를 교수로 모셔야 했다. 이를 위해 설립자들은 한부선에게 여러 차례 가능성을 타진했지만 쉽지 않는 일이라 대답을 듣지 못했고,[26] 남영환이 시도했지만 콜레라 발병으로 실패하였고, 송상석이 1947년 4월 부산을 출발, 서울을 경유해 김포에서 홍삼밀수선을 빌어 영구에 입항, 봉천으로 들어가 그 가족을 모시고 나왔는데 장개석 군과 공산군 사이의 긴장으로 인해 출항 허가를 받지 못해 여러 달을 기다렸다가 1948년 9월 20일 출항 허가를 받아 10월에 인천으로 입국, 10월 12일 고려신학교 교장으로 취임하였다.

그는 당시 광복 2년이 되도록 귀국을 결단하지 못하고 있었다. 그가 귀국한 후 짧은 귀국 인사에서 '전후 피곤'이라는 말을 네 번이나 할 정도로 교회쇄신운동이 무망하다는 것을 알고, 신학교육에만 전념할 생각을 하고 있었다. 총회 전 3주간 동안 학교를 떠나 서울에 체류하며 교계지도자들을 만났던 박형룡은 제34회 총회(1948. 4. 19-23, 새문안교회)에서 고려신학교 입학 지원자는 주천서를 수지 않기로 결의하자 4월 30일에 교장직을 사면하고 서울로 떠났다.

박형룡의 고려신학교 교장 부임과 이탈의 사유를 신학교 위치 문제,

---

26. 한부선이 아내에게 보낸 편지, 1946. 12. 13. 《한부선 서간집》 1, 172.

선교부 지원 문제, 권징 문제에 대한 한상동과의 견해 차이로 보는 것은 지나치게 나이브한 생각이다.[27] 교회의 분립은 꼭 그런 견해 차이로만 되는 것은 아니다. 박형룡이 귀국해 서울에서 목회자들을 만났을 때 새로운 신학교를 하자는 요청을 받았지만, 이에 답하지 않고 부산으로 내려갔다. 이는 그가 고려신학교측에서 많은 재정과 송상석의 목숨을 건 봉사로 귀국한 것을 고려해 신의를 지키기 위해 내려간 것이지, 부산에 정착하려는 뜻을 가진 것은 아니었다. 이에 대해 당시 조선신학교에서 '51인 진정서 사건'의 서명자 51명 가운데 하나였고, 황해노회 출신으로 고려신학교에 편입했던 34명 중 하나로 훗날 장신대학장을 지낸 박창환은 그의 회고록에서 총회 지도자들의 강한 공작이 있었고, 박형룡이 고려신학교를 떠날 명분을 만들었다고 했다. 박형룡이 고려신학교를 떠난 후 교회쇄신운동은 심각한 어려움에 처했다. 손양원이 고려신학교 총무로 취임한 것은 그를 보완하기 위한 조처였다. 교회 분열은 이후의 한국장로교회의 분열에서도 보는 것과 같이 반드시 신학적인 차이나 이유에 의해 분열이 이루어지는 것은 아니다. 같은 신학, 같은 신앙을 가지고 있어도 관계자들의 지역적, 개인적 친밀 관계나 정치적 이해가 교회 분열에 중요한 영향을 미치는 경우가 많다.

박형룡은 그처럼 선교부의 지원을 받는 신학교육을 추진했지만, 그의 실험은 10년을 넘기지 못했고, 1959년 장로교회의 대분열 때 선교부, 그들이 조성한 재산, 기독교 학교, 그리고 〈기독공보〉까지 연동측으로 넘어가는 아픈 경험을 해야 했다. 그는 신학교육이 큰 위기에 처했을 때 1960년 8월 한상동 등 고신교회 지도자들이 서울에서 회의가 있던

---

27. 양낙흥,《한국장로교회사》, 358-418.

것에 때를 맞추어 회동을 제안하였고, 그 자리에서 박형룡은 눈물을 흘리면서 1948년에 한상동과 헤어진 것을 자신이 크게 잘못 생각했던 것이라며 개혁주의 보수신학을 위해 새로이 출발하자고 간곡히 제의했던 것이다.[28]

5. 한국교회의 친일 청산 문제

광복 후 한국 사회나 기독교계에서 친일청산 문제는 가장 시급한 문제였지만, 제대로 이루어지지 않았다. 일제잔재 청산은 광복과 함께 이루어져야 했지만 신탁통치로 인한 미군정으로 3년이 유예되었다. 시간이 흐르면서 이 문제는 유야무야 되었는데, 1948년 정부 수립 당시 관료, 사법, 경찰, 군대, 교육계 등 각계에서 경험을 가진 일손이 많이 필요하여, 일제강점기에 고위직에 오른 사람들이 거의 그대로 일을 하게 되었다. 국가적으로 친일분자 가운데 악질적인 자 외에는 관용하고 포섭하여 국가 건설에 참여시켜야 한다는 생각을 하게 되었다. 국가적인 차원에서 친일청산이 시도되었고, 기독교계 안에서도 논의되었지만 두 가지 다 실패하고 말았다.[29] 1948년 제헌국회가 구성되면서 1948년 9월 7일 반민족행위특별법이 제정되었고, 다음해 1월 5일에 법 집행이 시작되어 8월 31일 공소시효가 만료되었다. 한국은 정부 수립기에 민족의 주체성 회복과 사회정의 확립에 실패하였고, 기독교계에서는 그보다도 더 강력한 조처가 이루어져야 했지만, 아무런 징계도 이루어지지 않았

---

28. 남영환, 《한국교회와 교단》, 470-471.
29. 이만열, 《한국기독교와 민족 통일운동》, 서울: 한국기독교역사연구소, 2001. 283.

다. 일제잔재를 청산하지 못한 부작용이 오늘날까지 이어져 내려 오고 있는 것이다.

제2차 세계대전 전 독일교회는 민족교회를 세워야 한다는 이상 아래 나찌사상의 종교화와 히틀러의 우상화에 앞장섰다. 독일의 민족 사회주의 사상이 교회를 오염시켰다. 독일교회 지도자들은 그 일의 심각성을 생각해 전쟁 후 1945년 8월 21-24일에 프랑크푸르트에서, 10월 18-19일에 슈투트가르트에서 모여 참회하는 고백서를 발표하였고, 관련된 지도자들이 교회 정치 일선에서 물러났다. 광복 후 한국교회의 쇄신운동 과정에서 나타난 일제잔재 청산의 실패는 독일교회의 그것과 비교되고 있다.[30]

광복 후 한국교회는 과거사를 청산하려는 노력이 없었고, 경남노회가 처음 발표한 성명서도 회개와 청산을 위한 선언이 아니어서 죄책에 대한 언급이나 참회하는 진술을 찾아 볼 수 없다. 장로교 총회에서 두 차례나 신사참배 결의를 취소하였지만, 참회 고백이나 신학적인 진술을 남기지 못했던 것은 무척이나 아쉬운 대목이다. 한국교회 지도자들은 1945년 광복 직전까지 친일에 앞장섰으면서도 이를 참회 고백이나 일제 잔재 청산을 통해 교회를 새롭게 하기 보다는, 광복 후 기구 재건을 통해 일제강점기와 같은 리더십을 행사하려 했다. 한국교회는 자신들의 잘못에 대해 눈을 감고, 목회자들은 지도부들의 눈치를 보며 엄중한 사실을 외면하였고, 교회쇄신운동을 주창하는 이들을 오히려 제36회 속회 총회에서 추방하고 말았는데, 이에 대해 김양선은 다음과 같이 기록하고 있다.[31]

---

30. 김영재, "독일 민족 교회와 고백 교회", 《되돌아보는 한국 기독교》, 387-418.
31. 김양선, 〈한국기독교 해방 10년사〉, 157-158.

총회의 주도권을 가진 수삼의 교권주의자들과 그 배후에서 암약하는 수삼 기회주의자들의 그리스도의 사랑과 희생의 정신을 몰각한 교권적 행동 때문에 출옥성도를 중심한 고려신학교측의 제외된 경남노회가 승인되어 마침내 고려신학파는 총회의 문외로 쫓겨나 저들만의 노회를 조직하고 경남법통노회(회장 한상동)라 이름하였다.

김양선은 출옥성도 중심의 경남노회에 대한 우호적인 입장으로 인해 총회에서 조사위원회가 구성되었고, 그의 책은 교권주의자들에 의해 출판 금지를 당하기도 했다. 그의 기록 가운데 다만 "그들만의 노회를 조직하고 경남(법통)노회라 이름하였다"는 진술은 부정확하다. 고려신학교를 지지하는 경남노회는 대부분의 교회를 포함하는 노회의 주류였고, 1949년 김길창, 권남선 등이 새로운 노회를 조직해 이탈하면서 그들과 구별하기 위해 부른 명칭이 '경남법통노회'가 아니라 '경남(법통)노회'였다. 노회의 대표자도 한상동이 아닌 이약신이 노회장을 맡아 총회측과 필요한 논의를 했다.

고신교회
정신사
연구 I

제2부

교회쇄신운동의 길을 연 사람들

한상동 목사의 광복 후 한국교회 쇄신운동

한상동

고신교회(교단)가 설립 70주년을 맞이하였다. 고신교단은 일제강점기에 신사참배 반대운동을 조직적으로 이끌다가 투옥되어 옥고를 치루었던 출옥성도들을 신앙적인 뿌리로 하고 있지만, 그 중심적인 인물은 한상동 목사였다. 그는 일제강점기 신사참배 반대운동을 조직적으로 전개하다 일제검거시 체포되어 경남도 유치장을 거쳐 평양 형무소에서 6년 동안 옥고를 치루었다. 또 광복 후 산성현교회를 잠시 목회하다가 모친의 별세로 남하한 후 초량교회를 시무하면서 고려신학교를 설립하여 신학교육과 함께, 교회쇄신운동을 전개해 개혁주의 교회 건설에 앞장섰다. 이 글은 한상동 목사가 광복 후 한국교회 교쇄신운동을 어떻게 전개하였는가를 정리하는 것을 목적으로 한다.

1. 고려신학교 설립과 교회 쇄신운동

한상동 목사는 옥중에서 독일의 패망 소식을 듣고 일본도 곧 패망할 것을 예견하고, 광복 후 한국교회를 위해 신학교 설립을 위해 기도했다. 그는 평양 장로회신학교에서 3년 동안 신학을 공부하면서 한국교회의 정통 신학, 보수주의 신학의 신학적 전통을 잘 알고 있었다.[1] 그는 한국교회가 신사참배에 굴복하고 훼절한 것은 그 책임이 교회의 지도자들에게 있다고 보고, 출옥하면 교회의 미래를 위해 신학교를 설립하여 교회와 운명을 함께하는 지도자를 양성하겠다는 기도를 하고 있었다. 출옥 후 평양 산정현교회에서 기도회를 가질 때에도 이같은 비전을 주남선 목사와 나누기도 했다.[2]

1946년 3월 한상동 목사가 모친의 별세 소식을 듣고 남하하였을 때 남한에서 조선신학교가 장로교회에서 유일한 신학교였고, 1946년 5월 새문안교회에서 모인 남부총회에서 총회 직영신학교로 인가하였다.[3] 이러한 변질된 신학교를 총회 직영으로 한다는 것은 한상동 목사로서는 용납하기 어려운 일이었다. 그에게 가장 시급한 일은 한국교회의 미래를 위해 신학교육을 정상화하는 일이었고, 이를 교회쇄신운동의 중요한 방향으로 보았다. 한상동 목사는 이런 절박함으로 고려신학교를 '돈없이, 집없이, 인물없이' 설립하였다.[4]

---

1. 한국 장로교회의 신학은 미국 정통장로교 선교사로서 총신대학에서 가르쳤던 Harvie Conn이 잘 논의하고 있다. Harvie Conn, "Studies in the Theology of the Korean Presbyterian Church" *Westminster Theological Journal* 29(Nov. 1966).
2. "주남선 목사 옥중기", 이상규, 《한상동과 그의 시대》, 서울: SFC, 2006, 302.
3. 남부총회는 이북과 만주 지역 노회가 참여할 수 없었기 때문에 붙여진 이름이었는데, 두 차례 모인 남부총회는 제32회와 제33회 총회로 편입되었다.
4. 한상동, "신학 10년을 회고함", 〈파수군〉 제55호, 1956년 9월호.

고려신학교 교수들, 한상동, 박윤선, 한부선, 박형룡(1947)

1) 진해 신학강좌 개최와 고려신학교 설립

한상동 목사는 1946년 4월 서울에서 박윤선 목사를 만나 신학교 설립에 대한 합의를 하면서, 개교 준비는 신속하게 이루어졌다. 한상동, 주남선, 박윤선 등이 모여 5월 20일 설립 이사회를 구성하였고, 손양원도 기성회원으로 받아들였다. 이렇게 준비된 신학교는 1946년 6월 23일부터 8월 10일까지 진해에서 신학강좌를 열었고, 63명이 수강하였다.[5] 한상동 목사는 신학강좌가 진행되던 1946년 7월 9일 진해읍교회에서 모인 경남노회 임시노회에서 고려신학교 설립 계획을 보고하고, 경남노회는 고려신학교 설립을 인가하고 노회가 관리하던 진해읍교회 시

---

5. 진해 신학강좌는 박윤선과 한상동이 강의를 맡았고, 성서신학, 조직신학, 창세기, 시편, 로마서, 히브리서, 요한계시록 등의 과목을 강의하였다. 이상규, "해방 후 한국교회의 신학적 상황과 진해강좌", 〈장로교회와 역사〉, 2009, 67.

설을 제공하기로 결의했다.

진해 신학강좌에 황철도, 이인재, 손명복, 박인순 등 출옥성도들과 평양형무소 밖에서 옥중성도들을 도왔던 이경석, 임두연 등도 참여하였다. 이들은 9월 고려신학교가 개교하게 되면서 학점을 인정받아 신입생 혹은 편입생으로 입학했다. 진해 신학강좌의 수강생들은 대다수 신사참배를 반대하고 투쟁하였거나 그 정신에 동조하는 이들로 졸업과 함께 고신교회의 주류로 편입되었다.[6]

고려신학교는 1946년 9월 20일 호주장로교 선교부가 설립, 운영하던 일신여학교(현, 금성고등학교) 교실을 빌려 개교하였다. 그러나 한 학기를 마친 후에는 호주선교부 선교사들이 재입국함으로 선교부 자산인 일신여학교 교실을 내어주고, 초량교회 유치원을 거쳐, 광복동 교사로 옮겼는데, 잦은 이사로 '보따리 신학교'라는 별명을 얻었다.

고려신학교는 평양 장로회신학교의 신학적 전통을 이어받기를 원하였기 때문에, 박형룡 박사를 교장으로 초청하고자 하였다. 이를 위해 그동안 남영환 전도사가 출발했으나 콜레라 창궐로 실패하였다. 또 한부선 선교사를 보내고자 몇 차례 요청했지만 성사되지 않았고, 결국 송상석 목사가 목숨을 건 노력으로 만주로 가 박형룡 박사와 그의 가족을 국내로 인도하였다. 박형룡 박사가 그때 입국하지 않았으면, 입국의 길이 닫히고 말았을 것이 분명하다.[7]

송상석 목사의 인도로 귀국한 박형룡 박사는 서울에서 체류하면서

---

6. 이상규, "해방 후 한국교회의 신학적 상황과 진해강좌", 〈장로교회와 역사〉, 제2호, 67.
7. 박형룡의 아들 박아론은 송상석 목사를 두고 그때 가족들은 그를 "마치 소돔성 멸망직전에 찾아갔던 두 천사처럼 보였고(창 19장), '구세주'처럼 보였다'고 했다. 박아론, 《나의 아버지 박형룡》 서울: 대한예수교장로회 총회, 2014, 199.

교계 지도자들을 만나면서 부산으로 내려가는 것에 마음이 흔들렸다가 한상동 목사가 서울로 와서야 부산으로 내려와 10월에 교장에 취임했다. 박형룡 박사가 고려신학교 교장으로 취임하면서 한상동 목사는 그가 시무하던 초량교회 목사 사택을 박형룡 교장에게 내어 주었고, 사찰 사택으로 이사를 했다. 한상동 목사는 제48회 경남노회(1947. 12.)에서 조건부로 했던 노회 탈퇴를 취소했다.[8] 그렇지만, 박형룡은 한 학기만에 서울로 올라가고 말았고, 한상동은 한 주간 입원을 해야 했으며, 제2회 졸업식에도 참석할 수가 없었다. 박형룡 박사가 고신을 떠난 후 박윤선 교수가 교장으로 취임하였고, 손양원 목사가 총무를 취임하여 귀한 봉사를 하였다.[9]

2) 고려신학교의 성장과 발전

고려신학교에서는 본격적인 목회자 양성이 시작되었고, 박윤선 교수가 중심이 되어 〈파수군〉과 1950년에만 한 해 동안 네 권의 〈진리운동〉 시리즈를 발행하며 주로 신학적으로 변증했다.[10] 다른 하나는 경남(법통) 노회가 총회의 부당한 처사에 대해 항의하며 신도대회, 청년대회 등 집

---

8. 이에 대해 박종칠은 고려파운동이 평신도 운동의 거센 항거가 가져온 승리의 결정체라고 평가하고 있는데 옳은 분석이다. 박종칠, "고려파의 정신사(1), 《이근삼박사 화갑기념논문집》, 부산: 고신대학교 출판부, 1984, 1984, 144-160.
9. 경남(법통)노회 소속이었던 손양원 목사는 단일 장로교 총회를 이루고 있을 때 순교 직전 순천노회로 이명했지만, 고려신학교 총무로서, 목사 임직을 받고 오랫동안 경남노회 회원으로서 고신측 지도자들과 함께 활동했다. 손양원 목사 장례식 또한 고려신학교에서 주관하여 고려고등성경학교 교장 오종덕 목사가 사회를 하고, 고려신학교 학생들이 특별찬양을 하였으며, 박윤선 목사가 '순교에 대하여'라는 제목으로 설교하였다. 심군식, 《박윤선 목사의 생애》, 서울: 영문, 1996, 110; 손동희, 《나의 아버지 손양원 목사》, 서울: 아가페, 1999, 311.
10. 제1권 《정통신학에서 본 빨트와 뿌룬너의 위기신학》, 제2권 《대한예수교장로회는 어디로 가나?》, 제3권 《우리의 신앙》, 제4권 《신앙노선과 생활원리》.

부산 송도에 건축된 고려신학교 본관(1956)

회를 개최하였고, 여러 차례 다양한 문서를 발행했는데, 1949년 3월 제51회 정기노회 이후 이약신 목사가 노회장으로서 그 중심에 있었다.[11]

고려신학교는 광복동 교사를 거쳐 1954년 송도 교지를 확보하고 건축에 착수해 설립 10년이 되던 1956년 3월에 송도에 교사로 이전함으로써 본격적인 신학교육의 기틀을 잡았다. 그해 총노회는 총회로 승격되었다. 박윤선 목사가 송상석 목사와 법정소송 문제로 논쟁을 벌였다가 박윤선이 고려신학교에서 철수하는 일이 일어났다. 고려신학교는 이로 인해 위기상황에 빠지자, 승동측의 요청으로 1960년 12월에 합동총

---

11. 이약신 목사는 일제강점기에 제37회-제39회(1936-1937) 경남노회장을, 광복 후 제52회-56회(1949-1952) 경남(법통)노회장을 역임하였으며, 총노회가 조직되면서 제1회-제3회(1952-1954) 총노회장을 역임하고, 총회(1956)로 승격되면서 다시 총회장에 취임하였다. 그가 회장으로 재임하는 동안 한상동 목사가 부노회장을 맡았다.

회를 개최하였고, 고려신학교도 총회의 신학교 일원화 결의에 따라 일시 총회신학교에 병합되었다.

한상동 목사는 신학자는 아니었지만 고려신학교 설립자로서 성경과 기도가 그의 신학이었고, 한국교회의 미래를 위한 지도자 양성의 중요성을 생각하고 여러 어려움에도 불구하고 신학교를 개교하고, 교회의 협조를 얻어 운영하였던 신학교육가였다. 그는 고려신학교를 설립하고 평생 신학교육을 위해 헌신적으로 일했다. 그는 주남선 목사와 함께 고려신학교를 설립하여 부이사장으로 봉사하면서 목회학을 가르쳤고, 일제강점기 고문후유증으로 주남선 목사가 일찍 소천한 이후 이사장을 맡아 11년간 고려신학교 운영의 책임을 졌다.[12]

1968년 송상석 목사가 이사장으로 취임한 이후, 신학교의 발전 문제에 있어서 신학교 교수진들과의 이견으로 갈등이 발생해 한 차례 파동을 겪어야 했다. 한상동 목사는 이를 수습하기 위해 1969년에 고려신학교 교장으로 취임하였다. 그는 고려신학대학 승격 후에는 1974년까지 초대학장으로 시무하면서 네덜란드 개혁교회와 전국교회의 협력을 얻어 송도 교사에 현대식 건물로 교사를 신축하고, 1974년부터 명예학장으로 있다가 1976년 1월 별세했다. 그는 고려신학교 운영을 책임지는 30년 동안 590명의 신학생들을 배출하였고, 그가 별세할 당시(1976년 1월) 570여개의 고신교회가 세워졌다.

---

12. 허순길, 《고려신학대학원 50년사》, 275.

2. 경남노회에서의 교회쇄신운동

광복 이후 교회재건운동 혹은 교회쇄신운동은 교회의 기구적인 복구와 함께 일제강점기의 신앙적인 잘못을 청산하는 것이었다. 광복 후 교회쇄신운동은 평안도 지역과 경남지방에서 활발하게 진행되었다. 그것은 주기철, 주남선, 손양원 목사 등 신사참배 반대에 앞장섰던 대부분의 지도자들이 경남 출신이었고, 이들의 신앙적인 영향을 받았던 교회와 성도들이 많았기 때문이었다. 그러나 신사참배에 적극적으로 앞장섰던 이들도 경남노회에 있었다. 당시 부산은 개항 이후 점차 발전하여 일본과 일본을 통해 서구로 나아가는 국제적인 관문의 역할을 했고, 경남노회의 교세 또한 상당하였다. 광복 전 마지막 총회였던 제31회 총회보고서(1942년, 소화 17년 3월 기준) 통계에 의하면 전 조선 27개 노회 가운데 황해노회와 평서노회에 이어 세 번째 많은 목사 수를 보고하고 있고, 전도사, 전도인, 목사후보생을 포함하는 직원 수에서도 1,381명으로 황해노회 2,322명과 평양노회 2,298명에 이어 세 번째 많은 수를 보고하고 있다.[13]

부산경남지역에서는 광복과 함께 1945년 9월 2일 최재화, 심문태 등이 중심이 되어 신앙부흥운동준비위원회를 결성하고 성명서를 발표하였는데, 9월 18일에 모인 재건노회에서 자숙안이 발의되었다. 신사참배 반대운동과 마찬가지로 광복 후 한국교회 쇄신운동은 부산과 경남을 중심으로 일어났다. 그것은 순교자 주기철 목사(진해), 최상림 목사(남해), 출옥성도 주남선 목사(거창), 한상동 목사(부산), 손양원 목사(함안)가 이곳 출신이고, 이들이 이 지역에서 다년간 목회하여 신앙적인 영

---
13. 《조선예수교장로회 제31회 총회 회의록》, 서울: 대한예수교장로회 총회, 1942.

향력이 컸기 때문이었다.[14] 이런 이유로 경남노회가 광복 후 교회쇄신운동 과정에서 출옥성도들과 교권주의자들과 갈등의 진원지가 되었는데, 이는 총회의 신사참배 결의와 일본적 기독교 건설에 앞장섰고, 조선기독교장로교단 경남교구장을 맡았던 김길창과 그 지지자들이 경남노회에 속해 영향력을 미치고 있었기 때문이기도 했다.

제47회 경남노회 정기노회(1945. 12.)에서는 출옥성도 주남선 목사를 노회장에 추대하였고, 노회의 결의로 1946년 1월 1일부터 11일까지 태종대에서 경남노회 교역자 수양회를 가졌다.[15] 4월에 평양 산정현교회에서 목회하던 한상동 목사는 모친의 별세 소식을 듣고 남하하였고, 남북분단이 고착화되어 평양으로 돌아갈 수 없게 되면서 초량교회의 청빙을 받아들여 목회했다. 이때부터 그의 한국교회 쇄신운동이 본격화되었다. 광복된 '대한교회'를 새롭게 하기 위해서는 일제강점기에 광범위하게 벌어졌던 신사참배와 대동아전쟁을 지원하기 위한 교회 종 헌납과 교회당 폐쇄 등 광범위하게 전개되었던 부일과 친일 행위를 회개하고 교회가 새로운 출발을 해야 했다. 그러나 그러한 일은 쉽지 않았다.

1946년 9월 20일 한상동, 주남선, 박윤선 목사가 고려신학교를 설립하면서 교권주의자들과의 본격적인 갈등이 시작되었다. 광복 후 리더십을 잠시 출옥성도들에게 양보하는 듯하던 경남지방의 교권주의자들은 1947년 12월 제48회 노회에서 사전 계략으로 일제강점기 일본기독교

---

14. 김양선, 《한국기독교 해방 10년사》, 51. 한상동 옥중기 《주님의 사람》, 주남선 옥고기를 통해 알 수 있고, 조수옥은 마지막 출옥성도로서 증언하고 일본신학자 와따나베 노부오의 기록으로 《신사참배를 거부한 그리스도인》이라는 증언록을 한일대조본으로 남겼다. 조수옥 증언, 와따나베 노부오 기록, 김산덕 역, 《신사참배를 거부한 그리스도인》, 서울: 동인, 2002.
15. 이는 노회가 공식적으로 주최한 절회주간 행사였는데, 교회쇄신운동의 첫 모임이었고, 김길창, 권남선 등은 참여하지 않았다.

조선교단 경남교구장으로 일제에 협력하였던 김길창 목사를 다시 노회장으로 선출하였다. 허순길은 이를 통해 당시의 대부분의 목사들의 영적인 상태가 어떠했음을 분명하게 보여주는 것이라 했다.[16] 이 노회에서는 신학교 설립은 총회의 일이라는 취지에서, 고려신학교 인가와 신학생 추천을 취소하고 말았다. 이에 한상동 목사는 "불손한 태도를 고침이 없이 그대로 나아가는 경남노회가 바로 설 때까지 탈퇴한다"고 선언하고 퇴장하였다.[17] 이는 '경남노회가 바로 설 때까지'라는 조건을 붙인 경고성 탈퇴였다. 1947년 1월 13일 초량, 마산, 부산진, 거창읍, 영도, 남해읍교회 등 여섯 교회가 성명서 발표하고 출옥성도들의 교회쇄신운동을 지지하자 3월 10일에 있었던 임시노회에서 김길창 목사 등 임원들이 총사퇴하였다. 그들은 이어 1947년 3월 23일 마산문창교회 등 68개 교회 평신도 대표 200명이 경남노회를 규탄하면서 경남노회의 주도권이 출옥성도들에게 돌아왔다.

그러나 박형룡 박사가 한 학기만에 1948년 5월 20일 고려신학교에 사표를 내고 상경하여 장로회신학교를 설립하면서 경남노회 제49회 임시노회(1948. 9.)는 다시 고려신학교 인정 취소를 결의하였고, 제50회 경남노회(1948. 12.)에서 이를 재확인하였다. 이때 한상동 목사가 신사참배와 동방요배, 미소기 바라이 범과에 대해 지적했을 때 그 일에 앞장섰던 김길창 목사는 그것이 '처음 듣는 말'이라 했고, 이에 한상동 목사가 제명처분을 동의했으나, 본인이 자리에 없다는 이유로 6개월 후에 표결하기로 결의하였다.

그러나 그들은 다음 정기노회를 앞두고 권남선 목사를 발기인으로

16. 허순길, 《한국장로교회사》, 369.
17. 〈제48회 정기노회록〉, 1946. 12.

하여 2월 19일에 별도의 경남노회 소집통지서를 발부하고, 제51회 정기 노회가 문창교회에서 소집된 1949년 3월 8일 부산성서학원에서 불법적으로 별도의 경남노회를 조직하였다.[18] 이 때는 총회를 한 달 앞둔 시기로 총회의 교권주의자들과 긴밀한 협의가 있었을 것이라는 합리적 의심을 갖게 한다.

김길창 목사계가 불법으로 노회를 분리한 후 제35회 총회(1949. 4)에 이들과 경남(법통)노회에서 두 종류의 명단이 제출되면서 경남노회 교회쇄신운동은 총회적인 문제로 확대되었다. 이 무렵 제35회 총회에 순천노회에서 고려신학교 입학 천서 문제를 총회에 문의했는데, 제35회(1949. 4.) 총회에서는 부서의 심의없이 정치부장 김관식 목사가 "고려신학교는 총회와 하등의 관계가 없다"고 표명함으로써, 결의없이 고려신학교를 도외시하였다. 그는 일제강점기 일본기독교조선교단의 통리로 친일교권주의자였는데, 광복 후 WCC창립 때 한국교회 대표였으며, 조선신학교 이사였다. 그 총회에서는 경남노회 관련 전권위원회를 구성하였고, 제36회 총회(1950. 4., 대구제일교회)에서 총대 문제로 며칠간 총회가 공전되다가 9월에 속회하기로 하고 경남노회 전권위원회 보고가 기각되었고 별위원을 선정하였다. 그러나 한국전쟁으로 인해 한 해 후 속회된 총회(1951)에서 경남(법통)노회 총대를 받지 않는 형식으로 고신측을 단절하였다.

경남노회 문제를 해결하기 위해 김세열, 김성석, 심현정, 송희용, 서

---

18. 이는 한국교회 최초의 노회 분리로, 제35회 총회 불과 한 달 전이었다. 경남노회는 이때부터 불법으로 조직한 노회와 구별하기 위해 경남(법통)노회라 불렀다. 민경배, 이영헌 등의 책에서 언급하는 고신측 교회가 별도의 노회를 조직하고 분리했다는 언급은 사실과 다르다. 이근삼, "신사참배 문제를 재검토한다", 《개혁주의 신학과 한국교회》, 181-209.

정태 목사 등 5인을 전권위원으로 파송하였다. 그러나 전권위원회는 노회와 공식적인 회합을 하지 않았고, 또 노회를 이탈한 사람들을 명령해 복귀시키지 않고 절대다수 교회가 참여한 노회와 소수의 이탈한 목회자 중심의 노회를 대등하게 보고, 기존 경남(법통)노회를 약화시키기 위해 노회를 삼분하는 것으로 문제를 해결하려 했다.

중립적인 입장이었던 심문태, 노진현, 이수필 목사 등도 중립 경남노회를 조직하여 총회에 총대를 파송하였다. 기존 경남(법통)노회와 김길창계의 경남노회, 중도파가 각각 총대를 파송하였는데, 그 총회에서 이슈가 되었던 조선신학교측은 자신들을 지지하는 김길창계를 지원하면서, 총회는 난투장으로 변하고 말았다.[19]

조선신학교와 고려신학교 문제로 총회 개회 이후 며칠 동안 회무가 정상적으로 진행되지 못하였고, 경찰의 출동과 훈계를 듣고서야 회무를 진행하여 전권위원의 보고를 기각하며, 다시 경남노회 (특)별위원(당시, 특별위원이라는 의미로 '별위원'이라 함)을 구성하였다. 한국전쟁의 발발로 총회가 속회되지 못하다가 이듬해 1951년 5월 25일 부산중앙교회에서 속회하였고, 고려신학교를 지지하는 경남(법통)노회에 입장권을 교부하지 않는 형식으로 총회에서 추방하고 말았다.

그때 총회를 방청하던 고신계 신자 500여 명이 신도대회를 개최하고 성명서를 발표하였다. 제37회 총회에서는 이를 다시 확인하였고, 총회의 결의를 근거로 경북노회에서는 고려신학교 관계자들을 8월까지 돌아오지 않으면 제명하기로 결의하였다.[20] 이후 김길창 목사가 이사장

---

19. 민경배, 《부산노회사》, 427.
20. 경북노회의 결의에 근거하여 대구서문교회에서는 고려신학교에 재학하고 있었던 김주오 장로 등 여섯 명의 고신 지지자들을 제명하였다. 당회의 이러한 처사에 대해 제명된 사람들을 지지하던 성도들

으로 있었던 경남노회 유지재단에서 10월 14일 초량교회, 영도교회, 거창읍교회, 문창교회 등의 양도를 요구하였다. 초량교회에서 삼일교회로, 구포교회에서 구포제일교회(현 시온성교회)로, 김해읍교회에서 김해중앙교회로 분립 현상이 나타났다.[21]

제37회 속회 총회(1952. 4.)에서 경남(법통)노회를 완전히 축출하고, 고려신학교와 단절을 선언하였다. 이에 경남(법통)노회는 1952년 9월 11일 제57회 정기노회에서 대한예수교장로회 총노회로 전환하기로 결의하여 대한예수교장로회 총노회를 발회하였다. 총노회는 3주간 자숙 기간을 가진 후 부흥집회를 갖고, 10월 16일 대한예수교장로회총노회 발회식 선언문을 발표하였다.

그동안 대한예수교장로회 제34회 총회에서 신사참배 결의 취소하였고, 1954년 9월 제38회 총회에서 다시 신사참배 결의를 다시 취소하였는데, 진정한 회개가 수반되지 않은 결의였을 뿐이었다.

3. 한상동 목사의 기도와 경건과 목회

1) 한상동 목사의 기도와 경건

한상동 목사의 경건과 순교정신은 고려신학교의 영적인 분위기에 큰 영향을 미쳤다. 그는 전도사로서 하동 진교교회에서 교역할 때 기도의 깊은 자리에 들어갔으며, 밤늦게까지 산에서 기도할 때가 많았다. 그는 신학교 교육을 마치고 초량교회에서 강도사로 교역을 할 때도 새벽

이 함께 해 서문로교회를 설립하였다.
21. 이들 교회는 2021년 각각 설립 70주년을 맞이하였으며, 〈기독교보〉 2021년 '올해의 교회'로 선정되었다. 〈기독교보〉, 2021. 12..

기도회에 큰 은혜가 있어 새벽기도회 출석 교인이 백여 명이 될 정도로 부흥하였다.

한상동 목사가 기도로 얻은 영적인 힘은 신사참배 반대 운동의 극심한 어려움을 이기게 했을 것이다. 그는 일제강점기에 6년 동안 평양감옥에 수감되었을 때, 보석을 권유받았지만 이를 거부하고, 광복과 함께 출옥했던 영적인 거인이었다. 한상동 목사는 기도와 경건의 사람이었다. 그는 신학교에서도 기도하느라 자주 시간 가는 줄 몰랐으며, 많은 성도들이 그의 간절한 기도와 축도에서 큰 감동을 받았다고 전한다.

그러한 분위기 가운데서 고려신학교 초기에 몇 차례 큰 은혜를 주셨는데, 한국전쟁 직전 1950년 4월 말경 고려신학교에서 놀라운 회개운동이 있었다. 경건회에서 박윤선 교장의 설교를 듣고 기도하면서 시작된 회개 기도가 한 주간 이상 수업을 중단해야 할 정도였다.[22] 이 회개운동은 영적 각성으로 이어져 인근 고려고등성경학교와 부산 시내교회, 그리고 신학생들이 전도사로 시무하던 교회로 이어졌고, 한국전쟁을 앞두고 고려신학교와 교회쇄신운동의 영적인 준비였다고 할 수 있다.

전쟁 기간 동안에 한상동 목사가 목회하던 초량교회는 수많은 목회자와 피난민들이 모여와 목회자들을 위한 집회를 가졌다. 한상동 목사, 박윤선 목사, 이학인 목사 등은 피난민들이 피해 있던 제주도와 포로수용소가 있던 거제, 제주, 당시 한국전쟁의 최전선 울산 등으로 다니며 계속적인 집회와 기도로 성도들을 격려하고 새롭게 했다.[23]

기도생활과 경건은 그가 신사참배 반대에서는 물론, 광복 후 극심한

---

22. 이러한 기도운동은 고려고등성경학교와 두 학교 학생들을 통해 각 교회로 번져갔다. 이상규, "고려신학교에서 일어난 회개의 역사", 〈장로교회와 역사〉 제3호(2009), 21-36.
23. "박윤선 박사 인터뷰: 고신의 산 역사를 만난다" 〈고신대학보〉 제111호(1986. 9. 16), 4.

반대와 시련 가운데서도 지속적으로 한국교회 쇄신운동을 추진하는 영적인 동력이 되었다. 박희천 목사는 그의 신학교 졸업반 시절이던 1956년 2월에 한상동 목사가 인도하였던 경건회를 잊지 못하고 있다. 그는 신학생 시절 한 해에 한 차례 정도 있었던 신학교에서의 그의 설교에 은혜를 받았는데, 그가 졸업직전 경건회에서 한상동 목사가 "평소 나 자신부터 참되게 살고, 나 자신부터 정직하게 살되 생명을 걸고 정직하게 사는 생활의 뒷받침을 가지고 설교하니 신학생 110-120명 모두가 다 울기 시작했고, 나도 한없는 눈물을 마루바닥에 쏟았다. 그 눈물이 평생토록 나의 가슴에서 마르지 않는다"고 증언하고 있다.[24] 그의 기도와 경건은 신사참배 반대운동은 물론 교회쇄신운동의 힘의 원천이었다.

2) 한상동 목사와 목회

한상동 목사의 교회 쇄신운동은 그의 목회를 통해서도 구현되었다. 한상동 목사는 전형적인 목회자이다. 정성구 교수는 한상동 목사가 순교신앙과 진리 파수를 몸으로 설교하다 간 우리 시대의 목회자라 한 후, 그는 한평생 고난과 인내로써 하나님의 영광과 주권을 선포하다 간 능력의 설교자라고 평가하고 있다.[25]

한상동 목사는 1933년 평양 장로회신학교에 입학하여 본격적으로 신학을 공부하고, 3년 만에 졸업하고 초량교회 강도사로 부임하였다. 그는 초량교회에서 신사참배 반대 설교를 하였다. 그는 경남노회장이던 이약신 목사가 호주장로교회의 100주년 기념행사의 초청으로 호주

---

24. 박희천, 《한상동 목사님의 목회철학》, 서울: 내수동교회 출판부, 2014. 46.
25. 정성구, 《한국교회 설교사》, 서울: 총신대학교 출판부, 2000, 334.

를 방문하는 사이에 7개월 동안 초량교회를 실질적으로 목회했다.[26] 그는 1937년 12월 목사 안수를 받으면서 주기철 목사가 평양 산정현교회로 이동한 후 후임으로 마산문창교회의 청빙을 받아 시무하였는데, 이때부터 신사참배 반대 운동을 본격화하였다. 일본 경찰은 마산에서 가장 큰 교회를 시무하는 한상동 목사에게 신사참배에 참여하도록 압력을 가하였지만, 이를 공개적으로 반대했다. 그는 교회에 박해가 들어오면서 교회에 피해가 될 것을 우려해 사임하고, 박수민 장로의 초청으로 밀양 마산교회에 부임해 공개적으로 신사참배 반대운동을 이끌었다. 그는 박수민 장로와 함께 경찰서에 여러 차례 불려가 심문을 받기도 했다. 그는 밀양마산교회를 시무하는 동안 매일 새벽 3시에 일어나 뒷산에 올라가 기도하였는데, 이는 장차 다가오는 박해를 대비하는 기도였다고 할 수 있다.[27]

한상동 목사는 광복 후 주기철 목사의 후임으로 평양 산정현교회를 시무하던 중, 광복 후 첫 삼일절 기념행사를 대대적으로 거행하려 할 때 교회의 협력이 여의치 않아, 공산주의자들과의 갈등이 시작될 무렵, 모친의 별세 소식을 듣고 남하하였다. 그는 부산에 와서 초량교회의 청빙을 받아 시무하게 되었다. 초량교회는 한국전쟁 기간에 피난민들을 위해 장소를 제공하여 주었고, 목회자들의 부흥회를 갖고 큰 은혜를 받았으며, 나라를 위해 간절히 기도했다.[28] 이 시기에 이승만 대통령이 주일

---

26. 《경남(법통)노회 역사 자료집(1916-2010)》, 경남(법통)노회 기독교문화연구위원회, 2011, 42; 이효재, 《나의 아버지 이약신》, 서울: 정우사, 2006, 252; 이상규 편, 《한상동과 그의 시대》, 서울: SFC, 2006, 22.
27. 홍치모, "한국교회사에서 한상동의 위치" 〈장로교회와 역사〉, 제2호, 12. 나삼진, "한상동 목사의 기도", 안명준 편, 《영적 거장들의 기도》, 서울: 홀리북클럽, 2021, 592.
28. 《초량교회 100년사(1892-1992)》, 부산: 대한예수교장로회 초량교회, 1992, 203. 당시 기독교계 최고의 문필가였던 김린서 목사는 '목사들이 고래배(고려파) 속에 들어갔다 나왔다'고 표현한 바 있다. 박

예배에 몇 차례 참석하였고, 반공포로 석방 직전 주일에 초량교회에서 예배를 드렸는데, 한 목사의 설교가 영향을 미친 것으로 보고 있다.[29]

한상동 목사는 총회에서 고려파가 단절되면서, 1951년 9월 총회측과 경남노회 유지재단이 초량교회를 비워줄 것을 요청함에 따라 한상동 목사는 400여 명의 성도들의 지지에도 불구하고, 교회의 평화를 위해 교회를 내어주고 빈손으로 나오게 되었다. 그리고 삼일교회를 설립해 22년간 목회를 하다 정년으로 1972년에 은퇴하였다.

한상동 목사는 진리를 위해서는 대단히 단호한 사람이었지만, 그를 만난 사람들은 한결같이 그가 겸손한 목회자였다고 증언한다.[30] 한상동 목사 아래에서 2년 7개월간 부목사로 동역하였던 박희천 목사는 한 목사의 목회철학을 교회가 잘되기 위함이라면 그로 인하여 내가 당하는 어떠한 고생, 멸시, 희생, 망신, 모욕도 달게 받는 목회철학, 동역자 특히 당회장 밑에서 일하는 동역자들을 인격 대우해주는 목회철학, '바라고 의지하라'의 목회 철학으로 정리하고 있다.[31]

종칠, "고려파의 정신사"《이근삼 박사 화갑기념논문집》, 129-176.
29. 박종칠, "고려파의정신사", 204.
30. "한상동 목사님은 참 좋은 목회자였습니다. 어디서나 누구 앞에서나 그이는 참 목자의 모습을 보였습니다. 언행이 일치되는 성직자들이 이 세상에 적지 않겠지만, 그이는 언제나 진실했습니다. 표리가 없는 일생을 남겼습니다." (김경래 장로), "목사후보생을 대할 때도 언제나 지극히 겸손하시고 친절했다"(최익우 목사), "(한상동 목사님은 목회를 할 때에) 화평 위주의 종, 과묵한 종, 참 겸손한 종, 민주적 사회자, 사랑의 대화자, 인내의 종이셨다"(김은도 장로), "전국적인 존경을 받으면서도 그 존경에 들뜨지 않고, '한상동, 너는 인간이다. 착각하지 마라. 너는 천사가 아니다'의 자리에서 떠나지 않으셨다"(박희천 목사)
31. 박희천,《한상동 목사님의 목회철학》, 32-42.

4. 복음병원 설립

한상동 목사의 교회쇄신운동은 복음병원을 설립하고 사회에 봉사하는 일에도 나타났다. 당시 차봉덕 의사가 제3영도교회의 창고를 빌려 복음진료소를 시작하였는데, 그는 한상동 목사가 목회하던 초량교회의 신실한 의사였다. 한국전쟁이 발발한 후 전영창 선생이 게리 드윗 목사가 모금해 준 5천 달러의 자금을 준비하고, 또 미국개혁교회(Christian Reformed Church)가 매월 500달러를 지원한다는 약속을 받아 귀국했다. 전영창 선생은 부산에서 한명동 목사를 만났고, 함께 한상동 목사를 만나 경과를 설명하고, 한상동 목사, 전영창 선생 등이 제3육군병원에 근무하는 장기려 박사를 만나 병원 설립에 동참해 주도록 요청했다.[32] 이런 과정으로 1951년 6월 21일 복음진료소로 개원하였다.[33] 복음병원 환자로서 무료로 치료를 받았던 것을 시작으로 평생 복음병원에 근무하며 장기려 박사를 도왔고, 훗날 행정처장과 원장 대행으로 일한 정기상 장로는 "한상동 목사의 생각, 장기려 박사의 인술, 전영창의 자본이 결합되어 복음병원이 탄생했다"고 정리하고 있다.[34] 《고신의료원 50년사》에서는 태동을 위한 동역자로 전영창, 한상동, 장기려 3인의 역할을 기술하고 있다.[35]

복음병원은 기독교 경남구제위원회의 관할 아래에 있었는데, 이 기구는 경남노회의 인가를 받았고, 처음부터 노회적으로 구제헌금을 하였다. 1954년에는 현재의 송도 캠퍼스를 마련하여 정착하게 되었고, 고려

---

32. 나삼진, "복음병원 설립과 고신교회의 사회적 영성" 〈기독교보〉 2022. 2. 23.
33. 《고신의료원 50년(1951-2001)》, 부산 고신의료원, 2001, 68.
34. 정기상, "복음병원의 설립과 경남구제위원회", 〈장로교회와 역사〉 제3호(2009), 90.
35. 《고신의료원 50년(1951-2001)》, 62-68.

신학교가 고려신학대학으로 개편되면서 1965년 9월 6일 대한예수교장로회 총회유지재단으로 편입되었다가, 학교법인 고려학원이 신설되면서 산하기관이 되었다. 복음병원은 이후 1968년 복음간호학교를 설립하였고, 1980년에 의예과가 신설된 후 고신대학교 안에 의과대학, 간호대학이 설치되어 부산경남지역의 의료사역을 담당하고 있다.

5. 한상동 목사와 다음 세대

한상동 목사의 교회 쇄신운동은 SFC를 통해 다음 세대를 양성하는 것을 통해서도 나타났다. 한명동 목사가 'SFC 창설의 주역'이라고 한다면, 한상동 목사는 'SFC의 신앙의 아버지'라고 할 수 있다. 한상동 목사의 주된 관심은 한국교회의 쇄신이었다. 그는 고려신학교 설립자로서 고려신학교를 운영과 지원, 초량교회와 삼일교회 목회, 나아가 전국교회를 대상으로 교회쇄신운동을 전개했다. 그럼에도 불구하고 그는 1950년대 말까지 거의 매년 전국SFC수양회에 참석하여 저녁집회 강사로서 말씀을 전했다. 7월 22일부터 매일 저녁 2시간에 걸친 저녁집회를 담당해 그는 학생들 앞에서 불을 토하는 설교를 했다. 그는 "진리 앞에 엎드려라. 진리를 찾아 나아가라. 그렇지 않으면 실패하고 만다. 기독학생들이여, 참됨에 나아가라. 진리에서 살고, 진리에서 죽을 수 있는 자가 되라"고 외쳤다.[36]

이 때는 한국전쟁으로 수양회를 개최하지 못하다가, 제6회 전국기독학생하기수양회라는 이름으로 다시 모였을 때였다. 1952년 7월 21일

---

36. 《학생신앙운동 50년 사료 1》, 《SFC수양회지 영인본 I》(1949-1954), 189.

부터 8일 동안 '고난의 의의'라는 주제로 임시수도 부산의 용두산 공원 아래에 있던 부산남교회당에서 모였다. 한국전쟁이 발발하고 2년이 되었던 때였다. 16개 시군부에 있던 34개교에서 144명의 학생들이 참가했는데, 이때 학생신앙운동 전국대회가 창립되었다.

한상동 목사가 다음 세대에 대해 관심이 많았고, 또 학생들이 SFC 수양회에 참석하여 집회를 인도하였고, 학생들에게 큰 반향을 일으켰으며, 자신들의 신앙과 삶에 큰 영향을 미쳤음을 증언한다.[37] 그가 전국 SFC수양회 집회 인도한 내역은 다음과 같다.

표 1_ 한상동 목사의 전국SFC 수양회 집회 인도 일람(1948-1958)[38]

회수	기간	주제	담당 프로그램
3회	1949. 8. 3-9		개회식
6회	1952. 7. 21-28	고난의 의의	저녁집회, 학생연합예배 설교
7회	1953. 1. 5-12	영광은 하나님께	저녁집회(6회)
8회	1954. 1. 5-13	의인은 믿음으로 살리라	저녁집회
10회	1955. 1. 4-11	하나님은 살아계시다	저녁집회(6회)
11회	1955. 7. 28-8.3	세상의 소금	저녁집회(6회)
13회	1956. 12. 28 - 1. 3	진리로 거룩하게 하옵소서	저녁집회(7회), 새벽기도회(2회)
14회	1957. 12. 31 - 1. 6	우리의 살 길	저녁집회(2회)
15회	1958. 7. 30 - 8. 4	주와 함께	저녁집회(2회)

---

37. SFC 조직기의 임원들이었던 이원홍, 이복임, 강복이, 강수명 등이나, SFC수양회에서 은혜를 받고 한국교회 지도자들이 된 손봉호, 정성구 등은 한결같이 한상동, 박윤선, 한명동 목사, 전영창 선생들의 리더십과 기도와 말씀이 풍성했던 수양회의 모습을 증언한다. 정성구, "나의 신학수업(1)" 〈크리스천신문〉 1982. 10. 6, 《아침이 오리라》, 23; 《Church & Campus》, Vol. 9(2011. 4), 30-33; 이복임, 《푸른 잔디》, 서울: 쿰란출판사, 2002, 37.
38. 나삼진 편, 《SFC수양회지 영인본》 I, II(서울: 전국학생신앙운동, 1997)에 나타난 통계를 재구성한 것이다.

한상동 목사와 수양회 강사들의 설교를 듣고 감화를 받은 학생들이 한결같이 지도자들의 영향을 말하고 있다. 당시 SFC수양회는 마치 불덩이와 같아서 청소년들에게 강력한 영적인 체험의 기회가 되었고, 수양회 때 받은 은혜로 전국교회에서 회개 운동과 신앙 운동을 펼치는 강력한 동력이 되었으며, 그의 가르침을 따라 한국교회 개혁 운동에 동참하였다.

이처럼 한상동 목사의 교회 쇄신운동은 교권주의에 물든 기성 목회자들의 반발을 가져왔으나, 여러 집회에서 말씀을 듣고 변화된 평신도들과 학생들의 적극적인 동참과 협력으로 가능하였다. 이같은 일은 다음 세대가 교회의 희망임을 믿었기 때문에 가능한 일이었다. 작은 규모의 학생신앙운동이었지만, 한국교회를 대표하는 많은 지도자들이 배출되었다.

맺는 말

서울장신대학교 총장을 지낸 문성모 교수는 한상동 목사를 '죽음을 허락받지 못한 순교자, 한국교회를 위한 생육신'이라 부르면서, 그가 순교했다면 주기철, 손양원과 함께 한국 3대 순교자가 되었을 것이며, 한국교회가 그를 추앙했을 것이라고 했다.[39] 총신대의 정성구 교수는 한상동 목사를 "한평생 고난과 인내로써 하나님의 영광과 주권을 선포하다 간 능력의 설교자"로. 홍치모 교수는 '고독한 신앙가', '미완성의 개혁자'로 남게 될 것이라 평가하며, 1960년 승동측과 합동이후 회개운동이 중

---

39. 문성모, 《한국교회 설교자 33인에게서 배우는 설교》, 서울: 두란노, 2012, 312-321.

단된 것을 아쉬워하고 있다.⁴⁰ 한국교회의 지도자 한상동 목사는 죽음을 허락받지 못한 산 순교자로서, 순교자 정신으로 지난 시대를 빛나게 살다 갔다. 한상동 목사는 한국교회에 주신 귀한 선물이며, 값진 유산이다.

지금까지 한상동 목사의 광복 후 교회쇄신운동이 어떤 형태로 이루어졌는가를 살펴보았다. 그가 옥중에서 가졌던 신학교 설립의 비전은 광복 후 고려신학교 설립으로 나타났고, 그가 별세하던 1976년까지 30회 졸업생을 배출하였다. 그의 가르침을 직접 받았던 이들중에는 홍반식, 이근삼, 오병세, 허순길, 김병원, 황창기, 김의환, 차영배, 박종칠, 이보민, 이상규, 강용원, 최덕성, 현유광, 심창섭, 한정건, 이환봉 등의 신학자들, 황철도, 윤봉기, 최훈, 박희천, 김창인, 박현진, 정문호, 황보연준, 박유생, 이금도, 정판술, 최해일, 이선, 조재태, 곽삼찬, 이용호, 윤현주, 정근두, 김철봉 등의 목회자들, 김영진, 유환준, 김형규, 이병길, 김만우, 변재창, 황상호 등 선교사들이 있었으며, 그가 강력한 영향을 미쳤던 SFC를 통해서도 이만열, 손봉호, 정성구, 김의환 등의 인물들이 배출되었다.

그가 설립한 고려신학교는 고려신학대학-고신대학-고신대학교로 이름이 바뀌면서 인재 양성에 기여하였다. 고려신학대학원은 지금까지 개혁주의 신학에 기반한 목회자 양성에 앞서고 있다. 고신대학교는 의과대학과 간호대학, 신학대학 등에서 기독교 인재 양성에 영향을 미치고 있다. 그는 하나님의 교회를 위한 평범한 목회자였지만, 그가 옥중에서 꿈꾸었던 신학교 설립이 이렇게 풍성한 열매로 나타났다. 그가 중심이 되어 전개했던 교회쇄신운동은 장로교 총회에서 단절되어 1952년

---

40. 홍치모, "한국교회사에서 한상동의 위치", 〈장로교회와 역사〉, 제2호, 2009, 36.

대한예수교장로회 총노회로 발족, 오늘날의 대한예수교장로회 고신총회가 되었다. 국내에 2,300교회에 달하고, 해외에 재미총회, 유럽총회, 대양주 총회에 모두 250교회에 이른다. 한국교회가 140년의 역사를 지나면서 곳곳에서 무너져가는 소리가 들린다. 그가 일제강점기에 거부했던 신사참배의 우상이 아니라, 오늘날 온갖 우상들이 한국교회를 더럽히고 있다. 한상동 목사가 한국교회 쇄신운동으로 교회를 새롭게 하기 위해 강력하게 저항했던 교권주의가 한국교회를 더럽히고 있다.

한상동 목사의 신앙과 경건, 순교정신을 물려받은 오늘의 고신교회는 우리 시대에 주신 하나님 나라에 대한 과업을 새롭게 발견하고, 이를 구현하기 위해 더욱 노력해야 할 것이다. 한 목사가 한국교회 쇄신을 위해 생애를 두고 추구하였던 개혁주의 신학에 기반한 복음에 생명을 건 교회 지도자 양성, 신사참배로 더럽혀진 신앙과 삶의 회개와 쇄신, 주님의 모습을 닮은 목양, 이웃에 대한 관심과 사랑, 청소년들에 대한 관심으로 다음 세대 한국교회를 위한 헌신으로 21세기 한국교회를 개혁하는 일에 앞장서야 할 것이다.

한상동 목사의 삶과 사역과 공헌을 정리하면서 예수께서 가르친 비유로 이 글을 마치고자 한다. "천국은 마치 사람이 자기 밭에 갖다 심은 겨자씨 한 알 같으니 이는 모든 씨보다 작은 것이로되 자란 후에는 풀보다 커서 나무가 되매 공중의 새들이 와서 그 가지에 깃들이느니라"(마태복음 13:32-33).

한상동 연보

1901. 7. 30
김해군 명지면에서 한재훈의 4남으로 출생

1906. 3
다대포에 계신 5촌 당숙 한금출의 양자로 입적

1907
다대포 서당에 들어가 한학 수학

1911. 3
다대포 실용학교 입학, 김성권 교사에게서 독립과 애국에 대한 가르침 받음

1916. 2. 20
실용학교 졸업, 동래고등보통학교에 입학했지만 일본 유학 관계로 수학 못함

1919. 3. 1
다대포에서 독립만세 운동을 계획, 경찰의 감시로 실패

1921. 5. 31
동래군 기장면 동부리 김두천의 큰딸 김차숙과 결혼

1921. 9
인생 문제로 고민하기 시작해 4년 동안 방황함

1924. 4
박창근 전도사의 전도로 복음을 받아 교회에 첫 발

1926
예수를 믿는다는 이유로 34명이 모인 한씨문중에서 파양선고

1927. 9
가정에서 내쫓겨 선교사의 주선으로 광림학교 교사로 부임

1928. 9
서울 피어선성경학교 입학

1929. 3
결핵 발병으로 성경학교를 그만두고 귀향

1929-32
경남여전도회 지원으로 고성군 학림리, 하동군 진교리. 삼랑진에서 개척 전도.

1933
평양 장로회신학교 입학

1936. 4.
평양 장로회 신학교 졸업, 초량교회 강도사 부임

1937. 3
경남노회에서 목사 안수, 마산문창교회 부임

1939. 5
신사참배 반대로 경찰의 압력으로 문창교회 사면

1939. 8
수영해수욕장에서 윤술용, 이인재 등 10여 명과 신사참배 반대운동 수양회

1939. 10
밀양마산교회 시무하면서 전국적인 신사참배 반대운동 전개

1940. 7
신사참배 반대운동자 일제검거로 경남도 경찰국 구금

1941. 7. 11
평양형무소로 이감되어 옥고

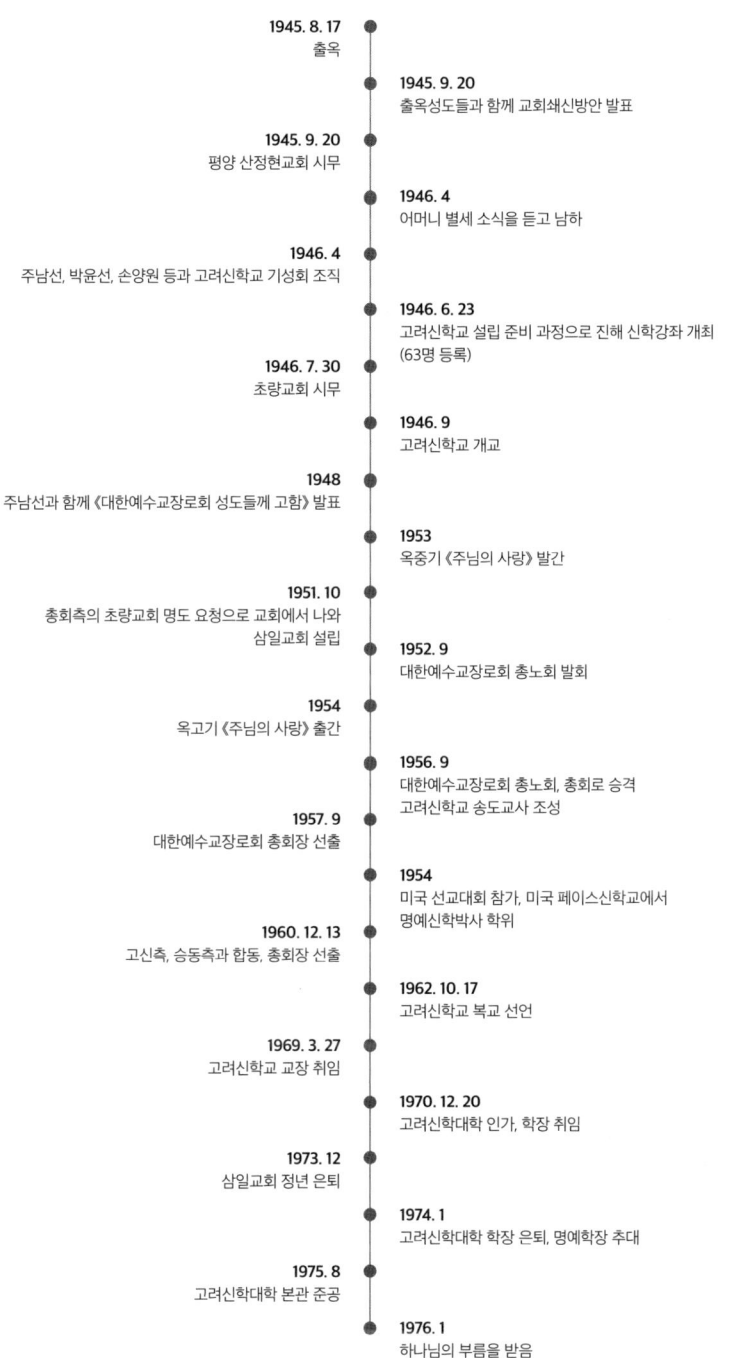

1945. 8. 17
출옥

1945. 9. 20
출옥성도들과 함께 교회쇄신방안 발표

1945. 9. 20
평양 산정현교회 시무

1946. 4
어머니 별세 소식을 듣고 남하

1946. 4
주남선, 박윤선, 손양원 등과 고려신학교 기성회 조직

1946. 6. 23
고려신학교 설립 준비 과정으로 진해 신학강좌 개최 (63명 등록)

1946. 7. 30
초량교회 시무

1946. 9
고려신학교 개교

1948
주남선과 함께 《대한예수교장로회 성도들께 고함》 발표

1953
옥중기 《주님의 사랑》 발간

1951. 10
총회측의 초량교회 명도 요청으로 교회에서 나와 삼일교회 설립

1952. 9
대한예수교장로회 총노회 발회

1954
옥고기 《주님의 사랑》 출간

1956. 9
대한예수교장로회 총노회, 총회로 승격
고려신학교 송도교사 조성

1957. 9
대한예수교장로회 총회장 선출

1954
미국 선교대회 참가, 미국 페이스신학교에서 명예신학박사 학위

1960. 12. 13
고신측, 승동측과 합동, 총회장 선출

1962. 10. 17
고려신학교 복교 선언

1969. 3. 27
고려신학교 교장 취임

1970. 12. 20
고려신학대학 인가, 학장 취임

1973. 12
삼일교회 정년 은퇴

1974. 1
고려신학대학 학장 은퇴, 명예학장 추대

1975. 8
고려신학대학 본관 준공

1976. 1
하나님의 부름을 받음

주남선의 신앙과 삶, 나라 사랑과 교회 사랑

주남선

고신교회 설립자들 중에 일제강점기에 세 번이나 옥고를 치른 이가 있는데, 바로 주남선 목사이다. 그는 3.1만세 운동과 독립운동에 관계된 군자금 모금 사건으로 두 차례 투옥된 바 있었고, 다시 신사참배 반대운동으로 6년 동안 옥고를 치르다가 광복과 함께 출옥하였다. 그는 거창에서 나고 거창에서 평생을 살며 거창교회 집사, 장로, 전도사, 목사가 되었던 인물이다. '선지자가 자기 고향과 자기 집 외에서는 존경을 받지 않음이 없다'(마 13:57)는 예수의 말씀이 무색한 사람이다. 그의 삶의 두 가지 축은 나라 사랑과 교회 사랑이었다. 그는 나라를 사랑한 애국지사였고, 복음과 교회를 사랑한 그리스도인이며, 진실된 목회자였다.

1. 주남선의 생애

주남선(1888-1951)은 1888년 9월 14일 경남 거창군 읍내면 동동 28번지에서 한학자 주의현과 최두경의 삼남매 가운데 차남으로 출생했다. 그의 첫 이름은 주남고였는데, 일본 경찰이나 검찰의 서류에는 주남고(朱南皐)로 되어 있다. 그는 옥중에서 주남선으로 개명했다.[1] 주남선의 전기를 쓴 심군식은 주남고가 주남선으로 개명한 것을 옥중에서 꿈에 윤산온(George S. Mccune) 나타나 '남선'으로 제안해 이루어졌다고 전한다. 그는 여섯 살 때 서당에 들어가 한학을 배웠는데, 하루 종일 벽을 보고 암송하여 사서삼경과 여러 사서를 독파하여 주위 어른들의 기대를 한 몸에 받았다고 한다.[2] 이러한 성실한 공부는 그가 1905년 지방관리로 등용되어 거창군수의 비서로 일할 수 있게 만들었다. 그는 1911년 9월 진주에 있는 잠업실습소에서 잠업 교육을 받았다.

주남선이 기독교에 접촉한 것은 광업에 종사하던 서울 출신 오형선이 전국을 순회하며 광업에 종사하던 중에 1908년 거창군 남하면 양향리에 정착하게 되면서부터이다. 그는 1908년 20세가 되던 때에 거창 장날에 장터에서 전도하는 호주선교사를 찾아가서 오형선, 조재룡과 함께 복음을 듣고 기독교에 입신하였다.[3] 1913년 교회의 첫 세례식에서 오형선, 조재룡, 주남선 등이 세례를 받았다. 그는 1913년 권서가 되어 1916년까지 활동했는데, 권서는 성경이나 《천로역정》 등의 기독교 서적을 공급하는 역할을 했다. 야소교가 생소하던 시절에 적대적인 반응을 받

---

1. 심군식, 《해와 같이 빛나라: 죽지 못한 순교자 주남선 목사 전기》, 서울: 교회교육연구원, 1990. 138.
2. 심군식, 《해와 같이 빛나리》, 14.
3. 심군식, 《해와 같이 빛나리》, 120-21.

기도 하여 성경 보급이 어려운 시절이었지만, 주남선은 워낙 성실하고 또 열심이어서 이 시기에 약 6천여 권의 성경을 거창군 일대에 반포한 것으로 보고하였다.[4] 출옥 이후에도 권서 일을 하였을 것으로 짐작하지만 자료가 남아 있지 않다.

거창읍교회는 거창읍 하동 죽전이라는 곳에 초가 3칸을 매입하여 1909년 10월 10일 첫 예배를 드렸다. 오형선, 조재룡 등이 최초의 신자였다. 1914년 4월 제1회 제직회가 구성되었을 때 오형선은 영수로, 주남선은 집사였다. 그는 1914년 5월 10일에 의령 출신의 남술람과 혼인하였다.

주남선은 집사가 된 후 호주장로교 선교부가 1915년에 설립한 경남성경학원에 1917년 3월 입학을 하여 2년 동안 성경을 공부하였다. 경남성경학원은 경남지방의 교역자들을 양성하는 일종의 전도자 양성기관이었다. 이곳에서 성경을 배워 교역자가 되고, 사역을 한 결과로 상급학교인 평양 조선예수교장로회신학교를 가는 준비과정이기도 했다. 호주장로교회 선교부는 대학을 운영하지는 않았지만, 부산경남지역에서 경남성경학원을 통해 목회자를 양성하였다. 구재화, 박손혁, 박수민, 백영희, 이승원, 이정심, 이현속, 한영원, 황철도 등이 이 학교 출신이었다.[5] 이들 중에 신사참배 반대로 투옥된 이들이 많았다. 그는 1919년 2월 거창교회 장로로 장립받아 봉사하였다.

주남선은 거창지역 3.1운동을 주도하였다. 당시 그는 권서로 활동하였고, 거창교회 집사로서 경남성경학원을 졸업하던 해였다. 그는 2월에 거창교회 장로가 된 후 3월에 3.1운동을 주동하였고, 8월에는 독립군 자

---

4. 유대영·옥성득·이만열,《대한성서공회사 II》, 408.
5. 이상규, "주남선 목사의 생애와 신앙",《거창교회와 주남선 목사》, 22.

금을 지원하는 독립운동에 가담하여 옥고를 치루었다.

그는 1921년 1월 독립운동 관여 혐의로 일본 경찰에 피검되었고, 3월 4일 징역 1년을 선고받았으며, 진주형무소에서 10개월 복역을 한 후 12월 29일에 부산형무소 진주분감에서 가출옥되었다.

그는 오형선 장로의 권유로 1920년 평양 장로회신학교에 입학하였는데, 1922년부터 거창교회 전도사로 시무하면서 평양 조선예수교장로회 신학교에서 신학을 공부하였다.[6] 그는 3년이면 끝날 그의 신학생 시절이 10년이나 걸렸는데, 이는 경제적인 어려움이 주된 이유였을 것이다. 그동안 거창읍교회는 꾸준히 성장하여 1925년 5월 28일 교회당을 건축하고 낙성식을 가졌다. 그는 1930년 4월 평양 조선예수교장로회 신학교를 제25회로 졸업하고 10월 경남노회에서 장립받아 이듬해 2월 22일 거창교회 위임목사가 되었다.

주남선이 거창교회를 1차 목회하는 기간 동안 교회가 크게 부흥하였다. 1934년 10월 14일 교회 창립 25주년이 되었을 때는 교인 수가 주일학생 포함 740명이 되었는데, 농촌교회로서는 큰 규모가 되었다. 《교회지략》에 '주남고 전도사가 신학교를 졸업하고 6월 11일, 42세에 목사로 장립하여 취임하고 교회를 위임받아 전심전력하니 교회 질서가 점차 회복되었다'고 했다.[7] 이 때를 '교회의 중흥기'로 기록하고 있다.

일제강점기에 삼일운동과 독립운동 지원으로 두 차례 옥고를 치루었던 그는, 신사참배가 강요되면서 이를 반대하여 1940년 7월 16일 피검, 진주경찰서 유치장으로 압송되었고, 1941년 3월 13일에 부산경찰서로, 1941년 7월 11일에 평양형무소로 압송, 다시 5년 이상 옥고를 치루었다.

---

6. 《거창교회 100년사》, 143.
7. 이상규 편저, 《거창교회와 주남선 목사》, 거창: 거창교회, 2009, 146.

1945년 8월 17일 광복과 함께 출옥한 그는 평양에서의 출옥성도들의 기도회를 거친 후 거창교회에 복귀하여 제2기 목회를 하였고, 그해 경남노회장에 선출되면서 경남노회 쇄신운동을 이끌었다. 1946년 9월 한상동과 함께 고려신학교를 공동으로 설립했고, 1949년에는 고려고등성경학교를, 1950년에는 거창성경학교를 설립해 서부경남의 교회 지도자들을 양성했다. 이처럼 그는 목회자이면서 신학교육가이기도 했다.

그는 1946년 광복 후 첫 3.1운동 기념행사 때 독립유공자상을 주려고 할 때도 '그 나라 백성으로 태어나 나라를 위해 일한 것을 당연히 한 뿐'이라고 답하며 응하지 않았다. 1948년 3년 동안의 신탁통치를 끝내고 제헌국회를 구성할 때, 거창을 대표하는 애국지사로 인정, 인민위원회(좌익계) 계열과 광복위원회(우익계)가 동시에 그를 후보자로 추천하려 했을 때도 세속 정치에 초연한 입장을 가지고 응하지 않았다. 또 그는 한국전쟁기에도 피난을 가지 않고 교회를 지켰는데, 공산주의자들로부터도 존경받는 인물이라 위험한 일을 겪지 않았고, 1951년 3월 23일 오후 6시 향년 64세의 나이로 하나님의 부름을 받았다.

2. 주남선의 나라 사랑과 애국 운동

주남선의 삶의 두 축은 '교회 사랑'과 '나라 사랑'이었다. 그는 나라 사랑 과정에서 거창지역 3.1운동과 군정서 군자금 모금운동에 적극 참여하였고, 이로 인해 두 차례 투옥되는 고통을 당하였다.

1) 거창지역 삼일운동 주도

경술국치로 대한제국이 멸망했지만, 나라를 다시 찾기 위한 노력이 온 국민에게로 확산되었다. 제1차 세계대전이 끝나고 파리강화회의에서 윌슨 미국 대통령이 민족자결주의를 발표하면서 한국의 독립운동 세력들은 이에 크게 고무되었다. 이때 고종황제가 독살되었다는 소문이 퍼진 것을 계기로 고종의 장례가 있던 1919년 3월 1일에 맞추어 조선 전역에서 봉기해 삼일운동이 일어났다. 서울에서 삼일운동이 발발하면서 전국 각지로 번져갔는데, 기독교와 천도교 세력이 그 중심을 이루었다. 이러한 만세운동은 3월 10일부터 4월 초까지 전국 각지에서 독립선언서가 배포되고 3월 3일 경남에서는 부산과 마산에서 만세운동이 일어났고, 3월 13일에 동래, 창녕, 밀양, 14일에 의령, 17일에 함안, 18일에 합천, 진주 통영, 하동, 20일에는 거창으로 이어졌다.

이때 거창교회 장로였던 주남선은 오형선과 전도사 고운서, 그리고 형 주남재, 동생 주남수 등과 함께 삼형제가 거창지역 삼일운동을 주도적으로 이끌었다. 형 주남수는 민족주의자로 성격이 강직한 인물이었고, 동생 주남수는 거창에서 의용군으로 선발되어 만주에 가서 독립운동을 하다가 순국하기까지 했다.[8] 오형선은 〈신한별보〉라는 등사판 신문을 제작해 거창, 합천 등 여러 지역으로 배포하였다.

2) 군정서 의용병 및 군자금 모금

삼일운동 후 상해 임시정부 소속 기관인 만주 군정서에서 독립군의 의용병 모집과 군자금 모금운동이 일어나 주남선이 거창지역 책임자가 되어 일했다. 오형선, 고운서, 주남선이 국권회복운동의 군자금 및 의용병을 모집하여 만주 군정서로 보내는 일을 맡았다. 주남선의 동생 주남

---

8. 심군식, 《해와 같이 빛나리》, 31.

수 등 네 명이 의용병에 나가게 되면서, 이들을 위한 경비로 군자금 813원을 거출하였다. 오형선, 주남선, 거창교회 장로와 전도사들이 주동자였다. 이 사건으로 거창지역에서 14명이 체포되었고, 주남선은 1921년 3월 4일 재판에서 징역 1년의 선고를 받고 옥고를 치루었다.[9] 그는 거창경찰서에서 체포되어 옥고를 치루면서, 훗날 주기철이 사건으로 구금되기도 했던 악명 높은 의성경찰서에서 혹독한 고문을 당하여 한동안 글을 쓰지 못할 정도가 되었다. 대구형무소에서 1년 동안 미결로 있었고, 3월 4일 징역 1년 선고를 받았는데 1921년 12월 28일에 가출옥 했다.[10] 유준기의 지적과 같이, 그는 독립운동가로서 두드러지는 업적을 남긴 것은 아니었지만, 보통 지역의 지도자들이 할 수 있는 민족의식과 독립운동은 일제하 항일민족운동사에서 간과할 수 없는 측면을 가지고 있다.[11]

3. 주남선의 교회 사랑과 신사참배 반대운동

1) 신사참배 반대운동

주남선은 교회를 사랑한 인물이었다. 일제로부터 신사참배가 강요되면서 자신의 입장을 다음과 같이 분명히 정리하였다.

> 신사참배는 일본 국신을 숭배하는 일종의 우상숭배와 종교의식이다. 유일신을 믿는 종교인 기독교 신자로서는 양심적으로 생각하니,

---

9. 심군식, 《해와 같이 빛나리》, 35.
10. 심군식, 《해와 같이 빛나리》, 34-35.
11. 유준기, "주남선 목사의 독립운동", 15.

하나님의 말씀에 비추어보나, 하나님의 영광을 위해서나, 절대로 못 할 것이다. 그래서 나는 생명을 내어 놓을지언정 신사참배는 절대로 못할 것을 각오하였다.[12]

주남선이 살았던 지역을 관할하던 거창경찰서에서도 1938년 4월부터 주남선과 거창교회에 신사참배를 강요하였지만, 이를 거절하였다. 그해 6월경 가조리 기도실에서 2일 동안 금식 기도를 하던 중에 신사참배를 '말세에 나타난 바벨론 우상예배'로 확실히 인식하고 배격할 용기를 얻었다. 주남선은 그해 9월 제27회 총회에서 신사참배 결의가 있고 '호호라 조선교회의 전도(앞길)을 생각하며 눈물의 탄식기도를 아니할 수 없었다'고 회고한다.[13]

주남선은 한상동이 중심이 된 경남지방의 신사참배 반대운동에 거창지역을 책임지고 있었다.[14] 그는 서부경남지방 여러 교회를 방문하여 교회와 성도들을 돌아보며 신앙을 격려하였고, 일제에 의해 강압적으로 요구되고 있는 신사참배를 하지 못하도록 했다. 그는 1938년 제27회 장로교 총회 직후에 경찰 당국에 의해 교회를 시무할 수 없도록 하는 금족령이 내려졌고, 12월 6일 경남노회가 밀양에서 회집될 때에 경찰에 구금되어 참석할 수 없었다. 그는 구금 8일만에 석방되었지만, 극심한 고문을 당한 끝에 한 달 이상 치료를 받아야 했다.

이 시기에 주남선은 1940년 1월 3일 한상동과 이인재의 방문을 받고 평양에서도 신사참배 반대운동이 일어나는 소식을 듣고, 1월부터

---

12. 주남선, "고 주남선 목사 옥고기", 〈파수군〉 1952년 3월호. 16.
13. 주남선, "고 주남선 목사 옥고기", 〈파수군〉 1952년 3월호. 23.
14. 김양선, 《한국기독교사 연구》, 199.

6월까지 경남 진주, 거창, 합천, 산청, 함양 등의 여러 지역의 교회를 찾아다니면서 신사참배 반대운동을 전개하였다.[15]

그는 1940년 7월 16일 진주경찰서 고등계 형사부장에게 체포되어 거창경찰서에 구금되었고, 진주경찰서 고등계에서 네 차례 신문을 당하였다. 그는 1941년 3월 13일 부산의 경남도경 압송되어 4개월을 지낸 후, 7월 1일 최상림, 한상동, 이현속, 조수옥과 함께 5인이 평양으로 압송되었다.[16] 그는 평양형무소에서 주기철, 방계성, 이인재, 이광록. 안이숙 등과 함께 수형생활을 했다. 그는 형무소에서 같은 방 죄수들과 성경공부를 했는데, 신의주 출신 김형석이 감옥에서 예수를 믿고 세례를 받고자 하여 1942년 1월 첫 주일에 세례를 베풀기도 했다.[17] 옥중의 열악한 환경에서 머리 뒤쪽에 종기가 나 고생했는데, 50일 만에 완치하는 경험을 하기도 했다.

3) 주남선의 투옥생활과 옥중기도

주남선은 평양형무소에서 5년 이상 옥고를 치루는 동안 많은 고초를 당하였고, 옥중에서도 매일 시간을 정하여 나라와 교회를 위해 간절히 기도하는 시간을 가졌다. "1. 말세에 바벨론 우상 제국(日帝)이 파괴되고, 2. 신앙의 자유를 허락해 주시며, 3. 조선의 자주독립을 이루어 주시고, 4. 일본 신사는 소멸되고, 5. 조선교회 지도자 교양을 위해 수도원을 설립하도록 하여 주시며, 6. 거창에 성경학원 하나 실립하도록 하여

---

15. 남영환 편, 《일제 수난 성도들의 발자취》, 89-94.
16. 주남선, '고 주남선 목사 옥고기' 〈파수군〉 1952년 3월호, 24.
17. 주남선, '고 주남선 목사 옥고기' 〈파수군〉 1952년 3월호, 25.

주시기를" 등 여섯 가지 기도 제목을 가지고 기도했다.[18] 이러한 기도는 제2차 세계대전이 종결되면서 일제의 파괴, 신앙의 자유 회복, 조선의 독립, 신사의 소멸 등 하나같이 다 응답되었다. 그가 한상동과 함께 설립한 고려신학교, 고려고등성경학교와 거창성경학교 설립은 그러한 기도의 응답이었다.

4. 목회자 주남선의 교회 사랑

1) 주남선의 거창교회 목회

주남선은 1930년 10월 경남노회에서 목사로 임직받은 후 거창교회를 시무하였다. 주남선은 신학교에 입학하기 전에 권서로서 지역을 다니며 전도하는 일에 힘썼고, 신학교에 입학한 후 전형적인 목회자로 살았다. 그가 신학교에 다닐 때에 오형선이 교회의 전도사직을 사임함에 따라 뒤를 이어 전도사로 선임되었다. 주남선은 그가 신학교를 졸업하고 목사 임직을 받은 후에 거창교회를 목회할 때에 교회가 크게 성장하였다. 당시의 교인 수는 주일학생 등 668명이었고, 1937년에는 교인 수가 740명으로 늘어났다. 교회 부채 수백원을 청산하고, 시가 1천여 원의 땅과 집을 기본재산으로 매입하였으며, 찬양대, 청년 면려회, 주일학교 기타 기관을 증설하여 큰 부흥을 이루었다고 기록하였다.[19] 그가 직접 기록했을 것으로 보이는 거창교회의 《교회지략》을 작성하면서 42세로 목사로 장립을 받고 그가 '중흥기'라고 칭하였고, 《거창교회 100년사》

---

18. 심군식, 《해와 같이 빛나리》, 146-147.
19. 교회지략(教會誌略)-거창교회편,

에서도 주남선이 목회하던 시기를 '성장기'로 부르고 있다.[20]

2) 서부경남지방《교회지략》발간

거창교회는 서부경남의 중심지였기 때문에, 주남선은 거창교회만 아니라 지역교회를 위한 역할을 감당하였다. 그는 1939년 8월에 동료들의 도움을 받아《교회지략》을 편찬하였는데, 각 교회의 역사를 간략히 정리하는 일이었다. 주남선은 경남 서북부지방 거창, 함양, 합천의《교회지략》을 작성, 1940년대 이전의 28개 교회의 중요한 정보를 제공하고 있다. 이 일에 김동춘. 최선환, 오형선, 서한성, 강주선 등이 위원으로 참여하였고, 정봉조가 복사하여 책자를 만들었다.[21]

그는 거창지역에 교회가 설립된 지 30년이 되어 각 교회가 어떻게 시작되었는지 각 교회의 대요(大要)를 정리했는데, 교회 개척자 중에서도 별세하거나 이사를 하고 낙심하여 교회를 중단한 경우도 있어 남아 있는 이가 적어 서둘러 정리했다고 했다. 그래서 주남선은 이를 조사하기로 하고 위원들과 함께《교회지략》이라는 책자를 만들었는데, 이것이 서부경남지역의 간이 지역 교회사가 되었다. 그가 이 책자를 간행한 때는 신사참배 강요로 경찰서를 출입하며 고통을 당하던 시기였는데도, 교회를 사랑한 주남선은 자신의 자리에서 해야 할 일을 충실히 하였음을 볼 수 있다.

20.《거창교회 100년사》, 138-147.
21.《교회지략(敎會誌略)》서문.

3. 주남선의 교회쇄신운동

주남선의 교회 사랑은 교회가 바른 교회로 설 수 있게 만드는 일이었다. 그가 일제강점기에 황폐화된 교회의 쇄신운동에 앞장 선 것이다.

1) 고려신학교 설립

주남선은 복음전도를 위해 사역자의 중요성을 알고 옥중에서부터 거창에 성경학원 하나를 설립하기를 기도했다. 1945년 8월 15일 일본 천황의 항복으로 광복이 되었고, 신사참배 반대운동으로 투옥된 이들은 8월 17일 출옥하였다. 출옥성도들은 건강의 회복과 한국교회의 미래를 위해 함께 한 달 동안 기도하는 시간을 가졌는데, 이때 한상동으로부터 신학교 설립에 대해 이야기를 들었다.[22] 주남선은 이에 공감했지만, 12월에 남하하면서 더 이상 진행되지 않았다. 1946년 3월 한상동이 모친 별세와 공산주의 압박으로 남하하였는데, 6월에 모인 남부총회에서 조선신학교를 총회직영신학교로 지정하는 결의를 하면서 그들이 추진하는 신학교 설립은 급속하게 이루어졌다. 한상동이 서울에서 박윤선을 만나 신학교 설립에 합의하고, 거창을 방문하여 신학교 설립을 논의하였고, 그도 동의하고 신학교 설립에 함께 했다. 한상동과 함께 진해의 시설을 함께 돌아보며, 고려신학교 개교를 준비했다. 1946년 5월 20일 신학교 설립을 위한 기성회를 조직하였는데, 한상동, 주남선, 박윤선이 중심이었다.[23] 이들 설립자들은 손양원, 한명동 등도 기성회원으로 받아들였다.

---

22. 주남선, "주남선 목사 옥고기", 〈파수군〉, 1952년 3월호. 27.
23. 심군식, 《해와 같이 빛나리》, 187.

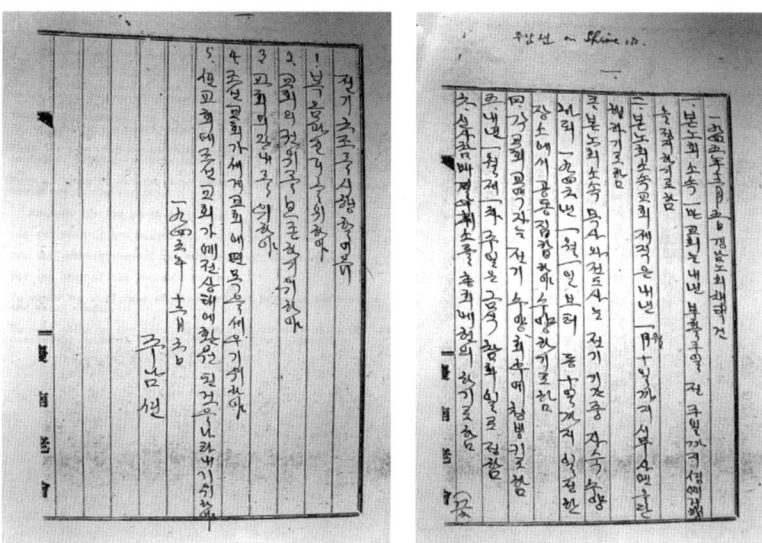

주남선 목사의 교회쇄신방안(1945. 12) / 이상규 발굴 자료

그는 1945년 11월에 정기노회에서 노회장으로 추대되었을 때 투옥되었던 자신이나 교회에서 목회를 계속했던 목회자들을 구분하여 하지 않고, 이렇게 인사했다.[24]

사랑하는 동역자 여러분, 얼마나 수고가 많았습니까? 이 사람은 형무소 안에서 바깥 세상을 모르고 주님만 생각하고 살았기 때문에 이렇게 세월이 지나가는 줄도 모르게 살았습니다만, 여러분은 직접 일본 사람들의 통치를 받으면서 살아가자니 참으로 수고가 많았습니다.

---

24. 심군식,《해와 같이 빛나리》, 185.

1946년 7월 9일 진해읍교회에서 임시노회가 열렸는데, 이때 6월 12일 남부총회가 조선신학교를 총회직영신학교로 결의한 지 한 달이 되던 때였다. 신학교 설립 기성회가 노회에 신학교 신설의 인허와 협조를 요청함에 따라 경남노회는 신학교 설치를 승인하고, 학생 추천과 지원도 약속했다.[25] 노회장 주남선의 시무 기간에 있은 일이었다.

　　주남선은 고려신학교 설립 후 그는 별세하던 1950년까지 5년 동안 이사장으로 봉사하였다. 같은 경남지역이지만 부산에서 거창까지 교통편이 좋지 않아 집회나 회의나 행사 외에는 자주 나올 수가 없었다. 고려신학교 교육은 박윤선과 한부선이 중심이 되었고, 운영과 재정 지원은 한상동, 한명동에 의해 이루어졌기 때문에 짐이 무겁지는 않았지만, 자주 한상동을 방문하여 신학교의 현안을 논의하였다. 고려신학교 교장 박윤선은 주남선이 고려신학교의 설립자이자 이사장으로서 "정신적으로나 물질적으로 전심전력하신 분"이었으며, "그분과 같이 고려신학교를 세우게 된 것은 저로는 큰 영광"이라고 했다.[26] 일생을 충성과 온유와 진실로 살았던 주남선은 고려신학교를 함께 섬겼던 교장 박윤선에게 존경받는 이사장이었다.

2) 고려고등성경학교 설립, 거창성경학교 설립

　　주남선은 한상동과 함께 고려고등학교 설립자이기도 했는데, 오종덕 목사가 교장을 맡아 고등학교 공부의 기회를 놓친 학생들이나 성경을 더 공부하려는 학생들에게 철저하게 성경 교육을 시켰다. 졸업생들 가운데 임종만, 박정덕 등은 목회에서도 탁월성을 나타내 보였다.

---

25. 심군식, 《해와 같이 빛나리》, 188.
26. 박윤선 인터뷰, "고신의 산 역사를 만난다" 〈고신대학보〉 제111호. 1986. 9. 16.

또 주남선은 옥중에서 기도한 것과 같이 1950년 4월 10일에 주남선을 교장, 남영환을 전임강사로 하여 거창성경학교를 설립했다. 서부경남은 오지라서 부산이나 대구로 나가 공부할 기회를 얻지 못하는 이들을 위해 설립한 학교였다. 학생이었던 배추달은 한국전쟁기에 주일 성수 문제로 순교를 당하였다. 거창성경학교 출신 중에는 김주옥, 박수권, 박종수, 배영오, 서환석, 신덕범 등 후일 목사가 된 이들이 많았다.[27] 박종수는 고신총회장을 지내기도 했다.

3) 교회 갱신을 위한 제안

주남선은 광복과 함께 출옥하였고, 두 달 동안 평양에서 기도회를 가진 후 12월경 거창으로 돌아와 거창교회의 청빙을 다시 받아 계속 시무하였다. 그는 거창과 서부 경남에서 세 차례나 옥고를 치룬 보기 드문 애국지사로 존경을 받았다. 1945년 11월에 경남노회장에 선출되었고, 그해 12월에 노회장으로서 '경남노회 채택건'을 제안하여 노회원들의 동의를 받아 이를 시행하였다.[28]

주남선은 이 여섯 가지 조항을 시행할 이유로 '복음과 진리를 위하여, 교회의 권위를 보존하기 위하야, 교회의 장래를 위하야, 조선교회가 세계교회에 면목을 세우기 위하야, 선교에 조선교회가 예전 상태에

---

27. 이상규, 《거창교회와 주남선 목사》, 57.
28. 1. 본 노회 소속 일반교회는 내년 부활주일 전 주일까지 성례 시행을 정지하기로 함, 2. 본 노회 소속 제직은 내년 1월 10일까지 시무 사면을 단행하기로 함. 3. 본 노회 속 목사와 전도사는 전기 기간 중 자숙 수양하되 1946년 1월 1일부터 10일까지 일정한 장소에서 공동 집합하여 수양하기로 함, 4. 각 교회 교역자는 전기 수양회 후에 청빙하기로 함. 5. 내년 1월 1차 주일은 금식참회일로 정함. 6. 신사참배 결의 취소를 총회에 헌의하기로 함. 이 문서는 이상규가 호주 장로교회 고문서관에서 발굴하여 발표한 내용이다. 이상규, 《교회쇄신운동과 고신교회의 형성》, 48-49; 이상규 편, 《거창교회와 주남선 목사》, 48-49.

환원된 것을 나타내기 위하야'라고 했다. 주남선 목사의 이 제안에 의해 경남노회는 1946년 1월 1일부터 10일까지 손양원 목사를 강사로 하여 태종대에서 '절회주간' 행사를 가졌고, 노회적으로 통회 자복의 시간을 가졌다. 이 절회주간 행사는 교회쇄신운동의 가장 중요한 출발로, 참석한 사람들은 물론 고려신학교를 지지하는 교회와 목회자들이 강력한 유대감을 갖는 계기가 되었다. 그러나 일제강점기에 친일에 앞장섰던 김길창, 권남선 등은 참여하지 않았다.

3) 교회쇄신운동 주도

주남선은 교회쇄신운동 과정에서 그 대표자로서 한상동과 함께 《대한예수교장로회 성도들 앞에 드림》이라는 문서를 발표하였다.[29] 이 문서는 조선예수교장로회 제35회 총회(1949. 4. 19-23, 새문안교회)에서는 경남노회 사건을 심의하면서 한부선 일파와 관계 금지와 고려신학교 학생 추천 금지 등 총회 결의에 위반되는 일을 하지 말도록 하고, 전권위원을 낸 것에 대한 반론으로 작성되었다. 이 문서는 부제로 '고려신학교 한부선 선교사 및 경남노회에 대한 제35회 총회(대한예수교장로회)의 결의와 그 전권위원 처사에 관하여 비판함'이라 하였다. 이 문서는 세 가지 초점을 맞추고 있다. 먼저, '고려신학교에 대하여'라는 제목으로 고려신학교 설립의 동기와 목적, 신학적인 문제에 대해 진술하고 있다. '저만 깨끗하고 성결하다는 독선적 주의나 태도로써 타인의 과오나 조상만을 엽획하려는 심사는 전무하다'고 밝히고, 교회의 성결과 정화를 위하여 원치 않는 회개의 외침, 권징의 엄정을 논한 것 뿐이라고

---

29. 주남선·한상동, 《대한예수교장로회 성도들 앞에 드림》, 부산: 고려신학교, 1949.

하였다. 비판 입장의 정상성에 대해 장로교 정치 원리에 양심의 자유가 있으므로, 상회의 결정이라 성경과 헌법에 비추어 비판할 수 있는 특권이 있음을 밝힌다. 제35회 총회의 결의에 대하여 총회에 가입하지 않는다고 하여 장로회에 절단시킴은 불가함으로 밝힌다. 한부선은 신사참배 반대운동 때문에 1936년 일제의 강압에 의해 봉천노회에서 제명되었다. 광복 후 총회에서 호명했을 때 "나는 회원이 아닙니다"라고 대답했는데, 총회가 더러우니 회원이 아니라고 답한 것으로 오해한 것이었다. 그들은 한부선이 3년 동안 분파행위를 한 바 없음을 밝히고, 이에 대해 '관계하지 말라'는 결정의 잘못에 대해 분명히 논박한다. 두 번째는 한부선은 선교단체에 대하여 논증하는데, 그가 처음에는 미국북장로교회 선교사였지만, 1938년 미국 정통장로교 소속으로 받아 등록되었는데, 이를 무시하고 미국정통장로교회 선교부를 부정하는 것과 헌법을 위반한 것, 그리고 법문의 성립이 되지 않는 것을 논증하고 있다. 이같은 일은 미국 북장로교회에서 정통장로교회가 분리된 것에 대해 좋지 않은 시각을 가진 선교부의 시각이 반영된 것이다.

둘째, 고려신학에 대한 결의에 대해서는 '고려신학교에 입학하려는 자에게 천서를 주어야 하는가?'는 순천노회의 문의에 대해 주지 말라고 한 것은 무법한 결정이라는 것이다. 그동안 노회는 외국신학교에 지원하는 자에게까지 천서를 주었는데, 경남노회가 인정한 기관을 심사한 일도 없고 이단으로 판정한 일도 없이 그러한 결정을 하는 것은 무법하다고 하였다.

셋째, 제25회 총회전권위원의 천서에 대해 총회에서 전권위원이 '쌍방 심사'를 주장하였지만, 경남노회에 개인을 접촉하고 노회와의 접촉이 없었음을 밝히고, 장로교의 행정 원리와 같이 총회 파회 후 총대가 되지 못함을 밝히고 전권위원은 노회를 분립시키려 한 것에 대해 잘못을 논박하고 있다. 이 문서는 한상동, 주남선과 협의하여 문체로 보아 박윤선이 기록한 것으로 짐작한다. 그는 경남(법통)노회의 지도자로서 교회쇄신운동에 큰 역할을 하였다.

맺는 말: 아쉬운 삶

주남선 목사의 이 땅에서의 삶은 그리 길지 않았다. 당시의 평균 수명은 회갑을 넘기기 어려웠던 시기라 해도, 그가 예순 셋의 나이에 하나님의 부름을 받은 것은 무척 애석한 일이 아닐 수 없다. 그는 일제강점기에 독립운동에 참여하여 나라의 광복을 위해 노력하며 두 차례 옥고를 치루었고, 다시 신사참배 반대운동을 전개하여 체포되었고, 다시 5년 이상 장기수로 옥고를 치루었다, 세 차례의 옥고로 인해 건강이 쇠약해졌는데, 광복 후 목회자들이 적었던 당시에 곳곳에서 관할하는 교회 순방과 사경회 초청을 받아 집회를 인도하며 건강이 쇠약해졌다. 그는 생의 마지막에 그를 따르던 목회자들 앞에 '쉬는 것도 주의 일'이라 하며 쉬어가면서 사역하도록 권한 것은 널리 알려진 이야기다. 그는 1951년 3월 23일에 하나님의 부름을 받고 향리에 안장되었다가, 1996년 국가유공자 예우법에 따라 대전 국립묘지 애국지사 묘역에 이장되었다.

일부에서는 주남선이 고려신학교 설립자이면서 기림을 받지 못한 것으로 생각하지만, 그렇지 않다. 그는 존경받는 애국지사로, 사랑받는 목회자로 여러 차례 기림을 받았다. 먼저, 〈파수군〉에서 그의 소천을 아쉬워하며 추모특집을 마련하여 고신교회가 그를 기렸다. 〈파수군〉

은 소천 1주기를 맞아 그의 연보를 포함한 간략한 추모기를 실었다.[30] 훗날 〈월간고신〉에서도 같은 형식으로 특집을 다루었다. 둘째, 고려신학교는 개교 10주년을 맞아 기존의 교사 두 동을 연결하는 공사를 한 후 '주남선 기념관'으로 명명하고, 작은 전시공간을 마련하였다. 지금의 고신대학교 송도 캠퍼스의 의과대학 신관 자리이다. 셋째, 한상동 목사의 격려와 간절한 기다림 끝에 심군식은 주남선의 전기《해와 같이 빛나리: 죽지 못한 순교자 주남선 목사 생애》를 출판하였다. 한상동은 집필자 심군식에게 자주 집필 상태를 묻곤 하였는데, 4년에 걸친 자료 수집이 있었고, 거창을 네 번이나 방문하여 관계자들의 증언을 들으며 집필했다.[31] 넷째, 후대의 일이지만 거창교회 설립 100주년 기념으로 교회의 요청에 의해 이상규의 편저로《거창교회와 주남선 목사》가 출판되었다. 이 책에는 이상규의 논문 '주남선 목사의 생애와 신앙'과 주남선 목사의 설교 다섯 편, 수형 기록. 고려신학교 설립 취지문과 교회쇄신운동 과정에서 발표한 글,《교회지략》등 그와 관련된 모든 문서들이 망라되어 있다. 다섯째, 교회적으로 거창교회는 2006년 교육관 건축시에 '주남선 기념관'으로 명명하고 그의 삶과 사역을 기념하는 전시공간을 확보하여 그의 신앙유산을 기렸다. 교회는 또 주남선 기념장학회를 설치하고 매년 장학금을 수여하고 있다.[32] 끝으로, 고신대학교는 주남선 서거 50주년을 맞아 2001년 '주남선 목사의 생애와 신앙'이라는 주제로 기념

---

30. 주남선, "주남선 목사 옥고기" 〈파수군〉 1952년 3월호.
31. 심군식은 집필에 들어가면서 특별 기도 주간을 정하고 기도하였는데, 꿈에 주남선의 모습을 볼 수 있었고, 심지어 평양 형무소의 모습까지 보는 신비한 경험을 하여 한상동 목사와 확인했다고 전한다. 1976년 9월 20일 고려신학교 개교 30주년 기념일에 책이 출판되었고, 1990년에 교회교육연구원에서 개정판이 출간되었다.
32.《거창교회 100년사》, 거창: 거창교회, 217-218.

강좌를 개최하였다. 기념강좌에서 황창기의 "주남선 목사의 순교적 신앙", 유준기의 "주남선 목사의 독립운동", 홍치모의 "주남선 목사와 신사참배 반대운동", 최재건의 "주남선 목사와 고려신학교 설립과 고신교단", 이상규의 "주남선 목사와 신앙과 목회" 등의 논문이 발표되어 그의 나라 사랑과 교회 사랑 정신을 기렸다. 고신대학교는 행사 후 이 원고를 모아 '교회를 섬기는 고신대학교 연구 시리즈' 제5권으로 출판하였다.[33]

주남선 목사는 거창에서 태어나 거창교회 집사, 장로, 전도사, 목사로 평생 거창지역을 위해 봉사하였던 인물이다. 그는 일제강점기에 독립운동과 신사참배 반대운동 등으로 세 차례 투옥되는 동안 수많은 고초를 겪었고, 광복 후에는 자주 부흥회를 인도하며 건강을 많이 상했다. 그는 존경받는 목회자였고, 고려신학교와 거창성경학교 설립자로 많은 목회자와 전도자들을 양성했던 신학교육가이기도 했다. 고려신학교 교장 박윤선은 이사장 주남선에 대해 "충성일관, 온유일관, 진실일관의 인격"이라고 말한다. 그는 충성된 그리스도인, 온유한 그리스도인, 진실된 그리스도인이자 목회자였다.

주남선은 일찍 하나님의 부름을 받았지만, 존경받는 목회자로, 교회 지도자로 인정받았고, 교회적으로, 학교적으로, 민족적으로 그의 수고를 인정받은 행복한 목회자요 그리스도인이었다. 그의 '나라 사랑'과 '교회 사랑'의 마음은 오늘날까지 모든 그리스도인들에게 귀한 깨달음을 주고 있다.

---

33. 황창기 외, 《주남선 목사의 신앙과 삶》, 고신대학교, 2001.

주남선 연보

- **1988. 9. 14** 경남 거창군 읍내면 동동 28번지 출생
- **1897** 서당에서 한학 수학
- **1908. 5** 기독교 신앙을 가짐
- **1909. 10** 거창읍교회 설립 위원
- **1911. 9** 진주 잠업실습소 졸업
- **1911. 12** 맹호은 선교사에게 학습 받음
- **1912. 6** 행호은 선교사에게 세례 받음
- **1913-1916** 성경을 보급하는 권서로 활동
- **1914. 1** 거창읍교회 집사
- **1914. 5. 10** 의령군 남병현 씨 2녀 남술남과 혼인
- **1919. 2** 진주 경남성경학원 졸업
- **1919. 2. 28** 거창읍교회 장로 장립
- **1919. 3** 거창지역 3.1만세운동 주도, 피검
- **1919. 8** 독립군에게 자금 지원 등으로 독립운동에 가담
- **1921. 1** 독립운동 협의로 피검, 징역 1년 선고
- **1921. 3** 평양 장로회 신학교 입학
- **1921. 9** 거창읍교회 전도사 시무, 권서로 활동
- **1921. 12. 29** 부산형무소 진주 분감에서 가출옥
- **1922. 8** 지하독립신문 신한보 사건 군정서 의용병 모집과 군자금 모금운동으로 피검, 대구, 진주 형무소 구금
- **1924. 12. 29** 진주형무소 가출옥
- **1925. 3** 권서 일 시작
- **1930. 3** 평양 장로회신학교 제25회 졸업

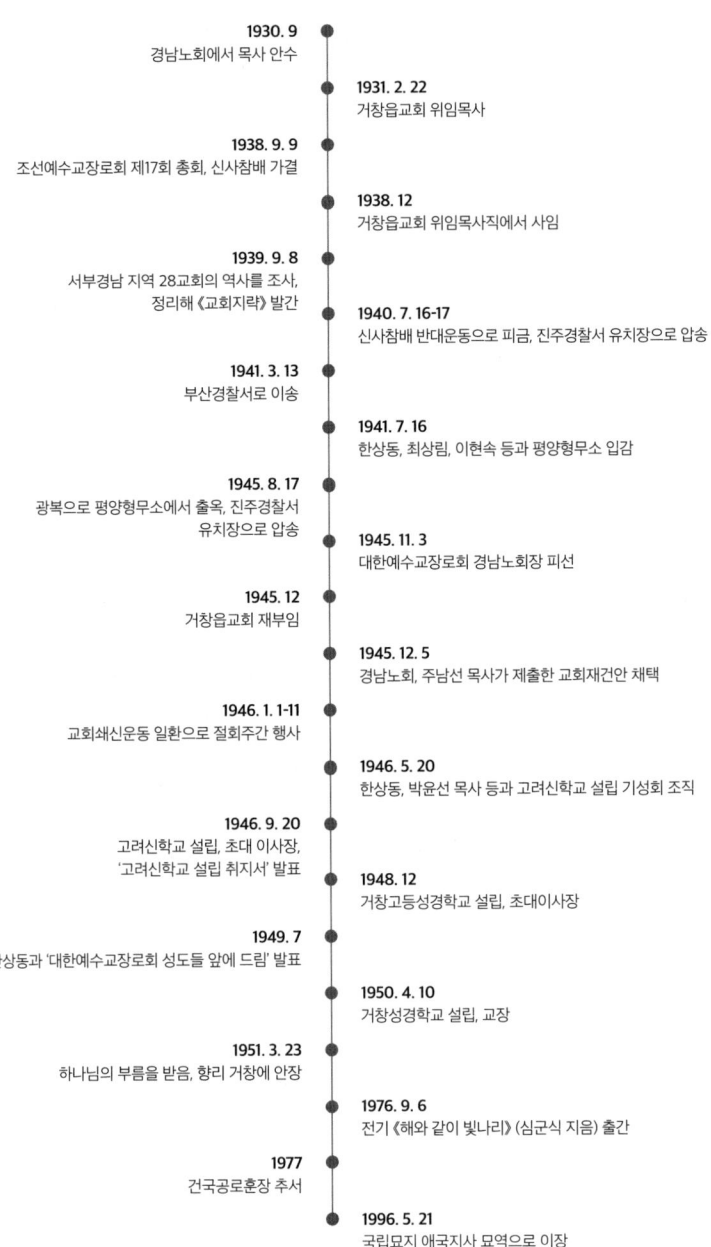

박윤선의 신학이 고신교회와 SFC에 미친 영향

박윤선

박윤선은 한국교회 제1세대 신학자로 개혁주의 신학의 형성과 발전에 크게 기여하였다. 그는 고려신학교, 총회신학교, 합동신학교에서 신학교육을 통해 수많은 목회자를 양성하여 한국교회에 개혁주의 신학의 기틀을 세우는데 중요한 기여를 했다. 박윤선은 또한 성경신학자로서 1949년 《요한계시록》 주석을 간행한 이래 박윤선 주석(선 20권)을 완간해 1950년대 이후 약 30년 동안 한국교회 강단에 큰 영향을 미쳤다.

박윤선(1905-1988)에 대한 그동안의 연구는 주로 신학교육에 집중되었고, 매년 개최하는 정암신학강좌에서도 박윤선의 신학, 주석, 목회, 경건생활 등이 집중적으로 연구되어 왔다. 우리는 이러한 연구와 논의를 통해 박윤선의 경건과 신학이 한국교회에 얼마나 광범위하게 영향을 미쳐왔는가를 잘 알 수 있다. 박윤선은 이러한 점 외에도 한국 복음주의 학생운동단체인 SFC의 출범 초기에 중대한 영향을 미쳤다. 그 일은 단순히 한 기독학생운동과의 관계만 아니라 한국교회 다음 세대를 키우는 일에 크게 기여해 박윤선 이후를 책임지는 목회자와 학자들로 성장한 것이다.

박윤선의 이러한 역할과 공헌에도 불구하고 그의 생애와 신학과 사상을 정리한 《박윤선의 개혁신학 연구》, 《박윤선의 생애와 사상》, 《죽산 박형룡과 정암 박윤선》이나 정암신학강좌에서도 이에 대한 논의나 언급은 이루어지지 않았다.[1] 이러한 점은 그동안의 박윤선에 대한 연구가 신학자로서나 신학교육적인 역할이 주로 조명하였기 때문이었고, 박윤선의 초기 사역과 관련된 많은 문서들이 남아있음에도 불구하고 그 분야에 진지한 연구가 이루어지지 못했기 때문이었다.

이 논문은 박윤선의 경건과 신학을 돌아보고, 그의 신학이 광복 후 한국교회 쇄신운동과 그 영향으로 형성되고 발전된 SFC의 초기 역사에 어떤 영향을 미쳤는가를 논의하는 것을 목적으로 한다. 그러면 박윤선은 교회쇄신운동과정에 고신에서 어떻게 사역하였으며, 그 공헌은 어떤 것인가? 그리고 그 과정에서 배태된 SFC에 그는 어떤 영향을 미쳤는가?

---

1. 서영일, 《박윤선의 개혁신학 연구》, 서울: 한국기독교역사연구소, 2000.; 합동신학교출판부 편, 《박윤선의 생애와 사상》, 수원: 합동신학교 출판부, 1995.; 《죽산 박형룡과 정암 박윤선》, 수원: 합동신학대학 대학원대학교, 2005.

1. 박윤선의 학문적 여정과 신학

1) 박윤선의 학문적 여정

박윤선은 대한제국의 국운이 쇠하던 시기였던 1905년 평안북도 철산에서 출생하여 이승훈이 설립한 오산학교에서 공부하였고, 숭실전문학교 3년 과정을 거쳐 1934년 3월 평양신학교를 졸업하였다. 그는 신사참배 강요가 본격화되기 전이던 1934년 8월 미국 유학을 떠났는데, 프린스턴신학교의 좌경화에 따라 메이첸이 새로 설립한 웨스트민스터신학교에서 9월부터 공부하였다. 그는 웨스트민스터신학교에 특별학생과 대학원생으로 등록하여 첫 학기에 기초 히브리어와 고급 히브리어 두 과목, 헬라어 등 어학만 네 과목을 공부했고, 이어서 히브리어 강독, 히브리어 연구, 아람어 두 학기, 초급 아람어까지 어학과 성경연구를 집중적으로 공부하였다. 23개 코스 중에서 아홉 과목이 성경 언어였고, 열두 과목이 성경과 관계된 과목이었는데,[2] 이러한 연구는 훗날 그가 한 신구약성경 주석 작업에 기초가 되었다. 그는 또 본문비평, 칼빈의 신학, 위기신학을 연구하여 귀국 후 〈신학지남〉에 "바르트의 성경관 비판"과 "바르트의 계시관 비판" 논문을 발표하였고,[3] 고려신학교에서도 여러 차례 현대신학을 비평하는 논문을 발표하였다. 그는 이러한 유학을 통해 칼빈주의 신학에 대한 확신을 갖게 되었고, 그는 또한 1935년 첫 안식년을 맞이하여 웨스트민스터에 연구차 온 한부선과 처음 만났으며,[4] 평생 그와 동역자로 일하게 되었다.

---

2. "박윤선의 Transcript, 1934-1935" Westminster Theological Seminary. 서영일, 《박윤선의 개혁신학 연구》, 134-135에서 분석.
3. 서영일, 《박윤선의 개혁신학 연구》, 161.
4. 서영일, 《박윤선의 개혁신학 연구》, 145.

박윤선은 1936년 신학석사 학위를 받고 귀국해 박형룡의 지도 아래 한국장로교회 50주년 기념 표준주석 편찬 업무를 담당하였고, 박형룡과 공동으로 표준주석《고린도후서》를 출판했다. 그는 1936년 8월부터 평양신학교에서 가르치기 시작하였으나, 1938년 제27회 장로교 총회가 신사참배를 가결하면서 평양신학교가 휴교함에 따라 중단되었고, 박형룡은 일본으로 건너갔다.

박윤선은 이때 두 번째 웨스트민스터신학교로 유학하였는데, 이 기간에 히브리어, 아람어와 시리아어와 고급 시리아어를 연구하였고, 그와 함께 반틸의 변증학을 연구하고, 위기신학을 주제로 논문을 작성하였다.[5] 그러나 박윤선은 두 번째 유학을 마쳤지만 평양 장로회신학교가 휴교한 후라 국내에서 신학을 가르칠 곳이 없어 1940년부터 정상인이 설립한 만주 봉천신학교에서 교수로 가르쳤다. 당시는 만주 역시 일본의 점령지여서 일본당국의 감시가 심했는데, 박형룡과 박윤선은 만주국 경찰청의 묵인 아래 신사참배를 하지 않았지만 학생들이 신사참배를 하는 것을 보며 이를 죄라고 지적하거나 말리지도 못하였다.[6] 이 일은 두 교수에게 신사참배 반대 운동에 앞장섰던 사람들에 대한 마음의 빚이 되었다.[7]

1938년 제27회 장로교 총회가 신사참배를 결의하면서 한국교회는 큰 시련을 당했다. 곳곳에서 신사참배 거부로 어려움이 발생하여 수많은 그리스도인들이 투옥되었고, 최종적으로 주기철 등 50여 명이 순교를 하고 20여 명이 광복과 함께 출옥하였다. 신사불참배운동과 그 조직

---

5. 서영일,《박윤선의 개혁신학 연구》, 134-135, 166.
6. 남영환, "박윤선과 한상동", 〈장로교회와 역사〉 제1호, 천안: 고려신학대학원, 2008. 76.
7. 홍치모, "박윤선 목사와 그의 시대", 93. 서영일, 앞의 책 181에서 중인.; 남영환, 앞의 글, 76

적인 투쟁으로 평양형무소에 6년 투옥으로 고초를 당했던 한상동은 옥중에서 접한 독일의 패망 소식으로 인해 광복을 예견하고, 광복 이후의 신학교 설립과 한국교회 쇄신운동을 구상하였다.[8] 일제강점기에 신사참배 강요로 피폐해진 한국교회는 광복과 함께 교회에 회개운동과 교회 쇄신이 필요했다.

2) 박윤선의 신학

박윤선의 신학은 개혁주의 신학 혹은 칼빈주의 신학이었다. 그는 두 차례 웨스트민스터신학교 유학으로 미국 개혁주의 신학에 깊이 심취하였다. 그는 이후 네덜란드 자유대학교 유학으로 네덜란드 개혁주의 신학을 깊이 있게 배웠다. 그의 신학세계를 정리하면 다음과 같다.

먼저, 박윤선은 칼빈주의 신학을 한국에 소개하고 본격적으로 논의한 신학자였다. 그는 웨스트민스터신학교에서 칼빈주의 신학을 연구하였다. 그는 고려신학교 교수로 가르치면서 〈파수군〉 1952년 4월호부터 1953년 1월호까지 "칼빈주의"라는 주제의 글을 일곱 차례 연재하였다. 이와 별도로 "칼빈주의의 기본원리와 칼 바르트의 기본원리"를 비롯한 "칼빈주의에서 본 기독교인과 국가"(23호, 1952. 11), "칼빈주의에서 본 신자와 문화건설"(31호, 1953. 8), "칼빈주의에서 본 여 교역자의 교회적 위치"(32호, 1953. 9) 등 다양한 논문을 발표하였다. 그는 한국의 초기 칼빈주의 학자였고, 칼빈주의 신학의 입장에서 교회의 방향을 제시해 준 학자였다.

둘째, 그는 칼빈주의 성경론에 입각하여 성경의 권위, 성경의 필요

---

8. 한상동, 《주님의 사랑》, 이상규, 《한상동과 그의 시대》, 서울: SFC, 2006. 330; 심군식, 《세상 끝날까지》, 서울: 소망사, 1977. 224.

성, 성경의 명백성, 성경의 충족성에 대해 분명한 원칙을 가지고 있었고, 성경의 '독자적 신임성'을 자주 강조하였다. 그는 이러한 성경에 대한 깊은 관심으로 제1차와 제2차 웨스트민스터신학교에서 성경 원어와 근동어를 깊이있게 배웠고, 이것이 성경 주석에 견고한 기초가 되었으며, 한국교회 최초로 성경 전권을 주석하는 쾌거를 이루었다.

셋째, 박윤선은 한국교회 초기 개혁주의 사상을 체화한 인물이다. 이승구는 하나님 제일주의, 성경 중심주의, 교회 중심주의, 그리고 일반은총과 이에 따른 세상에서의 적극적인 삶의 강조 등 네 가지를 박윤선의 개혁주의 시상의 중요한 특징으로 지적하였다.[9] 그는 네덜란드 자유대학교 유학으로 네덜란드 개혁주의 신학을 깊이 있게 배웠고, 그 이전부터 네덜란드어로 된 신학서들을 읽고 한국교회에 소개한 첫 인물이 되었다.

2. 한상동과 박윤선과 고신교회

1) 박윤선과 한상동의 만남과 고려신학교 개교

광복과 함께 8월 17일 평양형무소에서 석방된 한상동은 순교한 주기철의 후임으로 평양 산정현교회의 청빙을 받아 시무하던 중 모친의 별세 소식을 듣고 1946년 3월 남하하였다. 그때 이남에는 남부총회가 총회직영신학교로 인가한 조선신학교가 자유주의 신학을 가르쳤기 때문에 그는 교회 쇄신을 위해 개혁주의신학에 입각한 목회자 양성이 시

---

9. 이승구, "정암 박윤선 박사의 생애와 신학", 《한국교회를 빛낸 칼빈주의자들》, 서울: 킹덤북스, 2020. 640-647.

진해 신학강좌(1946. 8. 10)

급한 것으로 보았다. 그러나 한상동은 고등교육을 받고 신학교에 입학한 것이 아니라, 당시 일반적인 목회자 양성 과정과 같이 교회를 봉사하다가 평양 장로회신학교에 입학하여 학자적인 소양을 갖출 기회가 없었다. 그러므로 그의 신학교육과 목회자 양성 구상에는 신학자가 꼭 필요하였고, 박윤선이 그의 동반자가 되었다. 한상동은 남하와 함께 신학교 설립을 구체화하였고, 서울에서 박윤선을 만나 그의 옥중 기도와 신학교 설립 계획을 밝혔고, 박윤선이 이에 동참하기로 했다.[10]

주남선과 한상동 등은 신학교 설립을 위한 기성회를 조직하였고, 손양원도 기성회원이 되었다. 그들은 신학교의 개교의 긴급성을 고려하여 준비하는 과정으로 1946년 6월 23일부터 6주 동안 진해에서 신학강

---

10. 심군식,《박윤선 목사의 생애》, 서울: 영문, 1996. 81.

좌를 개최하였다.¹¹ 진해 신학강좌에 등록했던 63명의 학생들은 대다수 신사참배를 반대하고 투쟁했거나 그 정신에 동조하는 이들로서 이들은 대부분 고려신학교에 입학하거나 편입되어 신학을 마치고, 후일 이들은 고신교회의 주류로 편입되었다.¹² 출옥성도 주남선, 한상동 등의 설립자들은 1946년 7월 경남노회의 인가를 받아 1946년 9월 20일 부산 일신여학교 교실을 빌려 고려신학교를 개교하였다.

한상동과 신학교 기성회에서는 고려신학교가 평양 장로회신학교를 계승하는 신학교육기관이 되기 위해 만주에 체재하던 박형룡을 교장으로 청하기로 하고, 박윤선을 교수와 교장 서리로 임명해 개교하였다. 박형룡을 국내로 초치하기 위해 1차로 제자였던 남영환을 만주로 보내었지만 콜레라 창궐로 인천에서 돌아왔고, 2차로 송상석의 목숨을 건 인도로 박형룡이 귀국했다. 그러나 그는 서울에 도착하여 교계 지도자들을 만나면서 부산으로 내려가기를 꺼리다가 목숨을 걸고 한국으로 인도한 고신 지도자들에 대한 인간적인 도리 때문에 부산으로 내려가 고려신학교 교장으로 취임했다. 그러나 그는 6개월 만에 고신을 떠났다.

박형룡이 고신을 떠난 후 박윤선은 14년 동안 고려신학교 교장으로 봉사하며 고신을 대표하는 학자로 신학교육에 힘썼다. 그는 개혁주의 신학에 견고한 입장을 가지고 있었을 뿐만아니라, 그의 깊은 기도 생활에서 나온 경건으로 설교와 강의에서 회개운동을 외쳤으며, 학생들에게 깊은 감동과 영향을 주었다.¹³ 고려신학교가 1956년 3월에 송도에 교사를 마련하고 이전하였으며, 고신교회가 신학교 설립 10주년을 맞이

---

11. 허순길, 《고려신학대학원 50년사》, 천안: 고려신학대학원, 1996. 37.
12. 이상규, "해방 후 한국교회의 신학적 상황과 진해강좌" 〈장로교회와 역사〉 제2호(2009), 67.
13. 《박윤선의 생애와 사상》, 수원: 합동신학교 출판부, 1995. 116.

하며 총로회가 총회로 승격되었다. 이때는 고려신학교도 도약의 계기가 되었다.[14]

3) 갈등과 문제들과 박윤선

그러나 박윤선은 1956년 9월 총회에서 신학교육에 대한 아쉬움을 토로하면서 사표 소동이 있었다. 그 문제가 해가 지나도 변화가 없자 〈파수군〉 1957년 3월호에 '우리의 걸어갈 길'을 통해 예배당 건물 쟁탈전이 불신자에게 전도의 문을 막고, 신자들의 신앙상 손해를 주며, 타교파 앞에서 영권을 잃고, 소송 때문에 손해가 됨을 지적하였다.[15] 그는 또 '나의 걸어가는 길'을 통해 "나의 지도이론이 서지 않는 교계에서 진리운동의 지도자 중의 하나로서의 입장을 취하지 못하겠다"는 생각으로 탈퇴를 발표했다.[16] 그는 2월에 이사회에 사표를 제출하고 서울로 상경, 개혁신학원을 설립해 8개월 동안 운영하다가 총회를 앞두고 소송을 하지 않기로 하는 교육이념을 세우고 교수와 이사들이 결의서로 발표하고 복귀하였지만, 달라진 것은 없었다.[17] 이것이 촉발이 되어 소송 문제 당사자 송상석은 "소송문제에 대한 재검토 1, 2"(1957년 6월호, 7월호)를 발표하였고, 박윤선이 "소송문제 재검토에 대한 대답"(1957년 8월호)을 발표했지만, 총회를 앞두고 송상석은 다시 "교회소송문제에 대한 재검토 3"과 "교회소송문제 재검토에 대한 박윤선 목사님의 대답에 대한 대답"(1957년 9월호)을 발표하며 극렬한 논쟁을 하였다. 제7회 총

---

14. 허순길,《고려신학대학원 50년사》, 109.
15. 박윤선, "우리의 걸어갈 길", 〈파수군〉 제61호(1957년 3월호), (영인본), 8-14. 서울: 목양, 1990.
16. 박윤선, "나의 걸어가는 길", 〈파수군〉 제61호(1957년 3월호), (영인본), 15-18. 서울: 목양, 1990.
17. 나삼진, "나의 애장문헌 60: 박윤선의 '전국교회에 드리는 말씀'과 결의서(1957)", 〈기독교보〉 2012. 4. 28.

회에서는 '예배당 소유권 시비 문제 해결 위원'으로 한상동, 이인재, 황철도, 박손혁 등으로 위원을 구성하였지만, 별다른 효과를 얻지 못하였다.[18]

박윤선은 9월 다시 교장으로 복귀하였으나 상황이 달라진 것은 없었다. 그동안 마치지 못한 박사 학위를 위해 네덜란드로 가기 위해 미국에서 논문을 준비하였으나, 이 일도 여의치 않아 1960년 5월 귀국하였다. 그 과정에서 박윤선은 1960년 7월 스푸너 선교사의 안식년 귀국시에 주일 아침에 출항하는 선교사를 택시를 타고 가 전송하였고, 시간이 늦어지는 관계로 공예배에 참여하지 못한 것이 문제가 되었다. 이사회에서는 전국교회와 다른 교단 교회의 시각을 고려하여 이에 대해 유감을 표하고 정리하고자 하였지만, 박윤선으로서는 신앙적으로, 교리적으로, 양심적으로 문제가 될 것이 없다고 판단했고, 끝내 사과를 거부하여 이사회에서는 교장제를 폐지하고 새로운 교수회장을 임명함으로 그는 결국 학교를 떠났다.[19] 이로써 고려신학교 신학교육이 송두리째 흔들리게 되었다.

이 송사 문제에 대해 한상동은 건덕론의 입장을 가지고 있었으나 교단 내 정치 상황이 박윤선을 적극적으로 돕고 지원하기 어려운 상황이었고, 개인적으로 박윤선의 이탈을 막기 위해 마지막까지 노력하였으나 여의치 않았다. 그동안 박윤선의 개혁신학원의 설립과 이탈, 복귀, 소송 문제에 대한 극한 논쟁 등으로 몇 년 동안 쌓였던 오해와 갈등이 심화되었고 신뢰가 크게 훼손되어 문제 해결이 어려웠다. 박윤선이 고신을 떠

---

18. 대한예수교장로회 제7회 총회 촬요, 〈파수군〉 1957년 10월호(영인본), 51.
19. 서영일도 박윤선이 고신을 떠나게 된 것은 스푸너 선교사 전송으로 인한 주일성수 문제가 본질적인 것이 아니라 송상석과의 법정소송 논쟁이 문제의 본질이라고 말한다.

난 것을 한상동과 박윤선과의 갈등으로 이해하는 이들이 있지만, 가장 중요한 이유는 소송 문제에 대한 신학교 교장 박윤선의 입장과 소송당사자 송상석과의 사활을 건 논쟁의 결과였고, 한국교회의 지역주의의 병폐가 작용하였던 측면도 있다. 또한 박윤선은 1957년 고신을 이탈해 개혁신학원을 설립하였다가 합동이라는 형식으로 다시 합류했던 사례가 있어 그동안 신뢰가 크게 훼손되었다.

이 시기에 1959년 대전총회에서 총회측은 승동측과 연동측으로 분열되었고, 외국선교부들이 연동측을 지지하면서 승동측은 매우 어려운 처지에 봉착하게 되었다. 고신측 역시 신학교육의 위기에 처해 두 교단은 합동으로 서로의 위기를 타개하고자 하였다. 그러나 이 합동은 고신측의 신학교육의 위기 문제를 일시적으로 봉합할 수는 있었지만, 근본적인 문제 해결은 아니었다. 결국 고신측은 3년이 되지 못해 환원하였고, 이후 박윤선은 그를 지지하던 경기노회 보류측과 함께 합동측에 참여하며 총회신학교 교수로 가르쳤다. 이 일로 고신교회는 이북출신 지도자들과 그들이 시무하는 교회를 대거 잃었고, 영남편중이 심화되고 말았다.

박윤선은 1946년부터 1960년까지 14년을 고려신학교에서 교수로 가르치며 교장으로 신학교육의 책임을 졌고, 고신을 떠난 후에는 성도교회에서 목회를 하다가 1963년 총회신학교 교수로 청빙을 받아 11년을 가르치다가 1974년 11월 70세에 교수직을 은퇴하였다.[20] 그는 미국에서 목회와 주석 집필을 계속 진행하였고, 성경 주석을 완간해 한국교회에 큰 영향을 미쳤다. 그는 다시 1979년 3월 다시 교수로 부임해 잠시

---

20. 박윤선, "나의 생애와 신학(9)", 서영일, 《박윤선의 개혁신학 연구》에서 중인, 296. 302.

대학원장으로 가르치다가, 합동측의 교단정치가 극에 달했던 시절 교권주의를 배격해 1980년 합동신학교를 설립하여 원장으로 봉사하다가 1988년 6월 30일 하나님의 부름을 받았다.

박윤선의 신학은 그가 평생을 두고 견지한 개혁주의 신학이었다. 그는 웨스트민스터신학교에 두 차례 유학하며 메이첸, 하지, 워필드 등 개혁주의 신학자들의 가르침을 접하였고, 네덜란드 자유대학에서 개혁주의 신학을 접하고 이를 처음으로 한국교회에 소개하였다.

2. 박윤선이 고신교회에서 남긴 공헌들

박윤선은 고려신학교의 설립 때부터 14년 동안 신학교육의 기초를 놓았던 인물이다. 박윤선이 고신교회에 기여한 공로를 다음 몇 가지로 정리할 수 있다.

첫째, 박윤선은 고려신학교에서 개혁주의 신학교육과 경건을 확립하였다. 박윤선은 고려신학교 교수로 부임한 이후 해박한 성경 원어와 어학 실력을 바탕으로 성경신학과 조직신학 등 거의 모든 과목을 가르쳤다. 그런 면에서 초기 고려신학교의 신학은 박윤선의 신학이라는 이상규의 지적은 타당하다.[21] 박윤선은 고려신학교에서 가르치는 동안 1953년부터 네덜란드 자유대학에서 연구하였으며, 1960년 9월 고려신학교를 떠나기까지 힘써 가르쳤고, 그의 가르침을 받았던 이들이 교회를 개혁주의 신학의 기초 위에 건설하였다. 이근삼은 박윤선의 장례식 조사에서 신학생 시절 그에게서 받았던 영향을 개혁주의 신학, 가슴을 뜨

---

21. 이상규, 《한상동과 그의 시대》, 36.

겁게 한 열정적인 가르침, 기도의 확신과 영혼을 사랑한 영감있는 가르침과 외침이라고 언급하고 있다.[22] 박윤선의 개혁주의 신학과 출옥성도들의 순교정신이 하나되어 초기 고신교회의 경건과 영성을 형성하였다.

둘째로, 박윤선은 고신의 신학자로서 고신의 신앙과 신학을 대변하는 일에 앞장섰다. 1950년 4월 대구제일교회에서 개최된 제36회 총회 때부터 고신을 약화시키고 총회 밖으로 축출하는 작업이 계속되었다.[23] 그 시기에 박윤선은 '전통신학에서 본 빨트와 뿌룬너의 위기신학', '대한예수교장로회는 어디로 가나', '우리의 신앙', '신앙노선과 생활원리' 등 한 해 동안 네 편의 논문을 소책자로 출간했다. 그는 또 고신 설립자 주남선과 한상동의 이름으로 '대한예수교장로회 성도들 앞에 드림'(1949)과 '우리의 신앙노선'(1954)을 발표하였다. 이 문서들은 고신의 신앙과 신학을 석명하고, 그리고 쇄신운동의 나아갈 방향을 제시해 주었다. 이 문서들은 루터가 삼대 문서를 발표해 종교개혁운동이 확장되었던 것과 같이 한국장로교회 안에서 고신의 교회쇄신운동을 대변하는 문서로 영향력을 발휘했다. 그와 함께 박윤선은 신사참배 반대운동에 적극적으로 동참하지 못했던 심적인 부담이 있었기 때문에 반대운동으로 투옥되었던 출옥성도들에 대한 존경하는 마음이 있었고, 이들의 투쟁과 헌신을 기록으로 남기고자 했다. 그래서 한사코 거절하는 주남선, 한상동을 설득하여 그들의 구술을 정리해 주남선의 옥고기(1952)와 한상동의 옥중기 《수님의 사랑》(1954)를 출간하였다. 이러한 빅윤신의 노력을 두고 서영일은 '고려파 교회의 신학자'로, 박용규는 '고려신학교

---

22. 이근삼, "그 기도소리를 우리는 기억합니다.", 《박윤선의 생애와 사상》, 115-117.
23. 홍치모, "한국교회사에 있어서 한상동 목사의 위치", 〈장로교회와 역사〉 제2호, 27.

및 고려파 신앙의 대변자'라 명명했다.[24]

셋째, 박윤선은 고려신학교 교장으로서 가르치는 동안 성경주석 저술과 출판에 집중하였다. 박윤선은 두 차례 웨스트민스터신학교 유학에서 구약과 신약의 언어를 집중적으로 공부했고, 그러한 학문적인 바탕 위에서 성경주석을 편찬하기 시작해 1972년 10월 20권으로 된 신구약 성경주석을 완성했다. 이 박윤선의 주석 발간사업은 공관복음(1953) 주석을 출간한 이래, 로마서(1954), 요한계시록(1955), 바울서신(1955), 히브리서 공동서신(1956), 시편(1957), 요한복음(1958)을 차례로 발간했다. 당시 학교의 재정 지원이 없던 시절 〈파수군〉에는 그의 주석 출간을 위해 많은 교회와 성도들의 헌금이 잇따랐고, 목회자들이나 평신도들도 적극적으로 구입해 읽었다. 이러한 전국교회의 성원과 협력이 재정적으로 열악하던 신학교에서 그가 연구활동을 계속할 수 있는 힘이 되었다. 이 성경주석은 1950년대부터 30년 동안 1980년대 말까지 보수와 진보를 막론하고 한국교회 강단에 광범위한 영향을 미쳤다.

넷째, 박윤선은 고려신학교에서 가르치는 동안 〈파수군〉에 218편의 논문과 논설을 발표해 왕성한 연구활동을 보여주었다.[25] 당시 평양신학교의 신학지 〈신학지남〉이 복간되지 못한 상황에서 〈파수군〉은 개혁주의 신학을 설파하는 중요한 수단이었다. 그가 〈파수군〉에 발표한 논문, 성경연구, 설교와 논설들은 2018년 《박윤선과 한국의 초기 개혁주의》로 출간되었다.[26]

---

24. 서영일, 앞의 책, 238.; 박용규, "한국교회와 정암 박윤선 박사의 역사적 의의", 《죽산 박형룡과 정암 박윤선》, 127.
25. 정암 박윤선 목사 성역 50년 기념 기념논총 《경건과 학문》, 서울: 영음사, 1987. ; 이상규, 《한상동과 그의 시대》, 132.
26. 《박윤선과 한국의 초기 개혁주의: 1950년대 신학 사상》, 서울: 영음사, 2018. 이 책에는 성경연구 24

다섯째, 박윤선은 고려신학교 교수 초기부터 교회를 방문하며 사경회를 이끌었다. 그는 신학교에서 많은 과목을 강의한 후에도 주말에는 교회를 방문하여 말씀을 전하며 교회를 새롭게 했다. 이것은 고려신학교가 설립된 후 총회파의 반대와 저항이 강했기 때문이었다.[27] 그는 박형룡과 함께 피난민 교역자 수양회에서 말씀을 전했고, 전쟁 중에 한상동과 함께 제주도에 피난중인 피난민에게까지 가서 전도하였다. 그는 말씀을 전하는 것을 소중하게 생각했다.

홍치모의 지적대로 박윤선과 한상동 두 사람은 총회가 발족할 때까지 서로 존경하고 아끼고 사랑하면서 한국교회의 회개와 개혁신학의 수립을 위해서 매진하였다.[28] 박윤선은 고신에서 그의 생애에 가장 왕성하게 연구하고 가르치고 저술을 출판했다.[29] 그가 고신에서 가르치는 동안 고려신학교가 송도 교사를 마련하고 정착하였으나 고신에서의 마지막 3년은 쉽지 않은 기간이었다. 총회에서 탈퇴 선언과 취소, 개혁신학원 설립과 복귀, 박사 학위 유학의 좌절 등이 겹쳤다. 홍치모는 "한상동 목사는 박윤선을 만남으로써 행복하였고, 그와 헤어짐으로써 불행하였다."고 두 사람의 만남을 평가하고 있다.[30]

편, 설교 37편, 논문 35편, 논설 29편, 기타 10편이 실렸다.
27. 박윤선 인터뷰, 〈고신대학보〉 111호(1986. 9. 16)
28. 홍치모, "한국교회사에서 한상동의 위치", 〈장로교회와 역사〉 제3호, 35.
29. 박윤선 목사 성역 50주년 기념논문집에서는 고려신학교에서 발행하였던 〈파수군〉에 218편, 총회신학교의 〈신학지남〉에 40편, 합동신학교의 〈신학정론〉에 8편의 논문을 발표함으로써 고려신학교 시절이 가장 왕성한 연구와 집필이 있었던 때임을 보여준다.
30. 홍치모, "한국교회사에서 한상동의 위치", 36.

3. 박윤선이 SFC와 다음 세대에 미친 영향

학생운동이나 선교운동은 그 비전을 보고 꿈꾸던 지도자의 리더십으로 시작되고, 발전된다. 그러나 학생신앙운동(SFC)은 순수한 학생운동으로 어느 기관이나 선교단체 혹은 지도자의 특별한 지도에 의해 형성된 기관은 아니었다. SFC가 학생자발운동으로 시작되었지만, 이 학생운동을 지도한 이들은 신학적으로 박윤선, 전도에 한부선, 행정에 한명동이 기여하였다.[31] SFC는 좋은 지도자들과 함께하는 가운데 그들의 신앙과 신학의 영향을 많이 받아 풍성한 영적인 유산을 갖게 된 것이다. 박윤선은 1946년 9월 20일 고려신학교가 설립된 이후 교수로, 교장으로서 다양한 교과목들을 가르치며 고려신학교의 신학을 주형하였다. 그는 분주한 신학교 교수 사역 외에도 다음 세대를 양성하기 위해 SFC와 깊은 연관을 맺고 사역했다. 그는 SFC에 어떤 영향을 미쳤는가?

1) 박윤선과 SFC의 형성기

SFC는 1945년 광복 직후 고신교회를 중심으로 한 한국교회 쇄신운동의 열매로 형성, 발전되었다. 오늘날 상당한 규모의 복음주의 학생운동으로 발전된 SFC는 부모들의 회개운동의 영향을 받은 학생신앙협조회 기도모임과 고려신학교가 주최한 청소년 수양회, 그리고 청년신앙운동이 하나로 만나 형성되었다.[32]

첫째로, 학생신앙협조회였다. 이 모임은 일제강점기에 신사에 참배한 죄를 회개하고, 광복과 함께 새로운 나라를 건설하고자 하는 광복 후

---

31. 석원태, 《학생신앙운동 20년사》, 부산: 전국학생신앙운동, 31.
32. 이상규, 나삼진 등, 《하나님의 주권이 이 땅 위에: 학생신앙운동사》, 서울: SFC, 2012. 33.

부모들의 회개운동에 동참한 결과로 나타났다. 영도교회(현, 제일영도교회) 한명동의 사택에서 십여 명의 학생들이 함께 기도모임을 가졌는데, 이 작은 기도 모임이 학생신앙협조회로 발전하였다.

둘째로, 고려신학교가 주최한 청소년 수양회이다. 고려신학교에서는 한명동과 한부선이 의논하여 1948년 8월 여름 청소년 수양회라는 이름으로 수양회를 개최했다. 이 수양회는 한명동의 비전에 따라 학생들의 신앙훈련과 다음 세대 구비를 위한 목적으로 시작되었고, 결과적으로 많은 학생들이 고려신학교에 입학하는 계기가 되었다.

셋째로, 부산청년신앙운동 모임이 있었다. 부산청년신앙운동 본부에서는 한부선이 미국에서 활발하게 전개되고 있던 청소년신앙운동(Youth for Christ)의 이름으로 매주 중앙교회당에서 학생들을 대상으로 한 집회를 개최하였다. 이 모임은 당시 고려신학교 학생들이 중심이 되어 회장 홍반식, 부회장 오병세, 총무 이근삼으로 조직되었다.[33] 이 모임은 SFC가 체계를 잡아감에 따라 학생들은 학생신앙운동(Student for Christ)으로, 청년들은 청년신앙운동으로 조직이 개편되었다. 1948년경 매주 월요일 오후 8시 30분부터 중앙교회당에서 부산시내 목회자들을 초청하여 정기집회를 갖고 은혜를 받았다.[34] 이때 설교를 맡았던 이들은 한상동, 한부선, 박윤선, 한명동, 이약신 등이었다.[35] 이 모임은 학생들을 대상으로 한 모임이었지만, 학생들과 함께 일반성도들까지 참여하여 박윤선의 가르침을 받았다.

그와 함께 1948년부터 매월 두 번째 주일 오후 2시 30분부터 신학

---

33. 이근삼, "SFC의 전역사". 이근삼이 2002년 6월에 필자에게 남긴 레터지 1면 분량의 육필 원고.
34. 〈복음주의 신앙운동〉, 창간호(1949. 6), 31.
35. 원로와의 대화 9: 홍치모 교수와의 대화. 〈기독교보〉, 2012. 1. 21.

에 관심을 가진 학생들을 위해 고려신학교 강당에서 별도의 성경연구회를 가졌는데, 여기에는 박윤선이 강사로 인도하였다. 이 모임에서 박윤선의 성경과 신학강좌가 있었고, 질의응답 시간을 함께 가졌다. 이러한 강좌와 질의시간은 광복 후 신앙에 갈급하였던 학생들의 관심을 끌기에 적절한 모임이었고, 학생들의 반응 또한 좋았다.[36] 당시 고려신학교는 송도에 교사를 마련하고 1956년 지금의 송도 캠퍼스로 이전하기까지 당시 부산 시청 앞 부산에서 가장 번화가였던 광복동 입구에 위치해 있어 학생들이 모이기에 용이하였다. 청소년 집회나 교회마다 학생들을 위한 지도자가 거의 없던 시절 이러한 세 갈래의 신앙운동에 학생들이 자발적으로 참여하였고, 열심있던 학생들은 이들 모임에 중복적으로 참여하였다. 박윤선은 청년신앙운동과 SFC수양회의 두 흐름에 깊은 관계를 맺고 학생들에게 신앙적인 영향을 미쳤다.

2) 박윤선과 SFC수양회

1948년 8월 고려신학교 주최로 청소년을 위한 제1회 수양회가 개최되었는데, 이 수양회는 훗날 SFC가 조직되면서 SFC의 첫 수양회로 편입되었다. 이 수양회는 형식적으로는 고려신학교가 주최하였지만 SFC를 이끌고 있던 한명동과 한부선이 그 실무를 준비하였다.[37] 제1회 청소년 수양회는 신학생이던 홍반식, 이근삼, 오병세, 김영진이 중심이 되어 준비하였다. 이때부터 수양회는 1958년까지 15회 가운데 고려고등성경학교에서 개최된 제2회 수양회를 제외하고 줄곧 5회까지는 고려신학교에서, 이후에는 부산남교회에서 개최되었다. 그러나 당시는 고려신학교

---

36. 〈복음주의 신앙운동〉, 창간호(1949. 6), 31.
37. 이상규, 나삼진 외, 《하나님의 주권을 이 땅 위에: 학생신앙운동사》, 서울: SFC, 2013. 53.

와 부산남교회가 같은 건물을 사용하고 있었기 때문에 그 준비는 학생들과 한명동이 목회하던 부산남교회가 중심이 되었다.

초기 SFC는 수양회를 중심으로 한 운동으로 출발했는데, 매년 여름과 겨울에 개최되었다. 각 교회에 속한 학생들이 수양회에 참가해 집중적인 신앙훈련을 받고, 그 영적인 동력으로 각 지방과 교회에 그 신앙과 정신을 전파하는 형식이었다. 박윤선은 해마다 수양회의 중요 강사였는데, 초기 SFC의 수양회와 박윤선이 담당하였던 과목은 다음과 같다.[38]

《표 1》 SFC 역대수양회와 박윤선 담당 일람

회수	기간	장소	주제	담당
1회	48. 8. 2-8	고려신학교		연합예배
2회	49. 1. 11-16	고려고등성경학교		성경연구, 헌신예배/폐회식
3회	49. 8. 3-9	고려신학교 부산남교회		성경연구
4회	50. 1. 9-14			성경연구, 헌신예배
5회	51. 7. 23-29			신약연구
6회	52. 7. 21-28	부산남교회	고난의 의의	성경연구
7회	53. 1. 5-12	부산남교회	영광은 하나님께	개회예배, 성경연구
9회	55. 1. 4-11	부산남교회	충성된 증인	성경연구
10회	55. 1. 4-10	부산남교회	하나님은 살아계시다	성경연구, 연합예배
11회	55. 7. 28-8.3	부산남교회	세상의 소금	분과연구회, 연합예배
12회	56. 8. 7-13	고려신학교	주 너희 하나님을 사랑하라	성경공부, 개회예배, 폐회예배
14회	57. 12. 31-1.6	부산남교회	우리의 살 길	성경연구, 연합예배
15회	58. 7. 30-8. 4	부산남교회	주와 함께	성경연구, 연합예배, 폐회예배

---

38. 나삼진 편, 《SFC수양회지 영인본 I, II.》 서울: 전국학생신앙운동, 1997.

SFC수양회는 초기 SFC의 가장 중요한 프로그램이었다. 1945년 광복 직후 부산지역은 교회가 그리 많지 않았던 때로 부산진교회, 초량교회, 영도교회, 수안교회, 항서교회, 중앙교회가 대표적이었다. 학생들은 이 수양회에 참여하여 신앙훈련을 받고, 교회와 학교에 가서 기독학생으로 살았고, 수양회에서 경험하였던 회개운동은 새생활운동으로 발전하여 삶의 변화를 이끌었다.

SFC 초기의 수양회는 8일 동안 새벽기도회와 저녁집회 외에 낮에는 마치 학교 수업 시간표 같이 매일 오전과 오후에 한 과목을 1시간씩 한 주간 동안 가르치거나, 매일 한 주제를 가지고 하루 종일 강의하는 형식을 취하는 프로그램이었다. 그 시대의 박윤선의 말씀에 대한 영향과 SFC 수양회의 모습을 살펴보도록 하자.

> 수양회 집회 시간 마다 선교사와 목사님들의 설교에 은혜가 있었습니다. 강당의 좌석은 모자랐고 인원은 차고 넘쳤지요. 저녁집회에 김해, 마산, 진주 등지에서 약 3,4백 명 정도가 참석한 것 같아요, 저녁집회 때 박윤선 목사님을 처음 봤습니다. 박 목사님이 히브리서 11장 1-2절에 있는 말씀을 가지고 '신앙이란 무엇인가'라는 제목으로 설교를 한 시간 반이나 했습니다. 그때 제가 은혜를 받고 회심하였습니다. 진짜 크리스찬이 되었지요.[39]

> 첫 날 저녁부터 하나님은 우리를 무심히 버려두지 아니하셨다. 박윤선 목사님의 개회설교는 진리운동을 한다는 자들에게 가장 필요한 경계였다. 이것이 첫 시간의 깊은 성신의 은혜였다. 모든 회원들은 기어코 성신을 받고자 주님께 매달렸다. 우레나 폭포처럼 쏟아

---

39. 원로와의 대화 9: 홍치모 교수와의 대화. 〈기독교보〉 2012. 1. 21.

져 나오는 우렁찬 찬송소리와 곁에 멍하니 앉아 있는 자가 감동될 수밖에 없는 뜨거운 기도, 모든 회원들은 그때가 땅 위에 임하신 하나님의 나라처럼 느끼게 되었다. 첫 시간부터 임하신 성신의 은혜는 우리들의 마음에 시간마다 역사하셨다.[40]

박윤선은 1948년 첫 수양회에서부터 그가 고신을 떠나게 된 1959년까지 네덜란드 유학을 갔던 해를 제외하고는 매년 수양회 강사로 참여했다. 그는 주로 개회예배, 연합예배, 폐회예배 등에서 설교하였고, 성경연구를 담당하여 강의하였다. 그의 강의는 사실상 부흥회였다. SFC에서 대학생들이 점차 증가하면서 1955년부터는 대학부 강의를 분리하여 대학생 성경연구를 인도했다. 박윤선은 신학생을 가르치는 것은 물론 다음 세대 학생들을 가르치는 것을 또 하나의 소명으로 여겼다. 이후 SFC수양회에서 큰 영향을 받았던 이들 중에는 이원홍, 홍치모, 손봉호, 이만열, 김상복, 김의환, 정성구 등이 포함되어 있다. 이들은 한결같이 SFC수양회에서 은혜를 받았음을 회고한다. 이러한 영향력으로 이근삼, 손봉호는 박윤선이 미국에서 두 차례나 공부했던 웨스트민스터신학교에 유학을 갔고, 다시 박윤선이 일시 유학했던 네덜란드 자유대학에 유학, 박사 학위를 받았다. 이만열 역시 역사학자로서 진보적인 성향을 가지고 있음에도 불구하고 해직교수 시절 박윤선이 설립하였던 합동신학교에서 목회학석사 학위과정을 공부하였다. 그들은 한결같이 박윤선의 신앙 및 신학적인 영향에 대해 말하고 있다. 박윤선은 광복 후 SFC를 통해 학생들을 양성하여 한국교회 3세대를 잘 구비시켰다고 할 수

---

40. 이원홍, "대회의 인상", 나삼진 편, 《SFC수양회지 영인본 I(1948-1954)》, 252.

있다. SFC수양회는 학교나 교회 안에서 리더십 배양의 기회가 거의 없었던 전후 한국교회에서 다음 세대의 일꾼을 양성하는 영적인 산실과도 같았다.

3) 박윤선과 SFC 문서운동

박윤선은 SFC수양회에서 설교와 강의로 학생들에게 영향을 미쳤지만, 그와 함께 학자로서 다양한 글로 학생들에게 영향을 미쳤다. 그는 SFC수양회지, 학생신앙운동 신문, 그리고 다양한 매체에 원고를 보내 다음 세대 학생들과 청년들의 신앙을 격려하였다. 기독교 도서 출판이 여의치 않았던 그 시대에 SFC수양회나 그러한 문서들은 학생들에게 영적인 눈을 뜨게 만들었다. SFC수양회에서는 초기부터 매년 수양회를 개최할 때마다 수양회지를 발행하여 수양회를 마치고 돌아갈 때 배부하는 전통을 가지고 있었다. 박윤선은 여러 차례 강의를 원고로 만들어 수양회지에 게재했는데 현재 보존되어 있는 것은 다음과 같다.

〈표 2〉 SFC수양회지에 실린 박윤선의 글 목록[41]

회수	기간	제목	성격	길이
2회	1949. 1. 11 - 16.	남을 속이는 자(딤후 3:13-17)	설교	4면
3회	1949. 8. 3 - 9.	진정한 종교(요 4:22-25)	설교	5면
		치리회에 대한 교리(역사적 연구)	논설	5면
4회	1950. 1. 9 - 14.	신약연구: 예수님의 족보(마 1:1-16)	성경연구	6면
		국제기독교연합회에 드림	성명서	2면
6회	1952. 7. 21 - 28.	그리스도와 인간고	특강	38면
7회	1953. 1. 5 - 10.	Westminster 신앙고백서와 위기신학	특강	29면

---

41. 나삼진 편집,《SFC수양회 영인본 I(1949-1954)》. 서울: 전국학생신앙운동, 1997.

〈표2〉에서 보는 바와 같이 박윤선이 발표한 원고는 학생들을 대상으로 특별히 준비한 강의나 원고는 아니었다. 〈파수군〉이나 SFC수양회지에 실린 글들도 논문, 성경주해, 논설, 설교 등 다양한 분야가 망라되어 있다. 박윤선은 신학교 교실에서 하던 강의를 그대로 학생들에게 전했다. 이러한 그의 강의는 쉽지 않은 강의였음에도 불구하고 학생들에게 큰 영향을 미쳤다. 이것은 당시 각 교회에서 교역자로 봉사하며 설교를 하던 지도자들과의 신앙적인 동질성을 유지하는 계기가 되었다. 박윤선은 제3회 수양회에서는 치리회의 역할과 책임에 대해 강조함으로써 학생들이 치리회인 총회에서 고신교회를 배제하였던 당시 상황에 대해 관심을 갖기를 원하였다. 제7회 수양회에서는 '웨스트민스터 신앙고백서와 위기신학'을 주제로 강의했는데, 이것은 신학교 교실에서 가르치는 내용이었다. 마지막에는 관원(관헌)을 다루면서 기독교 신자로서 시민의 의무를 강조하고 있다. 박윤선에게 이렇게 자신의 글을 발표하는 것은 교회쇄신운동의 중요한 방식이었다.

맺는 말

지금까지 박윤선이 고신교회와 초기 SFC에 미친 영향을 살펴보았다. 그는 광복 후 한국교회 쇄신운동의 대변자로서 귀한 역할을 했다. 박윤선은 고려신학교 설립 초기부터 14년 동안 교수로, 교장으로서 개혁주의 신학의 기반 위에서 열정적인 가르침과 영성으로 건실한 목회자를 양성하고, 고신의 신앙을 변증하고 이를 신학화하였으며, 말씀 사역을 했다. 그와 함께 박윤선은 교회쇄신운동의 울타리 안에서 생성하고 발전한 학생신앙운동(SFC)을 통해 다음 세대를 구비시켰다. 박윤선은 직접적인 가르침과 SFC수양회 강사로 매년 봉사하였는데, 이러한 그의 봉사는 그가 한국교회의 미래를 위해 SFC를 얼마나 소중히 여겼는가를 잘 보여주고 있다. 그는 집회와 말씀, 성경연구, 다양한 논설들을 통해 SFC수양회에서 학생들을 세우는 일에 앞장섰다. 1945년 광복 후 학생운동을 통해 그의 설교를 듣고 성장하였던 다음 세대가 그를 이어 오늘날까지 한국교회에서 중요한 기여를 하고 있는 것이다.

그가 개혁주의 신학의 기반 위에서 치우치지 않는 지도로 1950년대 초 문선명, 박태선 등의 이단들의 발흥으로 한국교회가 혼란스러울 때 SFC를 건전한 개혁주의 신학의 토대 위에 자리잡게 만들었다. 그의 이러한 봉사로 1970년대 이후 한국교회의 지도적인 인물들을 다수 양성하였다. 오늘날 한국교회에 대한 사회의 신인도가 현격하게 떨어져 교회의 미래가 불투명한 이 시점에, 한국교회는 다음 세대를 양성하는 일에 힘쓰는 것이 정암 박윤선의 정신을 이어가는 일일 것이다.

박윤선 연보

1905. 12. 11
평안북도 철산군 백량면 장평동에서 박근수, 이진신의 아들로 출생

1914-1922
서당에서 한학 수학

1922. 4.-1923. 3
평북 선천 대동소학교 졸업

1923. 4-7
정주 오산중학교 2학년 편입

1924. 3.-1927. 4
평북 선천 신성중학교 수학, 졸업

1931. 3
평양 숭실대학 졸업

1931. 4-1934. 3
평양 조선예수교장로회 신학교 수학, 졸업

1934. 8-1936
미국 웨스트민스터신학교 수학
평양 가현교회 전도사 시무

1939. 10
만주신학원(동북신학교) 교수

1946. 3. 1
가족과 함께 월남, 서울 도착
한상동과 만나 신학교 설립 합의

1946. 6-9
진해 경화동교회 시무,
고려신학교 개교 준비 위해 3개월간 신학강좌 개최

1946. 9. 20
고려신학교 교수, 교장 서리

1948. 4. - 1960. 10
고려신학교 교수 겸 교장

1952-1953
네덜란드 자유대학교에서 연구

1953
첫 성경주석 《공관복음》 출간

1954
페이스신학교에서 명예신학박사 학위

1960-1963
동산교회 개척 시무

1963
총회신학교 교수 취임

1974. 11
총회신학교 교수 은퇴

1977.11-1979. 2
미국에서 주석 집필

- **1979** 총신대학 대학원장 취임
- **1979** 미국 웨스트민스터신학교 개교 50주년에 명예 신학박사 학위 수여
- **1979. 10. 9** 성경 주석(전 20권) 완간 감사예배
- **1979. 11-1985. 4** 총신대 사태로 동료 교수들과 합동신학원 설립, 원장에 취임
- **1985. 4. 30** 합동신학교 명예 교장
- **1988** 83세의 일기로 하나님의 부름을 받음

한부선 선교사의 생애와 신학과 광복 후 초기(1946-1948) 선교사역

《한부선 서간집(전 4권)》을 중심으로

한부선

한부선(Bruce F. Hunt)은 선교사 자녀로서 평양에서 태어나 일제강점기에 한국에서 자랐고, 미국에서 대학과 신학교육을 마치고 다시 2대 선교사로 파송되어, 같은 선교사 자녀와 결혼을 하고, 평생 한국교회를 위해 헌신했다. 그는 일제강점기 제27회 조선예수교장로회 총회에서 신사참배 결의에 반대하다 일본 경찰에 끌려 나갔고, 만주에서의 본격적인 신사참배 반대운동으로 옥고를 치루다가, 1942년 포로 교환 형식으로 미국으로 추방되었다. 그는 제2차 세계대전 종전 후 맥아더 장군의 여행허가서로 다시 입국, 부산에 거주하면서 평생 고려신학교를 중심으로 선교하며 고려신학교를 통한 개혁주의 신학교육과 한국교회 쇄신운동, 나아가 한국교회에 개혁주의 신앙이 뿌리내리고, 고신교회가 성장하는데 크게 기여하였다.

그는 광복 후 가족들의 동반입국이 금지되던 때에 거의 매일 아내에게 편지를 보냈는데, 이 편지들이 엮어져 21개 고신교회의 후원으로 2018년 《한부선 서간집》(전 4권)으로 출판되었다.[1] 그의 옥중기, 인터뷰, 논설을 엮은 책까지 한부선의 저서는 모두 일곱 권이 출간, 지금까지 한국에 온 선교사들의 전기나 기록 가운데 가장 방대한 분량이다. 《한부선 서간집》은 그의 개인적인 서한이고 아내와 나누는 선교 소식이지만, 광복 후의 한국 교회와 교회 쇄신운동을 생생하게 기록하고 있어 한국교회사적, 선교사적 가치가 크다. 이 소론은 한부선 선교사의 생애와 신학을 스케치한 후 《한부선 서간집》 분석을 통해 광복 후 그의 초기 선교사역이 어떻게 이루어졌는가를 살펴보는 데 목적이 있다.

1. 한부선의 생애와 신학

1) 한부선의 성장과 교육

한부선(1903-1992)은 한국과 한국인, 그리고 한국교회를 사랑한 선교사였다. 그는 한국에서 태어나고 한국 친구들과 함께 자라 한국어에 능통하였고, 한국 교회와 한국 문화를 소중하게 여겼다. 박응규는 한부선 평전을 쓰면서 '가장 한국적인 미국 선교사'라고 제목을 붙였다.[2]

---

1. 《한부선 서간집》 1(1946. 10-1947. 3), 2(1947. 4-8), 3(1947. 9-1948. 1), 4(1948. 2-7), 서울: 카이츠, 2018.
2. 박응규, 《가장 한국적인 미국 선교사 한부선 평전》, 서울: 그리심, 2005.

한부선은 한국교회 초기 1897년 신학교를 졸업하고 바로 미국 북장로교회 선교사로 파송받아 사무엘 마펫과 함께 평양선교부를 개척하였고, 재령에서 많은 교회와 명신학교를 설립하여 '재령 선교의 아버지'라 불렸던 윌리엄 헌트(William B. Hunt, 한위렴)의 아들로 1903년 평양에서 출생하였다. 그는 스스로 붙인 영예로운 호칭과 같이 '한국산'(Made in Korea) 선교사였다.

한부선 선교사 부부(연대 미상)

한부선은 한위렴 선교사가 재령에서 선교하던 청소년기에 평양외국인학교에서 8년 동안 공부하고 졸업하였다.³ 미국으로 건너가 미주리 주 세인트루이스 솔단고등학교에 편입해 졸업하고, 1920년에 대표적인 복음주의권 대학인 휘튼대학에 헬라어 전공으로 입학하였다.

한국에서 태어나고 자랐지만 그는 늘 이방인으로 존재했고, 이는 미국에서도 마찬가지였다. 그리하여 자신의 존재가치에 대한 인식이 낮았으며, 다른 친구들에 비해 열등의식을 느끼며 살아야 했다. 그는 대학에서 미식축구 팀과 대학신문 편집위원으로 활동하였다. 그는 대학 2학년

---

3. 그의 어린시절을 다룬 '어느 시골 소년의 시련'(1917년 12월호)과 평양외국인학교의 졸업 연설 '소년의 회상'(1919년 8월호) 등 두 편이 *The Korea Mission Field*에 실려 있다. 《브루스 헌트》, 서울: 카이츠, 2013.

때 회심을 경험하였고, 만족스러운 대학생활을 보내던 중, 안식년으로 귀국한 부모와 함께 지내기 위해 1923년 9월에 럿거스대학에 편입하여 이듬해 졸업하였다.[4]

한부선은 신학교에 입학하기 전 여름방학 기간에 메인 주에서 주일학교 사역을 하였고, 1924년 9월 프린스턴신학교에 입학하여 1928년 5월에 졸업하였다. 그는 프린스턴 내의 신학적 갈등이 더욱 심화되는 가운데, 메이첸의 신학적 입장을 지지하고 현대주의의 도전에 응전하는 자세를 견지하였던 복음주의 학생연맹에 가담하였다. 또 신학교 시절에 메이첸을 통해 2년간 캐나다와 미국에서 목회자가 없는 교회에 파송받아 목회를 경험하기도 하였다.[5]

2) 한부선의 신앙과 선교

한부선은 1928년 5월 프린스턴신학교를 졸업하고 미국 북장로교 뉴브런스윅노회에서 목사 안수를 받고, 바로 한국 선교사로 파송받아 청주에서 사역을 시작했다. 1기 사역을 마친 한부선은 평양외국인학교 교사로 일하고 있던 아내 한가태(Katharine Blair)의 안식년을 맞추기 위해 3년을 기다려 1936년 첫 안식년을 가졌다. 그 시기에 프린스턴신학교의 신구학파의 신학적 갈등으로 웨스트민스터신학교가 설립되었는데, 1936년 첫 안식년으로 미국을 방문하여 웨스트민스터신학교에서 수학하였다. 프린스턴신학교 시절 은사 메이첸의 열렬한 지지자였던 그는 1936년 6월 11일 미국 북장로교를 탈퇴하고 1936년 미국장로교(PCA, 후에 정통장로교 OPC로 개칭)가 창립될 때 창립 회원으로 참

---

4. 박응규, 《가장 한국적인 미국 선교사 한부선 평전》, 69-72.
5. 박응규, 《가장 한국적인 미국 선교사 한부선 평전》, 96-107.

여했다. 그는 이듬해 다시 장로교 해외독립선교부 선교사로 파송받아 1938년부터 만주 하얼빈에서 사역하였고, 초기는 동만노회에서, 후기는 봉천노회 소속으로 있었다.

한부선은 1939년 봄노회 때 신사참배 결의 취소를 헌의안으로 제출하였지만 부결되었고, 노회에서 제명을 요청해 6개월 후 봉천노회에서 제명되었다. 이후 그가 이끌던 집회처를 중심으로 반대운동을 전개하였는데, 처음 8개처에서 2년 동안 23개처로 증가하였다. 그는 만주를 중심으로 신사참배 반대운동을 이끌면서 1940년 1월 평신도 지도자들과 함께 신사참배 반대운동의 성경적 교리의 기초가 되는 '장로교 언약문서'를 작성하여 신사참배 반대운동의 이론적 체계를 잡았다.[6] 이 문서에 25개 교회에 속한 800여 명의 그리스도인이 서명하였는데, 이듬해 일본 경찰에 체포되어 9개월간 투옥되었다가 일시 석방, 다시 투옥되었다가 1942년 포로교환 형식으로 미국으로 추방되었다.

한부선은 제2차 세계대전 기간에 캘리포니아주 로스앤젤레스에서 목회를 한 바 있고, 샌디에고에서 국내선교부 사역을 하였으며, 미국에 체류하는 동안 여러 차례 설교와 기고로 한국과 한국교회를 위해 활동하였다. 그의 옥중기 *For a Testimony*는 《증거가 되리라》로 한국어로 출간되었다가, 2013년에 이를 새로 번역, 그의 수인번호를 따서 《21 언약의 노래》로 재출간되었다.[7]

한부선은 제2차 세계대전 후 만수로 돌아가 선교하러 하였지만, 중국의 공산화로 불가능하게 되면서 1946년 10월에 입국하여 부산에 정

---

6. Bruce Hunt, "Korean Covenanters", *Presbyterian Guardian* 1943년 1-2월호, 《브루스 헌트》, 서울: KIATS, 2014. 79-93.
7. 한부선,《증거가 되리라》, 서울: 한국개혁주의신행협회, 1973;《21언약의 노래》, 서울: 키아츠, 2013.

착, 평생 부산, 경남지방에서 선교했다. 그는 고려신학교 설립 초기에 교수로 합류하여 교수 사역과 학교 운영, 국제교류와 도서 확충, 신학생들의 멘토로 괄목할만한 성과를 거두었고, 평생 선교하면서 전도사역, 학생사역, 구제사역, 설교사역에서도 큰 성과를 거두었다. 그는 정년을 3년이나 넘기며 가르치면서 선교하다가 73세에 1976년 5월 17일 공식적으로 은퇴하고 미국으로 돌아갔다. 이때 부산직할시장은 명예시민증을 수여했고, 고신교회는 범교단적인 환송예배를 열어 그의 선교사역을 기렸다.[8]

그는 1979년 미국 웨스트민스터신학교 설립 50주년을 맞아 박윤선과 함께 명예신학박사 학위를 받았으며, 1962년 대한예수교장로회 총회 50주년 행사에서 선교 공로패를, 1984년 대한예수교장로회 통합측 총회에서도 그의 선교공로를 기렸고, 1984년 한국기독교백주년 기념 뉴욕전도대회에서 사무엘 마펫, 언더우드 4세와 함께 한국선교 공로상을 받았다. 그의 선교사역은 이처럼 고신교회만 아니라 한국장로교회에서 폭넓게 인정된 것이다.[9] 한부선은 이후 필라델피아 근교 쿼리발양로원에서 생활하다가 1992년 7월 26일 89세의 일기로 하나님의 부름을 받았다.

3) 한부선의 신학과 사상

한부선이 프린스턴신학교에 입학하던 때에는 신학교 안에서 신학

---

8. 필자는 개인적으로 그와 네 가닥 의미있는 만남이 있었는데 고등학교 시절 교회 사경회에서 한 주간 말씀을 들었고, 1975년 고려신학대학 입학과 함께 영어성경을 배워 그의 마지막 제자가 되었으며, 1976년 5월 17일 범고신교단 환송예배에서 전국SFC를 대표하여 기념품을 증정하였고, 〈고신대신문〉 기자로서 출국 전 마지막 인터뷰에 함께했다.
9. 박응규, 《가장 한국적인 미국 선교사 한부선 평전》, 470.

적인 갈등이 일어나던 시기였다. 프린스턴신학교 이사회가 어번 선언(Auburn Affirmation)에 동참했던 두 사람을 이사로 선임하게 되면서 지금까지 견지해왔던 구학파의 신학적 전통이 흔들리게 되었다. 당시 프린스턴신학교의 학풍은 아키발드 알렉산더, 찰스 하지, 핫지, 벤자민 워필드 등 구 프린스턴신학 창시자들의 신학적 영향을 받고 있었다. 구 프린스턴학파라 일컬어지는 학자들의 신학적인 특징은 "성경에 대한 관심, 종교적 체험에 대한 관심, 미국적 경험에 대한 민감성, 장로교 신앙고백의 완전한 수용, 17세기 개혁신학적 특징들, 그리고 스코틀랜드 상식철학" 등으로 정리될 수 있다.[10]

프린스턴신학교는 당시만 해도 구 프린스턴신학의 학풍을 이어가고 있었는데, 점차 구학파가 약세가 되었다. 한부선은 프린스턴신학교에서 헬라어를 가르치던 메이천의 강의를 듣고, 그의 저서들과 그의 사상과 학문방법에 지대한 영향을 받고, 그의 신학을 지지하고 따랐다. 한부선이 신학교를 졸업한 후 윌슨, 메이첸, 알리스, 반틸 등은 개혁주의 신학에 충실한 웨스트민스터신학교를 설립하고 개혁신학을 가르치기 시작했다. 이 시기에 박윤선이 웨스트민스터신학교로 유학해 메이첸 밑에서 신학훈련을 받았고, 한부선과는 안식년에 웨스트민스터신학교에서 연구하던 동안 만났다. 이 둘의 만남이 훗날 한국교회에서 고려신학교를 통한 개혁주의 신학운동에 함께하는 준비가 되었다.

메이첸이 미북장로교에서 목사 면직의 징계를 받고 그의 동료들과 함께 북장로교 총회를 나오던 1936년에, 한부선은 바이람(Roy M. Byram), 함일돈(Floyd E. Hamilton) 선교사 부부와 함께 북장로교 선

---

10. Mark Noll, Ed., *The Princeton Theology 1812-1921*. Grand Rapids: Baker, 1982. 13. 박응규, 83. 중인.

교본부를 탈퇴하였다.[11] 한부선이 함께했던 웨스트민스터신학교가 한국 교회에 미친 영향을 오덕교는 "바른 신학의 기초 확립, 바른 신앙운동-신사참배 반대운동의 전개, 바른 신학운동-고신을 중심으로 교회정화 운동, 변증적 성경 신학의 소개, 학문과 경건의 조화, 보수적 신학과 선교, 인적 영향" 등 일곱 가지로 든 바 있다.[12] 여기서 바른신학운동은 프린스턴신학교의 좌경화에 따라 개혁주의 신학을 수호하고자 메이첸이 설립한 웨스트민스터신학교에서 두 차례 학위 과정을 공부했던 박윤선과 안식년 동안 연구한 한부선이 미친 영향을 이르는 것이다.[13]

또 그가 미국장로교회 창립 때 창립 멤버로 참여한 것은 그의 개혁신학의 입장을 반영한 것이었다. 성경의 권위에 충실했던 그의 입장이 북장로교회 선교사들과 갈등하게 했고, 광복 후 훗날 '메이첸파 선교사'라는 이름을 얻고, 그들 사이에서 소외되는 계기가 되었다.

한부선은 장로교회의 신학적 전통을 이어받은 제2세대 선교사로서, 세대주의적 전천년설을 신봉하지 않았으며, 구 프린스턴신학에 충실했던 인물로, 역사적 전천년설을 따르고 있었다.[14]

한부선은 선교에 있어서 네비우스 선교정책의 신봉자로서, 이 정책을 자신의 선교에 철저히 적용하였다. 그는 개혁신학의 본질을 밝히고 개혁주의 교회가 지향해야 할 방향으로 고려신학교에서 가르치는 동안 개혁신학을 철저히 가르쳤다. 그는 또 초기부터 〈파수군〉에 개혁주의

---
11. 박용규,《한국 장로교 사상사》, 서울: 총신대 출판부, 1992. 298.
12. 오덕교, "한국교회에 미친 웨스트민스터신학교의 영향",《웨스트민스터 역사와 신학》, 서울: 필그림, 2010.
13. 이 두 사람 외에도 초기 고려신학교와 칼빈학원 교수였던 김진홍이 웨스트민스터신학교에서 공부했고, 변증학 교수 함일돈은 프린스턴신학교에서 메이첸의 제자였는데, 1936년 미국 북장로교회를 떠나 미국장로교회(PCA, 후에 정통장로교회 OPC)로 이적할 정도로 메이첸과 신학적 입장을 같이 했다.
14. 박용규,《가장 한국적인 미국 선교사 한부선 평전》, 164.

교회의 동향과 소식을 기고하여 고신교회, 나아가 한국교회가 미국의 개혁주의 신학을 호흡하게 했다. 그는 고려신학교의 개교와 수업과정, 첫 졸업식까지 미국정통장로교회에 널리 알리기도 했다.15

2. 한부선의 광복 후 초기 선교사역

1) 한부선과 고려신학교 신학교육*

한부선은 제2차 세계대전 종전과 함께 미군들과 함께 입국하기를 기대하며 1943년부터 입국을 준비했지만, 비자를 받지 못해 연기되었다. 그는 광복 후 다른 선교사들보다는 비교적 일찍 1946년 10월 2일 시애틀에서 출항하여 일본을 거쳐 10월 28일 부산항으로 입국했다. 한부선은 입국 다음날 웨스트민스터신학교 출신 군목 베졸트의 집에서 고려신학교 설립자 한상동의 방문을 받고 협력하기로 하였다(46. 10. 31). 베졸트는 고려신학교 소식을 미국 정통장로교회에 알렸던 인물로, 고려신학교 개교식과 제1회 졸업식 때 축사를 하였다. 한부선은 그날 아내에게 보낸 편지에서 한상동이 자신이 만주에서 한 것과 같이 경상남도 지역에서의 신사참배 반대운동으로 감옥에 5년 동안 있었으며, '그들은 새 교회를 출범시키기를 원하지 않고 옛 교회를 정화하기를' 원하며, '그들은 칼빈주의적 신학교(Calvinistic Seminary)가 이 일을 위해 필요하다고 여기고 있다'고 기록했다(46. 10. 31).

---

15. 그는 고려신학교 제1회 졸업식의 감동적인 모습과 고려신학교의 성장 소식을 미국정통장로교회에 널리 알렸고, 또 미국과 세계 개혁교회의 현황을 자주 정리하여 〈파수군〉에 기고해 양교회 간의 유대를 긴밀히 했다. Bruce Hunt, The Presbyterian Guardian, March 1947.

* 이후 괄호 속의 날짜는 한부선 선교사가 아내에게 보낸 편지를 기록한 날짜를 뜻한다.

첫째, 고려신학교 교수 사역

한상동을 만난 한부선은 10월 31일 부산에 내려와 11월 3일 박윤선을 만났고, 그로부터 '무엇이든 원하는 것'을 가르치도록 요청받고, 1946년 11월 5일 경건회에서 첫 설교를 하면서 고려신학교에서의 사역을 시작했다. 한부선은 고려신학교 교수로서 헬라어, 교회사, 호세아서(47. 3. 17). 영어, 출애굽기, 에베소서, 교회정치, 설교학, 영어 회화 등 다양한 과목을 맡아 가르쳤다(47. 4. 2 등). 그의 서신에는 자주 '오늘 다섯 시간을 가르쳤다'고 기록한다. 그는 하루 종일 가르치고, 밤늦은 시간까지 수업 준비를 하였다. 신학자로, 교수로 충분히 준비되지 못했던 그는 자신이 교수로서의 부족함을 여러 차례 언급하고 있다(47. 6. 2 등).

광복 후 한국교회에서 신학교 설립의 움직임이 있는 가운데, 그는 고려신학교가 '더 많은 사람(교수)을 얻고 더 굳건하게 신학교를 세울수록 다른 사람들이 신학교를 시작할 이유가 적어진다'(47. 3. 27)고 생각했다. 한부선은 '아직 손이 모자란 상태에서 신학교가 강력한 교수진을 원하고 있고, 그것으로 고신의 역량을 입증해야 할 입장'(47. 4. 1)이라, '교수진을 얻기 위해 노력하고' 있으며(47. 5. 13), '강력한 교수진의 부족 때문에 학교가 사분오열될 수도 있음을 우려'하기도 한다(47. 6. 2). 고려신학교 설립자들은 설립 당시 만주에 체재하고 있던 박형룡을 교장으로 내정하고 그의 귀환을 위해 한부선에게도 요청하기도 했다(46. 12. 13). 고려신학교는 학교가 보유한 재정 145,000엔 전부를 지출하여 송상석을 파송해(47. 5. 20), 박형룡을 귀환케 하여 교장 취임식과 박윤선, 한부선의 교수 취임식을 가졌다(47. 10. 14).

그러나 한부선은 박형룡이 귀국해서도 고신에 올지 말지 흔들렸던 것이나(47. 10. 2), 서울에 신학교 설립을 하기로 하는 것(48. 5. 1), 그리고 그가 서울로 떠난 것을 개혁운동의 후퇴로 보고, '우리를 슬프게 만든다'고 했다(48. 5. 28). 한부선이 고려신학교에서 이렇게 심혈을 기울여 봉사한 것은 당시 총회 직영신학교이면서도 자유주의 신학에 경도되어 있던 조선신학교에 대항해 개혁주의 신학을 확립하고 바른 지도자 양성으로 한국교회를 개혁하려 하였기 때문이었다.

둘째, 고려신학교 행정과 재정 지원

훗날 제32회 총회로 편입된 대한예수교장로회 남부총회가 조선신학교를 총회 직영신학교로 결의하면서 그 시급성 때문에 한상동과 주남선 등 고려신학교 설립자들은 '돈없이 집없이 인물없이' 개교하였다.[16] 고려신학교는 개교를 준비하는 신학강좌는 진해에서, 개교는 호주선교부가 운영하던 일신여학교에서 있었고, 1년 동안 초량교회 유치원과 광복동 교사로 전전하면서 '보따리 신학교'라는 이름을 얻었다. 한부선은 고려신학교 개교 초기 학교의 운영과 다양한 행정적 필요를 위해 신학교 설립자들과 운영 문제를 자주 협의했다. 신학교가 그에게 '확실히 달을 따오라고 요청하기를 주저하지 않는다'(47. 5. 13)라고 기록할 정도로, 한부선에게 많은 것을 요청했지만, 그는 묵묵히 주어진 역할에 충실했다.

고려신학교의 운영과 행정을 위한 한부선의 역할은 다양했다. 그는 새로운 건물을 구하는 일에 협력하고(47. 2. 20, 3. 6, 4. 9), 호주신교부에 학교 건물과 기숙사를 위한 건물을 요청하는 편지를 쓰며(48. 3. 1), 전후 물자부족으로 많은 사람들이 배급에 의존할 때 신학교에 쌀 배급

---

16. 한상동, "신학 10년을 회고함", 〈파수군〉 1956년 9월호, 6.

문제를 위해 미 군정청에 협조를 구하고(47. 5. 16), 교수 사택 확보 문제 (47. 10. 21)는 물론, 학교에서 쓸 천막 10개, 매트리스 140개를 구하기 위해 경남도청과 부산시청에 다녀야 했다(48. 3. 5). 또 윌슨 군목의 도움으로 군 담요 열 꾸러미(50매)와 텐트 5개를 구하였고(48. 3. 9), 딘 장군에게 학교의 기숙사에 필요한 물품들과 인쇄용지를 요청하는 편지를 쓰기도 하고(48. 3. 1), DDT 작업과 구충제를 구해 학생들의 위생 문제를 해결하고 있다(47. 9. 25), 교회를 봉사하는 학생들에게 구제품 공급 (47. 10. 24), 기숙사 학생들의 영양 문제, 고학하는 학생들의 취업 주선, 심지어 기차로 부산에 늦게 도착한 학생들이 통행금지에 걸리지 않도록 파출소에서 손도장을 받아 안전하게 학교로 들어가게 하기도 했다 (48. 3. 15).

한부선은 고려신학교의 초기 열악했던 재정에도 기여했다. 그는 주중에 신학교에서 가르치고, 주말에는 각지의 교회를 방문해 설교하며 전도했다. 그는 그 과정에서 교회에서 받은 설교 사례와 여비를 신학교에 헌금했다(47. 1. 16). 그가 집회를 하면 참여한 성도들의 자발적인 헌금을 신학교에 입금하였고(47. 4. 14), 교수로 봉사한 후 6개월 만에 학교 담당자로부터 '여러 교회가 나를 통해 준 기부금 장부'를 제공받았을 때, 그가 28,000엔을 헌금했는데, 공식적인 환율로 1달러가 59엔이었던 당시에 560달러를 입금하였다(47. 6. 11). 1947년에 인도하였던 4개의 집회에서 받았던 8,500엔(약 150달러)도 학교에 헌금하였는데(47. 9. 3), 이는 세 달치 생활비에 해당하는 금액이었다. 그는 영도교회 집회 후 받은 사례 5,000엔을 학교에 헌금하면서 '이런 정도의 기부금을 세 번 받았고, 이를 다 신학교에 입금했다'고 적고 있다(48. 1. 5). 대구 집회에서 두 성도가 준 개인적인 용돈 800엔까지도 신학교에 입금하였다(48.

4. 14). 이러한 일들은 이후에도 계속되었는데, 1956년 첫 9개월 동안 9회, 1957년 첫 7개월 동안 10회 헌금을 입금시키고 있다.[17]

또한 많은 이들이 자신의 사역을 위해 헌금을 보내옴에 따라, 그는 고려신학교를 위해 별도의 구좌를 만들도록 선교부 총무 마스텐에게 요청하고(47. 4. 24), 학생들이나 지역의 필요한 사람들을 위해 한국 구제를 위한 펀드를 조성해 필요한 학생들이나 사람들을 지원하는 시스템도 만들었다.

셋째, 고려신학교의 국제교류와 도서 확충

고려신학교는 개교 초기부터 미국 정통장로교회에 널리 알려진 학교였다. 고려신학교가 메이첸을 중심으로 프린스턴신학교에서 분립된 웨스트민스터신학교와 성격이 유사했고, 그 학교 출신들이 교수로 일하면서 깊은 신앙적, 신학적 유대가 있었기 때문이었다. 한부선은 자주 *Presbyterian Guardian*에 한국교회의 동향을 기고했는데, 고려신학교 제1회 졸업식 사진과 함께 상세하게 미국교회에 소개되었다.[18] 그는 같은 신앙을 가진 미국 선교사들이 고려신학교에 합류하도록 관심을 갖고 그들의 입국부터 지원하였는데, 독립선교부나 성경장로회 선교부 소속의 마두원과 최의손이 입국할 수 있도록 외무부에 편지를 쓰고(47. 10. 26), 입국 후에는 정착할 수 있도록 집을 구해주었다(47. 10. 8). 그의 노력으로 평양신학교 변증학 교수였던 함일돈(Floyd E. Hamilton: 1890-1969)이 고려신학교 교수로 합류하였다.

한부선은 고려신학교의 도서 확보를 위해서도 많이 노력했다. 고려

---

17. 〈파수군〉 1956년 7, 8월호, 55; 〈파수군〉 1957년 8월호, 55.
18. *The Presbyterian Guardian*, 1947년 8월호. 비교, 나삼진, '나의 애장문헌 33', 〈기독교보〉 2011. 9. 24.

신학교 설립 초기의 신학교육은 교수의 강의와 경건훈련을 전적으로 의존했지만, 그는 신학교 도서를 마련하는 일에도 큰 관심을 가졌다. 그는 1946년 첫 학기를 마친 연말에 도서목록을 작성해 아내에게 보내면서 아버지 헌트, 그리고 선교부 총무 마스덴에게 제공하도록 하였고, 이를 취합하여 이듬해 3월에 시작되는 새 학기 전에 책을 받을 수 있도록 부탁하고(46. 12. 20), 또 도서 구입 기금을 설치했다(47. 4. 2). 그는 달라스신학교 사서에게 책을 부탁하기도 하고(47. 5. 16), 그해 성탄절에는 웨스트민스터신학교에서 국제성경백과사전 세트를 선물로 보내왔는데(47. 12. 28), 여러 친구들이 보내온 책에 직인을 찍어 신학교 도서로 정리하였다(48. 4. 5). 제2차 세계대전 발발 후 선교사들이 철수하면서 서울문리대 도서관에 보관중이던 주한선교사였던 삼촌의 도서를 정리해 옮겼고(47. 8. 7), 그의 아버지 한위렴 선교사가 은퇴했을 때에도 그의 도서를 고려신학교에 기증하였다. 그 시기 도서관은 오병세 학생이 관리했다. 이같은 그의 노력으로 고려신학교에 도서들이 모였고, 1956년 송도 교사를 조성 후에 본격적으로 도서관 모습을 갖추었다.

넷째, 신학생들의 멘토 역할

한부선은 신학생들의 상황을 상세히 알았고 상담한 학생들의 좋은 멘토였다. 그는 학생들의 개인적인 배경을 잘 파악하였는데, 명신홍이 시무하던 신정교회(현 대구서문교회)를 방문하면서 그 교회 출신의 두 학생(오병세와 박복달)이 있음을 언급하거나, 경주교회 설립자 윤봉기의 자녀들 이름까지 일일이 기록할 정도로 학생들과 친숙한 관계를 유지했다. 학생들이 자주 찾아와 대화하느라 강의 준비 시간이 부족할 정도였다(47. 3. 19). 그는 학생들의 취업을 돕기도 하고(47. 9. 9), 유학을 꿈꾸는 학생들을 상담하거나 추천서를 보내며(48. 1. 3), 고려신학교에서 봉급을 받으면 유학생들을 지원할 계획을 세우기도 했다(48. 3. 13). 그는 신학생들의 좋은 멘토였다.

2) 한부선의 전도 사역

한부선은 신학자이기보다는 복음 전파에 열정을 가진 전도자였고, 선교사였다. 그가 프린스턴신학교에 입학하기 전 여름방학 세 달 동안 메인주에 가서 주일학교 사역을 한 것, 광복 후 주말마다 지역에 나가 전도한 것, 방학 때는 목회자가 없는 지역에 파송받아 사역을 하고 방학 후 1년을 그 지역에 머물면서 목회 사역에 열중한 것,[19] 또 광복 후 귀국해서는 두 차례에 걸친 SFC를 통한 대전도운동을 전개한 것은 그의 전도에 대한 관심을 잘 보여준다.

그는 한국문화와 역사에 대한 해박한 지식과 유창한 한국어로 복음을 전하였다. 그의 전도 사역은 다양한데, 지역교회를 방문하여 설교를 할 때는 늦게까지 축호전도나 노방전도를 했고(48. 6. 20), 어린이 집회를 인도하며(48. 1. 5), 미군 부대에서도 자주 설교를 했다(48. 3. 5). 또 소외된 사람들을 자주 찾았는데 소년원이나 감옥을 찾고(47. 11. 10), 교도소 직원들에게도 복음을 전하였으며(47. 12. 28), 매춘부를 대상으로 한 강연을 하기도 하였다(48. 3. 4). 그가 만나는 모든 사람들이 전도의 대상이었다.

한부선은 입국 후 첫해(1947년) 부활절에 네 번이나 설교했는데 두 번은 새로운 설교를 했으며(47. 4. 7), 청도 전도집회에서는 하루에 일곱

---

19. 박응규, 《가장 한국적인 미국 선교사 한부선 평전》, 103.

번 설교하기도 했다(48. 1. 17). 그의 열정적인 전도로 입국한 첫 1년 동안 379번의 설교를 했고, 설교를 듣고 결신한 사람이 400-500명 정도가 되었다(47. 11. 1). 그는 한국인들을 복음을 갈망하는 영적인 상태로 보았다. 이를 '거리에는 사람들이 가득하여 누군가에게 말을 하기 시작하면 굶주린 청중들이 떼로 몰려들며, 사람들이 거저 밀려들기 때문에 소리칠 필요도 없고, 전도할 방법은 다양하며 나팔을 불 필요도 없다'라고 했다(47. 9. 20). 그는 신학교에서의 많은 강의와 행정 때문에 직접적으로 전도할 기회를 자주 얻지 못하는 것에 대한 아쉬움을 자주 나타내곤 했다(47. 9. 9).

한부선의 전도사역은 자연스레 성경 보급으로도 연결되었다. 그는 전도와 양육의 일환으로 많은 성경을 공급하였는데, 신학생들과 YFC에 주려고 군대의 성경책을 기증받아 배부하거나(47. 11. 10), 또 값을 받고 1948년 3월과 4월 두 달에 걸쳐 851권과 쪽 복음 220권을 포함하여 1,070권을 공급하였다(48. 5. 8). 그는 서울에서 108,500엔 치의 12박스 분량의 성경을 가지고 와 15%의 할인을 받으면 학생 한 명을 도울 수 있다고 했다. 그의 전도사역이 성경 보급과 학생들을 위한 장학사업으로 연결되었다.

이처럼 한부선은 지치지 않는 열정적인 전도자였다. 홍반식의 회고처럼 '영혼을 사랑하는 선교사'였다.[20] 홍반식이 미국 유학을 떠나기까지 3년간 목회하였던 대신동교회는 한부선과 신학생들이 함께 전도하여 개척한 교회였다. 당시 언더우드 3세를 비롯한 여러 선교사들과 미국 유학을 마친 목사들 다수가 미군정청에서 일하고 있었고, 한부선도

---

20. 홍반식, "내가 만난 한부선 선교사" 〈월간고신〉 1986년 12월호. 31.

정부의 교육부나 내무부 고문으로 일하며 안정적인 삶을 살 수도 있었지만(47. 10. 21), 그는 선교사로서 본질적인 전도 사역에 충실했다.

3) 한부선과 학생신앙운동(SFC)

미군정 당시 부산에 미국 6사단과 71사단 등이 주둔하고 있었는데(48. 5. 31), 한부선이 군인들의 전도에 앞장서면서 매주 월요일 중앙교회에서 YFC를 이끌었다.[21] 당시 한국 YFC는 미국 YFC나 국제 YFC와 연결되지는 않았지만, 그 이름을 가져온 것이었다(47. 7. 1). 이 모임에 미군들과 영어를 배우기를 원하는 학생들이 참여했는데, 그가 다른 지방에 갈 경우가 아니면 매주 YFC에 참석하거나 설교를 했다.

그 모임에 그와 군목들이 자주 설교했고, 한상동과 이약신도 설교에 참여한 바 있다. 부산 YFC는 매주 90명에서 110여 명이 모이기도 했다(48. 1. 19). 부산YFC와 함께 1948년에 주일 오후에 신학교에서 박윤선이 인도하는 학생들을 위한 성경공부 모임이 있었는데, 한부선도 참여하였다(48. 7. 11). 서울YFC는 300여 명의 참석자 가운데 절반이 한국인이었고(47. 10. 24), 그도 여러 차례 설교하였다. 대구YFC는 보통 200여 명의 학생들이 참여했는데(47. 3. 22), 한부선은 대구YFC 특별집회를 인도하기도 했다(47. 5. 21). 당시 YFC는 전국적인 조직을 구상할 정도로 발전했다(48. 5. 31).

부산YFC는 1948년 8월 대한민국 정부가 수립되고, 미군이 감축되

---

21. YFC운동은 1940년대 중반 미국의 여러 지역에서 청소년들에게 복음을 전하기 위해 일어난 모임이 발전하여, 1945년 미국 시카고에서 국제 YFC가 시작되었다. 전도자 빌리 그레함이 첫 풀타임 간사로 일했다. 오늘날 세계 65개 국에 2,500명의 전임간사와 22,000명의 자원봉사자, 등록회원 12만 명 규모로 발전했다. Mark A. Dodrill, "Youth for Christ International", *Evangelical Dictionary of Christian Education*, Grand Rapids: Baker Academic. 2001, 739-740.

면서 참석자 수가 줄었고, 한국의 고등학생들 중심으로 자리잡기를 바랐다(48. 6. 14). 그는 여름에 고등학생들을 위한 수양회를 추진할 것을 구상했다(48. 2. 15). 한명동과 함께 한 이 구상으로 1948년 8월 2일부터 7일까지 고려신학교 주최 청소년을 위한 제1회 수양회를 개최했다. 제4회까지는 고려신학교 주최 청소년 수양회로 모였고, 1952년 7월에 모인 제6회 수양회에서 전국학생신앙운동 창립총회를 가졌다.[22] 오늘날 SFC 수양회는 그 수양회 전통을 잇고 있다.

한부선과 한명동의 이러한 노력은 출옥성도들의 회개운동과 교회쇄신운동이 다음 세대에게 확산되는 기회가 되었고, 수양회에서 고려신학교 교수진들의 설교와 강의에 영향을 받은 학생들이 대거 신학교에 지원하는 효과도 얻었다. SFC는 한부선이 자주 강조하던 것과 같이 한국에서 형성, 발전된 '순수 국산 기독교 학생운동'이었다. 학생들에 대한 이러한 그의 관심은 기득권에 집착하여 개혁운동이 부진하였던 교계와는 달리 학생들이 교회쇄신운동에 적극 동참하도록 이끌었다. 한부선은 또한 학생들에게 전도의 열정을 불러일으켰고 그들과 함께 전도운동을 전개했는데, 1949년과 1950년 두 차례 부산전역에서 전개했던 대전도운동의 중심에 한부선이 있었다.[23]

4) 한부선과 구제사역과 복음병원

당시 한국은 제2차 세계대전의 종전과 함께 새로 태어난 신생국가로 세계에서 가장 가난한 나라였다. 미국 정통장로교회에서는 한부선의 선교 보고를 통해 한국의 사정과 선교활동을 잘 알고 있어, 많은 교회와

---

22. 이상규, 나삼진 외, 《하나님의 주권을 이 땅 위에: 학생신앙운동사》, 42-51.
23. 석원태, 《학생신앙운동 20년사》, 부산: 전국학생신앙운동, 1971. 18-22.

친구들이 그의 선교사역을 위해 수시로 구제품 소포를 보내어 왔다. 우체국에는 그에게로 오는 소포로 가득할 정도였는데(47. 9. 2), 그는 아내에게 트럭에 소포가 가득히 왔음을 찍은 사진을 보내기도 했고(47. 10. 27), 구호물품 700꾸러미가 배분을 기다리고 있다고 했다(48. 4. 29). 한부선은 그러한 구호품들을 고아원, 양로원, 소년원 등에 배부하였고(47. 10. 24), 성탄절에는 나환자촌을 방문하여 선물을 전달하기도 하기도 했다(47. 12. 28). 이러한 구호품은 신학교와 교회에 큰 도움을 주었다. 그는 군목 베졸트의 재봉틀을 구입해 조수옥이 운영하던 고아원에 전달했다(47. 12. 4).

한부선은 자립, 자급, 자치를 근간으로 하는 네비우스 선교정책의 신실한 신봉자였고, 선교사들이 과도한 구제로 '쌀 기독교인'(rice Christian)을 만들지 않아야 한다는 신념을 가지고 있었다. 그와 미국 정통장로교회는 고신교회와 협력하며 많은 재정을 투입하지 않았고, 각종 기관과 교회 운영은 주로 적은 금액의 개인적인 기부금으로 이루어졌다.[24]

한부선이 선교사로서 많은 구호물자를 공급하였음에도 불구하고, 그는 매우 검소하게 생활하여, 스스로를 구두쇠라고 생각할 정도였다(47. 7. 8). 그는 주한미군이 선교사나 사회봉사기관 등에 600대의 지프차를 제공할 때도 관심을 갖지 않고 불편을 마다하지 않았는데(46. 12. 20), 하루 16km를 걷기도 하며(46. 11. 20), 수일 설교를 위해 40분을 걷기도 하고(47. 12. 31), 자주 친구 군목들의 도움도 받거나, 군대 트럭을 얻어 타기도 했다(47. 4. 12). 그는 외투의 소매가 낡고, 단추 구멍이

---

24. *The Presbyterian Guardian*, March, 1960.; 한부선, 《브루스 헌트》, 208.

모두 헤어진 옷을 입고 다니는 검소함이 몸에 배어 있었지만, 구제품 관리에 있어 개인선물임을 표시한 것만 자신이 사용할 정도로 관리에 철저했다(48. 3. 17).

한부선은 구제사업 외에도 고려신학교와 복음병원의 건축에 기여하였다. 한국전쟁 후 의료시설이 많지 않았던 때에 장기려와 전영창과 한상동이 협력해 1951년 6월 21일 '복음진료소'라는 무료병원을 개설했다. 이 진료소가 이후 '복음의원', '복음병원', '고신의료원'으로 발전했고, 오늘의 고신대학 부속 복음병원이 되었다. 한부선은 복음의원 초기에 로마카톨릭이 설치한 의료기관을 중심으로 의약품이 지원되던 상황에서 미군의 의약품 지원을 이끌어냄으로써,[25] 복음병원이 안정되고 성장하는 데 적지 않은 역할을 했다.

1953년 한국전쟁이 끝난 후 미국은 맥스웰 테일러 장군이 중심이 되어 공공건물, 학교, 고아원, 교회 등의 재건축을 지원하기 위해 미국 군사원조단(AFAK)을 운영하였다.[26] 그는 마두원과 최의손 등과 협력하여 미군 지원처로부터 부지를 준비하면 건축을 지원하겠다는 약속을 받았고, 1954년 한명동이 중심이 되어 고려신학교와 복음병원 부지를 확보했을 때, 고려신학교 송도 캠퍼스와 복음병원을 조성하는 토목 공사와 건축에 기여하였다. 그는 전국교회 성도들과 함께 직접 몸으로 건축에 참여하기도 했는데, 미군 공병대와 공사를 협의하는 사진들을 다수 남기고 있다. 한부선의 그러한 수고로 한국 선교를 마치고 미국으로 영구 귀국할 때 고신총회의 범교단적인 환송예배에서 찬하를 받았고, 복음병

---

25. 《고신의료원 50년》, 부산: 고신의료원, 2001, 77-78.
26. Harry Rhodes, *History of the Korea Mission Presbyterian Church in the U,S,A.* vol II(1935-1959). Seoul: Presbyterian Church of Korea. The Department of Education, 1965. 323.

원에서는 1978년 개원 27주년 기념식에 그를 다시 한국으로 초청, 공로패를 수여했다.

5) 한부선의 설교 사역과 한국교회 쇄신운동

일제강점기에 신사참배 반대운동을 전개했던 한부선은 광복 후 한국교회 개혁운동을 적극적으로 이끌며 한국교회를 새롭게 하는 데 노력했다(47. 1. 7). 한부선은 신학교에서 지칠 정도로 가르쳤지만, 주말에는 교회를 방문하여 설교하고 복음을 전하였다. 그의 설교 사역은 한국교회 쇄신운동의 중요한 수단이었다. 그는 금요일 저녁부터 월요일 새벽까지 열 차례 설교하기도 하고(47. 4. 28), 추석을 맞은 주일에 초청받은 교회에서는 새벽기도회, 어린이, 성인 성경공부, 주일예배, 오후 두 차례 노상에서의 설교, 밤에 어린이들을 위한 설교까지 하루 여덟 번 설교하기도 했다(47. 9. 29). 한부선은 교회 단위의 집회만 아니라도 연합청년집회(46. 11. 12), 거창지방 32교회 청년 연합집회(47. 8. 25), 대구지역의 여전도회 집회(48. 3. 18) 등 연합집회를 자주 인도했다(48. 3. 18). 그가 집회를 인도할 때마다 놀라운 부흥이 있었다(47. 8. 28). 이런 집회는 고신 지도자들이 한결같이 힘썼는데, 고신지도자들이 지향하는 신앙과 경건, 그리고 교회쇄신운동이 확산되고 뿌리내리게 했다. 이러한 집회에 대해 박윤선은 당시 고신에 대한 반대세력들이 많았기 때문에 계속적으로 집회를 하지않으면 안 되었다고 회고한다.[27] 한부신은 고려신학교 지도자들과 끊임없이 한국교회의 개혁과 미래를 논의하였고(47. 3. 8), 신학교의 미래를 위해 총회측을 대표한 김치선 등과도 대화를 하

---

27. 박윤선과의 인터뷰, 〈고신대신문〉 111호(1986. 9. 16)

곧 했다(47. 8. 13). 이러한 논의는 한국교회 개혁운동의 전략과 방향을 논의하는 중요한 자리였는데, 이는 자신의 경건과 교회개혁운동의 정신을 확산시키는 기회가 되었다.

한부선은 주말마다 교회를 방문하고, 자주 전도집회를 인도했지만, 단회성 집회의 한계를 잘 인식하고 있었다. 그는 효과적인 개혁운동을 위해 조직적인 노력이 필요하다고 보고, 만주에서 작성했던 것과 같은 언약서 발간을 구상하였다. 그는 1947년 2월 7일 한상동의 집에서 박윤선, 한부선, 한명동 등 4인이 모여 일곱 개 항에 걸친 '교회 회복을 위한 실천계획'을 작성하여 총회에 제출하였다.[28] 이러한 일에서 한부선과 교회쇄신론자들은 전통적인 장로교회의 정체성을 신학적이고 교회정치적인 차원에서 회복하려 한 것이다.

한부선은 정통신학의 구현이나, 개혁운동의 결속을 위해 신문과 출판의 중요성을 인식하고(47. 3. 17, 47. 6. 20), '한국의 미래를 위하는 사역에서 인쇄술과 참된 기독교 문헌 출판을 독려하고 싶다'는 의사를 표명하는데, 이를 '거의 개척되지 않은 영역'이라 본다. 그는 박윤선과 함께 보수주의 신문이 한국교회의 생각을 결속시키는 일에 크게 기여할 것으로 생각하고(46. 12. 20), 당시 어려웠던 용지 확보를 알아본다(46. 12. 23). 그는 잡지를 발행할 계획으로 재정을 확보하고, 재정에 관한 현실적인 조언도 하며(47. 4. 9), 고려신학교 교지를 '고려봉대'라고 이름을 제안하기도 했다(47. 1. 7). 그는 마스텐과 여러 차례 협의하고 지정되지 않은 헌금을 이를 위해 사용하였고(47. 4. 2), 종이를 구하기 위해 정부청사를 다니며(47. 4. 8), 신문인쇄 식자기의 가격을 알아보고 있다

---

28. 한부선이 마스덴에게 1947년에 보낸 편지, 박응규,《가장 한국적인 미국 선교사 한부선 평전》, 354-355에서 중인.

(47. 4. 24) 그는 신문 발행을 위해 중앙청을 방문하며(47. 5. 28), 용지를 구하고(47. 6. 20), 출판을 위한 '종이기금'을 마련하기도 했다(47. 9. 9). 그는 박윤선 주석 간행을 위해 320달러치의 인쇄용지를 미국에서 직접 들여오다가(47. 12. 6) 운송 과정에서 용지 1/5을 잃기도 했다(48. 3. 13).

고신 지도자들은 효과적인 개혁운동을 위해 신문과 잡지를 구상해, 1948년 12월에 〈파수군〉이 창간되었고, 1950년에 네 차례 '진리운동' 시리즈를 발간했으며, 박윤선의 성경주석이 발간되었다. 이런 출판 사역은 고신의 교회개혁운동의 나팔수로서 역할을 하였다. 이는 16세기 종교개혁운동 당시 루터의 3대 문서 발행과도 유사한 성격이었다.[29]

3. 맺는 말

1) 연구의 요약

광복 후 한부선의 헌신적인 선교활동은 고신교회와 한국교회에 큰 업적을 남겼다. 그의 초기 선교사역을 요약하고자 한다. 첫째, 한부선의 광복 후 초기 선교사역은 고려신학교 정초와 발전에 크게 공헌하였다. 그는 고려신학교 교수 사역과 함께, 신학교의 운영과 물자 조달, 국제교류와 도서 확보 등에 힘썼으며, 학생들의 멘토로, 고려신학교와 복음병원 캠퍼스 마련에 크게 기여하였다.

둘째, 한부선은 뛰어난 한국어 실력으로 전도하는 일에 힘썼다. 그는

---

[29] 이러한 관심은 한상동에게서도 발견할 수 있는데, 1960년 고신측과 승동측과의 합동과 환원 과정에서 고려신학교가 16년 동안 발간해오던 〈파수군〉이 합동측 기관지가 되면서, 새로운 문서운동의 필요성을 인식하고, 고려신학교 복교 후 1963년 10월에 〈개혁주의〉를 창간하였고, 1971년 미국을 방문하는 동안 문서운동을 위한 모금에 관심을 가지고 활동했다. 심군식,《세상 끝날까지》, 358.

광복 후 입국한 후 1년 동안에만 379회 설교를 하고 400명 이상의 결신자를 얻었던 열정적인 전도자였다. 그는 신학교육에 분주한 상황에서도 지역에 나가 자주 설교와 복음전도의 기회를 가졌는데, SFC의 1947년 두 차례 대규모 전도운동을 이끌었다.

셋째, 한부선은 재입국 후 부산지역에서 주한 미군에게 복음을 전하기 위해 부산YFC를 이끌었고 이는 학생신앙운동(SFC)로 발전되었다. 1948년에는 한명동과 협력하여 고려신학교 주최 제1회 청소년 수양회를 개최하였다. 이 수양회가 제6회부터는 SFC의 이름으로 계속되었는데, SFC는 학생들에 의해 자발적으로 형성된 학생운동이었지만, 그는 한명동과 함께 SFC의 설립자라 할 수 있다.

넷째, 한부선은 네비우스 선교정책의 신실한 신봉자로서 자립, 자급, 자치를 선교정책의 근간으로 삼았다. 그는 대외적으로는 한국이 모든 영역에서 발전 가능성이 크다고 생각하고 많은 사람들을 초청하여 함께 일하기 위해 노력했고(47. 7. 8), 대내적으로는 비기독교인들이 그릇된 동기로 교회에 나오는 명목적인 그리스도인들이 물질의 유혹으로 교회를 떠나는 것을 경계하고 있다.[30] 그는 네비우스 선교정책에 따라 선교한 결과 그가 동역했던 고신교회를 두고 훗날 '아시아 본토인 여기에서 우리는 1만 6천 명의 세례교인을 가진 자급, 자치, 자립하는 교회를 보고 있으며', '개혁주의 기준에 충실하며 다른 무엇보다 그리스도께 순종하기를 계속하는 안정적인 운동'으로 평가하고 있다.[31] 그가 고려신학교의 신실한 협력자였지만, 큰돈으로 신학교를 도운 것은 아니어서, 이는 고신교회가 선교비에 의존하지 않고 자립할 수 있게 했다.

---

30. 한부선,《브루스 헌트》, 서울: KIATS, 2013, 210.
31. 한부선, The Presbyterian Guardian, 1960년 3월호,《브루스 헌트》, 208-220.

다섯째, 한부선은 고신교회 지도자들과 한국교회 개혁운동에 힘썼으며 설교와 집회, 문서운동은 그러한 개혁운동을 효과적으로 이끌었다. 특히 문서운동은 장로교회에서 소수파였던 고신교회의 교회개혁의 중요한 전략이었는데, 〈파수군〉과 '진리운동', 그리고 박윤선의 성경주석 발행으로 나타났고, 이는 고신교회 전체에서 회원제로 참여하며 지원했지만, 한부선의 적극적인 협력이 큰 힘이 되었다.

여섯째, 한부선은 선교사로서 자신과 시간을 철저하게 관리한 성실한 선교사였다. 그는 매일 해야 할 일을 15가지, 20가지를 적어 놓고, 일을 마칠 때마다 하나씩 줄을 그으면서 이를 실행하곤 했다(48. 3. 11). 그의 효율적인 시간 관리와 지치지 않는 활력이 사역에서 탁월한 열매를 맺게 하였다.

2) 맺는 말

박윤선은 한부선이 "교수로서 여러 방면에서 협력하였으며, 무엇보다도 그 자신이 언제나 진실주의를 몸소 실행으로 가르쳤다"고 말한다.[32] 또 고려신학교 개교와 함께 5년 동안 한부선의 제자로 가르침을 받았던 이근삼도 한부선 탄생 100주년 기념강연회에서 그를 '진실된 선교사, 훌륭한 신학교수, 진리와 정의의 사람'으로 평가하고 있다.[33] 이렇게 한부선은 진실한 목사와 선교사로서 한국교회와 고신교회를 위해 평생 봉사하며 큰 성과를 얻었다.

한국교회가 미국교회에 이어 세계 두 번째로 많은 선교사로 파송하

---

32. 박윤선,《성경과 나의 생애》, 서울: 영음사, 2015. 91.
33. 이근삼, "한부선 선교사의 해방 이후의 사역", 한부선 탄생 100주년 기념 강연회 발제문,《개혁주의 신학과 한국교회》, 457-462.

는 이때, 한부선과 같은 선교사들이 많이 일어나 각 선교지에서 개혁주의 교회 건설에 매진했으면 한다.

한부선 연보

1903. 6. 4
평양 서양인촌에서 한위렴 선교사의 장남으로 출생

1919
평양 외국인학교에서 수학
미국 미주리주 세인트루이스 솔단고등학교 편입
1920. 9 졸업

1920. 9
시카고 휘튼대학 진학 -23. 6
대학교회에 출석하면서 중생을 체험함

1923. 9-24. 6
부친의 안식년에 같이 지내기 위해 럿거스대학 편입, 졸업

1924. 9
프린스턴 신학교 입학

1925. 5-1926. 9
캐나다 노스 시드니 노바스코티아에서 목회 사역

1928. 4. 25
미국 북장로교회 뉴브룬스윅노회에서 목사 안수
프린스턴신학교 졸업
OPC 선교사로 파송 청주에서 사역

1932. 9. 27
방위령 선교사의 딸 캐더런 블레어와 결혼

1936. 6. 11
미국 북장로교회를 탈퇴 후 미국장로교회에 창립회원으로 참여

1936-1938
장로교 독립선교부 소속 선교사로 재파송, 만주 하얼빈에서 사역

1938. 9. 9-10
제27회 총회에서 신사참배 결의에 항의함

1939. 9
신사참배 반대운동으로 봉천노회에서 목사직 제명

1940. 1
돌보던 평신도들과 함께 신사참배 반대 언약 문서 작성, 서명 받기 시작함

1941. 10. 22
하얼빈에서 검거, 단동의 형무소에 투옥 언도유예로 풀려남

1941.1 2
일본의 진주만 공격으로 심양의 포로수용소에 구금

1942. 6. 1
포로교환 형식으로 미국으로 강제 송환

1943-1944
미국 로스엔젤레스 하이랜드팍 소재 웨스트민스터교회 임시목사 재직

1945-1946
샌디에고 근교에서 국내선교부 사역

1946. 10. 28
한국에 입국, 부산에서 사역 시작

1947. 11. 13
고려신학교 강의 시작

1948. 8
한명동 목사와 함께 고려신학교 주최 청소년 수양회 개최

1950-1952
한국전쟁으로 일시 귀국, 재입국

- **1960**
  고려신학교 교수직 사임

- **1976. 5. 17**
  고신총회, 교단적인 선교사 은퇴예배
  부산직할시에서 명예시민증 수여

- **1977**
  필라델피아중앙교회에서 목회

- **1979. 9. 3**
  미국 웨스트민스터신학교 개교 50주년 기념행사에서
  명예 신학박사 학위

- **1984. 8**
  한국기독교 100주년 기념 뉴욕전도대회에서 한국선교
  공로상 수상

- **1992. 7. 26**
  필라델피아 근교 퀘리밀 양로원에서 소천

손양원 목사의 생애와 순교와 고신교회

손양원

　손양원(1902-1950) 목사는 일제강점기에 신사참배 강요를 반대하여 5년 이상 옥고를 치루었고, 광복과 함께 출옥 후 여수 애양원교회로 복귀해 목회를 계속했다. 1948년 여수순천사건 때 아들 동인과 동신이 순교했으며, 두 아들을 죽인 안재선을 양아들로 삼아 원수를 사랑하라는 말씀을 실천하였다. 그는 1950년 9월 한국선생 초기에 자신도 순교함으로써 한국교회 제일의 '사랑의 사도'가 되었다. 그의 전기 《사랑의 원자탄》은 1977년까지 11판이 출간되었고, 미국, 영국, 독일, 태국, 네덜란드, 인도네시아 등에서 번역 출판되어, 손양원 목사는 세계교회에 한국을 대표하는 신앙인물로 소개되었다.

그는 광복 후 대표적인 부흥강사였는데, 신사참배 반대운동으로 함께 옥고를 치른 한상동의 옥중구상이었던 신학교 설립을 통한 목회자 양성을 이해하고, 1946년 9월 고려신학교 설립 당시 기성회에 참여하였다. 설립자들은 중국에 체류하던 박형룡을 국내로 인도해 고려신학교 교장에 취임시켰지만, 그는 한 학기 만에 고신을 떠나 상경하면서 신학교의 분위기 쇄신을 위해 1948년 5월 박윤선의 교장 취임과 함께 총무로 취임해 생애 마지막 2년 남짓 고려신학교를 위해 귀한 봉사를 했다.[1] 한명동 목사는 그를 두고 "고려신학교의 초창기에 총무를 맡아 주남선 목사, 한상동 목사, 한부선 선교사, 박윤선 목사와 같이 오늘의 고려신학교의 기초를 닦은 역사적 인물"이라고 평가한 바 있다.[2]

이 소론은 손양원 목사 순교 75주기를 기념해 그의 신앙과 삶, 사역과 순교가 어떠했으며, 그가 고신교회 초기 영성과 경건 형성에 어떤 영향을 미쳤는가를 논의하는 것을 목적으로 한다.

1. 손양원의 성장과 신학과 목회

1) 성장기와 교육과 신학교육

손양원은 경남 함안군 칠원 출신으로 기독교 신앙과 민족정신에 충일한 아버지 손종일이 기독교 신앙을 갖게 되면서 칠원교회 주일학교에 다니기 시작하였고, 장로가 된 아버지의 신앙양육을 받으며 자랐다.[3] 그는 1919년 4월 서울중동학교에 입학 하였지만 그해 칠원 지방의 3.1

---

1. 허순길, 《고려신학대학원 50년사》, 천안: 고려신학대학원 출판부, 1996, 87.
2. 한명동, "추천의 말", 손동희, 《나의 아버지 손양원 목사》, 서울: 아가페, 1995.
3. 이현찬, 《칠원교회 100년사》, 함안: 대한예수교장로회 칠원교회, 2009. 250-261.

운동을 주도하였던 아버지 손종일이 체포되어 1년 동안 옥고를 치루면서 정상적인 학교교육을 받기 어려웠다. 그는 아버지가 체포되면서 퇴학을 당해 집으로 돌아왔고, 손종일이 출옥한 후 그의 권유로 1921년 일본으로 건너가 낮에는 신문 배달과 우유배달로 고학을 하며 동경 쓰가모중학교 야간부를 마쳤다.

1923년 귀국한 그는 정양순과 결혼하였고, 1926년 경남성경학원에 입학하여 강사였던 왕대선, 예원배, 권임함, 안다손, 정덕생, 주기철, 최상림 등의 가르침을 받고, 1929년에 졸업했다.[4] 1925년 무렵부터 1935년 평양 장로회신학교에 입학할 때까지 경남노회 부산시찰 구역 순회 전도사로 밀양 수산교회, 부산 감만동교회, 남부민교회, 원동교회 등을 순회하며 돌보았거나 개척을 했다.[5] 그 가운데 감만동교회는 한센병자들의 교회였다. 그는 1928년 만해도 감만동, 하단, 초량, 수산, 칠원, 우봉교회 등을 순회하며 설교한 기록을 남기고 있다.[6]

손양원은 1935년 4월 33세의 나이로 조선예수교장로회신학교에 입학하여 본격적으로 목회자의 길을 준비했다. 그는 신학을 공부하는 기간에 평양 능라도교회를 시무하였으며, 1938년에 신학교를 졸업하였다. 1938년 9월 조선예수교장로회 제27회 총회에서 신사참배를 가결함에 따라, 신학교를 폐쇄하기로 해, 그해 졸업생들은 졸업식 없이 우편으로 졸업장을 받아야 했다. 그의 신학교 동기생들은 강신명, 계일승, 김양선, 박손혁, 이학인, 한정교 등으로 훗날 한국교회를 대표하는 인물들이 되

---

4. 〈경남로회 제22회 로회록〉(1927. 7. 5-9, 동래 수안예배당), 66. 김승태, "손양원의 초기 목회활동과 신사참배 거부항쟁", 〈한국기독교와 역사〉 제34호, 2011. 220.
5. 차종순, 《애양원과 사랑의 성자 손양원》, 29.
6. 김승태, "손양원의 초기 목회활동과 신사참배 거부항쟁", 220-223.

었다.

손양원은 신학교를 졸업하면서 1938년 5월 17일 제41회 경남노회에서 강도사 인허를 받았고,[7] 경남노회 순회 강도사로 경남지역 여러 교회를 순회하면서 목회자로 수련을 받았다.[8] 그는 신학교를 졸업한 후 바로 안수를 받지 못했다. 이에 대해 차종순은 우찌무라 간조의 무교회 사상에 심취하였다는 것과 신사참배를 거부한다는 것을 이유로 들었고,[9] 이상규는 신사참배를 반대하여 교회를 어렵게 한다는 이유, 무교회주의에 대한 호의적 태도, 1939년 일본 경찰에 피첩됨으로 안수를 받을 수 없는 현실적인 이유를 들고 있다.[10]

손양원의 안수에 대해 손동희는 1939년 봄에 원가리 선교사에게서 안수를 받았고, 광복 후 문창교회에서 다시 안수를 받았다고 했다.[11] 손양원은 목사 안수가 노회의 소관임을 잘 알고 있었고, 그의 강직한 성품으로 보아 비공식적으로 안수를 받았을 가능성보다는 원가리 선교사가 진정한 목사로 인정하고 축복했던 것으로 보는 것이 옳을 것이다. 일본 검찰의 조서에도 목사가 아니라 전도사로 기록한다.

2) 애양원교회 사역과 신사참배 반대운동

손양원은 1939년 7월 14일에 애양원교회의 전도사로 부임했다. 전임 김응규가 신사참배를 하였고, 이를 용납할 수 없었던 교회에서 목회

---

7. 〈제41회 경남노회 촬요〉, 1938. 5. 17-19, 동래 해운대교회당.
8. 이상규, "해방 후 손양원의 생애와 활동", 《해방 전후 한국장로교회의 역사와 신학》, 서울: 한국기독교역사연구소, 2015, 397.
9. 차종순, 《애양원과 사랑의 성자 손양원》, 31-32.
10. 이상규, "해방 후 손양원의 생애와 활동", 397-398.
11. 손동희, 《나의 아버지 손양원 목사》, 서울: 아가페출판사. 1995, 60.

를 계속할 수 없어 사임함에 따라, 신학교 동창이었던 벌교교회 김형모가 손양원을 교회에 추천한 것이었다. 손양원이 신사참배를 반대해 경남노회 순회전도 사역을 계속하지 못하게 되었음을 알고, 교회 성도들은 신사참배를 하지 않았던 손양원이 참된 목사로 알고 그의 돌봄을 기뻐하였다.[12] 손양원은 1939년 7월 6개월 동안의 임시목사로 청빙을 받았지만 신임을 받아 계속 시무하였다.

애양원은 특수한 지역이라 덜 했지만, 일제의 신사참배 강요가 계속됨에 따라 그는 설교를 통해 꾸준히 신사불참배를 주장하였고, 종말론적인 설교를 하였다.[13] 소화 14년(1939) 11월 중순 "현하 교회가 요구하는 교역자"라는 설교를 통해 신사참배를 반대하며 고난을 이기고 신앙을 공고히 해야 하며, 순교정신으로 교역에 종사해야 할 것을 설교하였고, 소화 15년(1940) 4월 중순에도 '주의 재림과 우리의 고대'라는 제목의 설교로 "하나님 나라가 건설될 것임을 믿으며 주의 강림을 기다리자"고 설교했다. 그가 애양원교회에서 시무한 기간이 오래지 않았으나, 그는 신체적으로, 심리적으로 고통당하던 애양원교회 교인들에게 자주 그리스도의 재림을 믿으며 하나님 나라를 소망하도록 설교로 위로하곤 했다.

손양원은 1940년 9월 25일 수요기도회를 마치고 귀가하던 중 여수경찰서 형사를 대동한 전남경찰부 가루배 형사에게 체포, 검속되었다.[14] 그는 일제검속 후 재판에서 치안유지법 위반으로 1년 6개월을 선고받

---

12. 애양원교회 김수남 권사의 증언, 손동희, 《나의 아버지 손양원 목사》, 33.
13. 손양원 체형조서, 28. 김승태, "손양원의 초기 목회활동과 신사참배 거부항쟁", 〈한국기독교와 역사〉 제34호(2011), 243.
14. 안용준, 《사랑의 원자탄》, 서울: 성광문화사, 1977. 69.

고 1943년 5월 17일 만기 출소를 해야 했지만, 신사참배를 하지 않았다는 이유로 출소할 수 없었고, 이에 항고하였지만 석방할 경우 재범이 우려된다는 이유로 이를 기각하고 예방구금을 한 것이었다.[15] 그는 다시 경기구금소를 거쳐 충주형무소로 옮겨져 광복 때까지 있었다.[16]

손양원이 투옥된 후 그의 가족은 참으로 인고의 삶을 견뎌야 했다. 동인과 동신이는 학교 공부를 하지 못하고 부산의 통공장에서 노동을 하며 얻은 월급의 대부분을 가족들의 생활비로 보내었다.[17] 태평양전쟁이 치열할 때는 동인이 신사참배를 피하기 위해 징집을 거부해 가족들이 뿔뿔이 흩어졌고, 동희와 동장은 부산 구포의 한 고아원에서 생활해야 했다.[18] 손양원은 투옥해 있던 기간에 자주 자녀들과 아버지, 성도들에게 편지를 써 신앙을 격려하였다.[19]

3) 광복 후의 사역과 순교

그는 1945년 8월 광복 후 청주형무소에서 출옥과 함께 다시 애양원으로 돌아가 목회하였다. 그는 1946년 2월 경남노회 제47회 정기노회에서 목사 임직을 받았다. 제47회 정기노회는 1945년 12월 3일 오후 7시에 시작하여 5일까지 부산진교회당에서, 이듬해 1946년 2월 19일부터 20일 밤까지 마산교회에서 속회되었다. 노회 촬요에 손순열, 손양원, 이성언, 김봉갑 4인의 목사 임직 보고를 하고 있는데, 손동희가 마산

---

15. 재판부의 결정문, 손동희, 《나의 아버지 손양원 목사》, 134-135.
16. 안용준, 《사랑의 원자탄》, 72.
17. 손동희, 《나의 아버지 손양원 목사》, 서울: 아가페출판사. 1995.
18. 손동희, 《나의 아버지 손양원 목사》, 148-164.
19. 그의 옥중편지는 손동희 편, 《사랑의 순교자 손양원 목사 옥중목회》, 이광일 편, 《손양원 목사 옥중서신》 등으로 엮어졌다.

문창교회에서 안수받았다고 기록한 것으로 보아 2월 19일 혹은 20일에 임직을 받았을 것이다. 그는 이후에도 계속 경남노회 소속으로 있었다. 그는 제51회 노회(1949. 3)에 총회 부총대로 선출되었고, 7월 5일부터 7일까지 있었던 임시회에도 참석하고 새벽기도회를 인도했다. 그의 이명 기록이 노회 촬요에는 나타나지 않지만, 제53회 노회(1950. 3)에는 목사명부에서 이름이 빠져 있음을 볼 때 한국전쟁 직전 그 임시회 혹은 제53회 정기노회에서 이명했을 것으로 보인다.[20]

1948년 10월에는 여수순천사건이 발발해 21일에 그의 두 아들 동인, 동신이 예수를 믿는다는 이유로 순교했다. 그 일은 손양원에게도 견디기 어려운 시련이었으나 두 아들을 죽인 안재선을 용서하고 양아들로 삼았고, 한동안 그를 부흥회에 동행시키기도 했으며, 고려고등성경학교에 입학시켜 성경을 공부하게 하기도 했다.

손양원은 당시 문제가 되었던 국기경례 문제에 대해 깊은 관심을 가지고 활동했다. 1949년 한국기독교계가 성명서를 발표하였고, 그는 4월 17일까지 서울에서 집회를 하며 여러 차례 대통령 면담의 기회를 엿보았고, 마침내 대통령 면담이 이루어져 교계의 뜻을 전달하였다.[21] 1950년 3월 경남(법통)노회에서 국기배례가 아니라 주목하도록 대통령과 국회의장에게 보내는 진정서를 제출하기로 결의하고 대대적인 서명운동을 벌이기도 했다.[22]

손양원은 한국전쟁 발발 후 성도들이 배를 준비해 피난 갈 수 있었지만 교회를 지키다가 체포되었고, 1950년 8월 하순 율촌분주서 소장

---

20. 〈경남노회 제52회 촬요〉(1949. 9.), 〈제53회 촬요〉(1950. 3.). 안용준, 앞의 책, 377, 544.
21. 안용준, 《사랑의 원자탄》, 362.
22. 〈경남노회 제53회 촬요〉.

과 인민군에 의해 끌려가 율촌분주소를 거쳐 다음 날 여수내주소로 호송되어 갔고, 창고에 갇혀 있다가 9월 28일 순천으로 호송되던 중 퇴각하던 인민군에 의해 미평 뒷산 과수원에서 순교했다. 그의 나이 47세였고, 그가 순교하던 날 막내가 유복자로 태어났다.

2. 손양원과 광복 후 교회쇄신운동과 고신교회

고신교회는 한상동, 주남선 등의 교회 지도자들이 신사참배 반대운동을 전개하고 이로 인해 투옥된 것을 그 뿌리로 하고 있다. 이들은 광복과 함께 출옥하였고, 한달 동안 산정현교회에서 기도회를 갖고 교회쇄신방안을 준비하였는데, 한국교회쇄신운동은 이때부터 시작되었다고 할 수 있다. 그러나 실제적인 시원은 1946년 9월 20일 고려신학교 설립에서 시작된다. 손양원은 한상동, 주남선 등과 함께 고려신학교 기성회에 참여해 신학교 설립에 동역하였다. 허순길은 손양원이 "박윤선 목사의 교장 취임식과 함께 고려신학교의 총무로 봉사를 시작했다"고 했다.[23] 남영환은 박윤선 목사 성역 50년의 회고 중에서 "당시 주남선, 한상동, 한부선, 손양원 여러 목사님들이 혼연일체가 되어서 신학교와 박 목사를 도왔다"고 증언한다.[24] 그러한 봉사에 대해 "손양원 목사가 미국 남장로교회가 경영하는 여수 애양원교회에서 시무하면서 순천노회와 선교사의 유혹과 압력을 받으면서도 고신운동에 앞장선 것은 자신의 힘도 있었지만, 애양원교회가 손 목사의 신앙에 절대순종했던 데

---

23. 허순길,《고려신학대학원 50년사》, 천안: 고려신학대학원, 1996. 87.
24. 남영환, "은사 박윤선 목사님의 성역 50년을 기하여", 정암 박윤선 목사 성역 50년 기념논총 편찬위원회 편,《경건과 학문》, 서울: 영암사, 1987. 52.

도 가능했다"고 했다.[25] 이상규는 그러한 "손양원에게 고려신학교 총무라는 직을 부여했으나 총무라는 이름에 합당한 일을 한 일이 없으며", "손양원 목사가 고려신학교를 위해 많은 봉사를 해 왔다는 허순길 교수의 언급은 사실적이라기보다는 문학적인 표현일 뿐이다"라고 말한다.[26] 그러면 손양원은 고신교회와 어떤 관계를 가지고 살았는가?

1) 손양원과 고려신학교 설립 및 동역

먼저, 손양원은 고려신학교 설립기성회로 참여했고, 2년 후에는 고려신학교 총무로 수고했다. 그가 한상동과 주남선과 같이 옥중에서 신학교육을 꿈꾸지는 않았지만, 한국교회의 쇄신을 위해 지도자의 중요성을 잘 알아, 고려신학교 설립에 함께 했다.

설립자들은 고려신학교의 모든 재정을 지출하면서까지 송상석을 만주로 보내 박형룡을 귀국시켰지만, 그는 4대 장로교회 선교부의 지원으로 신학교육을 하기 위해 한 학기 만에 서울로 떠났다. 이에 손양원은 박윤선의 2대 교장으로 취임과 때를 같이하여 고려신학교 총무로 취임하였다. 이는 그가 고신을 지지하고 있었고, 전국적으로 부흥회를 인도하여 명성이 있었던 데다가, 두 아들이 순교한 후 원수를 용서하고 아들로 삼았던 후라 집회 초청이 급증하였다. 고신은 기성회원이었던 그를 총무로 모셨는데, 목회와 부흥회를 인도하면서 한 봉사였다. 심군식은 손양원의 전기에서 "손 목사는 부흥회 인도 외에도 자주 부산에 내려갔다. 부산에서 시작된 고려신학교 총무직을 수행하기 위해서였다. 출옥 성도 주남선, 한상동 목사들과 함께 고려신학교 육성을 위해 손 목사는

---

25. 남영환, 《한국교회와 교단: 고신교단사를 중심으로》, 서울: 소망사, 1988. 352.
26. 이상규, 《교회쇄신운동과 고신교회의 형성》, 서울: 생명의 양식, 2016. 334-335.

힘을 기울이고 있었다."라고 기술한다.[27] 고려신학교의 설립자이자 고신 교회의 기초를 놓았던 한상동과 주남선의 전기를 쓴 작가로서, 고신 초기의 역사에 해박했던 심군식이 두 설립자의 전기 집필을 위해 오랫동안 그들과 대화하며 자료를 수집했던 그의 기록을 가볍게 볼 수 없을 것이다. 오병세는 필자와의 대화에서 그 총무의 역할을 이사회의 총무로 실무 책임을 지고, 신학교에 대해서는 오늘날의 홍보대사와 같은 역할이었다고 설명한 바 있다.

손양원은 고려신학교의 정기간행물 〈파수군〉에 여러 차례 설교를 기고하며 고려신학교를 지지하고 협력했다. 그는 순교 이전 〈파수군〉에 모두 네 편의 설교를 실었고, 편집부에서 그의 순교 후에도 발굴, 개제한 설교가 네 편 더 나타난다. 그 무렵 편집인 안용준 교수가 손양원의 설교와 서신을 발굴하고 알리는 데 앞장섰는데, 존경받았던 그의 설교가 목회자들에게 그만큼 영향을 미친 것이었다. 손양원이 순교한 후 안용준은 그의 설교 '신앙과 생활'을 시로 쓰기도 했다.[28] 〈파수군〉에 게재된 손양원의 설교는 다음과 같다.

표1_ 〈파수군〉에 게재된 손양원의 설교

번호	제목	게제 호수	내용
1	성경대로 살자(1)	제4호, 7-11	
2	성경대로 살자(2)	제5호, 7-9	
3	주 안에서 죽는 자들은 복이 있다	제6호, 31-34	주기철 순교기념예배 설교
4	한국에 미친 화벌의 원인	10호, 6-12	
5	구주의 성탄을 맞이하는 나의 감사	58호, 25-27	

27. 심군식,《한국교회 순교자들의 생애》, 서울: 영문. 1994, 32.
28. 〈파수군〉 1950년 7월호, 21.

6	나의 감사	68호, 22-25	
7	부활 주님의 5대 특은	73호, 15-22	
8	설교 초: 추수의 감사	123호, 15-17	

2) 손양원과 고려신학교 후원

고려신학교가 설립된 후 손양원은 애양원교회 성도들과 함께 재정적인 협력을 했다. 고려신학교 초기 헌금자 방명록에는 손양원과 애양원교회 성도들의 이름이 등장한다. 그 명단은 김태권(500원), 보육원 선생(400원), 차종석(2,000원), 송재국(1,200원), 서인순(1,200원), 강두례(1,200원), 정○임(1,000원), 김철연(400원), 박봉이(100원), 박상준(500원), 이은재(300원), 이끗순(300원) 등이었고,[29] 김진수(500원), 안인라(1,000원), 김윤심(1,000원), 정명남(700원) 등은 일시금이었던 것으로 보아 작정헌금을 했던 것으로 보인다.[30] 또 그는 개인적으로 1949년 1월 11일자로 3,000원을 헌금하였고, 7월 7일에는 강두례(1,000원), 차종석(2,000원) 두 사람도 헌금했는데,[31] 이러한 점을 볼 때 손양원이 고려신학교 총무직 수행이 제한적이고 정신적인 후원이 전부라고 말할 수는 없다.[32] 손양원은 고려신학교 설립 기성회원으로서 자신의 책임을 다하였고, 그가 관심을 가지고 기도하고 지지한 것을 본받아 애양원교회 성도들과 병원의 직원까지 고려신학교를 위한 헌금에 동참시킨 것이다.

---

29. 《고려신학교 설립 찬조원 방명록》. 부산: 고려신학교, 1946.
30. 서인순과 강두례는 1948년에 각각 1,000원을 헌금한 것으로 기록하였는데, 《고려신학교 회계록 (1946-1948)》에는 강두례(1,000원), 차종석(2,000원)이 나오는 것을 볼 때 강두례는 최소 3회 3,200원, 차종석은 최소 2회 4,000원을 헌금하였다.
31. 이상규, "손양원 목사와 고려신학교", 《교회쇄신운동과 고신교회의 형성》, 335.
32. 이상규, 《교회쇄신운동과 고신교회의 형성》, 334, 335.

3) 한국교회 쇄신운동 변증

손양원은 고려신학교와 총회가 갈등하고 있을 때, 고려신학교 일원으로서 '고신당국자들의 선서문' 발표에 참여했다. 1949년 9월에 발표된 이 문서는 '호소와 공약선언: 대한예수교장로회 총회와 각 노회와 성도들에게 드리는 말씀'이라는 문서에 포함되어 있는데, 주남선, 한상동, 박윤선, 한명동, 손양원, 송상석 등 고려신학교의 핵심인물 여섯 사람의 이름으로 발표된 글이다.

광복 후 첫 경남노회에서 출옥성도 주남선을 노회장에 선출하고 이어 고려신학교를 인가하는 등 교회 쇄신을 도모했으나, 친일교권주의자들에 의해 이듬해 뒤집어지고 말았다. 이에 교회와 평신도들이 강력히 항의하고 출옥성도들을 지지하면서, 김길창 등 친일교권주의자들이 경남노회를 분리시켰다. 총회전권위원회는 노회를 분리해 나간 이들을 책망해야 함에도 불구하고 그들을 지지하였다. 이들은 "경남노회가 고신을 중심하여 이교파를 수립한다라는 억설과 중상적 허위선전"을 시작하면서,[33] 제52회 노회 결의로 문서를 발표하기로 하였다.[34] 이 문서에서 경남노회와 고려신학교가 이교파 수립을 계획한 일이 없음을 일곱 가지로 선언하고, "총회파에서 고려신학을 잘라 내친다 해도 우리는 대한예수교장로회 헌법을 준수하고 나갈 것"이며, 고신책임자들은 전권위원이나 상회의 잘못을 항의하는 것일 뿐이라고 밝히고 있다.[35]

이 문서가 나온 것은 제35회 총회(1949. 4. 23, 새문안교회)에서 경남노회 문제 처리를 위한 전권위원회를 파송하였고, 전권위원들은 총회가

---

33. 〈호소와 공약선언: 대한예수교장노회 총회와 각 성도들에게 드리는 말씀〉, 1949. 9.
34. 〈경남노회 제52회 촬요〉(1949. 9.).
35. 〈고신 당국자들의 선서문〉 2면, 1949. 9.

부여하지 않은 권한으로 1949년 6월 21일 각각 극소수가 참여하여 경남노회를 경남노회, 경서노회, 경중노회로 분할하고 그 결과를 통지하면서 '이교파와 이교파 지지자들의 모략과 선전에 속지 마시오'라고 공개적으로 언급했다. 당시 총회전권위원들은 총회와 갈등하는 경남노회를 분할해 쉬운 방법으로 문제를 해결하려 하였고, 총회 지도부와 관계가 깊은 김길창 목사 일파가 3월에 노회를 분리하여 이탈해 나간 시점이었다. 경남노회로서는 총회전권위원회가 교권주의자들과 손을 잡고 그 권한을 남용하여 경남노회로서는 그 처사를 받아들일 수 없었고, 반대파에서는 '이교파 수립'이라는 소문을 내기 시작, 전권위원회가 이를 공개적으로 공시하는 단계가 된 것이다. 이후 고신총로회가 조직된 1952년까지 3년 이상 경남노회가 총회의 외면과 박해 가운데서 총회에 항의하고 투쟁하면서 고신이 '이교파 수립을 목표하지 않은 것'을 분명히 했다. 여기에 고려신학교 총무로서 손양원도 적극적으로 동참하였다.

실제로 손양원은 1949년 7월 5일부터 7일까지 경남노회 임시회에 참석해 노회장 이약신의 강권으로 새벽기도회를 인도하기도 했고, 1949년 4월 서울에서 개최된 제35회 총회에서 총회전권위원으로 선임되었던 김현정의 교회에서 집회를 인도하고 그가 전권위원회로 가는 것을 걱정스럽게 바라보며 일기에 적었다.[36] 1950년 4월 21일부터 대구에서 열린 제36회 총회에서 한 주간 동안 새벽기도회를 인도하였고,[37] 국기배례 문제가 해결되지 않고 총회와의 갈등도 계속되면서 필사의 각오를 다지며 일기에 남기기도 했다.

이렇게 손양원은 고신교회 설립자들과 오랫동안 동역했고, 신앙적

---

36. 안용준, 《사랑의 원자탄》, 364.
37. 안용준, 《사랑의 원자탄》, 543.

인 깊은 유대감을 가졌으며, 고려신학교 설립과 육성에 함께 동역하였다. 총회와 경남노회간의 갈등으로 이와 유사한 형태의 성명서가 고신이 총회에서 단절되기까지 몇 차례 더 나왔지만, 손양원이 순교한 후였다. 그가 순교하지 않았다면 고신의 입장과 함께 했을 것이고, 1951년 고신이 총회로부터 단절되고, 1952년 총로회가 발회될 때 그가 고신교회에 동참했을 것은 분명한 일이다. 이것은 손양원의 순교 후 총회측에 속한 애양원교회를 떠나 고신을 지지하는 교회를 개척해 고신에 머문 정양순의 한결같은 입장이다.[38] 그럼에도 불구하고 손양원은 교파에 치우쳐 사역하지 않았고, 그의 교구는 한국 교회 전체였다.[39]

4) 손양원과 고신교회와 두 아들의 순교

손양원은 고신교회의 설립자들과 깊은 유대와 교류가 있었다. 먼저, 피의자 심문조서에 의하면 증인 이모, 금모 씨의 심문조서에서 그들은 손양원이 주장하는 교리는 당시 부산에서 최상림, 한상동, 주남선, 윤술용 등의 주장하는 교리론과 동일한 신앙심이라 대답하고 있다.[40] 그들은 일제강점기에 같은 신앙과 같은 경건으로 무장되어 있었다.

또한, 그는 평소 고려신학교와 그와 함께 하는 교회나 성도들과 깊은 관계를 맺고 사역했다. 부산지방 청년신앙운동이 1949년에 한부선이 중심이 되어 대대적인 전도운동을 전개하였다. 청년신앙운동에 참여하였던 미군 병사가 헌금한 100달러로 요한복음 소책자를 가지고 시내

---

38. 손동연, 《결국엔 사랑》, 서울: 헤럴드 북스, 2018, ;www.agoragen.com/?p=5993(2020년 1월 17일 출력)
39. 안용준, 《사랑의 원자탄》, 544.
40. 안용준, 《사랑의 원자탄》, 541.

5만호에 축호전도를 하였고, 마지막에는 손양원을 강사로 부흥전도집회를 가졌다.[41] 이같은 일은 이듬해에도 있었다. 손양원은 그의 일기에서 그 집회에 대해 4만 호에 복음을 전하고, 500여 명의 결신이 있었으며, 3천 명이 전체집회에 회집하는 역사가 있었다고 적고, 이를 "아내와 애양원교회 교우의 기도와 부산고려신학교의 선생과 학생들의 기도의 열매로만 믿고 나는 더욱 신께 감사드렸다"고 했다.[42]

그리고, 여수순천사건으로 1948년 10월 21일에 그의 두 아들이 순교했을 때, 애양원교회는 이인재를 강사로 부흥회 중이었다. 이인재는 광복 전 조선예수교장로회신학교에 다니던 신학생으로서 평양과 경남을 왕래하며 신사참배 반대운동을 경남의 한상동과 평안도의 주기철과 이기선을 연결했던 중요한 인물이었다. 이인재는 동인과 동신의 장례식을 집례하고 설교하였다. 이인재는 두 아들을 잃고 상심하였던 정양순을 위로하여 회복하게 했고, 상심한 손양원에게는 순교를 갈망했던 자신들 대신 순교한 두 아들의 순교자의 영광을 언급하며 그의 마음을 다잡게 만들었다.[43]

5) 마지막 가던 길과 순교의 기림

손양원의 장례식은 고려신학교에서 주관했는데, 이는 손양원이 생애 마지막까지 고신교회와 어떤 관계를 가졌던가를 잘 보여준다. 손양원 목사 순교 후 본 장례를 위해 가매장 되었다가 장례식은 보름만인 10

---

41. 《학생신앙운동 20년사》, 18-19. 이상규, 나삼진 외, 《하나님의 주권을 이 땅 위에: 학생신앙운동사》, 서울: SFC, 2013.
42. 손양원의 1949년 6월 3일 일기. 안용준, 《사랑의 원자탄》, 364.
43. 손동희, 《나의 아버지 손양원 목사》, 237-238.

월 13일에 엄수되었다. 장례식이 이렇게 늦었던 것은 여수 지역의 치안 문제와 함께, 고려신학교 인사들이 와야 했기 때문이었다. 손양원의 순교 후 소식이 고려신학교에 알려졌고, 장례 일정이 10월 13일로 정해짐에 따라 박윤선과 오종덕, 고려신학교 학생들과 여성도들 등 30여 명이 함께 10월 10일 부산 부두에서 여수로 향하였다. 이들은 여수 부두에서 미평까지 30리 거리를 손양원의 '순교자의 길'을 생각하며 걸었다.[44]

손양원의 장례식은 노회 대표가 아닌 고려고등성경학교장 오종덕이 사회를 하고 박윤선이 '순교에 대하여'라는 제목으로 설교를 하였고, 애양원 성가대와 고려신학교 학생들이 각각 특별찬송을 불렀으며, 애양원 대표, 노회 대표, 기독신문사 대표가 조사를 하였다.[45] 목사가 별세하면 노회가 장례식을 주관하는 것이 통상의 관례이지만, 손양원 장례식은 노회 관계자나 특별한 친분 관계가 있었던 나덕환이 아니라 고려신학교 인사들이 집례하였다. 이는 고신교회나 순천노회에서 공히 손양원 목사나 그의 가족들의 마음을 잘 알았기 때문에 가능한 일이었다.

나아가, 손동인과 동신이 순교했을 때나, 손양원이 순교한 후 그들을 기리고 이념화하는 작업은 고신교회에서 주로 이루어졌다. 애양원교회 집회를 인도하면서 동인, 동신의 순교를 보고 장례식을 집례했던 이인재는 "학창에 매친 십자가의 두 열매"를 〈파수군〉 창간호에 기고하여 전국교회에 알렸다.[46] 또 고려신학교가 중심이 되어 동인과 동신을 기념하는 '인신기념사업회'를 조직하여 그들의 순교를 기렸다. 고신교회의 기관지 〈파수군〉 제10호에서는 손양원의 순교 1주년을 맞이하여 표

---

44. 심군식, 앞의 책. 109.
45. 손동희,《나의 아버지 손양원 목사》, 330. 심군식, 앞의 책, 108.
46. 이인재, "학창에 매친 십자가의 두 열매", 〈파수군〉 창간호(1948년 12월), 27-32.

지에 그의 사진을 싣고, 순교 직전에 남긴 미발표 설교 '한국에 미친 화벌의 원인'을 특집으로 준비했고, '손양원 목사 입옥시문'을 함께 실었다.[47] 이후 계속하여 손양원의 옥중서신을 비롯하여 다양한 글을 개제하여 성도들의 신앙을 새롭게 하였다. 안용준은 손양원 목사의 옥중편지나 심문조서를 정리하여 〈파수군〉에 발표하였고, 이를 엮어《사랑의 원자탄》이라는 그의 전기를 펴냈다.

표_2 〈파수군〉에 게재된 손양원 목사 관련 기록

번호	제목	게재지	비고
1	그의 신앙과 생활	7호, 20-22	
1	흘러간 옛 꿈	8호, 22-27	
2	흘러간 옛 꿈 (2)	9호, 28-31	
3	손 목사님의 입옥 시문	10호, 20-25	
4	손양원 목사님의 옥중서신집	13호, 27-38	
5	손양원 목사님의 옥중서신집 (2)	14호, 16-22	
6	손양원 목사님의 옥중서신집 (3)	17호, 22-28	
7	손양원 목사님의 옥중서신집 (4)	19호, 23-31	
8	손양원 목사님의 옥중서신집 (5)	20호, 17-27	
9	손양원 목사님의 옥중서신집 (6)	21호, 27-35	
10	손양원 목사님의 옥중서신집 (7)	22호, 21-29	
11	고 손양원 목사 체형조서(1)	64호, 66-75	
12	고 손양원 목사 체형조서(2)	65호, 54-68	
13	고 손양원 목사 체형조서(3)	67호, 56-66	
14	고 손양원 목사 체형조서(4)	68호, 60-68	
15	고 손양원 목사 체형조서(5-2)	74호, 59-68	
16	고 손양원 목사 체형조서(7)	75호, 65-	

---

47. 〈파수군〉 제10호(1951년 10월호), 6-12, 20-25.

6) 순교 후 남은 가족들

손양원이 순교한 후 총회측에 속한 부목사가 애양원교회의 담임이 되면서 남장로교 선교부의 영향을 받는 교회는 손양원과 신앙적인 입장을 달리했다. 그리하여 정양순과 그를 따르는 신자들이 손양원과 고려파 신앙을 잇기 원하면서 1952년에 성암교회가 설립되었다.[48] 그로 인해 교회에서 나오던 생활비까지 끊어지게 되었고, 자녀들은 교육과 생활을 위해 뿔뿔이 흩어져 처절하게 생존해야 했다. 정양순은 새로운 교회를 건축하기 위해 한상동의 소개장을 가지고 전국 방방곡곡으로 모금에 나섰으며, 3년 만에 교회당이 건축될 수 있었고, 그때 정양순으로부터 훈련받은 이들이 다수가 목회자가 되어 교회를 잘 섬기고 있다.[49]

손양원이 순교한 후 유족들의 삶은 힘겹고 고달팠다. 자녀들이 다 학생들이었기 때문에 그들의 교육 문제가 당면과제였다. 안용준이 중심이 되어 대한기독교 순교자유가족 원호회를 조직하여 순교자 유가족을 돕기 위한 노력이 있었으나, 고신교회가 중심이 되어 시작했기 때문에 총회파의 협력을 받지 못했다.[50] 당시의 교회들의 형편이 여의치 않아 기념사업으로 나오는 헌금이 조금씩 전달되었지만, 생활비로는 절대적으로 부족했다.[51] 다행히 손동희는 음악선교사 마두원으로부터 피아노를 배울 수 있었고, 한명동의 소개로 부산남교회 성도 가정에서 피아노 교습을 하면서 생활하였으며, 무척산기도원장 명향식이 피아노를 마련

---

48. 신풍교회 홈페이지, "교회 역사", http://pkist.net/s/; 손동희, 앞의 책, 338-339.
49. 손동연, 《결국엔 사랑》, 서울: 헤럴드북스, 2018. 176, 188.
50. 안용준, 앞의 책, 550. 손동희도 손양원 목사가 고신 사람이기 때문에 총회파의 협력을 받지 못했다고 했다.
51. 손동희, 《나의 아버지 손양원 목사》. 338.

해 주어 세 자매는 밤낮으로 연습해 피아니스트로 성장할 수 있었다.[52] 손동연은 경희대 음대에서 피아노를 전공하고 교수로 학생들을 가르쳤다. 손동희는 당시 총신을 다니다가 고신으로 옮겨와 3년을 공부하고 교단적인 갈등 가운데서 학부를 마치지 못했는데, 고신대학교 개교 50주년(1996) 때 명예졸업장을 받았다. 손동희의 아들 박유신은 고려신학대학원을 졸업하고, 지금은 손양원 기념관 관장으로서 손양원의 신앙유산을 잇고 있다.

4. 손양원이 고신교회에 남긴 영성

'사랑의 원자탄' 손양원은 한국 기독교가 낳은 최고의 인물이고, 세계교회에 내어 놓을 수 있는 인물이다. 그러나 우리는 그의 순교 70주년에 손양원 삼부자의 순교만 찬양할 일은 아니다. 그가 하나님의 말씀과 계명을 지키기 위해 고난을 피하지 않았고, 그토록 사랑하고 심령의 변화를 기대하며 피를 토하듯 목숨을 걸고 복음을 전했던 한국교회의 모습은 부끄럽기 짝이 없다. 그의 순교 70주년을 맞이해 그가 남긴 영성을 고신교회와 한국교회가 배우고 따르고 그의 경건과 영성을 체화하여 새롭게 되어야 한다. 그가 남긴 신앙의 유산이 무엇인가?

1) 진리에 대한 절대적인 순종과 순교에의 열망

손양원은 하나님의 계명에 충실한 사람이었다. 그는 신사참배를 반대하고 하나님의 말씀과 계명을 순종하기 위해 5년 이상 옥고를 치루었

---

52. 손동희, 《나의 아버지 손양원 목사》, 339-340

다. 그는 자신은 물론 가족까지도 어떠한 고난도 마다하지 않았고, 가족들에게 옥중에서도 자주 편지로 그들의 신앙과 삶을 격려했다. 이근삼은 신사참배 반대운동을 전개하고 투옥된 그리스도인들의 신학적 배경을 "하나님의 계명에 대한 복종과 교회를 향한 사랑, 종말론적 기대와 그리스도 왕권에 대한 개인적 언약, 신적 진리에 대한 비타협적 증언과 교회와 국가에 대한 기독교적 책임성, 순교에 대해 높은 평가와 하나님의 영광" 등 네 가지로 정리한 바 있다.[53] 그는 하나님의 말씀과 계명에 대해 절대적으로 순종하고, 순교까지도 마다하지 않고 당당하게 살다가 세 부자가 순교하는 영광을 얻었다. 오늘날 한국 그리스도인들은 하나님의 말씀에 충실하고, 그 말씀을 따라 살아감으로 세상의 빛과 소금으로 살아야 할 것이다.

2) 하나님의 말씀과 마음 변화의 영성

손양원은 전도사 시절부터 순회전도자로 경남의 여러 지역 교회를 다니며 설교하였고, 많은 기록을 남겨두었다. 그가 신사참배 반대운동으로 옥고를 치른 후 출옥성도로서 전국의 많은 교회의 초청을 받아 부흥회를 인도하였다. 두 아들 동인, 동신의 순교와 함께 원수를 용서하고 양자 삼은 후에는 더욱 집회를 많이 다녀야 했다. 그는 광복 후 새로운 시대를 맞이하여 한국교회를 새롭게 하기 위해 그리스도인들의 마음의 변화를 중요하게 보고, 하나님의 말씀의 신실한 선포를 통해 개인의 마음의 변화를 이끌었다. 동인, 동신에 대한 마음의 부담 때문이었는지 공부를 다 마치지 못하였지만, 안재선을 고려고등성경학교에 진학시켜 공

---

53. 이근삼,《개혁주의 신학과 한국교회》, 서울: 생명의 양식, 2007. 180, 이근삼,《기독교와 신도국가주의와의 대결》, 서울: 생명의 양식, 2008. 388-408.

부하게 한 것도 그같은 이유에서였다. 한상동과 그는 같은 신앙과 정신으로 신사참배를 반대하고 투옥되었던 출옥성도들이었고, 한국 교회 쇄신을 위해 함께했지만, 한상동은 신학교육을 통해 신실한 목회자를 양성해 한국교회 쇄신을 도모하였고, 손양원은 전국적인 부흥집회를 인도하며 개인의 마음과 삶의 변화를 이끄는 소명에 충실하고자 했다. 그의 설교는 교회와 민족, 신앙과 삶을 아우르는 설교자, 성경 중심의 보수주의 설교자, 작은자를 섬기는 설교자, 감사의 모범을 보인 설교자, 기도하는 설교자, 종말론적 설교자로 특징지어진다.[54] 그는 교파를 초월해 수많은 교회에서 집회를 인도하였는데, 광복 후부터 순교 때까지 93교회에서 집회를 인도했고, 이를 통산할 때 애양원교회를 제외하고도 2천 회 이상의 설교를 했을 정도였다.[55]

3) 작은자에 대한 깊은 관심과 헌신

손양원은 작은자에 대한 깊은 관심을 갖고 헌신했다. 그가 살았던 1940년대와 50년대에 한센병자들은 '문둥병자'라 불리며 가정에서 버림받은 존재들이었고, 국가도 그들을 책임져 주지 못했다. 손양원은 초기부터 나환자들이 모인 감만동교회를 시무하며 이들을 목회하기 시작한 후, 애양원교회에서 목회하였고, 출옥 후에도 그들에게 돌아가 목회하였으며, 그들을 지키기 위해 피난도 가지 않았다가 마지막에는 순교함으로써 나환자들의 영원한 친구가 되었다. 한부선은 그가 나환자들의 교회에서 사역한 것이 고려교단이 빛나는 데 크게 기여했다고 했다.

---

54. 문성모, "손양원 목사의 설교", 《한국교회 설교자 33인에게서 배우는 설교》, 서울: 두란노, 2012. 297-300.
55. 안용준, 《사랑의 원자탄》, 366, 358, 손동희, 《나의 아버지 손양원 목사》, 270.

또 감사한 것은 고려신학교에서 일하시던 손양원 목사님이 나환자 교회에서 일하신 자선적 봉사는 고려교단이 빛나는데 필요불가결한 요소가 된 것이었습니다. 손 목사님이 순교한 후 나환자교회의 노회(성진노회)가 처음으로 고려파교회에 조직되었는데, 14 교회와 주로 나환자 학생들을 위한 1개의 신학교가 있는 것입니다. 교단 내 30여 처의 고아원 중에서 마산 인애원과 부산 애린원은 초창기부터 고아원 사업을 시작하여 교회가 던져준 빛과 밀접한 관계를 늘 나타낸 것입니다.[56]

한부선이 속한 미국정통장로교회 선교부는 오랫동안 성진노회가 중심이 된 교역자 양성기관 영광신학교를 지원, 운영한 바 있다. 손양원의 이러한 사랑 실천의 영향으로 고신교회가 규모가 크지 않았음에도 불구하고 작은자에 대한 관심이 활발했는데, 한센병자만 아니라 고아원과 양로원 사역으로 1970년대에 30여 개의 사회복지시설이 고신교회 안에서 운영되고 있었다. 국가가 버려진 아이들을 책임지지 못하던 시절, 고신교회 성도들은 이들을 돌보는 것으로 이웃 사랑을 실천한 것이었다. 인애원(조수옥), 희망원(이약신), 애리원(주경순), 성로원(한형세), 애린원(한정교), 소양보육원(지득용), 무궁애학원(박재석), 청학농예원(김순안) 등이 대표적인 경우였다.

4) 용서와 화해의 영성

손양원이 갑작스럽게 두 아들을 잃고 난 후 좌절했지만, 때마침 애양원교회 집회를 와서 두 아들 장례식을 집례했던 이인재의 격려로 회

---

56. 한부선, "찬사", 《우리 교단의 어제와 오늘》, 1971.

복하였다. 손양원은 원수를 사랑하라는 말씀을 실천하기 위해서는 두 아들을 죽인 안재선을 용서하는 것만 아니라 그를 양아들로 받아들였다.[57] 청소년기의 손동희로서는 이를 받아들이기 어려워 아버지와 심한 논쟁을 벌였지만, 손동희도 아버지의 한없는 사랑을 이해하고 수용할 수밖에 없어 나덕환 목사를 통해 군 지휘관에 그 뜻을 전하여 안재선이 사형 집행 직전 풀려날 수 있었다. 손양원은 순교한 두 아들의 장례식에서, 참석한 이들에게 답사를 통해 '아홉 가지 감사'를 발표하고, 두 아들을 죽인 안재선을 양자로 삼음으로써 그 누구도 따를 수 없는 용서와 화해의 영성을 잘 보여주고 있다.[58] 손양원은 땅에서 살았지만 이때부터 이미 이 땅의 사람이 아니었다. 그는 참으로 '세상이 감당하지 못할 사람'이었다(히 11:38).

5) 실천적인 사랑의 영성

손양원은 '사랑의 원자탄'이라 이름할 정도로 실천적인 사랑의 성자였다. 그가 순교하고 난 후 많은 사람들은 그의 순교를 찬하하였고, 고신교회의 많은 성도들도 손양원의 신앙과 삶을 보고 그의 길을 따르고자 했다. 박윤선의 경우가 대표적이다. 그가 네덜란드 자유대학에 유학하고 있던 시절, 가족들과 함께 국내에 있던 부인 김애련이 교통사고로 별세했다. 이 소식을 듣고 귀국한 박윤선은 어머니를 잃은 자녀들을 위로하기보다 먼저 한 일이 음주 운전을 하여 어머니를 비롯한 수많은 사상자를 낸 미군에게 "관대한 처분을 바란다"는 탄원서를 제출한 일이었다. 이 일은 갑작스럽게 어머니를 잃은 청소년기 자녀를 위로하고 배려

---

57. 손동희, 《나의 아버지 손양원 목사》, 257-258.
58. 손동희, 《나의 아버지 손양원 목사》, 242.

하지 못한 것이어서 자녀에게는 큰 상처가 되었지만,[59] 이는 아들을 죽인 원수를 용서하고 양아들로 삼았던 손양원의 말할 수 없는 사랑이 고신교회 안에서 얼마나 강력하게 영향을 미쳤던가를 잘 보여주고 있다. 그의 《사랑의 원자탄》이 출간되자 고신교회 안에서는 손봉호 같은 고등학생들까지 그 책을 읽고, 감동을 받았다.[60] 당시 고신교회의 성도들은 손양원을 통해 이 세상의 가치를 초월하는 그리스도의 사랑을 이 땅에서도 실천할 수 있음을 배웠고, 그의 영향으로 우리도 원수를 용서하고 사랑해야 한다는 것을 체화할 수 있었다. 원수까지도 사랑한 손양원의 실천적 신앙은 그 시대의 자라나는 세대들에게도 성경 속의 가르침이 아니라, 삶의 모범으로 비추어졌던 것이다.

맺는 말

경남노회에서 안수를 받고, 평생 경남노회 소속이었던 손양원이 순천노회로 이명을 한 것이 언제인지는 경남노회 촬요를 통해서는 분명하게 확인할 수 없지만, 안용준과 손동희의 증언을 볼 때 1950년 순교 직전이었던 것으로 보인다.[61] 고려신학교가 대한예수교장로회 경남(법통)노회에 속해 있었고 독립된 교단으로 형성되기 전이었기 때문에, 그가 순교한 시점에 총회파 순천노회 소속으로 있었다. 대한예수교장로회(통합) 제95회 총회(2010)는 애양원교회와 손양원 목사 삼부자 묘를 한국기독교 사적 제6호로 지정하였다. 지금 애양원교회도, 손양원과 두

---

59. 박혜련, 《목사의 딸》, 서울: 아가페북스, 2014, 69.
60. 손양원 목사 순교 70주기 기념 좌담. 〈기독교보〉 2020. 5. 30.
61. 안용준, 《사랑의 원자탄》, 544.

아들의 무덤도 통합측 역사 유적에 등재되어 있는 것은 그와 같은 이유 때문이다. 이후 그 관리에 문제가 생기면서 유족들은 손양원의 유적과 신앙유산을 특정교단이 점유하고 있음에 불편을 표현하고 있다.[62]

　손양원은 고신교회와 한국교회의 가장 아름다운 신앙유산이다. 손양원의 모교회 칠원교회가 거금을 들여 생가터를 사들이고, 정주채, 이만열 등이 중심이 되어 2010년 기념사업회를 조직하였다. 이것이 '산돌손양원기념사업회'가 되어 생가 복원과 기념관 건립이 이루어졌으며, 그동안 여러 차례 학술강연회와 다양한 기념사업을 전개하며 손양원의 신앙과 삶을 드러내고 있다. 초대관장 안경선에 이어 지금은 손동희의 아들 박유신이 관장으로서 외할아버지의 유업을 계승하고 있다.

　지금까지 살핀 것과 같이 손양원의 신앙과 사상, 사역과 순교를 볼 때, 손양원은 고신의 아들이었고, 고신의 동지들과 함께 교회쇄신운동을 전개하였다가, 고신의 품에서 하나님의 품으로 옮겨졌던 인물이다. 그러나 손양원은 고신의 울타리에 제한될 수 없는 한국교회의 대표 인물이기 때문에 그를 고신교회를 넘어서 한국교회의 인물로 생각해야 한다는 이만열의 지적은 타당하다.[63] 한국교회의 대사회 신인도가 바닥에 이르고 있는 이때에, 고신교회 성도들이, 또 이 땅의 그리스도인들이 손양원을 배우고 닮아 곳곳에서 작은 손양원, 작은 예수로 살아갈 때 이 땅에 하나님의 나라가 온전히 이루어질 것이다.

---

62. 손동연은 여수에 있는 손양원 목사 순교기념관이 "특정교단의 소유물인 양 취급되고, 특정교단의 성지라고 팻말을 꽂아 둔 것에 눈살을 찌푸리게 한다. 물론 이것은 애양원교회가 소속되어 있는 교단이기 때문에 이해해 줄 수 있는 부분이지만, 엄격히 따지자면 부친은 그 교단과 상관이 없고, 고려파에 속한다."고 했다. www.agoragen.com/?p=5993(2020년 1월 17일 출력)
63. 손양원 목사 순교 70주기 기념 좌담, 〈기독교보〉, 2020. 5. 30.

손양원 연보

1902
경남 함안군 칠원면 구성리에서
손종일, 김은주의 장남으로 출생

1909. 5
부친과 함께 기독교 입문, 구성리교회 출석

1917. 10. 3
맹호은 선교사로부터 세례 받음
서당에서 한학을 배움

1914-19. 3. 24
칠원공립보통학교 졸업

1919. 4
서울 중동학교 입학, 부친이
3.1독립운동으로 체포되어 학교 중퇴

1921-23
일본 도쿄로 건너가 사립 스가모중학교 야간부 졸업

1923
귀국

1924. 1. 17
24세에 정양순과 혼인, 칠원교회 집사 임명

1924. 3. 23
다시 도일 7개월 체류, 무교회 신앙에 접함.

1925.-1932
경남노회 부산지방 시찰회 순회 전도사, 여러 교회 개척

1926. 4
경남성경학원 입학, 상애원교회 전도사

1929. 3. 6
경남성경학원 졸업

1929 후반
부흥사경회 강사로 활동

1935
평양 장로회신학교 입학, 평양 능라도교회 전도사 시무

1937. 10. 15
아들 동인, 신사참배 거부로 칠원국민학교 퇴학 처분

1937. 가을
여수애양원교회 부흥회 인도

1938. 3. 16
평양 장로회신학교 제33회 졸업

1938. 5. 17-18
제41회 경남노회에서 강도사 인허

1938. 11. 27
양산읍교회에서 신사불참배 권유

1939. 8, 22
애양원교회 전도사로 부임

1940. 9. 25
신사참배 거부로 체포, 여수경찰서 수감

1941. 11. 4
광주지방법원에서 치안유지법과 형법 위반 행위로 징역 1년 6개월 선고

1943. 11
청주보호교도소로 이감

1945. 8. 17
광복과 함께 출감

1946. 2. 19
경남노회에서 목사 임직

1946. 9. 20
고려신학교 설립 기성회원으로 참여

1948
고려신학교 총무

1948. 10. 21
아들 동인·동신, 여수순천사건으로 순교

1949. 4. 19
제35회 총회에서 언권을 얻어 국기경례 문제점 지적하고 청원서 제출 총회 임원회와 함께 대정부 교섭위원이 됨

1950. 4
제36회 총회에서 개최된 주기철, 최봉석 목사 순교 추도 예배 설교

1950. 9. 13
여수시 미평 과수원에서 인민군의 총살로 순교

1950. 10. 13
고려신학교 주관으로 장례식

1995. 8. 15
독립유공자로 선정 건국훈장 애국장 추서

이약신 목사의 광복 후 사역과 고신교회

이약신

    1898년(광무 2년) 평안북도 정주에서 태어난 이약신은 이승훈이 설립해 민족정신으로 교육하던 오산학교에 입학, 경남에서 유학을 온 주기철을 만나 평생을 친구로 함께 했다.[1] 그는 부모를 일찍 잃었던 관계로 어디로 가나 자유로운 입장이었으므로, 오산학교 졸업 후 주기철의 추천으로 그의 고향 웅천 개통보통학교 교사가 되었다. 이듬해 호주장로교 선교부가 설립한 마산 의신학교 교사가 되고, 문창교회 이성소 장로의 딸 이옥경과 결혼하면서 경남지방을 제2의 고향으로 삼았다. 그는 일본 유학을 거쳐 평양 조선예수교장로회신학교를 졸업하고 경남지역

---

1. 연대기는 그의 딸 이효재의 《나의 아버지 이약신 목사》(서울: 정우사, 2006)에 의존하고, 경남노회 관련 여러 문서들과 비교하였다.

호주장로교회 100주년 기념행사 축하사절 방문(1937)

에서 목회하였다.

그는 경남노회장으로서 호주장로회 100주년 기념대회에 한국교회 사절로 6개월간 호주를 방문했으며, 초량교회에 시무중인 담임목사의 부재시에 한상동 강도사가 잠시 교역하였다. 주기철 목사가 문창교회에서 평양 산정현교회로 이동할 때 한상동 목사가 안수를 받고 문창교회 후임이 되면서 일제강점기의 엄혹한 시절에 같은 노회에서 함께했다.

이약신 목사는 본성적으로 온유하고 화평을 중시하던 목사였지만, 광복 후 출옥성도 주남선, 한상동 목사 등과 함께 4년 동안 경남(법통) 노회장으로서 총회의 부당한 행정에 대해 항의하며 교회쇄신운동을 전개했다. 그는 고신교회가 대한예수교장로회 총회에서 단절된 후 총로회를 발회할 때 회장으로 4년 동안 봉사하였으며, 총회로 승격될 때는 다시 총회장으로 선출되어 마지막 봉사했다. 이런 과정을 볼 때, 고신교회

의 형성기에 이약신 목사의 역할은 결코 가볍지 않다.[2]

이약신 목사의 광복 후 사역은 목회자로서의 지역교회 목회, 교회쇄신운동과 교단적인 사역, 그리고 희망원을 통한 사회봉사 사역 등으로 정리할 수 있다. 이 글은 그의 사역이 광복 후 어떻게 이루어졌으며, 그가 고신교단에 어떻게 공헌하였는지 논의하는 것을 목적으로 한다.

1. 이약신 목사의 광복 후 목회

1) 이약신 목사의 광복 전후 목회

평양 조선예수교장로회신학교를 제24회(1929년)로 졸업한 이약신 목사는 초량교회에 시무하던 중 1936년 5월 경남노회장에 선출되었고, 호주장로교회 100주년 기념대회 때 한국교회 대표로 참가한 경남노회의 중견목회자였다. 그는 신사참배와 관련되어 고초를 당하면서 초량교회를 사임하였고, 평양 신광교회에서 목회를 하다가 신사참배 강요가 노골화되면서, 마산으로 내려와 생활하던 중 제2차 일제검거 때 경남경찰국에 체포되어 옥고를 치루었다.[3] 그는 병보석으로 석방되어 치료하던 중 다시 투옥될 상황에서 1942년경 만주 등의 지역으로 피해 송명규, 서완선 등과 함께 생활했으며, 1945년 8월에는 다시 북쪽 지방으로

---

2. 이약신 목사에 대한 연구는 이효재, 《나의 아버지 이약신 목사》(서울: 정우사, 2006), 최성환, "내가 알고 있는 이약신 목사, 〈장로교회와 역사〉 제2호(2009), 이상규, "이약신 목사의 목회와 고신교회", 《교회쇄신운동과 고신교회의 형성》(서울: 생명의 양식, 2016) 등에 불과하다. 이상규 교수 편 《이약신과 그의 시대》가 준비되는 것은 고신교회 역사 연구에 중요한 의의가 있다고 할 것이다.
3. 심군식은 1941년 9월 신사참배 불참자들에 대한 제2차 일제검거가 있었고 손명복 전도사가 체포되었을 때 경남도경 유치장 제1감방에 최덕지, 송복덕, 박인순, 배학숙, 제2감방에 최달석, 강루식, 제3감방에 김영숙, 염애나, 이술연, 조복희, 강성화, 김야모, 제4감방에 김수영, 제5감방에 이약신 목사가 있었다고 기록한다. 《손명복 목사의 생애와 설교》, 서울: 영문, 1997. 54.

이동하던 중 광복을 맞아 마산으로 돌아왔다.[4]

1945년 8월 광복 후 마산 문창교회가 한상동 목사를 초빙하려 했지만, 평양 산정현교회의 청빙을 받아 주기철 목사를 이어 산정현교회를 재건해야 하는 입장이라 부임하지 못했다.[5] 이에 문창교회는 이약신 목사를 청빙해 1945년 10월부터 시무하였는데, 문창교회는 주기철 목사와 한상동 목사가 시무했던 교회였고, 그의 장인 이상소가 초기 장로로 시무했던 경남지방의 대표적인 교회이기도 했다. 이약신 목사가 문창교회에서 목회하는 동안 손양원 목사를 초청해 부흥회를 열었고, 스스로도 일제강점기 시절을 철저히 회개하였다.[6] 1946년 4월 한상동 목사가 남하하자 초청해 부흥회를 갖고, 그 기간에 출옥성도들을 초청하여 위로회를 열기도 하였다. 그의 문창교회 목회는 길지 못했는데, 1945년 12월 23일 그의 자택에서 희망원 고아원을 시작해 공간의 부족을 느끼던 중에, 20여 명의 고아들을 돌볼 수 있는 시설이 있었던 진해교회의 청빙을 받아 이동했기 때문이었다.[7]

신사참배를 끝까지 반대하지 못했던 강주선 목사가 광복 후 교회를 사면하면서, 이약신 목사는 진해교회의 청빙을 받아 1946년 10월부터 3년 남짓 목회하였다. 그가 시무하는 동안 고아원 운영을 탐탁하게 여기지 않았던 장로들이 있어, 교회의 화평을 소중하게 여겼던 그는 1949년 9월 교회를 사임하였다.

그는 1950년 12월 17일 함께하는 50여 명의 성도들과 함께 진해남

---

4. 이효재, 《나의 아버지 이약신 목사》, 156-165.
5. 이효재, 《나의 아버지 이약신 목사》, 170.
6. 이상규, 《교회 쇄신운동과 고신교회의 형성》, 서울: 생명의 양식, 2016, 392.
7. 이효재, 《나의 아버지 이약신 목사》, 180-181.

부교회를 설립, 이듬해 극장 건물을 인수하여 교회로 삼았고, 별세 때까지 목회했다. 1956년에 230명 정도가 회집하였는데, 미국에서 돌아온 후에는 극장 건물을 예배당으로 개축하였다. 진해남부교회에는 이약신 목사 기념실이 설치되어 있다.

2) 이약신 목사와 한상동 목사

이약신 목사는 경남노회가 배출한 큰 인물 주기철 목사와 오산학교 동기생 친구였다. 주기철 목사가 초량교회를 사임하고 마산 문창교회로 이동할 때 후임으로 이약신 목사를 추천하였고, 그의 사례까지 관심을 갖고 챙겼을 정도로 각별한 관계였다.[8] 주기철 목사가 산정현교회로 이동하면서 후임으로 문창교회에 한상동 강도사가 1937년 12월 제44회 정기노회에서 목사 임직을 받고 부임하였다.[9]

이약신 목사는 한상동 목사보다 세 살 위였지만, 신학을 일찍 공부했던 관계로 한상동 목사(32회)보다 조선예수교장로회신학교 여덟 기 선배였다. 한상동 목사는 막 신학교를 졸업하고 안수받은 소장 목사였지만 경남지방 신사참배 반대운동을 주도하였고, 훗날 투옥되어 6년 동안 옥고를 치루었던 관계로 광복 후 존경받는 목회자였다. 이약신 목사는 초량교회 목회 시절 신사참배 문제로 경찰에 끌려가 고초를 당했지만, 줄곧 신사참배를 반대하였다. 제2차 검속 때 경남도 경찰국에 검속된 일이 있었기에, 광복 후 출옥성도들을 존경하면서 그들의 신앙을 대변할 수 있어 교회쇄신운동을 함께 했다.

김양선은 "고려신학파가 총회의 문외로 쫓겨나 저들만의 노회를 조

---

8. 심군식,《세상 끝날까지》3판, 서울: 총회출판국, 1997. 99-100.
9. "제44회 정기노회 촬요",〈경남노회 촬요〉, 1937, 12.

직하고 경남법통노회(회장 한상동)라 이름하였다"고 했으나,[10] 이는 오류이다. 김길창 일파가 기존의 경남노회를 이탈하면서 이들과 구분되는 합법적인 경남노회임을 분명히 하기 위해 경남(법통)노회라 구분한 것이다. 이약신 목사는 경남(법통)노회에서 삼년 반 동안 노회장으로 봉사했고, 총회에서 단절되고 1952년 총노회가 발회될 때 이약신 목사가 총노회장, 한상동 목사는 부회장으로 4년을 함께 봉사했다. 한상동 목사가 1954년에 총노회장으로 선출되어 2년간 봉사했지만, 1956년 총회로 승격될 때는 다시 이약신 목사가 총회장에 선출되어 대외적으로 고신교단을 대표하였다. 한부선 선교사는 이약신 목사가 "한국 정황 속에서 내게 희망을 주는 사람들 중의 한 명"이며, "총회에서 항상 은근히 돋보이는 존재", "한국교회에서 명성이 높은 인물"이라고 이약신 목사를 평가하였다.[11]

2. 이약신 목사의 교회쇄신운동

1) 교회쇄신운동과 이약신 목사의 말씀 사역

광복 후 교회쇄신운동은 부흥회가 중요한 통로였는데, 이약신 목사도 중요한 설교자였다. 그 시대 그리스도인들은 일제강점기에 있었던 신앙의 훼절을 통회하고, 새로운 시대에 새롭게 신앙의 각오를 다졌다. 교회쇄신운동을 이끌던 지도자들은 교회를 다니며 말씀을 전하였는데, 경남지방에서는 큰 영적인 각성이 있었다. 당시는 교회마다 담임목사

---

10. 김양선, 《한국기독교 해방 10년사》, 153.
11. 한부선, "아내에게 보낸 편지" 1947. 3. 25, 《한부선 서간집 1》, 329-330.; 《한부선 서간집 2》, 180.

가 없던 시절이었고, 한 교회에서 집회를 하면 지역의 많은 교회에서 함께 참석하는 집회가 신앙훈련의 중요한 기회였다. 이약신 목사도 여러 교회에서 집회를 인도하면서 큰 영향을 미쳤다. 그는 남대문교회(김치선), 영락교회(한경직), 진주교회(황철도)에서 집회를 인도하였다. 1950년 한 해만 해도 하동중앙교회, 항도교회, 산청교회, 예림교회 등에서 집회를 인도하였다.[12] 또 그는 고려신학교에서 설교(1947. 6. 10)를 하기도 하고, 한부선 선교사가 주관한 미군과 학생들이 함께 참여하던 YFC 모임에 나가 유창한 영어 설교를 하기도 했다.

이약신 목사는 또한 경남노회장으로서 경상기독청년대회(1949. 8. 25-30), 경남노회 교역자 수양회(1951. 9. 25-29), 면려청년대회(1951. 11. 27-30), 하기지도자대회(1952. 7. 28-8. 7) 등의 공식적인 집회에서 말씀을 전했다.[13] 이러한 설교와 회개운동의 전개는 교회쇄신운동의 큰 동력이 되었다. 딸 이효재의 표현대로 그는 화평을 추구한 인물이었지만,[14] 경남(법통)노회와 총회가 서로 충돌될 때에 노회장으로서 자신에게 주어진 임무에 충실했다.

2) 이약신 목사의 교회 쇄신운동

이약신 목사는 경남(법통)노회의 교회쇄신운동을 대표하는 인물로서, 경남노회의 입장을 신앙적으로 변호하고 석명하는 일에 중심적인 역할을 했다. 경남(법통)노회와 총회측과의 갈등으로 총회측에서 과도한 교권을 행사할 때, 경남(법통)노회는 평신도들이 대회를 열고 그 부

---

12. 이러한 자료는 〈면려청년〉의 보도를 집계한 것이다.
13. 〈면려청년〉지 보도를 취합한 것이다. 〈면려청년〉 1949-1952.
14. 이효재,《나의 아버지 이약신 목사》, 239.

당성을 알리고 기도하였고, 또 소수자로서 문서를 작성하여 총회와 교권주의자들의 탈법적인 행동을 고발하는 것 외에는 별다른 방법이 없었다. 그렇게 발표된 여러 문서들은 대외적으로 교회쇄신운동을 석명하였고, 대내적으로는 지지하는 교회를 결속시키는 효과가 있었다. 그는 1948년 3월 제50회 경남노회에서 노회장으로 선출되어 대한예수교장로회 총노회가 발회되던 1952년 9월까지 4년 동안 경남노회장으로서, 여러 문서들을 발행하며 교회쇄신운동을 이끌었다.

그 첫 문서가 '통고서'와 '항의서'(1949. 6. 23)이다. 제35회에서 구성된 전권위원회는 한 달 만에 5월 20일 경남노회를 경남(부산), 경중(마산), 경서(진주)노회로 삼분하기로 하고 삼분(三分)노회 소집 통지문을 보내었고(1949. 5. 27), 노회 조직을 한 후에는 노회 촬요를 만들어 '통지서'를 발송했다. 이에 이약신 목사는 경남노회장으로서 항의서를 제출하고(1949. 6. 13), 노회장으로서 그 경위를 알리는 통고서를 발표하였다. 이 문서에는 분립노회 조직 과정에서 드러난 여러 가지 불법성이 드러나고 있다.

둘째 문서는 '총회전권위원회 경과상황 발표에 해답함'(1949. 8)이다. 이는 총회 경남노회 사건 전권위원장 김세열 목사의 이름으로 발표된 '경남노회 사건 총회전권위원회의 경과상황'(1949. 6. 30)에 대한 반박문이다. 경남노회사건 총회전권위원회, 대한예수교장로회 제35회 총대, 경남노회 각 교회와 기타 전국교회 앞으로 보낸 46배판 8면 2단 세로 쓰기로 편집된 이 문서는 경남노회장 이약신, 총대 이순필, 송상석 등 3인의 이름으로 발표되었다. 이 문서는 총회전권위원회의 부당한 행정과 불법성을 전권위원의 결의안에 대해, 항의서에 대해, 삼분노회 조직 경과에 대해 구체적으로 고발했는데, 제35회 총회에서 전권위원회

보고가 기각되면서 경남노회의 상태를 그대로 받아들였고, 기타 문제 해결을 위해 (특)별위원을 파송했다.

셋째 문서는 경남노회장 이약신의 이름으로 발표된 '호소와 공약선언: 대한예수교 장노회 총회와 각 노회와 성도들에게 드리는 말씀'(1949. 9)과, '고신당국자들의 선서문'이다. '호소와 공약선언'은 전권위원의 불법처사의 철회를 요구하고, 제51회 총회에서 메이첸파 선교사들과 관계하지 말도록 결의한 바 한부선 선교사가 재심 청구소를 제출하였는데, 그 심리를 촉구하였고, 고신이 이교파 수립한다는 것은 억척이요 중상적 허위선언임을 분명히 하고 있다.[15] 또 '고신당국자의 선서문'은 반대파들이 고려신학교와 그를 따르는 이들이 이교파를 창설하려 한다는 소문을 퍼뜨리자, 제52회 정기노회(1949. 9)의 결의로 고신책임자 주남선, 한상동, 박윤선, 한명동, 손양원, 송상석 등 6인의 이름으로 '이교파 수립을 계도하지 않으며, 앞으로도 그런 야심은 전연 없음'을 선언하고, 총회적인 오해를 여섯 개 항으로 정리해 공표하였다.[16] 경남(법통)노회는 이교파 설립을 한 번도 공식적으로 표명한 바 없다. 교회쇄신운동에 참여한 이들은 총회 안에서의 개혁을 주창하면서 총회에 잔류하여 신사참배 반대운동 동지들이었던 재건파로부터 외면받을 정도였다.

넷째 문서는 제36회 총회가 파행으로 마친 후 제53회 노회 임시노회의 결의로 '진정서'(1950. 5)를 경남(법통)노회장 이약신, 교회 대표 박손혁, 한상동, 권성문, 김을길, 송상석 등 6인의 이름으로 발표되었다. 46배판 세로쓰기 2단으로 편집, 4면으로 구성된 이 문서는 총회특별위

---

15. 〈호소와 공약선언〉 1949. 9. 발표 문서.
16. 〈호소와 공약선언〉 1949. 9. 발표 문서.

원회가 추진한 '경남노회 통일 조정은 왜 결렬되었나?' 그 과정을 상세하게 설명하고 있다. 이 문서에서 한국교회 최초로 매카시즘 공격이었던 '고려신학과 소위 신성파에 대하여'와 불법 분리하는 노회 소집 통지문 등 문서에 대한 입장을 밝히고, 활동 범위를 넘어선 (특)별위원 처사에 대해 항의하고, 결론적 요구조건 일곱 가지를 제시하고 있다.[17]

다섯째 문서는 제36회 속회 총회(1951. 5. 25-29)에서 고려신학교와 경남노회에 대한 중대한 결정을 앞두고 있어 총회와 고려신학교와 경남(법통)노회와 얽힌 여러 문제에 대한 종합보고서 '경남노회 진상 보고와 진정서'(1951. 5. 25)를 발행, 총대들에게 배포하였다. 이 문서는 46배판 활판 2단 편집 세로쓰기 인쇄로 13면에 달하는데, 경남노회 통일대책위원 이약신, 한상동, 박윤선, 박손혁, 이순필, 전성도, 엄주신, 심상동, 송상석 등 10인의 이름으로 발표되었다. 이 문서는 총회에서 파송한 (특)별위원들이 직전 해의 전권위원들과 같이, 노회 분할을 결의하고 노회를 조직하여 제36회 총회에 총대를 파송하였는데, 그 부당성을 항의, 고발하고, 진상을 잘 알지 못하는 이들을 위해 종합적인 정보를 제공하려는 목적이었다. 이 문서는 경남(법통)노회는 총회전권위원회의 결의와 같이 노회 분리를 원하지 않으며, 제35회 총회 이전의 원래의 통일된 경남(법통)노회를 원한다는 점을 논리적으로 설명하고 있다. 그는 그 외에도 여러 문서를 발표하며 총회측의 부당성에 항의하였다.

제36회 총회에 경남(법통)노회에 총회 (특)별위원이 조직한 세 노회를 포함하여 중도파까지 다섯 노회가 총대를 파송할 형편이었으나, 총회에서의 논란을 의식해서인지 총회를 두 달 앞둔 3월 14일 긴급하게

---

17. 이약신, 박손혁, 한상동, 권성문, 김을길, 송상석, 〈진정서〉, 1950. 5.

(특)별위원이 조직한 노회 총대를 단일화하여 파송하여 입장하였고, 경남노회의 본류인 고려신학교를 지지하는 경남(법통)노회는 입장권을 받지 못함으로, 경남(법통)노회는 총회로부터 완전히 단절되고 말았다. 이처럼 삼분노회의 조직은 고려신학교를 지지하는 단일 경남(법통)노회를 약화시키거나, 제거하기 위한 수단으로 악용되었고, 총회 후에는 이전의 경남노회로 돌아갔으며, 실제적으로 경남노회 분리는 경남(법통)노회를 추방한 5년 후 1956년에 부산, 마산, 진주노회로 분립되었다.[18]

3) 대한예수교장로회 총노회 발회

고려신학교가 설립된 후 이를 지지하던 경남(법통)노회 교회쇄신운동은 총회측과의 오랜 갈등 후 제36회 총회에서 최종적으로 단절되었다. 이에 제57회 경남(법통)노회 정기노회에서는 총노회를 발회하기로 결의하고, 1952년 9월 20일 진주 성남교회에서 대한예수교장로회 총노회를 발회했다.[19] 총노회 규칙을 제정한 후 임원은 회장 이약신, 부회장 한상동, 서기 홍순탁, 회록서기 오병세, 부회록서기 윤봉기, 회계 주영문, 부회계 김인식을 선출했다. 이때 부회계로 선출된 김인식 장로는 일본기독교 조선장로교단 시대에 장로로 장립받았기 때문에, 스스로 사면하여 황성학 장로로 보선하였다. 이것이 그 시대의 고신교회 성도들의 경건이었고, 교회를 섬기는 신앙자세였다.

총노회는 발회 후 9월 22일부터 10월 12일까지 3주 동안 목사, 장로, 남녀전도사들이 자숙기간을 가졌는데, 이 기간에 공예배 인도와 성례 주례와 공중기도 인도를 중지하고, 공인죄와 자인죄를 회개하였다. 총

---

18. 민경배,《대한예수교장로회 부산노회사(1905-2005)》, 438, 471.
19. 제57회 경남노회 촬요; 허순길,《한국장로교회사》, 서울: 영문, 2008. 412.

노회는 자숙기간이 지난 후 10월 14일부터 16일까지 광복동 고려신학교에서 부흥회를 개최하고, 삼일교회당에서 총노회 발회식 선포문을 발표하였다.[20]

발회식 선포문에서는 한국장로회 종파 단일성과 한국장로회 임시 행정기관 단일화를 위하여 최후까지 합동에 노력하여 보았으나 진리 안에서 하나가 되기를 도저히 기대할 수 없게 되었음을 밝혔다. 그리고 '불법이 법화되었음, 진리의 화신으로 여기는 권위주의, 하나님의 공의를 무시한 무조건적 사랑'의 잘못을 지적하고, '신학사상과 신앙노선에 따라 교회 행정이 갈라지게 된 것은 불가피한 현상'으로 정리하고, 대한예수교장로회 헌법대로의 전통적인 장로회 총회를 계승하는 법통총회를 준비하기 위해 총노회 발회식 예배를 드리게 되었다고 했다. 이 발회식 선포문은 총노회장 이약신 목사와 부회장 한상동 목사가 송상석, 이학인, 장석인, 전성도, 황철도 목사를 기초위원으로 지명하였고, 본회에서 신학교 교수 2인으로 박윤선 교장과 한부선 교수가 추가되었다. 대한예수교장로회 총노회 발회식 선포문은 기초위원장 송상석 목사와 기초위원들이 작성했지만, 이약신 목사도 총노회장으로서 함께 문안을 면밀히 살폈을 것임이 자명한 일이다.

대한예수교장로회 총노회는 경남노회가 중심이 되었고, 그 외의 지역에 있는 교회들은 대구 지방, 경주 지방, 전라 지방은 지방회로 유지하되, 노회 규칙에 준하여 지방회를 운영하기로 하였다. 이약신 목사는 이후 총노회장으로서 4년 동안 봉사하였고, 한상동 목사가 이어 2년 봉사한 후 제5회 총노회에서 경남노회를 부산노회와 진주노회로 분립을

---

20. 《대한예수교장로회 총회록(제1회-제10회)》, 5.

결의하였고, 제6회 총노회 때 총회로 승격하기로 결의하였다. 그동안 지방회로 있던 전라지방회와 경기지방회의 노회 승격이 이루어졌고, 제6회 총노회에서 총회로 승격하면서 그는 다시 총회장으로 선출되었지만, 임기 중에 59세의 일기로 하나님의 부름을 받았다. 그가 일찍 하나님의 부름을 받은 것은 총회측과의 오랜 갈등에 많은 에너지를 소진한 것이 하나의 이유이기도 할 것이다.

3. 이약신 목사의 사회 봉사 사역

1) 이약신 목사와 희망원 사역

광복 후 이약신 목사의 사역 가운데 또 주목할만한 것은 목회 초기부터 많은 관심을 가지고 실천해왔던 사회봉사 사역이다. 그가 일제강점기에 초량교회를 시무하는 동안 교회에 출석하던 정봉금 의사와 함께 예도의원을 시작했고, 그의 누이 이애시 간호사가 그곳에서 함께 일했다.[21] 그렇지만 일제의 신사참배 강요가 심해지면서 교회를 사임했고, 투옥과 병보석, 그리고 도피생활을 하면서 직접 관여할 수는 없었다.

그는 광복 후 한상동 목사가 남하한 후 그를 강사로 부흥회와 출옥성도 환영회를 가졌는데, 이때 참석했던 조수옥 전도사가 고아 돌봄에 관심이 있음을 듣고 동역할 것을 요청해 12월에 함께 희망원을 시작하였다.[22] 이런 고아원 사역은 그 자신이 아홉 살에 아버지를 잃고, 열두 살에 어머니를 잃어 사실상 고아와 같이 자란 것과 관계가 깊다고 볼 것

---

21. 이상규, "이약신 목사의 목회와 고신교회", 《교회쇄신운동과 고신교회의 형성》, 서울: 생명의 양식, 2016. 385.
22. 이효재, 《나의 아버지 이약신 목사》, 170.

이다. 그는 초기에 작은 집에 10여 명의 고아를 수용하여 '희망원'을 설립했는데, 이는 부인 이옥경의 일이었다.[23] 그는 부족한 시설에 고아들이 증가하면서 희망원을 위해 더 넓은 공간을 구해야 할 입장이라, 부임 1년 만에 교회 공간이 충분했던 진해교회의 청빙을 받아 문창교회를 떠났다. 그가 진해교회에서 3년간 목회했는데, 장로들이 고아원 사역을 달갑지 않게 여기자 교회의 화평을 소중하게 생각한 그는 따르는 교인들과 함께 진해남부교회를 설립했다. 광복 후 두 차례 그의 교회 이동이 희망원 사역과 깊은 연관을 가지는 것을 볼 때, 그가 고아원 사역을 얼마나 소중하게 생각했던가를 알 수 있다. 그는 희망원 사역을 광복과 전쟁 후의 상황에서 교회의 사회적 책임으로 이해하였다.

희망원은 1946년 12월 7일 진해 신흥동에 있는 현재 해군 교재창으로 이전하였고, 해군이 창설되면서 해군의 요구에 따라 1948년 10월 3일 이를 양도하고, 인의동 29번지로 이전하였다. 희망원이 점차 성장하여 한국전쟁 전에 70명 이상으로 늘어났고, 전쟁 때에는 100-150명으로 늘어났다. 희망원은 사회 봉사와 함께 기독교 선교를 목적으로 하고 있었기 때문에 아침 저녁으로 예배를 드렸고, 주일학교에 출석하게 하는 등 신앙교육에 힘썼으며, 성적이 우수한 아이들은 학교 교육을 받을 수 있게 했다.[24] 당시 진해는 해군의 본부와 같은 곳이어서 미군들이 다수 상주하였고, 그의 능숙한 영어와 대인관계로 미군들과 밀접한 관계를 맺어 희망원은 다른 고아원보다 많은 관심을 받았다. 그때 알라바마

---

23. 조수옥 전도사는 고아원 운영에 대해 적극적이어서 시설을 늘여 더 많은 아이들을 받아들이려 했으나, 이옥경 여사는 현실을 고려하여 이를 조절하고자 하던 중 조수옥 전도사가 인애원을 설립하여 독립하였다.
24. 이효재, 《나의 아버지 이약신 목사》, 182, 183, 200.

대학 교수로서 미군정청 문화 담당이던 카우치(Jobe L. Couch)는 이약신 목사와 긴밀한 관계를 갖게 되었고, 그가 미국으로 돌아간 후 효재, 효숙, 성숙을 초청, 미국 유학을 할 수 있었다.[25]

대한예수교장로회 총노회가 발회된 후 국제기독교연합회(ICCC)에서 한국 정통진영 대표로 고신교단을 초청했는데, 제3회 총노회에서는 한상동, 박윤선, 이약신, 박손혁 목사를 연합회의 성격을 파악하기 위해 시찰차로 참석시키기로 가결하였다.[26] 대표단은 2개월 일정으로 1954년 7월 미국을 방문했는데, 한상동과 박윤선 목사는 공식적인 행사 후 바로 귀국하였고, 유학 경험없이 고려신학교에서 가르치던 박손혁 교수는 칼빈신학교 여름학기 연구를 마치고 귀국했다. 이약신 목사는 공식행사 후 미국 유학중이던 효재, 효숙 등 자녀들을 만났고 효숙의 결혼식도 주례하였다. 그는 1년 동안 미국에 체류하면서 여러 지역을 방문해 전후 한국과 한국교회의 상황을 미국교회에 널리 알려 한국의 원조를 이끌어내며 민간외교의 역할을 했다. 그의 귀국시에 후원자 도티 여사가 이승만 대통령의 초청을 받아 함께 귀국하였다. 그는 희망원에 차량을 기증받거나 진해남부교회에 피아노를 기증받는 등 교회와 희망원을 위한 역할을 한 후 1955년 6월에 귀국하였다. 그가 오래 미국에 체류한 것은 총노회장의 책임을 벗은 후라 부담이 없기도 했지만, 희망원 사역을 얼마나 소중하게 여겼는지 보여준다고도 하겠다.[27]

---

25. 이효재,《나의 아버지 이약신 목사》, 172-174, 185-186.
26. 〈대한예수교장로회 총노회 제3회 회의록〉, 29.
27. 이 논문 "이약신 목사의 해방 후 사역과 고신교회"은 이상규 편,《이약신과 그의 시대》, 부산; 경신사회복지연구소/카리타스, 2022. 97.에 발표되었는데, 편집자가 "그가 장기간 미국에 체류할 당시 총로회장이었으나..."로 수정했는데 이는 오류이므로 바로 잡는다. 이약신 목사는 대한예수교장로회 총노회 발회와 함께 총노회장으로 선임되어 3회 연임하며 고신교회를 대표하였고, 2년 후 1956년 총회로 승격할 때 다시 총회장에 선출되었다.

희망원은 이후 1955년 5월 14일 경상남도 지사로부터 희망원 15호, 소생모자원 19호로 시설 인가를 받았고, 1956년 11월 2일 스완슨복음전도회(현 컴페션)에 가입하여 정기적인 지원을 받기 시작하였다. 이약신 목사가 귀국한 후 1957년 3월 6일 진해희망원으로 법인 설립 인가를 받았다. 그가 별세한 후에도 이 사역은 이옥경 사모와 자녀들에 의해 계속되었는데, 1995년 6월 24일 진해희망원은 사회복지법인 경신재단으로 이름이 바뀌었다. 1997년 4월에는 경신복지의원을 개원하여 사위 이봉은 장로가 원장으로 있으면서 사회봉사를 계속하였고, 10월에는 차녀 이효재 교수가 은퇴 후 고향에 돌아와 경신사회복지연구소를 개원하여 마지막 봉사를 하였다.[28]

2) 이약신 목사의 박애주의 영성과 고신교회의 사회적 영성

고신교회는 개혁주의 신학을 표방하지만, 신학적인 보수성과 지역적인 보수성을 함께 가지고 있는 편인데, 또 사회적인 영성을 발견할 수 있다. 이만열은 고려신학대학원 개교 50주년 기념 강연에서 고신교회는 신사참배 반대투쟁의 인맥과 절제운동의 인맥 두 가지로 이루어져 있으며, 교회사를 한 사람으로서 이를 아주 중요시한다고 했다.[29] 그가 본 고신교회의 이러한 사회적 영성은 고신교회 초기에 이약신 목사의 박애주의 영성, 송상석 목사의 절제운동, 그리고 중기에 이근삼 박사가 소개하고 강조한 칼빈주의 문화관이 어우러져 형성, 발전된 것이라고 보는 것이 옳다고 할 것이다.

Gary Thomas는 그의 책 *Sacred Pathway*에서 사람들은 다양한 기

---

28. 이효재, 《나의 아버지 이약신 목사》, 246-249.
29. 이만열, "고신교단과 한국사회", 〈장로교회와 역사〉 1(2008), 73-74.

질이 있고, 사람마다 하나님을 사랑하는 방식이 다르다고 했다. 그는 하나님과 관계를 맺는 방식으로 아홉 가지로 정리했는데, 박애주의 영성도 그 가운데 하나이다.[30] 그에 의하면 박애주의 영성의 소유자들은 이웃을 사랑함으로 하나님을 사랑하는 것으로 이해한다. 이런 면에서 이약신 목사는 박애주의 영성의 소유자라고 할 수 있을 것이다. 그는 목회자였지만 생애를 두고 사회봉사에 깊은 관심을 갖고 사역하였는데, 가난한 사람들을 위해 설립한 예도의원이나, 고아들을 위한 희망원의 사역은 이웃 사랑의 실천의 장이었다. 그의 딸 이효재 교수가 사회학을 공부하고 한국 사회의 소외된 사람들의 대모가 된 것이나, 사위 이봉은 장로가 오랫동안 무료진료를 해 온 것은 이약신 목사의 이 박애주의 영성의 영향이라고 할 수 있을 것이다.

고신교회는 설립기부터 장기려 박사의 복음병원 구제사역, 신망애양로원(한영세), 인애원(조수옥), 소양보육원(지득용), 무궁애학원(박재석) 등 여러 평신도들의 사회봉사 사역이 활발하였고, 성진노회의 나환자 사역 등 복음을 통한 사회봉사에 깊은 관심을 가졌다. 《고신교회 20주년 기념화보》에는 16여 처의 사회복지시설을 소개하고, 한부선 선교사도 30여 처에 달하는 고신교회 성도들의 사회복지시설을 언급하고 있다.[31]

1960년대 초반부터 이근삼 박사가 개혁주의 문화관에 입각한 복음의 통전적인 사역에 관심을 가졌고, 그의 뒤를 이어 손봉호 박사는 1987년 기독교윤리실천운동을 설립하였으며, 그 운동은 지금도 고신교회 지도자들이 주도적으로 이끌고 있다. 이후의 세대들은 더욱 폭넓은 사역

---

30. Thomas, Gary, *Sacred Pathway: Discover Your Soul's Path to God*, Zondervan, 2000.
31. 한부선, "헌사" 《우리 교단의 어제와 오늘》, 6.

으로 기독교 사회봉사를 풍요롭게 만들고 있다.[32]

4. 이약신 목사와 고신교회

고신교회의 교회쇄신운동은 총회 교권주의자들과의 오랜 갈등을 거쳐 대한예수교장로회 총노회가 발회되면서 고신교단이 조직되었다. 이약신 목사는 총노회장으로 3회에 걸쳐 봉사했고, 한상동 목사가 뒤를 이어 두 차례 총노회장으로 봉사한 후 1956년 총회로 승격하였을 때는 그가 다시 총회장으로 선출되었다. 그가 이 기간에 고신교단을 대표한 몇 가지 중요한 사역은 다음과 같다.

첫째, 대한예수교장로회 총노회가 안정되고 발전하였고, 총회가 조직되면서 그가 다시 총회장으로 추대되었다. 고신교회는 교단 형성기에 총회측과 오랫동안 갈등관계에 있었지만, 1952년 총노회가 발회된 후에는 독자적인 교단으로 발전했는데, 1953년에 경북노회, 1954년에 경기노회와 전라노회가 조직되었고, 1954년 송도에 13,000평의 부지를 확보하고 신학교 8천 평, 복음병원 5천 평을 마련하고 미군의 기술과 장비 지원과 고신교회들이 힘을 합쳐 송도교사를 마련하였고, 1956년 새 학기부터 수업할 수 있었다. 1956년에는 경남(법통)노회를 부산노회, 진주노회 등으로 삼분하여, 1956년 9월 20일에는 총노회를 총회로 승격하여 명실상부한 총회의 역할을 할 수 있었다. 고신교회가 총회로 승

---

32. 손봉호 교수는 이근삼 박사의 "약한 자에 대한 하나님의 끈질긴 편애" 사상이 자신의 윤리관과 사회 운동에 결정적인 영향을 미쳤다고 했다. 손봉호의 이근삼 추모의 글, "경건과 학문을 겸비한 그리스도인". 기윤실 이사장을 지낸 강영안 교수와 현 이사장 백종국, 공동대표 정병오, 정현구는 고신교회의 목사와 장로이기도 하다. 나삼진, "송상석 목사의 사역과 공헌에 관한 서지학적 분석", 이상규 편,《송상석과 그의 시대》, 232-233.

격될 때는 경남노회 387, 경북노회 112, 경기노회 42, 전라노회 24교회 등 모두 565교회, 목사 111명, 장로 157명, 세례교인 15,350명이었다.[33]

둘째, 국기경례 문제에 대한 진정서를 준비하여 이승만 대통령에게 제출한 일이었다. 광복 전 신사참배 강요의 트라우마를 가지고 있었던 한국교회는 광복 후에도 계속되던 일본군국주의식 국기경례를 제1, 2계명의 위반에 준하는 신앙양심적인 문제로 인식하였다. 이에 항거하는 그리스도인들이 많았고, 경남(법통)노회는 제53회 경남노회에서 국기경례 반대를 결의하고 국기에 대해 배례하지 않고 주목으로 변경하고자 하는 청원을 담은 청원서를 전국에 4만 매를 배포, 전국교회가 이를 작성하여 이승만 대통령과 국회의장에게 제출하였다. 이 과정을 거쳐 국기에 대한 주목으로 변경되어 군에 입대한 청년들이 신앙양심에 거리낌이 없도록 하였다.

셋째, 반공포로 석방에 따라 이승만 대통령에게 위안문을 작성해 보낸 일이다.[34] 그는 "애국포로 석방의 장거"를 치하하고, 국제정세에 대해 "우리 기독교 단체는 휴전에 대하여 우리 정부의 대안을 절대 지지함, 2. 어떠한 국가나 국제단체라 할지라도 우리 기독교의 신앙양심과 인도와 신의에 배반되는 휴전은 단연코 이를 배격함, 3. 우방 미국과 UN의 한국전선 참가와 원조, 그 동기와 기본정신에 경의를 표하며, 비본의적인 UN의 휴전협정안의 시정을 위해 호소하려 한다"고 하였다. 당시 UN이 한국전쟁을 신속히 종결하기 위해 휴전협정을 서두르고 있었던 때에, 이약신 목사는 대한예수교장로회총로회 대표와 총노회장으로서

---

33. 《대한예수교장로회 총회록(제1회-제10회)》, 부산: 총회출판부, 1961. 77-80.
34. 대통령에게 보낸 위안문과 미국 대통령과 UN의장, UN군총사령관에 보낸 진정전문과 노회 산하교회에 보낸 서신은 고려신학대학원 도서관 편,《고신교회 역사자료집》제1권, 220-224에 수록되어 있다.

"한국의 불행스러운 공산군의 불법 침략에 우방 미국을 위시한 UN의 영웅적 참전과 원조에 감사하여 마지않는 동시에 앞으로 한국 민족의 의사와 정부대안에 합치된 휴전과 공산군의 재침략을 방지하고 한국통일을 확보할 수 있는 항구적인 평화가 있기를 바라서" 1953년 6월 19일 아이젠하워 미 대통령, UN의장, UN군 총사령관에게 '진정전문'을 제출하였다.[35]

이렇게 이약신 목사는 대한예수교장로회 총노회장으로서, 또 총회 승격 후에는 총회장으로서 자신에게 주어진 과업에 충실하였다. 진리를 수호하고 교회를 보호하며 교단으로 정착하기까지 힘든 일들을 앞장서 담당하였다.

맺는 말

이약신 목사는 민족교육의 산실이었던 오산학교에서 고등보통학교 교육을 받고, 일본 유학까지 하였던 관계로 당시 한국교회에서 학문적으로 잘 준비된 인물이었다. 또 그는 선교사들과 활발하게 협력하고, 일본에서의 고등교육의 결과 영어로 자유롭게 설교를 하며 호주와 미국에서 자신에게 주어진 역할을 하였다. 그는 훌륭한 인격과 인품, 그리고 설득력을 구비한 진실한 지도자였고,[36] 그는 온유하고 화합을 중시하는 성격이었음에도 불구하고, 출옥성도들과 뜻을 같이해 총회 교권주의자들에 대항하여 교회쇄신운동에 앞장섰다.

---

35. 대한예수교장로회 총회(총회측)에서도 제36회 총회 결의로 통일 없는 휴전에 반대하기로 결의한 바 있다. 김남식,《대한예수교장로회 총회 100주년사》, 서울: 대한예수교장로회 총회, 2012, 499.
36. 최성환, "내가 만난 이약신 목사", 〈장로교회와 역사〉 제2호(2009), 150.

광복 후 초기 교회쇄신운동을 이끌 지도자로 한상동, 주남선, 손양원, 이약신, 박윤선 목사 등이 있었다. 그러나 주남선 목사가 일제강점기 오랜 투옥생활과 광복 후 과도한 사역의 후유증으로 일찍 별세하였고, 손양원 목사는 한국전쟁 기간에 순교하였기 때문에, 한상동 목사는 고려신학교 운영의 책임을 전적으로 맡아야 해, 경남노회나 총노회에서 이약신 목사의 역할이 중요하였다. 그는 지역교회 목회와 함께 희망원 사역으로 사회봉사에 힘을 썼고, 오랫동안 경남(법통)노회를 중심으로 교회쇄신운동을 전개하였다. 그는 경남(법통)노회장으로서 4년 동안 총회의 부당한 교권에 저항하였고, 고신측이 총회측으로부터 단절된 후에는 대한예수교장로회 총노회장으로서 다시 4년을 봉사하며 고신교단의 체계를 갖추었다. 그는 1956년 총회로 승격된 후에도 총회장으로서 고신교회를 대표하였다. 그는 1957년 1월 20일 59세를 일기로 일찍 하나님의 부름을 받았지만, 고신교회 역사에 남긴 그의 발자취는 크고 또렷하다.

고려신학교를 중심으로 한 교회쇄신운동이 경남노회에서 출발하였기 때문에 지역과 인물에서 한계가 많이 있었지만, 광복 후 경남지방 교회쇄신운동은 출옥성도 주남선과 한상동과 손양원 목사의 영적인 권위, 개혁주의 신학자 박윤선 교장의 개혁주의 신학에 대한 열정, 그리고 이약신 목사의 고신교회에 대한 합리적인 석명(釋明)이 합쳐져 신앙과 신학과 행정이 적절하게 균형을 이룰 수 있었다.

이약신 연보

- **1989. 4. 25** 평북 정주군 갈산면(오산면) 익성동(용동) 이병승과 박은성의 6남매 중 막내로 출생
- **1915. 3. 23** 평북 오산중학교 제7회 졸업(주기철 등 18명)
- **1915** 주기철의 추천으로 웅천읍 개통보통학교 교사
- **1916** 마산 의신여학교 교사
- **1917. 3. 21** 마산에서 이상소 장로의 딸 이옥경과 결혼 (문창교회 한석진 목사 주례)
- **1918-1919** 동경 중앙대학교 상과 수료
- **1921** 호주 허대시(Daisy Hocking) 선교사와의 만남
- **1923. 1** 마산 문창교회 안수 집사
- **1924. 1. 20** 마산 문창교회 장로 장립
- **1925. 가을** 평양 장로회신학교 입학
- **1926-27** 양산읍교회 전도사 시무
- **1929. 3. 13** 평양장로회신학교 졸업(제24회)
- **1929. 4** 진주 옥봉교회(현 진주교회) 목사 장립 후 2년 3개월 시무
- **1931. 8** 부산 초량교회 제4대 목사로 시무
- **1935. 3** 대한예수교장로회 경남노회장
- **1937. 5. 7** 호주 빅토리아장로교회 100주년 기념대회 참석차 부산항 출발
- **1938. 2. 23** 6개월간 호주 방문 후 귀환
- **1938** 예도제중원 설립
- **1939. 2** 부산 초량교회 사면, 7년 6개월 시무
- **1939. 7** 평양 신광교회 2년간 시무. 신사참배 반대로 송상석 목사와 함께 6개월 옥고
- **1941** 부산도경 형사들에 의해 신사참배 반대로 체포, 경남 제5감방 수감
- **1945. 10** 마산 문창교회 시무

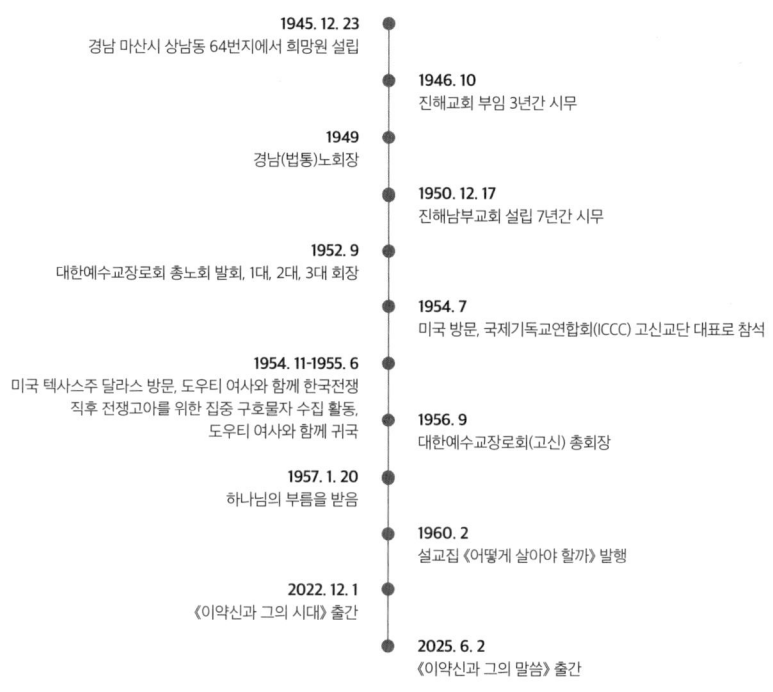

- 1945. 12. 23
  경남 마산시 상남동 64번지에서 희망원 설립
- 1946. 10
  진해교회 부임 3년간 시무
- 1949
  경남(법통)노회장
- 1950. 12. 17
  진해남부교회 설립 7년간 시무
- 1952. 9
  대한예수교장로회 총노회 발회, 1대, 2대, 3대 회장
- 1954. 7
  미국 방문, 국제기독교연합회(ICCC) 고신교단 대표로 참석
- 1954. 11-1955. 6
  미국 텍사스주 달라스 방문, 도우티 여사와 함께 한국전쟁 직후 전쟁고아를 위한 집중 구호물자 수집 활동, 도우티 여사와 함께 귀국
- 1956. 9
  대한예수교장로회(고신) 총회장
- 1957. 1. 20
  하나님의 부름을 받음
- 1960. 2
  설교집 《어떻게 살아야 할까》 발행
- 2022. 12. 1
  《이약신과 그의 시대》 출간
- 2025. 6. 2
  《이약신과 그의 말씀》 출간

송상석 목사의 사역과 공헌에 관한 서지학적 분석

송상석

송상석(1897-1978)은 경남 마산 출신이었지만 대학 시절은 물론 조선예수교장로회신학교에 입학한 후 서울과 평양에서 주로 사역하여 평양노회에서 목사 안수를 받고 그 노회 소속으로 있었다. 그가 광복 후 경남지역으로 내려와 교회쇄신운동에 가담했고 고신교회에 지울 수 없는 족적을 남겼다. 고신교회를 형성한 인물로 신앙에 한상동, 신학에 박윤선, 행정과 정치에 송상석이라 일컬을 정도로 고신의 형성과 발전기에 행정적인 측면에서 중요한 역할을 했다.[1]

---

1. 송상석,《법정소송과 종교재판》, 마산: 경남법통노회, 1976. 71. 이같은 점은 고려신학교 개교와 함께 입학, 평생 고려신학교와 고신대학교에서 가르친 오병세도 동의한다. 이상규,《한상동과 그의 시대》, 서울: SFC, 2006. 138.

초기 고신교회를 형성, 발전시킨 네 기둥은 한상동과 주남선의 순교정신, 박윤선의 개혁주의 신학, 송상석의 행정과 절제운동, 그리고 손양원과 장기려와 여러 평신도들의 사랑의 실천이라 할 수 있다. 이 네 기둥은 교회쇄신운동 과정에서 각각 고유한 흐름을 형성하면서 한국교회에서 독특한 고신의 영성을 주조해 내었다. 이들은 서로 보완하고 때로 긴장하면서 시너지 효과를 내었고, 주어진 소명을 따라 교회쇄신운동을 전개하고 고신교회를 형성하는 동력이 되었다.

그러나 송상석은 초기에 문창교회에서의 총회파와의 법정소송과 그에 대한 박윤선과의 논쟁으로 고신교회에 적지 않은 부담을 주었고, 1968년부터 이사장으로 재임했던 4년 동안 신학교 교수들과 심각한 갈등을 겪었다. 그러한 갈등은 이사장 임기만료 후에 법적 이사장직을 주장하다가, 제24회 총회에서 경북노회의 헌의로 구성된 특별재판국에 의해 송상석의 면직으로 불행한 종말을 맞았고, 경남(법통)노회도 행정보류로 둘로 나뉘었다. 그의 사후 2년 만에 경남노회 소속 60여 교회가 1982년에 합동이라는 형식으로 고신에 복귀하였다. 송상석에 대한 이 불행한 사건은 고신교회의 숙제가 되어 오다가 제58회 총회(2008. 9. 22-25)에서 마산노회가 사면 청원을 제출, 이를 가결하여 종료되었다.[2] 이로써 송상석은 총회특별재판국에 의해 면직 판결을 받은 지 33년 만

---

2. 마산노회는 2007년 10월 15일 개최된 정기노회에서 송상석 목사 해벌 청원을 총회에 제출하기로 결의하였고, 총회임원회는 총회에 접수된 그 안건을 제57-5회 운영위원회(2008. 2. 14)에 회부, 운영위원회에서는 제32회 총회의 영입정신에 의거하여 해벌하기로 결의, 제58회 총회에 보고하였다. 이 총회운영위원회 결의가 보도되면서 전라노회는 제58회 총회에 '고 송상석 목사 해벌 결정의 시정'을 청원하여 '망자에 대한 시벌과 해벌은 천주교의 오랜 풍습이며, 해벌은 당사자의 회개가 전재되어야 하기 때문에' '운영위원회의 보고를 수정하여 다른 방향을 모색해 달라'는 청원을 했고, 마산노회가 이를 반영, 긴급으로 '사면 청원'을 제출해, 사면 결의가 이루어졌다. 〈제58회 총회보고서〉, 서울: 대한예수교장로회 총회, 2008. 117, 740.

이사장 송상석 목사, 교장 한상동 목사, 오병세, 홍반식, 이근삼 교수(1969)

에 사면, 복권되어 명예가 회복되었다.

이 소론은 사후 40년도 더 지난 이 시점에서 초기 고신교회를 형성한 네 기둥 가운데 하나인 송상석의 사역과 저술의 서지학적인 분석을 통해 그가 고신교회와 한국교회에 어떻게 공헌하였는가를 논구, 정리하고자 하는 데 목적이 있다.

1. 송상석과 절제운동

이만열은 고려신학대학원 개교 60주년 기념 강연에서 고신교회가 한국교회 신사참배 반대투쟁의 인맥과 한국교회 절제운동의 인맥을 갖고 있으며, 교회사를 하는 사람으로서 이를 아주 중요시한다고 했다.[3] 그는 나아가 절제운동의 인맥 속에서 흐르는 정신이 고신에서 자란 젊은이들을 통해서 지금 확산되어 가고 있으며, 기독교윤리실천운동과 경제정의시민연합에 고신적인 요소가 많이 가미되어 있다는 사실을 강조했다. 고신운동이 우리 사회에 영향을 미쳤고, 지금도 미치고 있다는 것이다. 이 절제운동의 인맥은 총무로서 절제운동을 활발하게 전개한 송상석을 이르는 것이었다.

1) 송상석과 절제운동

청교도적인 선교사들의 영향을 받은 한국교회는 선교 초기부터 금욕, 청빈 등 절제를 중시했으며, 금주, 단연은 물론 도박, 축첩도 금지했다. 따라서 한국 그리스도인들의 신앙훈련 자체가 넓은 의미에서는 절제운동이었다고도 할 수 있다.[4] 이러한 민족운동과 사회운동이 1920년대와 30년대에 들어와 선교사 주도가 아니라 한국교회 지도자들을 중심으로 나타나기 시작했고,[5] 조만식의 물산장려운동과 함께 한국교회 절제운동은 당시 한국사회와 기독교계에서 대표적인 사회운동이었다.[6] 이러한 절제운동은 당시 장로교, 감리교, 구세군 등 다양한 교파들에서 일어났는데, 장로교회의 경우, 1921년 면려청년회에서 계독부(戒毒部)를 설치하였고, 1923년에 조선기독교여자절제회가 창립되면서 본격화되었으며, 1926년 공창 폐지 사업 후원을 결의하는 등 총회적인 지원

---

3. 이만열, "고신교단과 한국사회", 〈장로교회와 역사〉 제1호, 천안: 고려신학대학원, 2008. 73.
4. 한국기독교역사학회 편, 《한국기독교의 역사(2)》, 서울: 기독교문사, 2015, 225-226.
5. 김인수, 《한국기독교회사》, 서울: 한국장로교출판사. 2012, 257.
6. 윤은순, "1920·1930년대 한국기독교의 절제운동: 금주금연운동을 중심으로", 〈한국 기독교와 역사〉 16호(2002. 3), 181. 이상규, 《한상동과 그의 시대》, 141에서 중인.

아래 활발하게 전개되었다.

이러한 "금주운동의 정상은 1927년 11월 3일, 황해도 황주에서의 조선금주운동단의 대대적인 주마정벌 행군이었다. 송상석, 이학봉 등이 선전대원 1,200여 명의 행군과 악대 동원, 선전 삐라 수천 매를 살포하며 대가 20여 본을 휘날리며 시가를 일주"하였다.[7] 조선예수교장로회 신학교에서는 절제운동 관련 웅변대회를 가져 장차 교회의 지도자들이 될 신학생들의 관심을 고취시키기도 했는데, 송상석이 두 해에 걸쳐 2등상으로 입상하였다. 이러한 절제운동의 경험으로 1932년 5월 장로회 신학교 기도실에서 조선기독교절제운동회가 조직될 때 채필근 조만식을 회장으로 추대하고, 신학생이었던 송상석이 총무로 선임되었다. 박형룡은 이를 기억하며 송상석이 "유능하게 절제운동을 이끌었다"고 치하했다.[8] 1933년 제4회 조선주일학교대회가 대구에서 개최될 때도, 학생대회와 함께 대대적인 금주 캠페인을 전개하면서 이를 '주마정벌군식장'(酒魔征伐軍式場)이라 했고, 그 사진이 조선예수교장로회 50주년 역사화보에 실렸다.[9]

조선예수교장로회 제23회 총회가 평양에서 개최될 때, 1934년 9월 12일부터 사흘 동안 조선예수교장로회 50주년 기념 전람회를 마포삼열관에서 가졌다. 이때 성경 전시관, 역사 전시관, 절제운동 전시관 등 세 전시관이 설치되었는데, 송상석이 절제운동 전시관을 담당하며 홍보하였다.[10] 이것은 송상석이 역사 전시관과 절제운동 전시관 두 일을 함께

---

7. 민경배, 《대한예수교장로회 100년사》, 서울: 대한예수교장로회 총회, 1984. 430.
8. 박형룡, "서문" 송상석 편, 《한국절제교육연구사료집》, 서울: 성광문화사, 1980.
9. 송상석 편, 《조선예수교장로회 50주년 역사화보》, 평양: 조선예수교장로회 총회, 1934. 148.
10. 《조선예수교장로회 50주년 역사화보》, 200-201.

담당했기 때문에 가능했던 일이었지만, 당시 한국교회 절제운동의 위상을 보여주는 것이기도 하다. 그는 여러 노회를 순방하며 절제운동을 홍보하기도 했다.[11]

송상석은 활발했던 절제운동을 발판으로 1935년 10월 15일 윤치호를 위원장으로 '미성년자 음주금지법(미성년자 금주금연법) 실시 촉성회'를 조직하여 '미성년자 금주금연법'을 제정을 위해 헌신하였고, 그 결과 1938년에 법령이 공포되었다.[12] 그는 이 일을 강력히 추진하면서 단지(斷指) 결의를 보였고, 그는 한국뿐 아니라 일본의 유력한 종교 사회 정치 인사들과 폭넓은 교류를 가질 수 있었다. 당시 절제운동은 금주, 금연에만 머물지 않고 공창과 사창 폐지운동에도 앞장섰다.

2) 절제 공과와 〈절제시보〉

한국에서의 기독교 선교는 미국 장로교회가 파송한 선교사들이 중심이 되었는데, 초기부터 한국 그리스도인들에게 엄격한 신앙과 생활을 요구하였다. 그것은 청교도적인 배경을 가진 선교사들이 많기도 했지만, 당시 한국의 경제적인 수준에 비해 술과 담배로 버려지는 자원이 너무 많았기 때문이기도 했다. 그래서 교회는 절제를 가르치기 시작했고, 절제운동이 교회의 프로그램으로 활발하게 전개되었다. 절제운동의 필요성을 인식한 총회는 주일공과에도 그 내용을 포함시켰는데, 송상석은 신학교 재학시절 곽안련과 주일학교연합회 허대전, 정인과 등의 지지로

---

11. 평양노회 소속이었던 송상석이 고향이었던 제36회 경남노회(1935. 12. 3-6, 초량교회)에 참석하여 언권을 허락받았고, 그가 준비해 온 금연금주흡연금지법 청원서를 서기가 낭독하고 채용하였다. 제3회 경남노회 촬요, 《경남(법통)노회 역사자료집(1916-2010)》, 38.
12. 그는 한국미성년자 금주금연법 실시 경위와 당시의 신문 사설들을 사료집 제5부에서 상세하게 담고 있다. 《한국절제교육연구사료집》, 서울: 성광문화사, 1980. 493-598.

절제 공과를 집필하기도 했다.[13] 1933년에 만국주일공과와 유년공과에 금주문제를 연간 세 번 취급하게 하고, 한 주일은 금주주일로 지키기로 결의하였다.[14]

그는 기독교절제회 총무로서 1933년에 〈절제시보〉를 창간해 주간으로 활동했는데, 절제운동의 필요성을 강조하고, 전국에서 일어나고 있는 절제운동의 다양한 모습을 널리 알려 절제운동의 활성화를 이끌었다. 〈절제시보〉는 단순히 홍보지 정도가 아니라 벌써 신문의 체계를 잡고 있었다.

3) 《한국절제교육연구사료집》[15]

1930년대 말에 순수한 정신 계몽운동이었던 절제운동도 일제는 민족운동으로 간주하였고, 절제운동은 일제의 탄압을 받아 중지될 수밖에 없었다.[16] 그는 광복 후 절제운동의 재건을 위해 관심을 가지고 시도했지만, 초기에는 목회와 소송 문제로, 후기에는 고신교회 내에서의 분쟁에 깊이 관여되면서 조직적인 운동으로 부활시키지는 못했다. 그러나 그가 생애 마지막에 《한국절제교육연구사료집》을 출간하면서 생애를 두고 못다 한 절제운동의 대미를 장식했다.

그는 서문에서 절제운동의 미덕이 유실됨에 따라 세태는 사치와 낭비, 향락의 풍조가 날로 짙어가고 있다고 진단하고, 국가사회의 양심이

---

13. "송상석 목사", 《기독교 대백과 사전》 제8권, 708.; 이상규, "고신교회와 송상석 목사" 《한상동과 그의 시대》, 141,
14. 조선예수교연합공의회 제10회 회록, 1933. 48.; 민경배, 《대한예수교장로회 100년사》, 서울: 대한예수교장로회 총회, 1984. 430.
15. 송상석 편, 《한국절제교육연구사료집》. 서울: 성광문화사. 1978.
16. 《기독교대백과사전》, 708.; 이상규, "고신교회와 송상석 목사", 《한상동과 그의 시대》, 359.

라고 자처하는 기독교 단체에도 이 풍조가 물들어 날로 세속화 경향을 이루고 있음을 안타까워했다. 그는 "일제강점기에는 신사참배 반대투쟁에 총력을 기울였고, 광복 후에는 진리 정립 투쟁에 열중하다보니, 부지불식간에 이 절제교육의 미덕이 소실된 것을 뒤늦게 깨닫게" 되었다. 그가 이러한 인식으로 이 사료집을 간행할 때는 한국사회 경제가 발전하고, 한국교회가 고도성장기를 거치면서 부작용들이 나타나기 시작하던 때라 시의적절했다.

송상석은 "50여 년간 운동을 통해 수집해 왔던 선배 지도자들의 닦아둔 절제교육 사상에 빛나는 절제운동에 호응하여 각 신문보도기관이 공명공조한 논설 및 논평은 국가사회에 큰 각성과 유익을 준 사례를 재검토하고, 국내외의 각계 전문가 및 과학자, 교육자 및 각계명사들의 학설 및 논설을 기본소재 삼아"《한국절제교육연구사료집》을 간행했다.[17] 이 사료집은 46배판 양장본으로 800면이 넘는 방대한 것으로, 그가 임종을 두 해 앞둔 83세의 노구로 필생의 작업을 한 것이었다. 사료집은 제1부 절제 논설, 제2부 연초 역사, 제3부 주류기원의 역사, 제4부 주초과학설, 제5부 한국미성년자 금주금연법 실시 경위, 제6부 금주과학, 제7부 순결운동을 중심으로 엮었고, 마지막에는 대한기독교여자절제회 연혁과 한국기독교절제회 재건 계획을 포함하고 있다. 이 사료집은 한국교회 절제운동의 역사적 사료들을 다수 포함하고 있으나, 편집자의 계획이 지나쳐 백과사전식 편집으로 된 아쉬움이 있다.

송상석은 이 책의 간행으로 광복 후 재건하지 못했던 절제운동에 대한 아쉬움과 마음의 빚을 갚을 수 있었을 것이다. 이 책은 그가 그동안

17.《한국절제교육연구사료집》서문.

기울여 왔던 다양한 편집과 출판의 결정판과도 같은데, 그가 치밀한 전략가임을 잘 보여주고 있다. 백낙준과 박형룡이 한국교회 대표학자로서 절제운동과 이 책의 의의를 밝히며 서문을 썼다. 송상석은 1930년대 기독교 절제운동 총무로서 전국적으로 활동했지만, 절제운동 전통이 광복 후 고신교회 안에서 온전히, 조직적으로 계승되었다고 보기는 어렵다. 이상규도 송상석의 절제운동의 전통은 그의 개인적인 활동이었을 뿐 고신교회의 전통으로 수렴되지 못했다고 본다.[18] 그것은 송상석이 경남노회는 물론 고신교회의 행정과 정치에 깊이 관여하면서, 절제운동에 대해 관심을 기울일 여유가 없었기 때문이었다.

그러나 이에 대해 희미하지만 몇 가지 영향을 살펴보면, 송상석이 문창교회 부임한 이듬해 문창교회에서 소집된 경남노회 제51회 정기노회에서 '주초금지안'으로 교회 내 직임을 맡기지 않기로 한 결의,[19] 대한예수교장로회 총로회가 구성되면서 구제부 설치, 신망애 성로원 사역이 초기부터 총회에 보고되고, 고신교회들이 교단적인 사업으로 생각하고 지속적으로 헌금한 일, 나환자 교회를 위한 영광신학교 설치와 운영, 그리고 경남노회 경내에서 이약신, 조수옥, 주경순, 지득룡, 박재석 등이 사회사업을 활발하게 했던 것에서 직접, 간접으로 찾아볼 수 있다. 이만열은 절제운동 인맥 속에 흐르고 있는 정신이 오늘날 고신에서 자란 젊은이들을 통해 확산되어 가고 있다고 해,[20] 이후 고신 출신 평신도들의 활발한 사회운동을 절제운동의 영향이라고 본 것이다.

---

18. 이상규, "고신교회와 송상석 목사", 《교회 쇄신운동과 고신교회의 형성》, 서울: 생명의 양식, 2016. 369.
19. 〈경남노회 제51회 정기노회 촬요〉, 1949. 3. 7-10, 마산문창교회당
20. 이만열, 앞의 글, 74.

이러한 고신교회의 꾸준한 사회적인 관심은 이근삼이 칼빈주의 문화관의 이해와 합쳐지면서 더욱 다양화되었다. 그는 네덜란드 자유대학에서 한국인으로서 첫 박사 학위를 받으면서, 그리스도의 주권과 통치는 삶의 한 영역, 한 직업, 한 활동에만 국한되지 않는다는 아브라함 카이퍼의 가르침을 깊이 받아들였다. 이러한 영향은 그를 이어 자유대학교에 유학한 손봉호 주도로 1987년 조직된 기독교윤리실천운동으로 나타났고, 이후 다양한 NGO사역으로 계승되고 있다. 손봉호는 이 운동을 주도적으로 이끌었고, 오랫동안 상징적인 인물이었으며, 지금도 고신교회 출신들이 중심이 되어 이 운동을 이끌고 있다.[21]

2. 송상석과 법정소송

1) 송상석과 법정소송과 박윤선

한국장로교회는 1952년에 고신측이 분립되고, 1953년에 기장측이 분립되는 과정에서 교회가 어느 교파에 소속하는가에 따라 예배당 재산권 문제로 극심한 어려움을 겪었다. 기장측과 총회측의 분리과정에서는 처음부터 법정소송으로 문제를 해결하는 일이 많이 있었으나,[22] 고신측은 내부적으로 법정소송에 대한 다양한 견해가 존재해 어려움을 겪었다.

---

21. 손봉호는 이근삼의 "약한 자에 대한 하나님의 끈질긴 편애" 사상이 자신의 윤리관과 사회운동에 결정적인 영향을 미쳤다고 했다. 손봉호의 이근삼 추모의 글 "경건과 학문을 겸비한 그리스도인". 기윤실 이사장을 지낸 강영안과 현 이사장 백종국과 공동대표 정병오, 정현구는 고신교회의 장로와 목사이기도 하다.
22. 제주 성내교회의 경우 기장측과 예장측으로 갈등을 빚으면서 예장측 지지자들이 일방적으로 예장측에 등기했다가 소송을 거쳐 본당은 기장측이, 사택과 성경학교는 예장측이 분할, 소유하였다. 연규홍, 《제주성내교회 100년사》. 261.

제36회 총회가 고신측을 단절한 후 총회측이 교회당의 명도를 요구하였다. 한상동은 95%의 성도들이 지지했지만, 교회 내분이 불신자들에게 덕이 되지 않고 전도를 방해한다는 생각에 시무하던 부산의 대표교회 초량교회를 조건없이 내어 주고, 그를 따르던 신자들과 함께 삼일교회를 설립했다. 이와 달리 경남의 대표교회 문창교회를 맡고 있던 송상석은 총회파의 교회 명도 조처에 대해 법정 소송으로 대응했다. 고신측에 절대적인 지지를 보내던 영도교회, 거창교회, 진주교회는 교회당 명도가 문제가 되지 않았다. 경남노회는 제55회 임시노회에서 이 문제에 대해 "그 교회의 형편에 따라 처사할 것"을 결의했고, 몇 차례 확인한 바 있다.[23]

이 시기에 송상석은 그 논쟁과는 별도로 '성전파수는 진리전선에 승산있는 용사들의 투지'라는 간행물을 내었다.[24] 연대미상의 고려출판사 이름으로 출간된 이 간행물은 46배판 8면 세로 쓰기로 편집되어 있는데, 경남노회유지재단으로부터 문창교회의 명도를 요구받고, 그 반박으로 출간한 문서였다. 이 문서는 총회측과의 재산 분규에 대해 총회 헌법과 관계 문헌을 바탕으로 교회당 재산권은 교회에 있음을 논증하고 있다.

이 문제가 총회측만 아니라 고신교회 안에서 문제가 되어 왔는데, 제59회 정기노회에서는 "전 노회에서 결의한 개 교회 형편에 따라 적당히 처리하기로 결의한 것을 재확인하고 차 건에 대하여 비난, 공격, 분열 선동을 엄금하기로 함"이라는 신학부, 학부부와 마신시찰부 임사부

---

23. 경남법통노회 제55회 임시노회 결의(1951. 11. 16), 송상석, "교회소송문제의 재검토", 〈파수군〉 제63호. 1957. 64.
24. 고려신학대학도서관 편, 《고신교회역사자료집》 제1권, 335-342.

연석회의의 보고를 받았다.²⁵ 그런데, 고신의 신학을 대변하던 박윤선은 고린도전서 6장의 해석에 근거해 기독교인이 믿지 않는 일반 관리들 앞에서 소송하는 것이 옳지 않다는 입장을 가졌다.

문창교회 법정소송이 해결되지 않고 오래 끌면서 한국 장로교회의 이슈가 되었고, 박윤선은 총노회가 총회로 승격되던 제6회 총회에서 박윤선이 개회 후 호명에 이어 총대권 탈퇴 선언의 헤프닝이 있었다. 그는 다음 날 고신교회가 개혁운동 10주년을 맞아 총회로 출발함에 있어서 과거 10년을 회고하면서 예배당 쟁탈 문제, 교회 질서에 대한 문제, 〈기독교보〉에 대한 문제, 신학교에 대한 재정 문제 등 네 가지를 고신교회 개선과제로 제시하였다.²⁶ 이 문제가 바로 해결되지 않으면서 경기노회의 행정보류 등 복잡한 양상으로 발전되었고, 박윤선은 1957년 2월 이사회에 사표를 제출하였으며, 그 시기에 〈파수군〉에 '우리의 걸어갈 길'과 '나의 나아갈 길'을 발표했다.²⁷

이 일로 이미 고신교회의 지도자 가운데 하나였던 송상석이 문창교회 문제로 신학적으로 고려신학교 교장 박윤선의 직접적인 공격을 받는 양상이 되었다. 이에 대한 송상석의 대응으로 박윤선과의 법정소송 논쟁이 되어 여러 차례 논설을 주고받았다.²⁸ 이 과정에서 박윤선은 교장직을 사면하고 서울에서 '개혁신학원'을 설립했다. 그러나 박윤선의 개혁신학원 운영도 여의치 않았고, 박윤선 교장이 없는 고려신학교도

---

25. 송상석, 위의 글, 64, 65.
26. 《대한예수교장로회 총회회록(제1회-제10회)》, 부산: 대한예수교장로회 총회 출판부, 1961. 90-91.
27. 〈파수군〉 1957년 3월호(제51호), 8-18.
28. 이 논쟁은 송상석의 "교회 소송문제의 재검토"(제63호, 1957년 6월호)와 "교회 소송문제 재검토(2)"(제64호, 7월호), 박윤선의 "파수군 제63호, 64호에 대답"(제65호, 8월호), 송상석의 "교회소송문제 재검토에 대한 박윤선 목사님의 대답에 대한 대답"(제66호, 9월호)과 "교회 소송문제 재검토(3)"(제66호, 9월호)로 이어진 한국교회 논쟁사에 기록될 만한 치열한 것이었다.

신학교육에 어려움을 당하면서, 고려신학교 관계자들은 1957년 9월 13일 소송을 하지 않기로 하는 교육이념을 따라 교육한다는 결의서를 발표하고, 박윤선은 9월 하순에 고신 교장직에 복귀하였다.[29]

이러한 소송문제에 대한 박윤선과 송상석의 논쟁에 대해 한상동은 침묵으로 일관했다. 그것은 이 문제가 꼭 신학적인 문제로 보기 어려운 측면이 있었고, 이미 노회가 '각 교회의 형편대로 할 일'이라고 여러 차례 결의했기 때문이었다. 이 문제에 대해 한상동이 신앙생활의 건덕으로 보았지 성경적으로 반드시 지켜야 할 문제로 보지 않았기 때문이라 생각한다. 그가 이 문제에 대해 침묵한 것은 박윤선의 입장을 지지한다면 송상석이 이끌고 있는 경남노회를 잃을 위험이 있었고, 송상석을 지지한다면 고신의 신학을 대표하고, 변증해왔던 박윤선을 잃을 수 있었던 곤란한 입장이었기 때문이었을 것으로 생각된다.

박윤선이 신학교에 복귀하였지만, 이 시기에 박윤선과 송상석은 물론, 박윤선과 한상동의 관계도 신뢰가 무너지고 있었다. 박윤선은 신학교에 복귀한 후 2년을 더 봉사하다가 연구의 길을 떠났다. 네덜란드 자유대학 박사 논문을 마무리하기 위해 1959년 12월에 미국에서 논문을 준비해 제출했으나 지도교수와 입장의 차이가 있어 박사 학위를 포기하고, 1960년 5월 29일 귀국하였다.[30] 그러나 그는 연이어 1960년 7월 오랫동안 동역했던 정통장로교회 선교사 스푸너의 출국시 발생한 주일성수 문제로 1960년 9월 고신을 영영히 떠났다. 이것은 사실 주일성수 문제이기 보다는 박윤선과 송상석의 소송논쟁의 여파라고 보는 것이

---

29. 허순길,《한국장로교회사》, 영문, 457. 나삼진. "박윤선의 '전국교회에 드리는 말씀'과 '결의서'", 〈기독교보〉 2012. 4. 28.
30. 허순길,《한국장로교회사》, 서울: 대한예수교장로회 총회 출판국, 2002, 425.

옳다.[31]

2) 《법정소송과 종교재판》[32]

일제강점기에 박해가 심했던 시절 목회를 떠나 황해도 황주에서 은둔생활을 하던 송상석은 서울에서 절제운동을 재건하고자 시도하였으나 뜻을 이루지 못하고 고향으로 돌아왔다.[33] 송상석은 거제 장승포교회와 가술교회를 거쳐 마산 문창교회의 청빙을 받아 목회하였다.[34] 문창교회는 초기에는 고신을 지지하는 성도들이 많았지만, 소송이 오래 진행되면서 교회분쟁이 지역사회에 덕을 주지 못한다고 생각하였던 고신계 성도들이 한상동의 모범을 따라 제2문창교회와 동광교회를 설립해 떠나면서 교회 내 소수가 되었고, 송상석은 21년간의 긴 소송을 거쳐 "교회의 재산은 교인의 총유"라는 대법원 판례를 받아 내었다.

송상석은 그 사이에 고신교회 안에서 총회적인 지도자로서 리더십을 갖게 되었다. 1968년 11월 이사장 취임 이후 교수회와 여러 차례 심각한 갈등이 있었고, 한상동과의 갈등도 적지 않았다. 그는 1972년 이사장 임기 4년을 마쳤지만, 문교부의 임기가 남아 있다는 해석을 근거로 이사장직을 이관하지 않고, 법적 이사장을 주장했다. 고신교회에서는 이를 받아들이기 어려웠고, 그 과정에서 교단 내 소송이 이루어졌으며, 송상석은 법원에서 유죄 판결을 받았다. 이에 제24회 총회에서 경북노

---

31. 남영환은 이를 박윤선과 송상석의 싸움의 연장으로 보았다. 남영환, 《한국교회와 교단》, 서울: 소망사, 1988. 469-470. 남영환은 이사회의 위임을 받아 윤봉기와 함께 한상동과 박윤선의 동의하에 최종적인 회합을 부산 청탑그릴에서 가졌는데, 송상석이 이를 막았음을 증언한다. 남영환, "박윤선과 한상동", 92-93.
32. 송상석, 《법정소송과 종교재판》, 마산: 경남법통노회, 1976.
33. 이상규, 《교회쇄신운동과 고신교회의 형성》, 361.
34. 남영환, "박윤선과 한상동", 80.; 경남노회 제50회(1948. 12. 7-11) 촬요.

회가 제출한 헌의안에 따라 송상석의 비행에 대한 처리의 건은 총회특별재판국을 설치하여 처리하기로 결의하였고, 그는 1974년 12월 4일 목사 면직 판결을 받았다.[35] 그의 잘못된 판단으로 실수가 있었지만, 이는 평생 고신교회를 섬겼고, 또 일정한 공헌이 있었던 지도자에 대한 처분으로서는 과한 것이었고,[36] 그 결과 경남법통노회가 행정을 보류하면서 둘로 나누어지는 불행이 왔다.

1975년 7월 제일문창교회 원로목사로 추대된 그는 평소 가졌던 자료들을 정리하여 《법정소송과 종교재판》이라는 책을 저술하였다. 1976년 경남법통노회에서 발행한 이 책은 국배판 양장본으로 294면과 부록으로 되어 있다. 삼 편으로 구성된 이 책은 상편에 성경과 공법원리에서 본 소송원리를 주제로 소송에 대한 삼대 비판과 척도, 법정소송 문제에 대한 비판의 삼대 표준원리, 비성경적 성도간의 불신법정 소송문제 등 12편의 논설, 중편에 문창교회 소송에 대한 진상과 고려파교단 재산관리 처분 문제 등 두 편, 하편에 소송 원인과 결과를 주제로 하여 고려파교단의 역정, 고려파 내분의 진전과정, 총회 소유 재산 귀속 문제, 출판물 명예훼손 문제 등 6편의 논설이 실려 있다. 부록에 경남노회의 고려신학교 인가증명서를 비롯한 고신교회의 역사와 관련된 다양한 문헌들이 포함되어 있다.

이 책은 송상석이 면직된 후 자신에 대한 해명성 저서로 출판한 것이라 한상동에 대한 원망이 여러 곳에 묻어나는 등 공정성이 남보뇌시

---

35. 허순길, 《고려신학대학원 50년사》, 천안: 고려신학대학원 출판부, 1996, 209.
36. 허순길은 이 같은 시벌에 관하여 '그의 비행을 인정하면서도 … 당혹감을 갖게 된 분들이 많았다'고 했고, '특별재판국의 시벌은 분명히 가혹했던 것으로 보여진다'고 했다. 《고려신학대학원 50년사》, 209, 211.

않는다. 그럼에도 불구하고, 이 책은 교회 소송에 관한 다양한 기록과 고신교회 역사와 관련된 자료들을 망라해 독자적인 저술로 그 의의가 적지 않다.

3. 송상석과 역사의식

1) 《조선예수교장로회 50주년 역사화보》[37]

송상석이 조선예수교장로회신학교를 졸업하던 1934년에 조선예수교장로회 50주년을 맞았다. 총회는 평양 서문외교회에서 제23회 총회를 개최하면서 희년대회를 갖고, 《조선예수교장로회 50주년 역사화보》를 간행했다. 이 책은 조선예수교장로회 총회가 발행하고, 편집 책임은 송상석이, 발매는 조선예수교장로회 평양신학교가 담당하였다. 표지 안에 조선교회라는 글자에 지도자들의 사진을 넣었고, 이어 미국남북감리교회 선교부를 포함해 조선 주재 각 선교부의 담당구역을 지도로 표시하였다. 총회장 이인직이 권두사를, 북장로교회 선교회장 허대전이 영문 축사를, 송상석이 편집 과정을 적었다.

가로 27cm 세로 20cm의 크기의 엘범식으로 된 이 역사화보는 모두 202면으로 구성되어 있다. 그는 미국 북장로교회를 중심으로 각 선교부들과 협력, 방대한 사진들을 모아 모두 23부로 구성했다. 제1부 총서에서 각 노회 분포도와 교세 비교, 조선교회의 발아기, 종파별 현황, 연대별 약사. 50주년 약사를 정리하고, 이어 24편에 걸쳐 조선교회 창설 기초 공작, 조선교회 수난 약사, 중요 초대교회당들, 선교사들의 사진, 선

---

37. 송상석 편, 《조선예수교장로회 50주년 역사화보》, 1934.

교 25년 이상 된 선교사들, 전문교육기관과 중등학교 교육, 주일학교 대회, 기독교 문화운동과 청년운동 등으로 자세하게 분류, 정리되어 있다. 마지막에는 희년 축하연의 모습을 남기고 있다. 이상규는 "이 책을 편집, 출판한 공로만으로도 그에게 큰 상을 주어 마땅하다"고 할 정도로 역사적 의의가 있는 서책이다.[38] 총회 역사화보편집위원회는 총회장 이인직, 서기 홍택기 외에 4인 위원이 있었고, 송상석은 총무의 책임을 맡았다. 이 서책의 부록으로 제공된 통계표는 한국장로교회의 당시 모습을 파악하게 한다.

송상석은 숭실전문학교 운동장에서 개최된 한국장로교회 50주년 축하 기념예배를 위해 대회의 설비위원으로도 봉사했다.[39] 이때는 3월 14일 총회 기간에 졸업식을 가졌는데, 송상석이 신학교 재학 중에 화보편집 책임자가 되고, 50주년 기념대회와 축하회 순서에 이름이 포함되었던 것을 보면 그의 역량이 절제운동과 박형룡 저술의 교열을 통해 총회지도부에서 상당한 인정을 받았음을 알 수 있다.

2) 《대한예수교장로회 총회 50년 약사》[40]

1959년 연동측과 승동측이 분리된 지 1년 만에 승동측과 고신측이 합동했다. 송상석이 역사와 관련된 두 번째 일은 총회 창립 50주년을 맞아 《대한예수교장로회 총회 50년 약사》를 편찬한 것이다. 이 책은 이대영, 이인직, 송상석이 공동으로 편집, 46판 100면으로 줄판해 1912년

---

38. 이상규, "고신교회와 송상석 목사", 《교회쇄신운동과 고신교회의 형성》, 서울: 생명의 양식, 2016, 359.
39. 송상석 편, 《조선예수교장로회 50주년 역사화보》, 1934. 194.
40. 《대한예수교장로회 총회 창립 50주년 약사》, 부산: 칼빈문화사, 1962.

총회 설립 이후 장로교 총회 50년의 역사를 담았다.

이 약사는 먼저 합동총회, 제1회 독노회, 최초의 7인 목사, 출옥성도 사진 등을 20면 화보로 구성하였다. 상편에서는 본격적인 역사로 한국 장로회 약사를 정리했는데, 한국인의 장로교회 준비시대, 외래선교 준비시대, 한국장로교회 조직시대, 한국장로교회 육성시대, 한국장로교회의 수난시대, 희비극 교차시대, 한국장로교회의 분열과 합동, 하편에서는 5년의 독로회의 역사와 장로회 총회를 연대별로 중요 결의사항과 역사적 사실을 정리했다. 특히 고신측이 분리된 제37회 총회(1952년)부터는 고신측 총로회부터 10회 총회까지의 역사를 병기했고, 합동총회였던 제45회 총회의 결의사항을 정리했다. 부록으로는 선교 상황 보고, 전국여전도회 현황, 세계장로교 선교부의 상황, 한국교회의 3대 은사와 4대 박해를 실었다. 이인직의 수기 일부를 포함한 부록 제4부를 제외하면 중요한 부분이 송상석의 작품이었다.

승동측과의 합동총회시 고신측 역사를 이원적 사실로 기록하게 한 합동원칙대로,[41] 송상석은 약사 편찬에서 고신측의 총회 단절 이후의 역사를 병기하였다. 한상동은 총회장 서문에서 "특히 고신측 총회와의 경사스러운 합동사실이 약사에 수록된 것을 거듭 감사"했다.[42] "대한예수교장로회 총회 창립 50주년 약사"를 집필한 송상석은 총회 창립 50주년 기념대회에서 이를 낭독하였다.[43]

---

41. 합동 취지 및 선서문, 《대한예수교장로회 총회록(제11회-20회)》, 부산: 총회출판부, 1971. 18.
42. 《대한예수교장로회 총회 50년 약사》 서문.
43. 송상석, "대한예수교장로회 총회 창립 50주년 약사" 〈파수군〉 제123호.

3) 《대한예수교장로회 총회 회록》(제1회-제10회)(1961), 《대한예수교장로회 총회 회록》(제11회-제20회)(1972)[44]

조선예수교장로회 총회는 노회 상황 보고와 부록의 자료를 포함하여 매년 총회록을 발행했지만, 고신교회는 교세가 작고 재정도 충분치 않아 그렇게 하지 못했다. 총로회가 조직된 후부터 〈파수군〉을 통해 그 결과가 공지되었고, 총회 촬요를 정리해 전국교회에 배포했다.

송상석은 총로회 조직 이후 10년간의 총회 회록을 모아 고신교회의 역사적 기록으로 남겼다. 그는 제10회 총회장으로 선출되었지만, 바로 승동측과 합동이 추진되어 속회 때까지만 총회장으로 일했다. 총회장으로서 그의 가장 중요한 임무는 합동 추진이었고, 합동추진위원으로서 합동 과정과 선언문 작성에 그의 노력이 담겼다.

《대한예수교장로회 총회 회록(제1회-제10회)》은 국판 세로쓰기 218면으로 구성되어 있는데, 회록과 각 회 부록으로 임원과 부원, 각 노회 상황 역대 임원, 총회 통계 등이 함께 실려 있다. 각 회수별로 색지를 간지로 넣어 구분이 편리하게 제작했고, 차례 뒤에 역대 임원 명단을 종합하여 실었다. 제1회 총로회 부록으로는 고신의 출발을 선언하는 '대한예수교장로회 총로회 발회 선포문'을 실었고, 제6회 총회의 부록에는 대한예수교장로회(고신)의 첫 총회 규칙, 그리고 헌법 채택과 그 수정안 내용이 실려 있다.[45] 이 회록은 1961년 9월 5일 발행하였고, 편집인 겸 발행인으로 송상석, 그가 대표로 있던 칼빈문화출판사 이름으로 출판되었다. 송상석은 합동 당시 총회장이었고, 출판부장이기도 했다. 그는 승

---

44. 《대한예수교장로회 총회록(제1회-10회)》, 부산: 총회출판부, 1961.; 《대한예수교장로회 총회록(제11회-20회)》, 부산: 총회출판부, 1971.
45. 《대한예수교장로회 총회록(제1회-10회)》, 부산: 총회출판부, 1961. 11-14. 104-109. 109-113.

동측과의 합동으로 고신총회가 없어지는 순간에도 역대 회록을 편집, 출판함으로써 고신교회 초기의 역사와 사료를 보존한 것이었다.

송상석은 1970년 9월 제20회 대한예수교장로회 총회에서 회장으로 선임되어 임기를 마치면서 《대한예수교장로회 총회 회록(제11회-제20회)》을 발행하였다. 이 회록은 국판 가로쓰기 346면으로 되어 있고, 당시 서기 이기진이 엮었다. 이 책에는 합동 제45회(고신 제10회) 총회의 계속회 자료를 실어 합동과정과 관련된 합동위원 보고서가 실려 있고, 헌법과 총회 규칙 수정안, 초안위원장 송상석이 작성, 제출한 합동 취지 및 선서문이 상세하게 포함되어 있다.[46]

이처럼 송상석은 고신교회의 초기 20년의 역사를 담고 있는 총회 회록을 두 차례 정리, 간행하였다. 그는 서문에서 '역사성 있는 성회의 작업 실태를 영구보존'하기 위한 것이라고 회록 간행 이유를 적었다.[47] 이 두 회록은 오늘날 고신교회 초기 20년의 역사 연구에 소중한 사료가 되고 있다.

4) 교단 창립 20주년 화보 《우리 교단의 어제와 오늘》 등

송상석이 제20회 총회장으로 선출되었을 때 총회 20주년 기념화보를 간행하기로 결의했다.[48] 사실 이 일은 김도윤 장로가 개인적인 열망에 의해 제17회 총회 때부터 관심을 가지고 노력하였으나 뜻을 이루지 못하다가 총회장 송상석에게 요청하여 성사되었다. 그래서 그 작업도 총회에서 편찬위원회를 구성한 것이 아니라 김도윤이 홀로 책임을 지

---

46. 《대한예수교장로회 총회회록(제11회-20회)》, 부산: 총회출판부, 1971. 17-21.
47. 위의 책 서문.
48. 대한예수교장로회 총회 제20회 촬요. 중요 결의사항 24항.

고 편집하였다. 그는 한 해 동안 준비해 이듬해 총회시에《우리 교단의 어제와 오늘》을 펴내었으며, 송상석이 머리말을, 한상동과 한부선이 찬사를 썼다. 140면 앨범식으로 구성된 이 화보집에는 한국교회 역사로 송상석이 편집하였던《조선예수교장로회 50주년 역사화보》의 사진들이 다수 포함되어 있고, 고신교회 역사로 고려신학교, 복음병원, 선교사 편 등이 포함되었고, 각 노회별로 교회의 사진과 중요직분자들의 사진이 포함되어 있다. 산하기관들의 조직과 임원 사진들도 포함되어 있다. 이 화보 제작을 위해 홀로 위원이었던 김도윤은 송상석의 자문을 받아 편집하였을 것이다. 이것을 시작으로 고신교회는 한국교회 100주년, 고신교단 창립 50주년에 역사화보를 출판하였다.

송상석은 이와 함께〈파수군〉지령 100호를 기념해 편집부의 청탁을 받고, "장로교회의 한국유래와 고신파 진리운동의 발전 경위(1, 2)"를 발표하면서 고신교회의 역사를 잘 정리했다.[49] 그가 밝히는 것과 같이 자신의 부족을 느끼고 사양하였으나 편집부의 간청으로 이 글을 집필했는데, 학술적인 논문은 아니지만, 고신교회 역사와 일제강점기의 한국교회 현실을 보여주는 내용이 포함되어 있다. 이러한 일련의 노력은 그의 역사의식의 소산이었다.

---

49. 송상석, "장로교회의 한국 유래와 고신파 진리운동의 발전 경위" 1(〈파수군〉100호), 2(〈파수군〉102호)

4. 송상석의 출판과 문서운동

1) 박형룡의 《기독교근대신학난제 선평》[50]

송상석은 서울 보성학교 법과(현 고려대 법대)에 입학을 했으나 2년을 공부하고 가정 형편으로 학교를 그만두었다.[51] 그가 길지 않는 기간 동안 법학을 공부했지만, 법학도에게서 보이는 조직적인 성격을 잘 드러내고 있는데, 특히 행정과 출판에서 특별한 능력을 보여주었다.

그는 50주년 역사화보 편집에 이어, 박형룡의 《기독교근대신학난제 선평》을 편집하고 교열하였다. 이 책은 한국인에 의해 쓰여진 최초의 본격적인 신학서라는 역사적 의의를 지니고 있다.[52] 박형룡과 신학적 입장이 다른 유동식도 박형룡의 이 책을 "한국 최초의 조직신학 저서인 동시에 847면에 달하는 대작"이라고 평가하고 있다.[53]

이 책은 1935년에 출간되었지만, 필자가 직접 원고지에 원고를 쓰거나 주변에서 원고를 정리했고, 인쇄소에서 문선을 하고 활판 인쇄를 했기 때문에 출판에 적어도 1년 이상 준비가 있었을 것으로 보인다. 이 책을 편집하고 교열한 송상석과 박형룡은 스승과 제자의 관계를 넘어서 밀접한 관계를 형성했을 것이다. 송상석은 이렇게 신학교 시절부터 출판과 문서운동 방면에 탁월성을 보였다. 신사참배의 박해를 피해 만주 봉천에서 신학교육을 한 박형룡이 광복 후에도 귀국하지 못하고 있었

---

50. 박형룡, 《기독교 근대신학난제 선평》, 평양: 조선예수교장로회신학교, 1935.
51. 심군식, "송상석 목사의 생애", 《한국교회 100년》, 부산: 한국교회 100년 기념사업회, 1985. 191; 심군식은 송상석이 신학교에 입학하기 전 민족지사로 민족 대표 33인 가운데 하나였던 서울 중앙교회 김창준 목사의 후원을 받아 절제운동을 전개했다고 했다. 그는 김창준의 후원으로 절제운동 참여 실적과 신학교에서 열린 절제운동 웅변대회에서의 입상이 어우러져 절제회 총무가 된 것으로 보인다.
52. 장동민, 《박형룡 신학연구》, 263. 박응규, "한국교회에서 차지하는 박형룡의 역사적 의미", 《죽산 박형룡과 정암 박윤선》, 수원: 합동신학대학원대학교, 2005, 67.에서 중인.
53. 유동식, 《한국신학의 광맥》, 서울: 전망사, 1982. 136.

을 때, 그를 한국으로 인도하는 일에 송상석이 자원하였던 것도 이같은 개인적인 관계도 영향을 미쳤을 것으로 보인다.

그는 박형룡을 인도하기 위해 1947년 5월 20일 부산을 떠나,[54] 서울을 거쳐 인천에서 밀항선을 타고 영구로, 영구에서 200km 이상 되는 봉천까지 이동해 가족들과 이삿짐을 옮겨오는 일이어서 매우 어렵고도 위험한 일이었다. 송상석은 당시의 상황을 "마치 블레셋 군대와 충돌하면서 사선을 넘어 베들레헴 성문 곁 우물에서 생수를 길으오던 용사(삼하 23:13-17)의 심정이었다"고 회고했다.[55] 박형룡이 고려신학교와 송상석의 인도를 받아 귀국하지 못했다면, 이후에는 길이 막혀 귀국이 불가능했을 것이다. 박형룡의 아들 박아론도 당시의 상황을 "박형룡과 가족의 눈에 메신저 송상석은 마치 옛날 소돔성 멸망 직전에 찾아갔던 두 천사처럼 보였을 것이고(창 19장) '구세주'처럼 보였던 것이다"라고 증언한다.[56] 박형룡 박사 입국 인도와 한 학기 만의 이탈은 고신교회에는 적지 않은 부담이 되었지만, 한국교회에는 유익을 주어 '모든 것이 합력하여 선을 이루었다'고 할 수 있다.

2) 〈기독교보〉 창간

고신교회 지도자들은 초기부터 문서운동에 관심이 많았다. 장로교 총회 안에서 소수파로서 교회쇄신운동을 펼치기 위해서는 강력한 문서

---

54. 당시 고려신학교 개교 초기 교수 확보가 필사적으로 노력하고 있었는데, 한부선은 아내에게 보낸 편지에서 송상석이 박형룡을 만주에서 입국시키기 위한 제안을 하였고(47. 5. 13), "오늘 클라크 박사와 함께 금주운동을 펼치며 일했던 송(상석) 씨가 서울로 떠났습니다. ... 신학교는 그가 박 박사를 귀환시키도록 (우리에게 있는 것을 다 긁어보아서) 145,000엔을 그에게 주었습니다."라 썼다. 1947. 5. 20.
55. 송상석,《법정소송과 종교재판》, 70.
56. 박아론,《세월따라 신학따라》, 서울: 기독교연합신문사, 2002, 118-119; 박아론, "박형룡 박사와 송상석 목사", 이상규 편,《송상석과 그의 시대》, 한국교회와 역사연구소/발해, 2021, 117.

운동이 필요했기 때문이었다. 고려신학교가 '진리운동' 소책자를 네 차례나 간행한 것이나, 〈파수군〉을 창간한 것도 그 이유였다. 한부선도 이와 관련해 미국에서 인쇄용지도 수입했고, 출판 설비를 위해 많은 관심을 기울인 것을 볼 수 있다.[57]

대한예수교장로회 총로회는 문서운동을 확대하기 위해 1955년 4월 제4회 총로회에서 출판위원회를 신설했고, 송상석이 위원장을 맡았다. 송상석은 사업계획 보고에서 〈기독교보〉 창간 계획을 밝혔지만, 출판위원회의 보고 별지가 보존되어 있지 않아 그 내용을 정확히는 알 수 없다.[58] 송상석은 총회 결의를 기반으로 1955년 6월 8일에 〈기독교보〉의 창간호를 내었다. 신문의 창간은 많은 인력과 재정이 필요한 것이었고, 전후의 물자 사정도 여의치 않았지만, 그가 1934년에 이미 〈절제시보〉를 창간하고 발행한 경험이 있었기 때문에, 이 계획을 추진할 수 있었다.

송상석 자신은 편집 겸 발행인으로, 한상동을 고문으로, 박윤선이 주필로, 청년 김경래가 편집부장을 맡아 타블로이드 판 2면의 〈기독교보〉를 간행했다. 창간호에는 한상동, 박윤선, 진칠홍의 축사가 실렸고, 정부의 공보실장 갈홍기의 '파수꾼의 나팔이 되라'는 격려사가 실렸다. 박윤선의 '우리의 신앙노선'이 3회에 걸쳐 연재되었고, 고려신학교의 연혁을 볼 수도 있다. 편집에는 독자를 배려하여 제3호부터는 임옥인의 소설 연재, 교계와 사회의 '주간 동정', 기자들의 후일담 '교계춘추', 외국인들을 위한 'English Edition'이 포함되어 신문으로서 규모를 갖추었다. 〈기독교보〉는 창간호 발행 이후 6개월 동안 정상적으로 발행했지

---

57. 한부선,《한부선 서간집》제1, 4권, 서울: 키아츠, 2018. 아내에게 보낸 편지 1946. 12. 20, 1947. 1. 7. 4. 2, 4. 9, 19, 1948. 3. 8등.
58.《대한예수교장로회 총회록(제1회-10회)》, 부산: 총회출판부, 1961. 45.

만, 12월에 합병호를 두 차례 발간했고, 1956년에는 총회까지 9개월 동안 네 차례만 발간해 출간의 어려움이 적지않았음을 짐작할 수 있다.

이 무렵 박윤선은 진리운동 10주년을 맞이하여 총회 석상에서 고신교회가 개혁해야 할 당면과제로, 예배당 쟁탈 문제, 교회 질서에 대한 문제, 〈기독교보〉에 대한 문제, 신학교에 대한 재정문제 등 네 가지를 제시하였다.[59] 그는 인적, 물적 자원이 제한된 크지 않은 교단에서 〈기독교보〉가 고려신학교 교장으로서 발간하였던 〈파수군〉과 중복되어 교단의 미디어 힘이 분산되어 교회쇄신운동에 지장을 준다고 여겼을 것이다. 실제로 〈기독교보〉의 운영이 작은 교단 규모로서는 쉬운 일이 아니어서, 1956년 9월 제6회 총회에 그 부채 문제가 정치부에 보고되었고, 송상석은 출판위원장으로서 책임을 지고 사면서를 제출했다. 신문 발간에 따른 60만환의 부채를 구제위원회가 담당하기로 하였고, 향후 신문은 총회와는 관계가 없어지는 것으로 하고, 계속 발행 여부와 사장 사면에 관한 것은 직원들에게 위임되었다.[60] 이것은 총회가 재정부담을 하기 어려우니 폐간하라는 결정과 같아서, 〈기독교보〉는 1956년 9월 20일 32호를 끝으로 중단되고 말았다. 교단 신문이 중요하고 필요하였지만, 당시는 신학교도 운영도 어려운 때였으니 고신교단의 교세와 재정 규모로 보아 〈기독교보〉와 〈파수군〉을 함께 운영할 여건이 되지 못했던 것이다. 그렇게 정간된 〈기독교보〉는 43년만인 1989년 총회를 기해 복간되어 오늘에 이르고 있다.

---

59. 《대한예수교장로회 총회록(제1회-10회)》, 90.
60. 《대한예수교장로회 총회록(제1회-10회)》, 98.

5. 송상석과 고신교회 변론

1) 송상석의 역사적 문서들의 작성

송상석은 고신교회의 역사적인 문서를 몇 차례 작성했는데, 그 첫째가 1952년 대한예수교장로회 총로회가 발회 후 발표된 발회문이었다. 출옥성도들에 의해 시작된 교회쇄신운동은 고려신학교 설립 이후 초기에는 고려신학교 문제로, 후에는 경남노회 문제로 총회에서 힘든 논쟁을 계속해야 했다. 최종적으로 제36회 총회가 고신교회를 축출함으로 6년의 지리한 논란이 종지부를 찍었다.

이에 고신교회는 1952년 9월 11일 진주 성남교회당에서 경남노회를 중심으로 대한예수교장로회 총로회를 발회하였다. 총로회 조직의 취지와 목적을 발표하고 임원을 선출한 후 회장 이약신과 부회장 한상동은 발회문 작성위원으로 송상석, 이학인, 장석인, 전성도, 황철도를 추천했고,[61] 즉석에서 고려신학교 교수회원을 증원하기로 결의, 박윤선과 한부선이 포함되었다.

다음날 총회는 "선포문 기초위원장 송상석 목사가 기초한 보고를 정정하여 채택"했다. 이 선언문은 "기초위원들의 의견이 반영되고 약간의 첨삭이 있었겠지만 이 문서의 구성, 전개, 대의는 송상석의 것"이라 할 수 있다.[62] 전국의 목사, 장로, 남녀 전도사 등이 3주간 자숙한 후, 10월 14일부터 사흘간 고려신학교에서 부흥회를 개최하고, 10월 16일 총로회 발회식에서 낭독하기로 결의, 선포하였다.[63]

---

61. 《대한예수교장로회 총회록(제1회-10회)》, 4.
62. 이상규, "고신교회와 송상석 목사", 《한상동과 그의 시대》, 서울: SFC, 2006, 146.
63. 《대한예수교장로회 총회록(제1회-10회)》, 5. 11-14.

또한 송상석은 고신측과 승동측과의 합동시 합동선언문 초안위원장으로서 작성에 깊이 관여했다.[64] 그는 처음에 승동측과 합동을 찬동하지 않았지만, 한상동의 뜻을 따라 합동에 가담했다. 합동원칙에 신학교 문제가 중요했는데, "신학교는 총회 직영의 단일신학교로 하고"로 보고되었으나, 그는 행정적인 예지를 가지고 "신학교는 총회 직영으로 일원화하고"로 수정하였다. 이는 부산에서 고려신학교를 계속 유지할 뜻을 가졌기 때문이었고,[65] 고려신학교의 존립을 위한 법적인 장치를 둔 것이기도 했다. 초안위원들은 짧은 기간이었지만, 합동선언문에서 큰 틀에서 합동 서문에 이어 전통계승, 합동원칙, 지도원리, 생활원리, 우리의 진로, 대외 관계, 우리의 결의와 권고 등을 일곱 분야로 나누어 정리했다. 이 선언문은 예장측 총회장 고승모와 고신측 총회장 송상석의 이름과 총회원 일동으로 발표되었다. 또 그는 합동총회가 1934년판 조선예수교장로회 헌법을 대한예수교장로회 총회 헌법으로 수정해 채택할 때 헌법 수정위원으로 참여, 헌법과 규칙을 정비했다.

2) 총회측과의 논쟁에서 고신교회 변증

한상동과 주남선 등 출옥성도들이 고려신학교 설립하고, 교회쇄신 운동을 전개하면서 경남노회에서는 이들을 지지하는 교회들이 다수였다. 그러나 경남노회 안의 친일 교권주의자들과 오랫동안 관계를 가지며 이들을 지지하는 교권주의자들이 있었다. 이들을 대항하기 위해 고신교회는 총회측의 부당성에 대해 고발하고, 이를 문서로 작성하여 경남노회와 전국교회에 알려야 했는데, 이를 위해 송상석은 여러 노력을

---

64. 《대한예수교장로회 총회록(제1회-10회)》, 부산: 총회출판부, 1971. 17-21.
65. 허순길, 《한국장로교회사》, 서울: 대한예수교장로회(고신) 역사편찬위원회/총회출판국, 2002. 447.

했다. 노회의 일반적인 문서는 노회장 이약신과 서기 박손혁이 관여하였을 것이지만, 총회와의 논쟁을 위한 문서는 특별위원에 포함된 송상석이 직접 작성하였거나, 독회 등을 통해 완성에 깊이 관여하였다고 할 수 있다. 그가 관여, 발행한 첫 문서가 '경남노회 사건 총회전권위원회 경과상황 발표에 해답함'(1948. 6. 30)이다. 경남노회사건 총회전권위원회, 대한예수교장로회 제35회 총대, 경남노회 각 교회와 기타 전국교회 앞으로 보낸 46배판 8면 세로쓰기 2단으로 편집된 이 문서는 경남노회장 이약신, 총대 이순필, 송상석 등 3인의 이름으로 발표되었다. 이 문서는 총회전권위원회의 부당한 행정과 불법성을 구체적으로 고발했는데, 그 결과 제35회 총회에서는 전권위원회 보고서가 기각되고, 특별위원을 파송했다.

둘째 문서는 경남노회장 이약신의 이름으로 발표된 '호소와 공약선언: 대한예수교 장로회 총회와 각 노회와 성도들에게 드리는 말씀' 안에 포함된 '고신당국자들의 선서문'(1949. 9)이었다. 이 문서는 반대파들이 고신이 이교파를 창설하려 한다는 소문을 퍼뜨리자, 제52회 정기노회의 결의로 고신책임자 주남선, 한상동, 박윤선, 한명동, 손양원, 송상석 등 6인의 이름으로 '이교파 수립을 계도하지 않으며, 앞으로도 그런 야심은 전연 없음'과 함께 총회적인 오해를 여섯 개 항으로 정리해 공표하였다.[66]

셋째 문서는 제36회 총회를 앞두고 경남(법통)노회장 이약신, 교회대표 박손혁, 한상동, 권성문, 김을길, 송상석 등 6인의 이름으로 발표된 제53회 노회 임시노회의 결의로 상정하는 '진정서'(1950. 5)이다. 46배

---

66. "호소와 공약선언" 1949년 9월 발표 문서.

판 세로쓰기 2단으로 편집, 4면으로 구성된 이 문서는 총회특별위원회가 추진한 '경남노회 통일조정은 왜 결렬되었나?'를 설명하고 있다. 이 문서에서 '고려신학과 소위 신성파에 대하여'와 불법 분리하는 노회 소집 통지문 등 문서에 대한 입장을 밝히고, 특별위원 처사에 대해 항의하고, 결론적 요구조건 일곱 가지를 제시하고 있다.

넷째 문서는 제36회 총회(1951. 5. 25-29)를 앞두고 발표된 '경남노회 진상 보고와 진정서'(1951. 5. 25)로, 46배판 활판 세로쓰기 인쇄로 13면에 달한다. 이 문서는 표지를 2도로 인쇄하였고, 표지와 2,3면 외에 본문을 9면으로 구성했다. 이 문서는 작은 글씨로 인쇄되어 방대한 분량이다. 이 문서는 경남법통노회 통일대책위원회 이름으로 발행되었는데, 경남노회 총대권 문제 등에 대한 노회의 입장을 정리하고, 공정한 판단을 내려 주기를 요청하고 있다. 그는 이 문서에서 '한국기독교 광복 전후 진상도해'를 작성하여 경남노회가 왜, 무엇을 위해 싸우고 있는지 잘 요약한다. 이 문서는 경남법통노회 통일 대책위원 이약신, 한상동, 박윤선, 박손혁, 이순필, 전성도, 엄주신, 심상동, 송상석 등 9인의 이름으로 대한예수교장로회 총회장과 총회 경남노회 특별위원장, 제36회 총대들에게 배포되었다. 이 문서는 총회 전권위원과 특별위원들의 불법적인 처사를 고발하며, 총대들에게 진상을 설명하고, 다른 한 편으로 고신을 지지하던 성도들과 교회들에게 고신의 정당성을 알리고 있다.

이러한 문서들의 작성을 위해 함께 이름을 올렸던 위원들의 구체적인 논의가 있었을 것이지만, 송상석의 치밀한 성격으로 보아 그 문서를 직접 작성했거나, 공동으로 집필해 함께 독회, 보완했을 것으로 보인다. 그는 총회측과 고신교회가 갈등하던 기간 동안 고신교회의 입장을 대변하는 일에 함께 했다.

송상석은 고신측과 승동측의 합동 때에도 1961년 11월 20일 '합동총회에 대한 호소: 경남(법통) 노회 결의와 해명을 공개함'이라는 문서를 발표, 고려신학교 폐교의 위기에서 승동측의 합동원칙 위반과 일방적인 행정에 저항했다. 46판 세로 쓰기 25면으로 된 이 소책자는 경남노회 입장을 잘 대변한다. 경남노회는 항의서를 제출하며 총회장에서 퇴장하기도 했다.

그 외에도 송상석은 문필가로서 고신을 대변하는 논설을 몇 차례 〈파수군〉에 기고하였다. "정시하자 한국기독교의 앞날을"(1)(〈파수군〉 제8호, 1951년 8월호), "경남장로교회 진리투쟁과 예배당 문제에 관한 관견"(〈파수군〉, 제11호, 1951년 12월), "정시하자 한국기독교의 앞날을"(2)(〈파수군〉 제15호, 1952년 3월호)을 발표하며 총회파의 행보에 깊은 우려를 표했다. 그는 또 김린서가 〈신앙생활〉(통권 126호)에 '고신파의 성경유오설'이라는 글을 발표했을 때, 1955년 7월 〈기독교보〉에 "김린서 씨 소론의 모순"이라는 제목으로 한국교회 당대 최고의 논객 김린서의 글을 논박하기도 했다. 이렇게 그는 고신교회를 대변하는 문서를 다양하게 작성하고 논설을 발표함으로써 총회파의 불법성을 고발하였다. 이러한 그의 논설은 이상규 편, 《고신파의 진리운동과 교회소송 문제》(부산: 카리타스, 2023)로 출판되었다.

3) 《문제의 기독교와 용공정책과 대한예수교장로회 총회내면상 폭로》 발간[67] (1951)

민경배는 김양선의 《한국기독교해방십년사》를 인용하며, "쫓겨난

---

67. 송상석 편, 《문제의 기독교와 용공정책과 대한예수교장로회 총회내면상 폭로》, 부산. 1951.

고려파(高神)는 명분이 당당했다. … 고려파에서는 국회의원 22명의 명의로 한국의 장로교회는 용공단체라고 하는 가공할 만한 독언을 던졌다"고 했다.[68] 그러나 민경배는 그 문서에서 직접 논증하지 않아 사실관계 확인이 부족했다. 그 '기독교와 용공정책 진상검토 재료' 문서에는 '11명의 감독'('메소지스트 촬렌즈'지 1950년 12월호)과 '세계기독교연합회의 집행위원회는 소련헌법의 원칙을 시인'('크리스챤 쎄큰'지의 1951년 2월 22일자)이라는 글이 포함되어 있는데, 감리교 목사 출신 국회의원 이규갑이 총 책임자로서 이를 번역, 발표했다. 국회의원들은 1948년 조직된 세계기독교연합회에 공산주의자들이 포함되어 있고 용공정책을 주장하는 세계기독교연합회(WCC)와 아세아대회에 가맹, 연결된 일과 국제선교회의 원조를 받는 것을 우려하고, 교파와 단체의 반성을 요청하였다. 이 '요청'은 대한예수교장로회, 감리교대한기독교총회, 성결교회 총회, 구세군 한국본영 등과 네 교단과 대한기독교청년회 등에 보내어진 것으로, 국회의원 이갑성, 임영신, 황성수 등 국회의원 25인의 서명이 들어 있다.[69] 1951년 6월 '기독교와 용공정책 진상검토 재료'라는 문서가 배포되자 장로교 총회측에서 이규갑과 송상석이 개인적인 친분 때문에 이를 고려파가 성명한 것으로 몰아갔다.[70]

송상석은 그들의 지적에 대해 한국교회 공산주의 논쟁의 종합보고서 《문제의 기독교와 용공정책과 대한예수교장로회 총회 내면상 폭로 (1)》를 발행했다. 이 문서는 1951년 9월에 발행된 46배판 크기 36면의 세로 쓰기 등사본 책자이다. 이 문서는 제1편에 '기독교와 용공정책' 팜

---

68. 민경배,《한국기독교회사》, 서울: 대한기독교출판사, 1982. 465.
69. 김양선이 국회의원 25명을 22명으로 잘못 적은 것을 민경배, 이영헌, 김인수는 그대로 인용하고 있다.
70. 김양선,《한국기독교 해방 10년사》, 153.

플렛과 요청 전말, 제2편에 그 자료와 요청서에 대한 한국기독신문 기자 평론, 제3편에는 항의서와 통지서 등으로 구성되어 있다. 자료집에는 교회쇄신운동의 적극적인 지지자들이었던 경남기독청년면려회장 권성문, 신앙동지회장 강월남, 청년신앙운동회장 이우섭, 본 건으로 인한 피해자 송상석의 연명으로 된 성명서를 비롯, 여러 문서들이 포함되었다.

냉전시대를 지난 이 시점에서 생각하면 한국전쟁의 동족상잔 중에 굳이 이러한 자료집을 배포했어야 했던가 싶기도 하지만, 송상석은 '기독교와 용공정책' 문서에 대해 국회의원들이 발행, 배포한 문서를 고신 측의 작업으로 오해하고 있던 바를 여러 증거로 논박할 수밖에 없었던 것 같다. 우리는 이 문서에서 한국전쟁 당시 인민군의 서울 진주 경기노회 인사들이 인민군 환영대회를 개최한 일, 미 북장로교회 선교회장 맥가이의 발언, 권연호 총회장이 초량교회에서 개최되었던 피난민 교역자 위안 부흥회에서 통회자복과 함께 맥가이의 용공정책을 재검토하자는 발언, 이승만의 맥카이에 대한 분노 표출 등의 의미있는 기록을 만날 수 있다.

6. 송상석과 교회의 미래를 위한 준비

송상석 목사는 교회의 현재와 미래를 보고, 교회의 필요가 무엇인지 파악하고, 이를 제안하고 설득하여 일을 추진하는 능력을 가지고 있었다. 대표적인 것이 고신교회에서 은급제를 도입한 것이나, 새찬송가 편찬 작업이다.

1) 은급제도의 도입

송상석 목사는 사회부장으로 있을 때 은급제위위원회를 제안하였고, 총회에서 규칙을 제정, 바로 시행하게 하였다. 총회에서 시작하여 바로 시행되었지만, 총회의 규모가 작아서 대상자가 적었고, 사고로 지속할 수 없었다. 1994년에 어렵게 다시 시작하여 오늘의 고신총회 은급재단으로 발전하였다. 그는 역사를 보는 안목을 갖추고 있었다. 고신의 은급재단은 예장통합측에 이어 한국 여러 교단중에서 2위의 규모를 갖추고 있다.

2) 새찬송가 편찬

그리스도인의 신앙생활에서 중요하고도 밀접한 것이 성경과 찬송가이다. 이 둘은 그리스도인의 경건생활에 늘 함께해 이에 대한 친근감의 정도가 신앙의 질을 결정한다. 새찬송가 서문은 "하나님의 말씀인 성경이 생명의 양식을 주는 보고라면 하나님을 찬양하는 찬송이야말로 사죄의 은총을 입은 성도들의 감사와 감격에 넘치는 신앙생활의 표현일 것이다."로 시작한다.[71]

대한예수교장로회 총로회가 제6회 총회부터 총회로 승격되면서 출판위원이 신설되었는데, 송상석은 출판부장으로 선출되어 합동시까지 봉사했고, 찬송가 편찬 작업을 제안해 제7회 총회에서 찬송가를 계속 발간하도록 허락받았다. 제8회 총회에서는 출판위원과 별도로 찬송가 출판위원회가 특별위원회로 구성되었고, 그는 부장으로서 찬송가를 발행하지 못한 경과보고를 하였다.[72] 제9회 총회에서는 찬송가 편찬을 위

---

71. 《새찬송가》 서문, 서울: 생명의 출판사, 1962.
72. 《대한예수교장로회 총회록(제1회-제10회)》, 부산: 총회출판부, 1961. 175.

해 마두원, 박손혁, 안용준, 한대식, 김상도 5인을 전문위원으로 선임하였고, 제10회 총회에서 문덕준이 추가되었다. 제9회 총회가 예산도 지원하면서 편찬 작업이 본격화되었다.

당시까지 한국장로교회 찬송가 역사는 1893년 언더우드에 의해 국내 처음으로 한글로 된 찬송가를 출판하였고, 1897년 미북장로교회에서는 '찬송시'가 출판되었다가 1928년에 장감 연합으로 '신정찬송가'를 출판했지만 공동으로 사용치 못하고, 장로교회에서는 400장으로 된 '신편찬송가'를 발행하였다. 1945년 광복과 함께 1946년 장감성(長監聖)에서 '합동찬송가'를 출판하여 사용하였고, 고신교회는 이전의 '신편찬송가'를 그대로 사용하고 있었다. 이러한 때에 장로교 총회측에서는 WCC와 관련된 신앙노선 문제가 부각되면서 '합동찬송가'가 그러한 연합운동의 일환이었다는 것을 알고, 1957년 찬송가위원회를 구성하였지만, WCC문제가 총회의 블랙홀이 되면서 큰 진척이 없었다.

고신측은 제9회 총회 후 송상석과 전문위원들이 총회의 예산 지원 아래 23차례 모여 선곡과 독회를 거쳐 신편찬송가 안에서 383곡, 마두원 선곡 30곡, 기타 각국 찬송 249곡 등 모두 662곡을 선정, 독회를 마치고 출판을 위한 예산안을 제출했다. 제10회 총회에서는 찬송가 출판을 위해 생명의 말씀사와 교섭해 출판비 부담에 대한 긍정적인 반응을 보이고 있다고 보고한다.[73]

그러다가 고신측과 승동측이 합동하면서 합동위원회에서는 합동기념사업으로 찬송가를 편찬하기로 결의하였고,[74] 한 해 동안의 준비를 거쳐 모두 671곡과 교독문을 엮어 1962년 12월 20일에 초판을 출판했다.

---

73. "대한예수교장로회 제10회 총회록", 앞의 책, 266.
74. "합동위원회 회록", 1960. 10. 27-28, 〈파수군〉 1960년 11월호, 81.

이렇게 발행된 '새찬송가'는 1985년 한국교회 100주년을 맞아 하나의 찬송가로 통일작업을 할 때까지 20년간 보수적인 교회를 대표하는 찬송가였다. 이렇게 고신측의 노력으로 편찬한 새찬송가는 이듬해 환원 때에 〈파수군〉과 함께 판권을 합동측에 그대로 두고 나와야 했다.

맺는 말

지금까지 송상석이 저술했거나 편찬한 저작의 서지학적인 분석으로 그가 고신교회와 한국교회 에서 어떻게 사역하였고 공헌하였는가를 정리했다. 그는 생애를 두고 《조선예수교장로회 총회 창립 50주년 기념화보》(1934), 《대한예수교장로회 총회회록(제1회-제10회)》(1961), 《대한예수교장로회 50주년 약사》(1962), 《대한예수교장로회 총회회록(제11회-제20회)》(1971), 《법정소송과 종교재판》(1976), 《한국절제교육연구사료집》(1978)을 저술하거나 편찬했다. 그는 또 〈절제시보〉와 〈기독교보〉를 창간, 문서운동을 전개했으며, 고신교회가 총회와의 갈등 과정에서 여러 문서를 발행하는 일에 앞장서 총회측의 교권주의 행태를 고발하고 행정적인 문제점을 지적해 개선하고자 했다. 또 그는 수년 동안 찬송가출판위원장으로서 찬송가 편찬 작업을 주도적으로 이끌어 출판 직전 단계까지 갔는데, 고신측과 승동측의 합동기념으로 새찬송가를 출판하였다.

송상석은 고신교회와 한국교회에서 절제운동가로서, 치밀한 행정가로서, 역사가로서, 문서운동가로서, 총회파와의 관계에서 고신교회 변증가로서 지울 수 없는 기여를 했다. 그는 고신교회에서 절제운동과 행정, 문서운동에서 특별한 재능을 발휘하였다. 그는 특유의 행정적인 감각으로 고신교회에 무엇이 필요한지 알았고, 이를 총회에 제안하고 설득하고 앞장서서 추진하여 분야마다 큰 성과를 얻었다. 요즘 표현으로는 '기획과 행정의 달인'이라고 할 수 있겠다. 그러나 송상석은 박윤선과 생사를 건 논쟁으로 박윤선이 고신교회를 떠나는 계기가 되었고, 또 교수진들이나 설립자와 갈등하면서 고신교회에 불행한 바람을 불게 했지만, 고신교회와 한국교회 역사에서 그가 남긴 족적은 앞서 언급한 여러 책과 문헌에 선연히 새겨져 있다. 그러한 그의 사역과 정신이 후대에 더욱 풍요롭게 가미되어 오늘의 고신교회의 경건과 영성 형성에 한 흐름을 만들어오고 있다.

송상석 연보

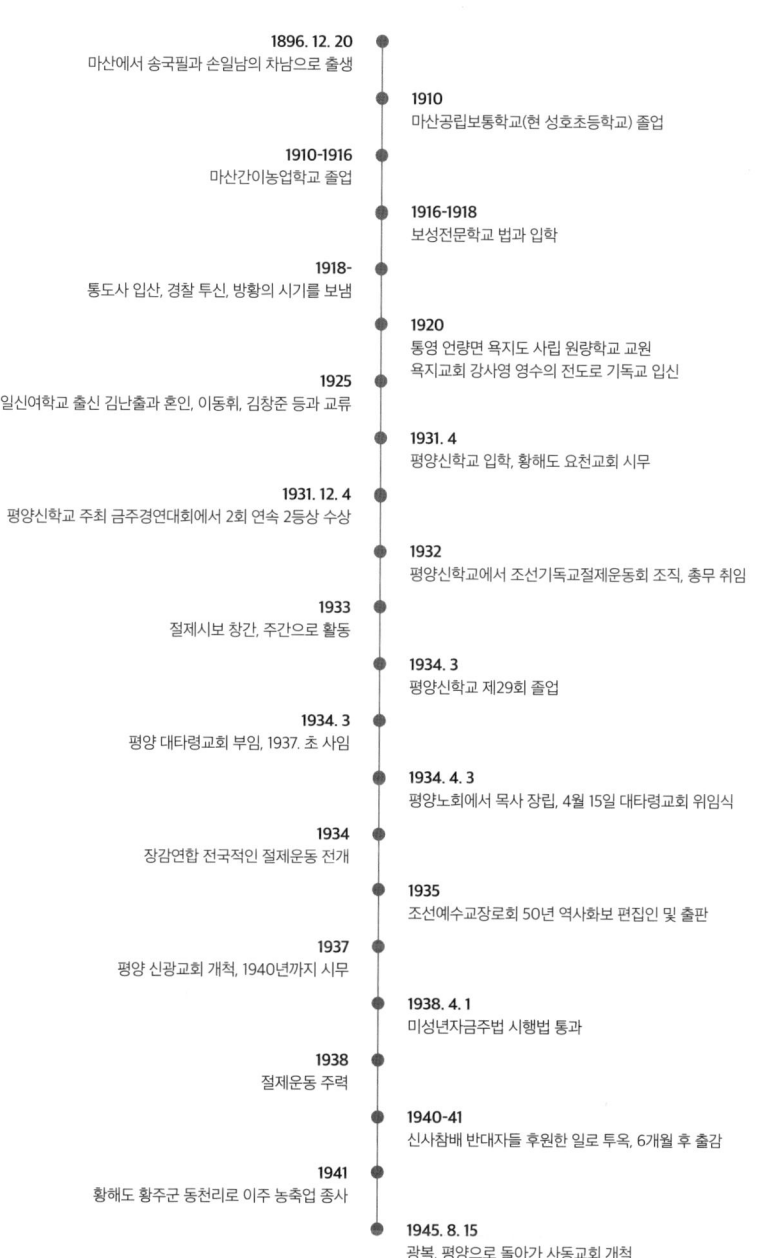

- **1896. 12. 20** 마산에서 송국필과 손일남의 차남으로 출생
- **1910** 마산공립보통학교(현 성호초등학교) 졸업
- **1910-1916** 마산간이농업학교 졸업
- **1916-1918** 보성전문학교 법과 입학
- **1918-** 통도사 입산, 경찰 투신, 방황의 시기를 보냄
- **1920** 통영 언량면 욕지도 사립 원량학교 교원 / 욕지교회 강사영 영수의 전도로 기독교 입신
- **1925** 일신여학교 출신 김난출과 혼인, 이동휘, 김창준 등과 교류
- **1931. 4** 평양신학교 입학, 황해도 요천교회 시무
- **1931. 12. 4** 평양신학교 주최 금주경연대회에서 2회 연속 2등상 수상
- **1932** 평양신학교에서 조선기독교절제운동회 조직, 총무 취임
- **1933** 절제시보 창간, 주간으로 활동
- **1934. 3** 평양신학교 제29회 졸업
- **1934. 3** 평양 대타령교회 부임, 1937. 초 사임
- **1934. 4. 3** 평양노회에서 목사 장립, 4월 15일 대타령교회 위임식
- **1934** 장감연합 전국적인 절제운동 전개
- **1935** 조선예수교장로회 50년 역사화보 편집인 및 출판
- **1937** 평양 신광교회 개척, 1940년까지 시무
- **1938. 4. 1** 미성년자금주법 시행법 통과
- **1938** 절제운동 주력
- **1940-41** 신사참배 반대자들 후원한 일로 투옥, 6개월 후 출감
- **1941** 황해도 황주군 동천리로 이주 농축업 종사
- **1945. 8. 15** 광복, 평양으로 돌아가 사동교회 개척

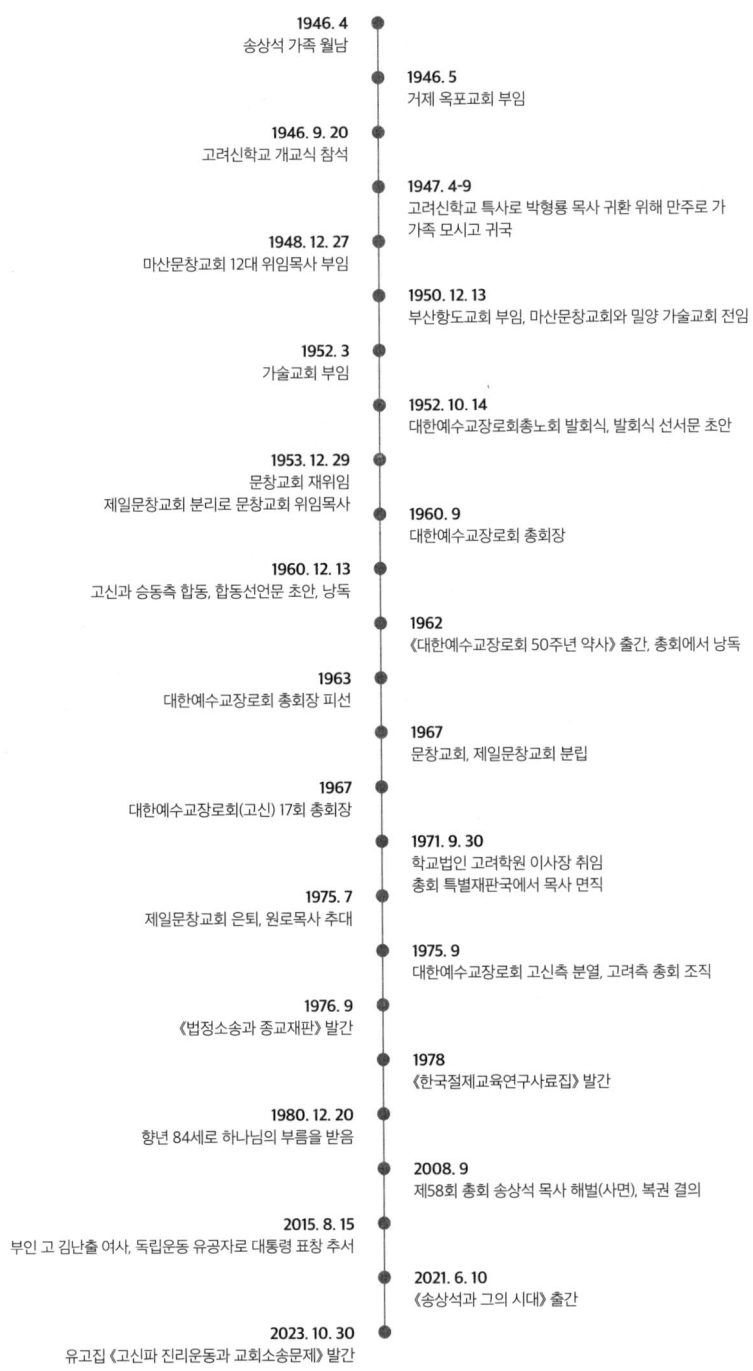

한명동 목사의 목회와 사역

고신대학, 학생신앙운동, 고신교회와 연계하여

한명동

　한명동 목사와 부산남교회는 고신교회의 첫 30년 역사 동안 큰 족적을 남겼다. 한명동 목사는 고려신학교 개교기에 행정의 책임을 맡아 봉사하던 중 부산의 대표적인 교회들 가운데 하나였던 영도교회를 떠나 고려신학교 강당에서 부산남교회를 개척하여 불과 3년만에 대형교회당을 건축하였다. 1948년 첫 SFC수양회를 개최하였고, 부산남교회는 대형 교회당 건축 후에는 각종 교단연합모임이 자주 개최되었고, 한명동 목사가 은퇴하던 1979년까지 고신총회의 센터와 같이 사용되었다. 영남에 산재한 고신교회는 부산이 그 중심이었고, 1980년 지금의 위치로 이전하기까지 총회선교부와 부산지방SFC 사무실을 두어 교단 행정을 지원하였다. 부산남교회는 이렇게 고신교회의 본부와 같은 역할로 고신교회 성도들의 신앙의 보금자리가 되었다. 부산남교회를 일군 한명동 목사는 누구이며, 고신대학교와 SFC, 그리고 고신교단 사역에 어떻게 기여하였는가?

1. 한명동 목사의 성장과 신학 교육

1) 한명동의 성장과 교육

한명동(1908-2001) 목사는 대한제국이 멸망하기 직전인 1908년 부산부 사하구 신평동에서 아버지 한치명 씨와 어머니 배봉애 씨 사이에서 태어났다. 그는 사하국민학교를 졸업한 후 제2공립상업학교 5년 과정을 이수하고 졸업하였다. 그는 어린시절 기독교 신앙을 갖지 않았지만, 건강 때문에 학교를 쉬고 있던 중 양자를 간 형 한상동을 만나 어려움을 토로하던 중에 형의 전도로 기독교 신앙을 갖게 되었다. 그가 집에서 가까운 항서교회에 출석하게 되었고, 1927년 박성애 목사에게서 세례를 받았다. 20세가 되던 때 항서교회의 서리집사가 되었고, 신앙생활을 착실하게 이어나갔다.

한명동은 부산상업학교를 졸업한 후 마산 창신학교에서 교편을 잡았고, 마산으로 이주한 후에는 주기철 목사가 시무하던 문창교회의 집사로서 회계를 담당하며 신앙생활을 하였다. 그는 이 학교에서 4년 동안 근무한 후 신학을 하기로 결심하고 주기철 목사와 의논하였는데, 그는 한명동에게 당시로서는 일반적이던 평양 장로회신학교가 아니라 일본으로 유학해 선진문물을 함께 익히도록 권하였다. 일제강점기에 부산은 일본으로 가는 길목이었고, 일본을 거쳐 세계로 가는 출발점과 같았다.

2) 한명동의 신학교육

한명동은 주기철의 권고에 따라 1935년 3월 일본 고베신학교에 입학하여 5년 동안 개혁주의 신학교육을 받았다. 이 학교는 미국남장로교회 선교부가 설립한 신학교로 풀톤(S. P. Fullton) 교장에게서 칼빈주의를 배웠고, 워필드 밑에서 10년간 배웠던 오가다 미노루 교수를 비롯하여 개혁주의 신학에 뛰어난 교수진이 있었다. 이 고베신학교에서 공부한 한국인 목회자들은 노진현, 유호준, 김광현 등이었고, 훗날 한국교회의 지도자들이 되었다. 한명동은 예과 2년 본과 3년을 공부하고 졸업하였는데, 고베신학교에 공부하던 동안 그는 일본 신학교육이 지적인 면에 치중되어 있고, 영적인 훈련이 너무 약하다고 생각했고,[1] 이것은 그가 이후 고려신학교나 칼빈대학에서 강한 훈련을 시켰던 동기가 되었다. 1940년 3월 고베신학교를 졸업한 그는 재일본조선기독교대회에서 목사 임직을 받았고, 교회를 개척하여 시무하였다. 그가 신학교를 다니던 5년 동안 아마가사끼교회, 니시노미야교회, 그리고 오고기교회를 개척하였고, 신학교를 졸업하면서 오오사카 시깐지마 고노하나교회와 고베시 하야시다교회 담임목사로 목회하였다.

2. 한명동 목사의 부산남교회 목회

1) 초기 목회와 영도 교회의 분립 개척

한명동은 1944년 일본에서의 유학과 개척 목회를 마치고 귀국해 밀양 수산교회를 시무하였고, 1946년 2월에 영도교회(현 제일영도교회)

---

1. 한명동 "목사와의 대화", 〈기독교보〉 2011년 2월 26일.

의 청빙을 받아 4년 동안 목회하였다. 그는 교회당에서 거리가 있는 먼 구역을 분립하여 네 개의 분교회를 설립하도록 결의했다. 1949년 7월 17일 제29회 당회에서 제2, 제3, 제4영도교회의 설립을 결의하여 목회의 재미를 보았고, 이에 영도교회도 제일영도교회로 개칭하였다.[2] 교회 분립과 자신의 개척으로 영도교회는 같은 시기에 네 교회를 분립하는 부담이 되었지만, 곧이어 한국전쟁이 발발하면서 전국에서 피난민들이 부산 국제시장과 영도로 몰려들어 교회가 바로 채워지는 특별한 경험을 하였다. 그가 초안을 만든 분립교회는 박손혁 목사가 부임하여 실제적으로 이루어졌는데, 영도 복음화에 큰 기여가 되었다.

고려신학교 설립기에 박윤선이 신구약성경을 비롯한 여러 과목을 가르쳤고, 한부선 선교사가 교수로 합류하였으며, 한상동, 한명동, 함일돈 등이 교수로 함께 일하였다. 그 무렵 교수가 부족하였고, 기숙사 관리가 필요해 신학교에서 자신도 행정과 기숙사 사감으로 일하고, 영도교회는 교수요원이 될 박손혁 목사에게 영도교회를 양도함으로 그가 교수로 충원되었다. 박손혁은 훗날 고려신학교와 총회신학교 부산분교장(고려신학교 제3대 교장)으로 일하기도 했다.

2) 부산남교회의 설립과 성장

고려신학교는 1946년 9월 20일 좌천동 일신여학교(현 금성고등학교 부지)에 교실 한 칸을 빌려 시작되었는데, 1947년 3월 5일에는 초량교회 유치원으로, 4월 15일에는 다시 용두산공원 입구의 일제강점기 산업은행 행원 기숙사였던 적산가옥으로 이전하였다.[3] 이렇게 고려신학교

---

2. 김용섭, 423.
3. 허순길, 《한국장로교회사》(서울: 대한예수교장로회 총회출판국, 2002), 328. 김용섭, 《제일영도교회

는 개교한 후 한 학기만에 세 차례 이사하면서 '보따리신학교'라는 별명을 얻게 되었다.[4]

고려신학교가 광복동 교사를 마련하여 자리를 잡으면서 신학생들을 중심으로 주일예배를 드리게 되었고, 초기에 박윤선 교장이 설교를 담당하고 첫 예배에 20명이 모이게 되었다.[5] 당시는 주말에 교회를 맡고 있지 않은 신학생들이 예배하는 교회와 같은 성격이었다. 부산남교회는 1949년 5월 8일 둘째주일 당시 고려신학교 교사였던 적산건물에서 부산전도교회로 첫 출발을 하였다.

고려신학교는 당시 신설학교였고, 박윤선, 한부선 외에 다른 전임교수들이 없었기 때문에, 그는 과중할 정도로 많은 강의를 담당하였다. 그는 〈파수군〉에 집필을 해야 했고, 주말에는 여러 교회를 다니며 설교와 집회를 하고, 성경 주석을 집필해야 했으며, 개인적으로는 박사학위를 마무리해야 하는 짐도 있어 교회를 계속할 수 없었다.

이 부담은 고려신학교 개교 이후 1947년 3월부터 고려신학교 서무책임자로 봉사해 왔던 한명동 목사에게 넘어오게 되었다.[6] 그가 이런 상황에서 부산남교회를 개척한 데는 두 가지 이유가 있었다. 첫째는 신학교의 필요 때문이었다. 당시 고려신학교는 재정과 교사와 교수 없이 시작한 형편이라 매우 어려웠다. 신설 신학교에는 교수가 필요했고, 또 신학교를 책임지고 관리할 사람이 필요했다. 이렇게 신학교 교수를 충원하기 위해 영어를 잘하고 이미 성경주석을 번역, 출판한 바 있던 박손혁

100년사》, 부산: 제일영도교회, 1997), 435. 김용섭은 4월 17일로 표기하고 있다.
4. 허순길, 《한국장로교회사》, 328.
5. 〈부산남교회 설립 20년 약사〉, 1969. 5. 11.
6. 영도교회 당회에서는 한명동 목사가 고려신학교 서무책임자로 일할 수 있도록 허락했으며, 1947년 3월 제12회 당회에서는 고려신학교에서 보낸 조교수 임용 청원 허락을 결의하였다, 김용섭, 421-422.

목사를 부산으로 불러들여 영도교회를 맡기고, 자신은 신학교에서 새로운 교회를 개척하는 것이 하나의 대안이 되었다. 밀양읍교회를 목회하던 박손혁 목사는 배재고보 출신으로 영어와 헬라어에 능통하였고, 주석 번역서를 내는 등 신학 전반에 해박한 지식을 갖고 있던 훌륭한 교수 재원이었다.[7] 박손혁 목사는 영도교회를 목회하면서 가까운 거리의 고려신학교에서 교수할 수 있었고, 한명동 목사는 신학교 사감을 하면서 신학교를 관리하며 교회를 개척할 수 있었다.[8] 그에게 안정된 영도교회를 사임하고 새로운 교회를 개척하는 것은 쉽지 않은 결단이었지만, 그는 그 일에 헌신하여 짧은 기간에 큰 목회적 성과를 얻었다.

둘째는 한명동 목사가 "영도라는 섬이 가진 한계성을 벗어나 중앙에 있는 전도의 전력 요충지에 교회를 세워 복음사역을 하는" 개인적인 비전이 있었기 때문이었다.[9] 이런 한명동의 비전은 고려신학교의 필요와 결합되어 추진되었는데, 그의 사임의사에도 불구하고 당회에서는 이를 만류하였다. 이후 한명동의 분명한 뜻에 따라 제일영도교회가 이를 수용하며 영주동구역을 양도해 적극 지원함으로써 그해 9월 25일 한명동은 전도교회 담임으로 부임하여 교회 개척을 시작하였다. 1950년 3월 9일에 모인 제53회 경남노회에서 부산남교회 설립을 허가하였고, 한명

---

7. 그는 배재고보 재학중에 전국영어웅변대회에서 1등을 하였고, 배재고보를 졸업한 후 1919년부터 1934년까지 한명동과 함께 창신학교 교원으로 일하다가 평양신학교에 진학, 강신명, 계일승, 손양원 등과 함께 1938년 3월 평양신학교를 졸업하였다. 그는 고려신학교 부임이후 4년간 강사를 하다가 1954년 전임교수가 되었고, 신약원어와 성경, 신약석의 등의 과목을 교수하였다. 합동 당시 총회신학교 이사와 부산분교장(고려신학교 제3대 교장)으로 봉사하였다. 교수, 교수회장을 역임하였고, 한상동 목사와 같은 해 같은 날에 태어났던 박손혁은 그의 평생 귀한 협력자였다. 이상규, 《한상동과 그의 시대》, 190-203.
8. 김용섭, 《제일영도교회 100년사》, 481-482.
9. 김용섭, 《제일영도교회 100년사》, 423.

동 목사가 첫 당회장으로 임명되었다.[10]

부산남교회는 이후 급속하게 성장하여, 개척 2년만인 1951년 전쟁의 와중에 건축기성회를 조직하였고, 1952년 3월 교회당을 기공하여 1954년 12월 17일 헌당식을 하였다. 이 헌당식과 함께 박봉화, 정태영 두 장로 장립식을 함께 거행함으로 조직교회로 성장하였다.[11]

부산남교회는 이후 부산의 중심교회가 되었다. 그 건물은 전후 부산에서 가장 큰 규모를 가진 교회당이었다. 교회당 건축 후에는 신학교 졸업식과 총회를 주로 부산남교회에서 열게 되었다. 1954년 제3회 총노회부터 제10회 총회 때까지 연속으로 총회를 모였고, 합동 후 첫 총회인 제11회(1961), 제13회(1963), 제15회(1965), 제16회(1966), 제19회(1969), 제24-26회(1974-1976), 제28회(1978) 총회를 부산남교회당에서 개최해 1978년까지 28회 총회 동안 모두 열 일곱 차례를 부산남교회당에서 개최하였다.

그것은 그때까지만해도 교회마다 교회당 규모가 크지 않았고, 재정적으로도 여유가 없어 총회를 유치하기 어려웠고, 회의를 위한 부속공간도 없었기 때문이다. 한 주 동안 계속되는 총회를 위해 많은 재정적인 부담이 따라야 했는데, 그 짐을 질 수 있는 교회도 많지 않았다. 부산남교회는 교통이 편리하였고, 교단을 사랑하는 한명동의 강한 의지와 당회와 교회의 전적인 협력이 있었기 때문에 가능한 일이었다. 당시는 총회에 대한 관심이 커 총대가 아니어도 많은 수의 목회자와 교회 지도자들이 총회에 참관하였던 때였다. 이를 위해 교회가 식사 제공은 물론 연료, 전기, 청소, 기타 감당한 비용이 적지 않았다. 한명동의 지도력으로

---

10. 《부산남교회 30주년 약사》, 1956. 5. 6.
11. 《부산남교회 30주년 약사》, 1956. 5. 6.

그것이 가능했고, 부산남교회는 1950년대부터 한명동 목사가 은퇴하던 1979년까지 30년 동안 고신교회의 중심적인 역할을 하였다.

3. 한명동 목사와 SFC

1) SFC 출범과 한명동 목사

《학생신앙운동 20년사》를 집필한 석원태는 "한명동 목사는 조직역에, 한부선 선교사는 전도역에, 박윤선 목사는 신학적 훈련에 그 주역을 맡고 해산의 산고를 감당하였다"고 했다.[12] 학생신앙운동은 모닥불 기도회, 청년신앙운동, 고려신학교 주최 청소년수양회가 모여 이루어졌다고 규정된다.[13] 그 가운데 모닥불기도회는 1947년 4월 한명동 목사가 영도교회를 시무할 때 그의 사택에서 일어난 기도회였다. 이 기도회에 모인 학생들은 광복 후 부모들의 일제강점기에 있었던 신사참배에 대해 회개하는 것을 보고 함께 기도하기 시작하였는데, 학업 충실, 학원의 복음 전도, 교회 봉사 등의 주제를 가지고 기도하였다. 이 기도회는 '학생신앙협조회'로 발전하였는데, 이 모임이 SFC의 한 연원이 되었다. 이 기도회는 이원홍, 손영준, 한기범, 손동인, 박영훈, 정옥주, 황창호, 박성환, 한동희, 박춘호, 김우진, 이상우, 이복임, 배경재 등 14명이었는데, 그 가운데 7명이 한명동이 목회하던 영도교회 소속이었다.[14]

이들은 1947년 10월 주한미군 철수설이 나돌던 때에 한부선 선교사가 인도하던 부산청년신앙운동(Youth for Christ)에 대거 합류하여 주

---

12. 석원태, 《학생신앙운동 20년사》, 31.
13. 석원태, 위의 책, 14-18.
14. 김용섭, 《제일영도교회 100년사》, 412.

도권을 장악하였고, 한명동 목사가 한부선 선교사와 협의해 주최한 고려신학교 주최 청소년 수양회의 중심인물들이 되었다. 각각 모였던 세 원류가 하나로 합쳐져 1948년 첫 수양회를 개최하였고, 1952년에는 전국적인 조직을 이루게 되었다. 한명동은 '학생신앙협조회' 출범을 지원하였을 뿐만 아니라 이후 학생신앙운동 출범의 중심에 있었다. 한명동 목사는 SFC의 창설자와 같지만, 학생들의 자발적인 운동이었기 때문에 SFC운동에서 학생들 스스로가 기도하고 준비하고 헌신하는 것을 좋아했으며, 언제나 뒤에서 밀어주는 원리를 택하였고, 학생들을 앞장 세워 일하게 하였다.[15]

학생 자발운동은 지도자가 없고, 재정이 없던 시절에 당연한 것이었지만, 학생들 스스로가 기도하고 준비하고 기획하는 훈련이 SFC의 자생력을 길러주는 일에 도움이 되었다. 대부분의 선교단체는 외국 선교사들에 의해 시작되었고, 그들의 선교자금으로 운영되어 학생들의 자율성이 낮았는데, SFC의 경우는 달랐다. SFC는 처음부터 학생들의 기도모임으로 시작되었고, 수양회도 학생들 스스로가 기도하고 운영하였다. 이와 관련하여 한명동 목사는 생애 종반에 간사들이 중심이 되어 움직이는 SFC와 관련하여 SFC는 근본적으로 자발적인 데 있었는데, "지금은 간사들이 운동을 하고 있다"고 우려를 표한 바 있다.

2) 부산남교회와 SFC수양회

부산남교회는 초기부터 SFC의 본부와 같았다. SFC의 초기 역사는 수양회의 역사와 같다. 당시 개별교회에 청소년들을 돌보는 지도자들

---

15. 석원태, 《학생신앙운동 20년사》, 65.

이 없던 시절에 학생들은 SFC수양회에 참석하여 지도자들의 설교를 듣고 거듭남을 체험하고, 사명을 새롭게 하였다. 고려신학교가 1948년 8월 첫 청소년 수양회를 개최하였는데, 이것이 SFC수양회가 되었다.[16] 이 수양회는 SFC의 창설자 한명동과 당시 청소년신앙운동(Youth for Christ)을 이끌었던 한부선 선교사가 협의하여 고려신학교 이름으로 청소년 수양회를 개최한 것이었다. 부산남교회는 SFC수양회와 관련하여 세 가지 중요한 기여를 했다.

첫째, 초기 SFC수양회는 부산남교회에서 주로 모였다. 1948년 첫 수양회를 개최한 이래 1958년까지 고려고등성경학교에서 개최되었던 제2회, 고려신학교 송도 교사 준공 후 가진 제12회, 처음으로 서울에서 개최하였던 제13회 수양회 세 번을 제외하면 모두 부산남교회에서 개최되었다.[17] 또 SFC가 1971년까지 모두 28회 모인 수양회 가운데 열다섯 번의 수양회를 부산남교회에서 개최하였다. 첫 다섯 번의 수양회를 고려신학교에서 개최하였다고 했지만,[18] 부산남교회가 고려신학교 건물을 사용하고 있었고, 수양회 모든 준비를 부산남교회에서 한 것을 고려하면 부산남교회에서 개최되었다고 하는 것이 옳다. 초기 부산남교회에서 개최된 수양회는 다음과 같다.

---

16. 《하나님의 주권을 이 땅 위에: 학생신앙운동 역사》, 57-69. 《학생신앙운동 20년사》, 17.
17. 《부산남교회 설립 20주년 약사》, 1969. 5. 11. 11-12.
18. 《학생신앙운동 20년사》, 69. 제2회 수양회 개최지를 고려신학교로 표기하지만, 고려고등성경학교의 오기이다.

표_부산남교회에서 개최된 SFC 수양회 일람

번호	기간	주제	참가자 수
1	1948. 8. 2-7		155
3	1949. 8. 3-9		202
4	1950. 1, 9-14		144
5	1951. 7. 23-29		350
6	1952. 7. 21-28	고난의 의의	236
7	1953. 1. 5-12	영광은 하나님께	361
8	1954. 1. 5-13	의인은 믿음으로 살리라	557
9	1954. 8. 3-11	충성된 증인	902
10	1955. 1. 4-11	하나님은 살아계시다	752
11	1955. 7. 28-8. 3	세상의 소금	499
14	1957. 12. 31-1. 6	우리의 살 길	315
15	1958. 7. 30-8. 4	주와 함께	222
21	1964. 1. 9-14	새역사를 향해서	540
26	1969. 1. 9-15	내 주는 강한 성이요	862

둘째, 초기 SFC수양회에 부산남교회 학생들이 가장 많이 참가하였다. 한명동이 영도교회에서 시무할 당시에는 영도교회 학생들이 가장 많은 수를 이루다가,[19] 부산남교회가 안정된 후에는 매 회 약 11-59여 명이 참여하여 전국교회에서 가장 많은 학생들이 참여하는 교회가 되었다.[20] 이같은 일은 SFC에 대한 한명동 목사의 애정과 깊은 관계를 가지고 있다. 교회의 분위기가 담임목사가 어떤 철학과 비전을 가지고 지원하는가에 따라 달라지기 때문이다.

셋째, 부산남교회는 한명동 목사를 중심으로 SFC학생들의 훈련에

---

19. 나삼진 편, SFC수양회 영인본 I(1949-1953)에 나타나는 통계 자료 분석.
20. 나삼진 편, SFC수양회 영인본 II(1954-1959)에 나타나는 통계 자료 분석.

전국학생신앙운동 동기수양회(1960, 진주교회)

교회적이고도 목회적인 관심을 가졌다. 수양회를 개최하면 교회는 거의 모든 인력이 총출동하여 지원해야 했고, 학생들은 모금과 부식 조달을 위해 봉사해야 했다. 당시의 수양회에서 부산남교회의 역할이 매우 중대하였다. 고려신학교가 송도교사를 준공하고 이전하기까지 수양회의 모든 준비는 부산남교회의 몫이었다. 한명동 목사의 5남으로 전국SFC 부위원장을 지낸 한기완은 다음과 같이 증언한다.

> 특히 전국SFC수양회가 열릴 때에는 그 많은 학생들의 식사와 숙소 문제가 보통이 아니었다. 보통 남학생들은 교회당 2층을 단체 합숙소로 정했지만, 여학생들은 보통 교인들의 가정에 숙소를 정해야 했기 때문에 이를 배당받기 위하여 교인집 가가호호를 방문하여 숙식 가능한 숫자를 파악하고, 덧붙여 후원금까지 조금씩 받아내는 것이

우리의 몫이었다.[21]

3) 한명동 목사와 SFC수양회 인도

SFC는 수양회를 중심으로 출범하였고, 이는 SFC의 형성과 발전의 강력한 동인이 되었다. SFC수양회는 광복 후 학생들을 신앙으로 훈련하는 좋은 기회가 되었다. 그 수양회의 중심에는 한명동 목사가 있었는데, 세 가지 차원에서 깊은 관련을 가지고 있다.

첫째, 한명동 목사는 고려신학교 주최 '청소년 수양회'를 출범시켰다. 이는 SFC의 첫 수양회로 편입되었다. 광복 후 제한된 지도자 가운데서 교회마다 학생들의 신앙훈련의 중요성이 부각되었고, 한명동 목사는 '청소년 신앙운동'을 이끌던 한부선 선교사와 협의하여 고려신학교 이름으로 청소년 수양회를 개최하였다.[22]

둘째, 한명동 목사는 오랫동안 SFC수양회를 실제적으로 주관하였다. 부산남교회는 SFC수양회와 관련하여 세 가지 중요한 기여를 하였다. 첫째, 초기 SFC수양회는 부산남교회당에서 개최되었다. 1948년 첫 수양회를 개최한 이래 1971년까지 모두 28회의 수양회 중에 열다섯 번의 수양회를 부산남교회에서 개최하였다.[23] 1954년 부산남교회가 대형 교회당을 건축한 후에는 더욱 그러했다. 초기에는 여학생들의 숙소를 교회 인근에 있던 부산남교회 성도들의 가정으로 나누어 이용했고. 수양회 준비에 필요한 모든 취사와 식사 공급 등 제반 준비를 부산남교회

---

21. 한기완, "나의 아버지 한명동 목사", 〈장로교회와 역사〉, 제3호, 천안: 고려신학대학원. 2009. 119. 여기서 교회는 1954년 건축한 이후였다.
22. 한명동, "학생신앙운동의 역사적 배경과 그 발단", 《학생신앙운동 50년 야사》, 187.
23. 〈부산남교회 20년 약사〉, 1969. 11. 11-12.

에서 담당했다.

셋째, 한명동 목사는 정기적으로 수양회 강사로서 학생들에게 하나님의 새로운 세계를 보게 만들었다. 그가 담당하였던 수양회는 확인된 것만 다음과 같다.

표_ 한명동 목사가 강사로 담당한 수양회 일람

회수	수양회 구분	기간	담당
1회	하기수양회	1948. 8.	개회식
2회	동기수양회	1949. 1. 11-16	폐회식
6회	동기수양회	1953. 1. 21-28	새벽기도회
8회	동기수양회	1954. 1. 5-13	새벽기도회, 저녁예배, 폐회예배
9회	하기수양회	1954. 8. 3-10	개회예배, 저녁집회, 폐회예배
10회	동기수양회	1955. 1. 4-11	새벽기도회
11회	하기수양회	1955. 7. 23-8. 3	새벽기도회
13회	동기수양회	1956. 12. 28-1. 3	대학부 신학강좌
14회	동기수양회	1957. 12. 31-1. 6.	새벽기도회
15회	하기수양회	1958. 7. 30-8. 4.	대학부 저녁집회
25회	동기수양회	1968. 1. 11-16	저녁집회

4) SFC 강령의 제정

한명동은 'SFC 강령'을 제정하여 학생신앙운동의 이념과 정신은 물론 앞으로 나아갈 길을 제시하였다.[24] SFC 강령에 대해서는 이근삼, 이

---

24. SFC강령은 다음과 같다.
  1. 우리는 전통적 웨스트민스터 신앙고백서와 대소교리문답을 우리의 신조로 한다.
  2. 우리는 개혁주의 신앙과 생활을 확립하여 세상의 빛과 소금이 됨을 우리의 목적으로 한다.
  3. 우리의 사명은 다음과 같다.
    개혁주의 신앙의 대한교회 건설과 국가와 학원의 복음화
    개혁주의 신앙의 세계교회 건설과 세계의 복음화

상규, 김용섭 교수는 한명동 목사가 기초했다고 하고, 허순길, 남영환 목사는 박윤선 목사가 기초했다고 기록하는데, 유해무는 박윤선 목사가 기초했다고 기록하고, 이근삼 교수의 글을 인용하여 한명동 목사가 기초했다는 견해가 있음을 밝히고 있다.[25]

필자는 한명동 목사가 초기부터 학생신앙협조회를 창설을 주도하고, 수양회마다 강사로 봉사하고 특히 SFC의 역사와 정신에 대한 강의를 주로 맡아 왔다는 점, 한부선 선교사와 함께 SFC수양회를 준비하고 주도적으로 이끌어왔다는 점, 강령의 내용으로 보아 한명동 목사의 신학적 관심과 일치한다는 점, 학생신앙운동에 참여했던 사람들의 증언이 있다는 점, 무엇보다도 한명동 목사가 자신이 기초했음을 공개적으로 밝히고 있으며, 그 과정에 대해 상세하게 기술하고 있다는 점에서 한명동 목사가 기초했다고 보는 것이 옳다고 본다.[26] 이에 대해서는 필자의 별도의 글 "SFC강령은 누가 기초하였는가?"를 참고하라.[27]

5) SFC 창립 20주년 행사와 그후

한명동 목사가 장년에 접어들면서 학생들에게 직접 설교하거나 강의하는 일은 줄어들었다. 그가 SFC에 한 마지막 봉사는 1968년 1월 11일부터 16일까지 대구 서문로교회에서 개최된 제25회 동기수양회였다. 이 수양회는 SFC 20주년을 기념하는 뜻깊은 수양회였다. 그가 평소 강

---

4. 우리의 생활원리는 다음과 같다.
   하나님 중심, 성경 중심, 교회 중심
25. 유해무, "고신교회가 존속해야 할 이유가 있는가?: 고신교회의 역사와 신학", 〈개혁주의 교회와 신학〉, 제22집, 2009. 87.
26. 나삼진, "한명동 목사와 학생신앙운동", 나삼진 편, 《한명동 목사와 개혁주의 교회 건설》, 서울: 생명의 양식, 2011. 163-175.
27. 나삼진, "SFC강령은 누가 제정하였는가?", 〈개혁신앙〉, 2025년 봄호, .

조하던 '땅을 정복하라'를 주제로 내세웠다. 20주년을 맞아 기념식과 시상식, 20년 사진 전시회, SFC동창회를 가지며, 특히 선배들과 전담간사 문제와 SFC후원회 등을 논의하였다.[28] 이 SFC 설립 20주년 기념대회에는 일본교회 대표들도 참석하였다. 이 수양회의 주강사였던 한명동 목사는 '세계 정복의 기독교적 원리', '기독자가 정복할 세상의 의의', '땅 정복자의 자가 정복', '땅을 정복하라' 등의 주제로 연속 설교를 했다. 이 집회에서 한명동 목사는 수양회에 참석한 학생들에게 자신의 미래는 물론 SFC의 미래를 내다보는 안목을 갖게 만들었다. 그는 SFC의 창립 20년을 맞아 감사와 기대의 글도 남겼다.

1971년 이후 오랫동안 논의되어 오던 간사 제도가 도입되면서 김만우 강도사가 초대 간사로 취임하게 되었고, SFC의 실제적인 사역은 간사들에 의해 이루어지게 되었다. 한명동 자신도 교단적인 책임이 무거워져 고신교단 총회장, 학교법인 고려학원 이사장, 총회선교부장 등 여러 가지 직책으로 깊이 관여하면서 SFC는 젊은 목회자들에게 리더십이 이양되었다.

그러나 그에게는 SFC는 언제나 그의 마음의 중심에 있었고, 간사들을 격려하는 좋은 지도자가 되었다. 그는 은퇴 후 자녀들이 있는 미국과 한국을 오가며 생활했는데, 미국에 가서도 SFC 전국대회나 동문회 모임에 참여하여 동문과 학생들을 격려하는 등 SFC에 깊은 애정을 가지고 지켜보았다.

---

28. 〈개혁주의〉 1967년 2월호(제22호), 16.

4. 한명동 목사와 고신대학교

한명동 목사는 지역교회 목회만 아니라 고신대학의 비전을 세우고 지도자를 양성하는 일에 크게 기여하였다. 당시에는 한국신학대학(기장측), 서울신학대학(성결교), 침례신학대학(침례교) 등 대부분의 교단들이 대학 과정을 이수하고 목사 임직을 받던 때였다. 장로교 소속의 세 신학교인 총회신학교, 장로회신학교, 고려신학교가 예과 2년, 본과 3년의 과정을 두던 때였는데, 한명동 목사는 이것은 앞으로의 사회에서 목회자로서 교육이 부족하다고 보고 기독교 인문교육을 강화하기 위해 대학 과정을 설치하였다. 이는 칼빈의 제네바대학이 모델이었다.

칼빈대학 설립의 책임이 한명동 목사에게 주어졌는데, 1955년 9월 신학기 시작부터 감천 한국전쟁 당시 영국군 막사 부지로 옮겨가 1963년까지 칼빈대학 학장으로 봉사하였다. 예과 2년 입학한 학생들이 자연스럽게 4년 과정으로 연장하여 졸업하는 형태가 되었다. 1950년대 유명무실하던 대학교육 분위기였지만, 사명감에 충천한 학생들은 열심히 공부하였다. 신학과 영문과 철학과 세 과정을 두었다. 문교부 인가가 나지 않은 이 칼빈대학 출신으로서 한국교회에 조긍천, 박성복, 석원태, 옥한흠, 정문호 등 목회자, 유환준, 김용출 등 선교사, 허순길, 김의환, 차영배, 김성린, 박종칠 등 신학자들을 배출하였다.[29] 그 시절 칼빈대학은 초라한 시설이었지만, 철저한 경건 훈련과 인문교육 및 어학교육으로 신학의 기반을 닦게 했다.

한명동 목사는 칼빈대학 운영을 위해 심혈을 쏟았으나 불하받았던 그 땅이 중앙대학교와의 교지 분쟁에 얽혔고, 문제가 해결되지 않아 칼

---

29. 나삼진 편,《한명동 목사와 개혁주의 교회건설》, 150.

빈대학은 기독교대학의 꿈을 뒤로 하고 고려신학교 대학부로 편입되었다. 이것이 1971년 고려신학대학 인가와 이후 고신대학, 고신대학교로 발전했는데, 한명동 목사의 비전에서 출발한 것이었다.

그는 고려신학교 교수, 이사, 이사장으로 일했고, 특히 문화적인 사명을 강조하면서 고려신학교가 고려신학대학, 고신대학, 고신대학교로 성장하는데 크게 기여하였다. 그의 고신대학의 설립과 육성에 대한 이러한 공로로 한명동 목사는 고신대학교 개교 50주년(1996)에 대학 역사상 최초로 명예 신학박사 학위를 수여했고, 고신대학교는 한명동 목사의 90세 생신을 맞아 기념논문집 《칼빈주의와 문화적 사명》이라는 논문집을 헌정했다.

5. 한명동 목사와 고신교회

한명동 목사는 부산남교회를 통해 고신교회에 지대한 공헌을 하였다. 몇 가지로 정리하면 다음과 같다. 먼저, 고려신학교의 산파역을 맡아 수고하였다. 고려신학교가 한상동의 옥중의 기도의 결과로 개교하였지만, 신학교육을 위한 제대로 된 준비가 있었던 것은 아니었다. 한상동 목사는 이를 '인물없이 돈없이 시작하였다'고 한 바 있었다. 개교 1년 만에 세 번이나 교사를 옮겨야 할 정도였는데, 오직 사명감을 가진 설립자들과 교수진, 그리고 사명감을 가진 신학생들만이 고려신학교의 힘이었다. 고려신학교 강당에서 개척된 부산남교회가 짧은 기간에 성장하면서 삼일교회, 영도교회와 함께 고신교회의 중심이 되었다.

둘째로, 고신총회를 자주 개최하였다. 부산남교회가 개척 3년 만에 목조 3층의 대형교회당을 건축하면서 부산지역에서 주목받는 교회가 되었고, 고신교회의 본부 역할을 했다. 신학교 졸업식, 교단적인 행사, 연합집회, 심지어 부산지역의 주일학교연합회 교사강습회나 청년집회 등 교단적인 행사를 주로 부산남교회에서 개최하였다. 교회의 위치가 당시 부산시청 앞이었고, 용두산 공원과 광복동 입구의 중심가였기 때문이었다.

셋째로, 부산남교회는 고려신학교가 안정화되는데 기여하였다. 고려신학교는 출옥성도들의 기도의 열매로 1946년 9월 20일 일신여학교 (오늘의 금성중고등학교 교사) 교실을 빌려 개교하였지만, 호주선교부 선교사들이 다시 입국하면서 1947년 3월 5일에 초량교회 유치원으로, 4월 15일 다시 광복동 교사로 옮겨야 했다. 그 새로운 출발에서 부산남교회와 한명동 목사의 역할이 지대하였다. 한명동 목사는 MP라 불리면서 신학생들의 새벽기도회 독려 등 경건생활을 책임졌다. 그는 고려신학교의 '고신성'이 이 시기부터 시작되었다고 생각한다. 광복동 교사가 부족할 때 한명동 목사가 중심이 되어 지금의 고려신학교 교사를 송도로 이전하면서 한명동 목사의 리더십 아래에서 모금과 건축이 준비되어 송도 교사를 조성할 수 있었다.

넷째로, 한명동 목사는 고신총회의 선교부장으로 17년 동안 일했다. 한명동 목사는 총회선교부가 설치된 후 제10회 총회(1960)부터 20회까지, 그리고 제24회부터 제32회(1982)까지 그가 은퇴 후 3년이 될 때까지 총회선교부장을 맡아 봉사하였다.[30] 당시는 교회 성장기였지만, 영남에 편중된 고신교회는 선교를 위해 힘쓸 수 있는 형편이 아니어서 교인 수가 많고 재정이 비교적 여유가 있었던 부산남교회와 한명동 목사

---

30. 총회선교부 편, 《고신선교 40년(1958-1998)》, 서울: 대한예수교장로회 총회 선교부, 1998. 415-416.

가 담당하였다. 각 교회의 선교헌금이 꾸준히 들어오지 않아도 선교비를 보낼 수 있도록 한 불가피한 조처였던 것이다. 총회선교부 초기 사무실도 부산남교회 사무실에 책상을 하나 두고 사용하였고, 이 시기부터 선교비 조달을 위해 전국교회가 선교 캘린더를 사용하도록 했다. 당시에 외환이 여유가 없던 시절이어서 국가적으로 외화 송금에 제한이 있었던 것도 사실이었지만, 교회마다 선교비를 예산을 책정하고 헌금하게 된 것은 1980년대 중반 이후부터였다.

맺는 말

지금까지 한명동 목사와 부산남교회가 고신교단과 SFC와 한국교회에 미친 영향을 살펴 보았다. 신사참배 반대운동과 광복 후 교회쇄신운동의 열매가 된 고신교회는 기본적으로 한상동 목사의 리더십에 의존하지만, 그에게는 여러 분야에서 동역자들이 있었다. 신학적으로 박윤선 목사가, 정치적으로는 이약신 목사가 앞장섰지만, 행정적인 뒷바라지나 전략적인 방안은 주로 한명동 목사에게서 나왔다. 그는 안정된 영도교회 목회를 포기하고 고려신학교를 위해 자신이 개척교회를 하고, 박손혁 목사를 신학교 교수로 세우기 위해 영도교회를 양도하였다. 그가 개척한 교회가 한국전쟁기에 급성장하여 중견교회가 되고 SFC수양회 개최, 신학교 운영 지원, 송도캠퍼스 지원에 이르기까지 그의 손을 거치지 않은 것이 없었다. 칼빈대학을 설립하여 기독교 인문교육으로 목회자 양성 체계를 바꾸었다. 특히 신학교육과 SFC는 물론 오랫동안 총회 선교를 위해서도 큰 헌신을 아끼지 않았다. 한명동 목사와 부산남교회는 그가 은퇴하던 1979년까지 고신교회의 기틀을 놓는 일에 힘을 다하였다. 한국교회의 어느 교단에서 한 인물과 한 교회가 이처럼 큰 영향을 미쳤던 일이 있었던가 싶다.

한명동 연보

- 1909. 10. 14 부산 사하구 신평동에서 출생
- 1924. 10 형 한상동 목사 전도로 기독교 신앙을 가짐
- 1927. 1. 7 부산 항서교회에서 세례 받음
- 1928. 4-1931. 3 부산항서교회 서리집사
- 1929. 3 부산제2공립상업학교(부산상업고등학교) 졸업
- 1931. 4-35. 3 마산창신학교 교사
- 1931. 10-1935. 3 마산문창교회 서리집사, 주기철 목사의 지도로 회계집사
- 1935. 3.-1940. 3 주기철 목사의 지도로, 일본국 고베 중앙신학교 유학
- 1935. 9-1936. 3 일본국 아마가사끼교회 개척 전도
- 1936. 4-1937. 3 일본국 니시노미애교회 개척 전도
- 1937. 4-1940. 3 일본국 오오기교회 개척 전도
- 1940. 3-1942. 4 일본국 오사카 시깐지마 고노하나 교회 담임목사
- 1940. 3. 24 재일본 조선기독교대회에서 목사 안수 받음
- 1942. 4.-1944. 5 고베시 하야시다교회(현 고베교회) 담임목사로 시무
- 1944. 10-1946. 2 경남 밀양 수산교회 시무
- 1946. 2-1949. 10 영도교회(현 제일영도교회) 시무
- 1946. 9 주남선, 한상동 목사와 고려신학교 설립에 동참
- 1947. 4-1960. 5 고려신학교 강사. 교수, 이사 역임
- 1949. 10. 1979. 12 부산남교회 담임목사로 시무
- 1951. 10. 1 전국학생신앙운동 창설
- 1952. 9 대한예수교장로회 고신교단 창설에 참여
- 1952. 4 학생신앙운동 강령 제정 발표

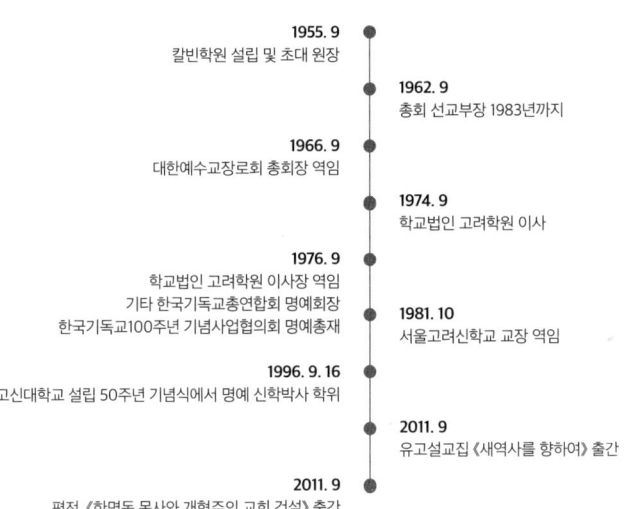

1955. 9
칼빈학원 설립 및 초대 원장

1962. 9
총회 선교부장 1983년까지

1966. 9
대한예수교장로회 총회장 역임

1974. 9
학교법인 고려학원 이사

1976. 9
학교법인 고려학원 이사장 역임
기타 한국기독교총연합회 명예회장
한국기독교100주년 기념사업협의회 명예총재

1981. 10
서울고려신학교 교장 역임

1996. 9. 16
고신대학교 설립 50주년 기념식에서 명예 신학박사 학위

2011. 9
유고설교집 《새역사를 향하여》 출간

2011. 9
평전, 《한명동 목사와 개혁주의 교회 건설》 출간

박손혁 목사와 고신교회 초기 교육

박손혁

    박손혁 목사는 고신교회의 제1세대 목회자로 제일영도교회 목사로서, 고려신학교 교수로, 1962년 고려신학교 복교 후에는 제3대 교장으로서 어려운 시기에 학교를 다시 세우는 일에 중요한 역할을 했다. 그렇지만, 고신교회 안에서 그에 대한 연구나 기림이 많지 않았고, 그에 대한 글도 주로 고려신학교 교수 사역과 제일영도교회 목회를 평가하는 것이다.[1] 그의 가족들까지도 그가 고신교회 초기 교회교육에 어떤 중요한 일을 했는가를 잘 알지 못하고, 또 기술하고 있지 않다.[2] 이 소론은

---

1. 박손혁에 대한 연구는 이상규, "박손혁의 목회와 신학교육", 《한상동과 그의 시대》, 서울: 생명의 양식, 2006; 김용섭, "박손혁 목사 시대" 《제일영도교회 100년사》, 부산: 제일영도교회, 1997; 박재영, "나의 아버지 박손혁 목사", 〈장로교회와 역사〉 제2호, 천안: 고려신학대학원, 2009 정도이다.
2. 이러한 사역은 고신교회 교육 역사에 중요한 사실이지만, 자신이 준비한 약력에도 언급한 바가 없고, 아들 박재영 목사의 회고에도 그러한 내용을 찾아볼 수 없다. 박재영, "나의 아버지 박손혁 목사", 〈장

박손혁 목사가 어떤 인물이었으며, 그가 고신교단 초기 교회교육을 위해 어떻게 사역을 했는가를 살펴보는 것을 목적으로 한다.

1. 박손혁 목사의 생애와 사역

1) 박손혁의 성장과 교육[3]

박손혁은 새로운 20세기가 시작되었지만 나라의 운명이 풍전등화와 같았던 1901년 7월 13일 경남 밀양군 상남면 외산리 351번지에서 박수민(1878-1960)의 장남으로 출생했다. 그의 아버지 박수민은 훗날 밀양 마산교회 장로로 신사참배 반대운동의 중심인물이었다. 그는 일본 경찰의 압력으로 문창교회를 사임한 한상동 목사를 담임목사로 청빙하였고, 한상동 목사는 밀양마산교회를 시무하며 본격적인 신사참배 반대운동을 전개해 박수민 장로도 경찰로부터 여러 차례 고초를 겪었다. 그는 자신이 신사참배를 거부했을뿐만아니라 자녀들에게 신사참배를 시키지 않기 위해 학교에 보내지 않았을 정도로 단호한 신앙의 사람이었다.

아버지 박수민이 기독교 신앙을 갖게 되면서 박손혁도 1911년 10세에 기독교 신앙을 갖게 되었고, 소학교를 졸업한 후 신교육의 기회를 얻지 못하고 천자문, 명심보감, 사서삼경을 독학하여 상당한 지식을 얻었다. 이 시기에 밀양 마산교회 당회장으로서 서기 박수민 장로의 적극적인 협력자였던 예원배(Albert C. Wright) 선교사가 박손혁의 총명함을

로교회와 역사〉 제2호, 154-177.
3. 박손혁 목사는 두 차례 자신의 이력을 정리, 발표한 바 있었는데, 이 부분은 고려신학교 복교 후 발간된 〈학교 소식〉에 실린 교수 이력과 그가 직접 작성해 장례예배 문서에서 사용했던 상세 이력에 의존하였다.

보고 집에 데려다가 함께 생활하면서, 22세의 나이에 1922년 4월 1일 마산 창신학교에 입학, 중등 교육 과정을 공부하였다. 이것이 그가 청소년 시절에 영어를, 훗날 신학교에서 헬라어를 능통하게 구사하는 기초가 되었다. 그는 1927년 9월 1일 배재고등보통학교 4학년에 편입하였고, 영어에 특별한 재능이 있어 재학중 전국영어웅변대회에 1등을 하면서 아펜젤러 선교사에게 직접 상과 칭찬을 받기도 하였다.[4]

보통 사람에게는 신교육의 기회가 많지 않았던 당시에 그는 1929년 3월 2일 29세의 나이로 배재고보를 졸업하고 4월 1일 마산창신학교에 교사로 부임하여 2년 동안 가르쳤다. 이후 1931년 4월 1일 그는 평양신학교로 진학하였고, 그때 부임한 한명동은 1935년 3월 주기철 목사의 지도로 일본 고베신학교로 유학을 떠났다.

박손혁은 평양 조선예수교장로회신학교에 입학해 공부하던 3년 동안 호주선교회 소속 지방순회 전도사로 봉사하였다. 그와 함께 신학교에서 공부한 이들이 강신명, 계일승, 김양선, 손양원, 박성겸, 이학인, 한정교 등이었는데, 그들은 제33회로 졸업하고 한국교회 지도자들이 되었다. 그는 특히 동향인 경남 함안 출신이었던 손양원과는 깊은 교제를 나누었다.[5] 특히 한 학년 위였던 한상동과는 개학과 방학을 맞아 부산과 평양을 오갈 때 깊은 우정을 나누었다.[6] 두 사람은 같은 해 같은 날 태어난 특별한 인연으로 광복 후 생일이 되면 아침 점심을 오가며 생일상을 함께 나눌 정도로 특별한 친교를 나누었다.[7]

---

4. 박재영, "나의 아버지 박손혁 목사", 159.
5. 〈장로회신학교 졸업생 명단〉, 박재영, 앞의 글, 163.
6. 심군식,《세상 끝날까지》, 서울: 소망사, 1977. 102-106.
7. 박재영 목사와의 대화, 2006. 6. 5-7, Evangelia University.

그는 1938년 3월 16일 평양 장로회신학교를 졸업하고 5월 16일 경남노회에서 목사로 임직받고 창원군 갈전교회 위임목사가 되었고, 1942년 1월부터는 함안역전교회로 옮겨 시무하다가 광복 후 1947년 9월에 밀양읍교회에 부임하였다.

2) 박손혁 목사와 일제강점기의 교회

박손혁 목사는 일제강점기에 신학을 공부하고 목회하였다. 그가 1938년 4월 평양 조선예수교장로회신학교를 졸업한 것이 1938년 4월로 신사참배 강요가 시작되던 시기였다. 그는 그해 신사참배 반대를 결의하였던 제41회 경남노회에서 5월 16일 목사 임직을 받았다.

일제강점기에 신사참배가 강요되면서 장로교 제27회 총회는 신사참배가 국민의례임을 결의하였는데, 당시 목회자들의 대응은 네 부류로 나눌 수 있다. 먼저, 신사참배를 반대하거나 반대운동을 전개하고 투옥된 소수의 목회자들이었다. 목회자들은 주남선, 한상동, 손양원, 최상림, 여성들은 최덕지, 조수옥 등이 있었고, 한부선 선교사도 만주에서 반대운동을 전개하였다. 둘째, 신사참배 강요를 피하여 일본과 만주 등 해외로 도피하거나, 인퇴해 초야로 돌아간 목회자들이나, 교회에 출석하지 않고 가정예배를 드린 평신도들이 많았으며,[8] 셋째, 소극적으로 신사참배와 일본의 황민화정책에 순응하면서 목회를 이어갔던 이들도 있었다. 마지막으로, 적극적으로 친일, 부일한 이들이 있었는데, 경남에서는 김

---

8. 신사참배 반대운동 지도자들은 그 실천방안의 하나로 신사참배를 지지하고 동방요배 후 예배하는 교회에 출석하지 않도록 했는데, 뜻있는 그리스도인들은 교회에 출석하지 않고 가정예배를 드렸다. 신양감리교회에 출석하던 장기려도 1년 이상 가정예배를 드리다가 해방 직후 한상동 목사가 목회하던 산정현교회에 출석하기 시작했다. 비교, 조수옥, "나의 신사참배 반대운동", 〈장로교회와 역사〉 제2호, 천안: 고려신학대학원, 2009, 84.; 지강유철, 《장기려 그 사람》, 서울: 홍성사, 2007. 146.

길창, 김만일 목사 등이었다.

    이 시기는 일제가 신사참배를 강요하면서 교회 통폐합의 강제되었고, '국민총력 조선예수교장로회 총회연맹'을 통해 애국기 헌납 헌금, 시국강연회와 전승축하대회, 교회 통폐합, 일본적 기독교 추진, 교파의 통폐합 등이 이루어졌다.[9] 교회 통폐합의 경우 한국장로교회는 1941년 3,624교회에서 1942년에는 2,543교회로 줄어들었고, 경남노회만 해도 335교회 가운데 108교회가 감소했다.[10] 당시는 "일본제국주의가 극에 달한 때였다. 예배를 드리기 전에 동방요배를 강요했고, 신사참배 강요, 교회 강제 폐쇄, 교회종 강제 헌납 등 극심한 탄압이 한국교회에 가해졌다. 신사참배를 강요하는 것은 물론이고 황국신민서사를 아침마다 외우게 했다. 내선일체라는 미명하에 창씨개명을 의무화했다. 학교에서 조선말 사용을 금지했고, 사용할 때는 벌을 받아야 했다. 성경과 찬송도 고쳐야 했다. 만왕의 왕은 일본 귀신 천조대신이니 예수는 일본귀신 밑에 있는 신으로 격하하도록 했다."[11]

    박손혁 목사도 일제강점기의 이러한 강압적인 상황에서 자유로울 수 없었을 것이다. 이 시기에 그는 제43회 경남노회에서 부회록서기, 제44, 45회 노회에서 회록서기에 피선되었다. 1943년 5월 5일 한국장로교회가 일본기독교 조선장로교단이 되면서 경남노회도 강제적으로 일본기독교 조선장로교단 경남교구로 개편되었다. 그는 이때부터 3기에 걸쳐 서기로 봉사하였는데, 경남교구장이 김길창 목사, 부교구장이 김동

---

9. 나삼진, "한국장로교회의 신사참배 결의와 1940년대의 부일과 배교", 〈코람데오 닷컴〉, 2018. 9. 10.
10. 《조선예수교장로회 제31회 총회 회의록》, 경성: 조선예수교장로회 총회사무국, 1943, 75.
11. 박재영, "나의 아버지 박손혁 목사", 166.

선 목사였다.[12] 그는 이 기간에 교구 서기로서 직무상 상회에서 내려오는 다양한 문서를 수발하고, 교회에 전달하였을 것이다. 그는 일제강점기 교회의 형편에 대해 다음과 같이 기술한다.

> 한국장로교 총회는 1938년 평양 서문밖교회에서 회집하여 신사참배는 국가의식이니 이것을 하여도 좋다는 결의를 하고, 이 취지를 전국 각 교회에 시달하게 되었으니, 이로 좇아 한국의 제단들은 여지없이 무너지고 말았다. 그 다음해인 1939년 순수한 정통을 자랑하던 평양의 장로회신학교는 자연적으로 폐문 폐교를 하지 않을 수 없게 되었다. 참담한 한국교회 그때의 상태는 어찌 필설로 다 표시하리요![13]

그가 목회하면서 당한 극심한 어려움을 '참담한 한국교회'라 했고, 이를 '필설로 다 표시할 수 없다'고 했다. 이는 그 시대에 목회자로서 겪었던 어려움을 이르는 것이었다. 그는 일제강점기에 소극적이었지만 "일본의 비위에 맞추어가면서" 목회한 사실을 너무도 가슴 아파했으며, "광복 후 회개하며" 고려신학교를 중심으로 한 진리운동 한국교회 재건 운동에 동참하였고,[14] 뚜렷한 업적을 남겼다.

광복 전 신사참배 반대운동도, 광복 후 회개운동과 교회쇄신운동도 거의 없었던 서울을 비롯한 다른 노회들과는 달리, 경남노회에 속한 많은 교회들은 출옥성도들을 지지하였으며, 일제강점기에 있었던 범과에 대해 회개하였다. 출옥성도들의 회개운동과 교회쇄신운동에 대해 기존

---

12. 경남노회 100년 편찬위원회, 《경남(법통)노회 100년사》, 403.
13. 박손혁, "신학 10년 발전사", 〈파수군〉 1956년 9월호, 19.
14. 박재영, "나의 아버지 박손혁 목사", 166.

목회자들은 적극적으로 협력하지 않았지만, 평신도들의 적극적인 지지로 회개운동이 안착할 수 있었고, 경남노회에 속한 많은 교회들이 고려신학교를 지지하며 교회쇄신운동에 동참하였다.

신사참배가 '종교 행위'가 아니라 '애국 행위'로 총회에서 결정한 때에, 또 총칼로 신사참배를 강요하는 상태에서 이를 거부하고 끝까지 견딜 사람은 많지 않았다. 성경은 죄를 짓지 않는 완벽한 사람을 요구하는 것이 아니라, 죄를 지었을 때 이를 회개하고 새로워지는 것을 요구한다. 신앙의 절개를 지키며 목숨을 걸고 충성하는 것은 가치있는 일이지만, 그렇게 하지 못했을 때, 그 허물과 죄에 대해 가슴 아파하고 이를 뉘우치고 새롭게 출발하는 것이 바른 신앙이다. 신앙의 이유로 투옥되면서까지 신사참배에 저항하고, 조직적인 반대운동을 전개하였던 한상동 목사를 비롯한 출옥성도들은 지난날의 잘못을 회개, 청산하기 위해 회개운동을 전개하면서 새로운 대한교회를 만들자고 외친 것이었다.

3) 박손혁 목사의 목회와 교수 사역

고려신학교는 설립 초기 교수가 부족하여 박윤선 목사가 거의 모든 과목을 가르쳤고, 총회와의 갈등으로 설립자들이 구상했던 교수들 충원이 여의치 않아 어려움을 겪었는데, 미국 유학을 하지 않고서도 영어와 헬라어에 능했던 그는 유능한 교수 후보였다. 고려신학교는 교수가 필요하고, 또 기숙학교 형태로 운영되던 때 관리 책임자가 필요하던 때에, 한명동 목사가 그에게 영도교회(현 제일영도교회)를 물려주고 부산남교회(당시 전도교회)를 개척하면서 고려신학교 운영과 학생 관리를 담당하였다. 박손혁 목사는 이에 부산으로 이동, 1949년 10월 1일 영도교회 위임목사로 취임하였다.[15] 광복 후 교회쇄신운동 초기에 협력하던 목회자들이 많지 않았던 때에 박손혁 목사는 이약신, 주남선, 한상동 목사를 도와 고려신학교를 중심으로 한 한국교회 쇄신운동에 함께 했다.

영도교회는 부산진교회와 초량교회와 함께 초기 부산지역에 설립된 대표교회인데, 전임 목회자 한명동 목사는 1949년 7월 17일 영도교회 당회에서 원거리 구역을 중심으로 네 교회의 분립교회 개척을 결의하였고,[16] 얼마되지 않아 그 자신도 고려신학교 관리와 부산남교회 개척을 위해 교회를 사임했다. 교회로서는 비슷한 시기에 다섯 개의 분립교회를 하는 것이 쉽지 않은 일이었다. 그는 19년 동안 영도교회를 시무하며 한명동 목사가 설계한 영도 복음화의 이상을 그의 리더십 아래에서 완성하였다. 이러한 분립교회는 오늘의 시각에서 볼 때도 대단한 것으로 영도교회로서는 많은 출혈을 감수해야 하는 결정이었고, 이로 인해 초기에 출석교인도 줄어들었다. 그러나 이듬해 한국전쟁으로 피난민들이 부산에 몰려오면서 교회는 바로 원상태를 회복할 수 있었다.[17] 영도교회의 이름도 이때 제일영도교회로 바꾸었고, 제2, 제3, 제4 영도교회가 뿌리내린 것이다. 그의 목회는 고신교회의 영도 복음화에 기여하였고, 한국전쟁기에 전국에서 밀려 온 피난민들을 맞이하는 교회의 영적 준비가 되었다.

박손혁 목사는 그렇게 밀양읍교회에서 영도교회로 시무지를 옮겼고, 고려신학교에서 강사와 이사로 봉사하였고,[18] 1954년 교수로 임명

---

15. 박손혁 목사의 밀양읍교회 사면, 한명동 목사의 영도교회 사임과 박손혁 목사의 영도교회 위임목사 청빙이 1949년 9월 6-8일 같은 노회에서 이루어졌다. 〈제52회 경남노회 촬요〉, 1949. 9. 6.
16. 김용섭, 《제일영도교회 100년사》, 부산: 제일영도교회, 1997. 393-423.
17. 김용섭, 《제일영도교회 100년사》, 485-486.
18. 허순길, 《고려신학대학원 50년사》, 천안: 고려신학대학원 출판부, 1996, 42, 93.

된 후 1967년까지 13년 동안 헬라어, 신약석의, 고고학, 요한복음 등을 가르쳤다.[19] 그는 고신측과 승동측의 합동시에 고려신학교가 총회신학교에 병합되었을 때 부산분교장으로 있으면서 어려웠던 시절 신학교가 흔들리지 않도록 기초를 다시 놓았다. 그는 새로운 정관으로 교수와 이사가 겸직하지 못하게 됨에 따라 1967년 교수직에서 은퇴, 명예교수로 있으면서 이사로서 고려신학교를 위해 마지막까지 봉사했다.[20] 박손혁 목사는 〈파수군〉에 편집위원 제도가 도입되면서 1961년부터 3년 동안 〈파수군〉 편집위원으로도 봉사했고, 1963년에 창간한 〈개혁주의〉 논설위원으로도 봉사했다.

박손혁 목사는 노회와 총회를 위해서도 여러 봉사를 했다. 그는 1945년 12월 3일 광복 후 경남노회가 재건되면서 출옥성도 주남선 목사가 노회장으로 추대될 때 서기로 피선되어 2년 동안 그를 도왔고, 1949년부터 대한예수교장로회총로회가 조직되던 1952년까지 노회장 이약신 목사를 도와 서기로서 총회를 대항해 여러 문서를 작성했다. 혼란기에 경남노회와 총회는 서로 수많은 문서를 주고 받았는데, 경남(법통)노회의 대부분의 행정문서들이 서기였던 그의 손을 거쳤다.

그는 1949년 11월 26일에 고려신학교 당국자들이 ICCC에 '국제기독교연합회에 드림'이라는 공식 서한을 보낼 때도 강사로 이름을 올렸다. 1952년 제57, 58회 경남(법통)노회에서 노회장에 선출되었다. 또 1954년 7월 국제기독교연합회가 고신교회 대표단을 초청할 때 이약신, 한상동, 박윤선 목사와 함께 미국을 방문하며 그는 고신교회를 대표하

---

19. 박손혁, "신학 10년 발전사", 〈파수군〉 1956년 9월호, 21.; 〈학교 소식〉 부산: 고려신학교, 1965년 5월, 5.
20. 이상규, 앞의 글, 201.

국제기독교연합회 참석시(왼쪽부터 박손혁, 이약신, 한상동)

는 인물로 활동했다. 그는 공식행사를 마친 후 칼빈신학교 하계강좌에 참가한 후 귀국했는데, 그의 학자적인 관심을 잘 보여주고 있다.

박손혁 목사는 1958년 9월에 대한예수교장로회(고신) 총회장에 선출되었다. 1960년 박윤선 교장이 주일성수 문제로 논란이 되었을 때 부산노회 제10회 정기노회에서 조정위원으로 선임되어 활동했고,[21] 연말에 고신측과 승동측이 합동될 때 합동위원으로, 두 총회의 합동으로 인한 헌법 및 규칙 수정 위원으로 참여했으며,[22] 승동측과의 합동 이듬해에는 승동측과 통합된 경남노회장으로도 선출되었다.[23] 또 1957년 경남노회에서 부산노회가 분리된 후 제4, 5회, 7, 8회 노회장으로 봉사했고,

---

21. 허순길,《고려신학대학원 50년사》, 131.
22. 《대한예수교장로회 총회 회록(제11회-제20회)》, 부산: 대한예수교장로회 총회 출판부, 1961. 9-21.
23. 《경남(법통)노회 100년사 1916-2016》, 창원: 경남노회, 2016. 403-404.

1964년 부산노회가 환원하면서 다시 제13, 14회 노회장으로서 어려운 시기에 고신교회를 세워가는 일에 앞장섰다.[24] 고려신학교는 교육환경의 변화와 고등교육의 수요 증가에 따라 정부의 인가를 받은 대학교육이 필요함을 인식하고, 고려신학대학 추진위원회를 구성했는데, 박손혁 교수가 위원장을 맡아 1966년에 서울에서 사흘 동안 모임을 갖는 등 고려신학교 발전을 위해 마지막까지 수고했다.[25]

그는 이렇게 목회와 고려신학교 교수, 총회적으로 종교교육부장을 맡아 관련된 여러 사역으로 인한 과로로 건강을 잃었다. 건강상 목회를 계속하기 어려워지자 교회의 분위기를 고려해 1968년 9월 19년을 시무한 제일영도교회를 사임했고,[26] 두 달 후인 11월 9일 68세의 일기로 하나님의 부름을 받았다. 총회장 장례제도가 없었던 때에 한명동 목사를 위원장으로 범노회적으로 장의위원회를 구성해 부산노회장으로 예우했는데, 11월 12일 한상동 목사의 설교와 홍반식 목사의 조사로 장례식을 갖고, 밀양군 상남면 외산리 선영에 안장되었다.

이후 박손혁 목사 후임이었던 석원태 목사가 당회에서의 압력으로 교회를 사임한 후 동생 박정덕 목사가 제일영도교회에 부임한 것도,[27] 그의 자질이 첫째 이유이겠지만 박손혁 목사의 인격적인 목회의 영향이라고 할 것이다. 목회자들이 한 교회에서 오래 목회하지 않았던 당시에, 박정덕 목사가 지병으로 사임할 때까지 17년 동안 목회, 형제가 한 교회에서 36년을 목회한 것은 한국교회 역사에서 흔치 않은 기록이다.

---

24. 《부산노회 100회사》, 부산: 부산노회, 2008. 73-77.
25. 〈개혁주의〉 1966년 9월호, 63.
26. 김용섭, 앞의 책, 577.
27. 김용섭, 앞의 책, 911.

2. 대한예수교장로회총로회 설립기의 교회교육

고려신학교가 설립된 후 제27회 총회 부총회장으로서 대표적인 친일인사였고, 오랫동안 경남노회를 주도하고 있던 김길창 목사의 강력한 반대로 노회 안에서 갈등이 일어났으며, 고려신학교 인가를 취소하기도 하였다. 이 문제를 총회에서 다루는 가운데 중앙 친일세력이 개입함으로써 고려신학교 문제가 경남노회 문제로, 나아가 총회적인 문제로 나타났다. 제34회 총회에서 여러 노회에서 올라온 고려신학교에 학생들을 추천해도 되는가에 대한 질의에 대해 심의도 없이 총회 정치부장 김관식이 고려신학교는 총회와 관련이 없으니 추천할 필요가 없다고 언명했다.[28] 1952년 5월 제36회 총회에서는 경남법통노회 총대의 입장이 거절되었고, 경남(법통)노회는 다시 1년을 기다려 1952년 4월 제37회 총회에 총대를 파송했으나 총회는 고려신학교를 단절하고, 경남(법통)노회를 총회의 문외로 추방했다.[29]

이에 교회쇄신운동을 이끌었던 이들은 경남노회를 중심으로 1952년 9월 11일 대한예수교장로회 총로회를 결성, 별도의 치리회를 구성하였다. 경남노회가 하나일 때 296교회였는데, 1951년 4월 276교회, 1952년 3월 296교회, 1953년 3월 317교회였다.[30] 고려신학교를 중심으로 한 진리운동 10주년이 된 1956년에는 570교회, 목사 105명, 강도사 8명, 전도사 265명으로 증가되면서,[31] 고신교회는 하나의 교단으로 성장했다.

---

28. 허순길, 《고려신학대학원 50년사》, 70. 김관식은 기독교계 대표적인 친일세력으로서 한국기독교 각 종파가 일본기독교 조선교단으로 통합될 때 통리로 선출되어 친일에 앞장서 친일인사전에 등재되었다. 그것은 해방 불과 두 주 전이었다. 《친일인명사전》, 제1권, 248.
29. 김양선, 《한국기독교 해방 10년사》, 159.
30. 〈파수군〉 1953년 12월호, 42.
31. 〈파수군〉 1957년 1월호, 87. 김양선은 이를 두고 "법통노회측의 종전에 주장하던 통회와 신생활의 증

고신교회가 1951년 총회에서 단절된 후 총로회를 조직하던 1952년부터 고신교회 초기에는 총회적으로 교육을 지원하는 시스템이 없었다. 총로회에 종교교육부가 있어 교육을 관장하도록 되어 있었지만, 첫 3년 동안 경남(법통)노회가 이를 담당하였다. 제3회 총회에서 공과 발행 사업이 구제위원회, 찬송가 간행위원, 전도부와 함께 총로회로 이관되면서,[32] 종교교육부가 중심이 되어 주일공과로 '장년공과'와 '유년공과'를 편찬하기 시작했다. 이에 총로회에서는 공과지 간행은 종교교육부에 일임하기로 가결하여, 종교교육부장 박손혁 목사가 책임을 지고 공과를 발행하였다.

3. 박손혁 목사와 고신교회 초기 교회교육에의 기여

그러면 박손혁 목사는 고신교회 교육을 위해 어떤 일을 했던 것인가? 그는 오랫동안 종교교육부장으로서 봉사했고, 교회교육 교재 발간과 함께 평신도를 위해 총회성경통신학교를 개교, 운영하면서 초기 교단교육에 기여했다. 또 SFC 수양회의 강사로 자주 수고하였고, 〈파수군〉 혹은 〈개혁주의〉의 편집위원이면서, 중요한 필진이기도 했다.

1) 종교교육부장으로서 역할

박손혁 목사는 총로회가 발회한 후 초기 종교교육부장을 밑아 봉시

거가 없더라도 고신측교회에 가입만 하면 성자의 취급을 받게 된 것을 기회로 다수의 기회주의자들이 고려신학과 교회로 몰려 들어갔으며.."라 했다. 김양선,《한국기독교 해방 10년사》, 158.
32. 《대한예수교장로회 총회 회록(제1-10회)》, 28.; 이상규, 강용원, 나삼진,《대한예수교장로회(고신) 교회교육의 역사(1952-2012)》, 서울: 생명의 양식, 69.

하면서 종교교육부의 중요한 책임이었던 교재를 편집, 발행하였다. 총노회 발회와 함께 종교교육부가 설치되었고, 총로회 규칙 제5장 제24조에서 "종교교육부는 종교교육에 관한 일을 장리함"이라 했다.[33] 제1-3회 총로회의 종교교육부의 임원 조직 등의 자료가 남아 있지 않으나, 당시 총로회에서 인적 구성으로 볼 때 박손혁 목사가 맡았을 가능성이 크다.

박손혁 목사는 고신교회 초기 교육정책을 집행하는 일을 담당했다. 그는 대한예수교장로회 총로회 제4회와 총회로 승격된 후 제7, 8, 9, 10, 13회 총회에서 종교교육부장을 담당했다. 종교교육부의 역할은 주일학교 유년공과와 장년공과를 발행하는 것이 주된 일이었고, 제5, 6회에 황철도 목사가 부장을 담당한 것 외에는 승동측과의 합동 때까지 그가 계속하여 부장으로 선출되었다. 장로교 총회는 종교교육부 역할이 컸기 때문에 다른 부서와 달리 총무를 두고 있었지만, 총로회는 교단 규모가 크지 않아 종교교육부장이 그러한 역할을 겸임하였다. 당시 교재개발이 가장 중요한 임무였던 때에 그가 적임자였음을 교단적으로 인정한 것이었다.

2) 주일학교 교재 개발

당시 교회에서 사용하던 교재는 '주일학교 유년공과'와 '장년공과'가 전부였다. 주일학교 교재는 전 학년이 같은 교재를 가지고 어린이 교재 없이 교사가 일방적인 전달 방식의 교육을 시행하던 때였다. 그는 영어와 헬라어에 능통하여 기독교 도서가 많지 않았던 시기에 대한기독교서회가 출판한 프린스턴신학교 교수 어드만(Charles R. Eerdman)의

---

33. 《대한예수교장로회 총로회 회록(제1-10회)》, 부산: 대한예수교장로회 총회출판부, 1961. 10.

《마태복음》 주석을 번역해 1950년에 출판하였다.[34] 이 주석의 출판과정에서 원고 작성, 편집, 교열, 출판 등의 과정을 이해했고, 외국에서 발간된 교재들을 자유롭게 읽고 우리나라 실정에 맞추어 번안할 능력을 갖추었기 때문에 교재개발의 책임을 질 수 있었다.[35] 고신교회는 초기에 단권 공과도 출간할 형편이 되지 않았으므로 〈파수군〉에 주일학교 공과를 연재하여 교사들이 이를 교재로 사용하였다. 그가 경남노회 종교교육부에서 논의하고 노회의 허락을 받아 1952년부터 주일공과를 위해 〈파수군〉 1951년 12월호부터 주일공과를 게재, 유년공과와 장년공과로 함께 사용되었다. 1년 동안 계속된 이 일은 1953년 주일학교경남연합회장 이근삼 목사의 노력으로 유년공과가 반 년분씩 출간되었고, 1954년부터는 단행본으로 출간했다.[36]

그는 다시 〈파수군〉 1953년 1월호부터 한 해 동안 장년공과를 연재하였고, 1954년 1월부터는 이근삼 목사가 주일학교 경남연합회 이름으로 연재하다가 유학을 떠나면서 7월호부터 박손혁 목사가 다시 이를 이어 1955년까지 연재를 계속했다. 주일학교 유년공과가 발행되기는 1958년도부터이다.[37] 여름성경학교 교재는 1956년에 처음으로 여름성경학교 교재로 '베드로의 신앙'을 주제로 단행본이 출판되었지만,[38] 1958년도 교재도 〈파수군〉에 연재하였다.

그의 이러한 노력은 고신교회가 교육적 역량을 축적하는 결과로 나

---

34. 이상규, "박손혁의 목회와 신학교육", 《한상동과 그의 시대》, 서울: SFC, 2006. 202.
35. 그는 이 연재를 11월부터 하기로 계획했지만, 미국에 주문한 교재가 도착하지 않아 늦어졌으며, 연구의 시일이 너무 없어서 외국 교재를 번역했다고 했다. 〈파수군〉 1951년 12월호, 45.
36. 나삼진, "고신역사 아카이브 교회교육 4: 유년주일학교 통일공과(1954)" (페이스북 2020. 8. 25)
37. 나삼진, "고신역사 아카이브 교회교육 12: 장년주일공과(1958)", (페이스북, 2020. 12. 20)
38. 나삼진, "고신역사 아카이브 교회교육 5: 황철도 지음, 베드로의 신앙(1956)" (페이스북 2020. 9. 5)

타났는데, 고신측과 승동측의 합동 이후 합동측에도 영향을 미쳤다. 총회측이 1959년 9월 제43회 총회에서 연동측과 승동측 둘로 분리되었을 때, 교재개발 담당자들이 연동측에 속하게 되면서 승동측은 교재개발에 어려움을 겪고 있었다. 1960년 승동측이 고신측과 합동한 후 주일공과를 발간하면서 종교교육부 총무 박병훈 목사는 '박손혁 목사가 개발한 교재의 틀을 참고하였다'고 했다.[39]

3) 통신성경학교 설립과 운영

박손혁 목사는 또한 고신교회 교육을 위해 통신성경학교를 설치해 교장으로서 이를 운영하였다. 이 통신성경학교는 제57회 경남노회의 결의로 시작되었는데, 개교회에서 성경교육의 기회가 적었던 때에 평신도들이 성경을 체계적으로 읽고 공부하도록 하는 교육과정이었다. 우편으로 강의안을 받아 읽고, 다시 답을 적어 우편으로 제출하면 채점을 해 돌려주는 형태였다. 이 과정은 다음과 같이 운영되었다.[40]

1. 학과는 신약부와 구약부 2부로 나눈다.
2. 수업연한은 각부 3개년 이내로 하고, 시험에 합격한 이에게 그 부의 졸업증서를 준다.
3. 입학자격은 성경을 공부하고자 하는 신자면 누구나 입학할 수 있으나, 당분간 〈파수군〉 독자에게 한한다.
4. 입학희망자는 이 책(〈파수군〉)에 첨부한 입학지원서를 기입하여 보내면 된다.

---

39. 박병훈, 장년공과(1962) 서문, 서울: 대한예수교장로회 총회 출판부, 1962.
40. "통신 성경학교 입학 요강", 〈파수군〉 1954년 2월호, 〈파수군〉 1958년 5월호.

5. 입학시험은 신약부 12편, 구약부 20편으로 하고, 각 부 문제를 풀어 제출하면 된다. 본 시험을 받고자 하면 교역자가 그 중에서 10문제를 택하여 책을 보지 않고 답안을 작성하면, 교역자가 학교로 제출하여 평가하는 것으로 한다. 예비시험은 50점, 본시험은 60점을 합격점으로 한다.

5. 졸업: 신약부 12편, 구약부 20편을 마친 자에게 신약 졸업증서, 구약 졸업증서를 수여하되, 학생이 속한 교회 혹은 학교 주최로 졸업식을 거행한다.

통신성경학교는 〈파수군〉 독자에게 한한다고 했는데, 이는 별도의 교재를 발행하지 못하고 〈파수군〉에 연재했기 때문이었다. 통신성경학교의 교재는 〈파수군〉 1954년 1월호에 신약부(1) 사도행전, 2월호에 구약부 제1편(창세기) 신약부 제2편(야고보, 데살로니가전후), 3월호에 신약부 3편, 구약부 2편, 6월호에 신약부 4편, 7/8월호에 신약부 5편을 연재하여 독자들이 함께 성경을 공부하게 했다. 이후 그러한 연재가 등장하지 않는 것으로 보아 교재가 출판된 것으로 보인다.

박손혁 목사는 통신성경학교는 개교 초기 54교회에 속한 등록생 230명의 교회별 통계를 발표하였는데, 다수가 참여한 교회는 삼일 38명, 합천읍 16명, 대구성남 14명, 제2문창 13명, 신명 12명, 완월동 12명, 경주읍 11명, 대신동 10명 등이었다.[41] 〈파수군〉에 교재를 연재하던 불편한 시절이었지만 적지 않은 교회에서 참여한 것이었다. 통신 성경학교는 개교 후 담당자가 이동함으로 어려움을 겪었으나, 1957년에 다시 학생들이 증가해 1958년에 교재를 간행하고 프로그램을 새롭게 했다.

---

41. 〈면려청년〉 제35호, 1953. 6. 15.

1961년 〈파수군〉에 3회에 걸쳐 67교회에 속한 등록생 334명의 명단을 발표하였다.[42] 이를 교회 단위로 분류하면 진해남부 25명, 거제 송진 20명, 창원 성북 20명, 서문로 20명, 남해 용소 19명, 마산동광 17명, 전남 안정 17명, 하동 고전 14명, 밀양 외산 13명, 가술 13명, 울산성혜 9명, 삼일 7명, 제일영도 7명, 울진 6명, 진해동부 6명 등이었다. 이들 교회에서 교회적인 성경공부 프로그램으로 활용한 것으로 보이며, 총회측 수안교회 소속도 있었다. 1960년에는 680명의 등록생을 두어 통신성경학교가 전국적으로 확산되었음을 알 수 있다. 그해 신약부 34명, 구약부 5명의 졸업생 명단도 발표되었다.[43]

당시에 지역교회에 담임목사가 목회하는 교회가 많지 않았고, 전도사가 교역하는 경우가 많았다. 그렇기에 그 어느 때보다도 체계적인 성경교육이 필요하던 시기, 박손혁 목사는 통신성경학교를 개설하여 총회적인 프로그램으로 운영하였다. 그는 교회에 필요한 일을 바르게 파악하고, 이를 실행시키는 능력을 갖고 있었다.

그렇게 시작된 통신성경학교는 이후 단행본을 출판해 성경을 배우고자 하는 이들이 다수 동참하였고, 그가 소천한 후에는 동생 박정덕 목사가 맡아 운영하였다. 그러나 박정덕 목사도 목회와 잦은 부흥회 인도로 많은 시간을 내기 어려워 총회교육위원회에 이관해 제38회(1988년) 총회의 결의로 승격하여 성경통신대학으로 편입되었다. 1989년 3월에 첫 등록생을 맞아 학기당 등록생이 1,500명에 이르기도 했다. 제56회(2006년) 총회에서 총회성경대학으로 개칭하여 고신교회의 평신도 성경공부 프로그램으로 정착되었고, 오늘날 '바이블 키 성경대학'으로 발

---

42. 〈파수군〉 1961년 1월호 59-61, 2월호, 86-87. 1961년 4/5월호. 62-64.
43. 〈파수군〉 1960년 11월호, 62.

전되었다.

4) SFC 수양회 인도

박손혁 목사는 교계 지도자들이 많지 않았던 시기에 학생들과 청년들을 지도하는 일에도 관심을 가졌다. 그는 규모가 있었던 제일영도교회 목회만 아니라 고려신학교에서의 강의, 또한 총회 종교교육부 관련 일로 분주했지만, SFC수양회에 자주 초청받아 학생들을 가르치는 일에 힘썼다. 1948년에 처음 시작되었던 SFC수양회는 초기에는 한 주간 동안 계속되었는데, 그가 자주 담당했던 성경공부는 매일 한 시간씩 수양회 기간에 계속되었다. 그는 차분하게 가르치는 성향이어서 성경공부를 자주 담당하였는데, 강사로 봉사한 전국SFC 수양회는 다음과 같다.[44]

표_ 박손혁 목사 SFC수양회 강의 일람

번호	수양회	기간	장소	담당과목	시간
1	제4회 청소년 수양회	1951. 1. 9-14	고려신학교	심리학	4
2	제8회 동기 수양회	1954. 1. 5-13	부산남교회	성경공부	7
3	제10회 동기 수양회	1955. 1. 4-11	부산남교회	고등부 성경공부	8
4	제12회 하기 수양회	1956. 8. 7-13	고려신학교	저녁집회	1
5	제13회 동기 수양회	1956. 12. 28-1. 3	서울충현교회	중고등부 성경공부, 저녁집회	4+1
6	제15회 하기 수양회	1958. 7. 30-8. 4	부산남교회	중고등부 연구/ 토의	3

---

44. 나삼진 편,《SFC수양회지 영인본》(I)(1949-1954), (II)(1954-1959), 서울: 전국학생신앙운동, 1997.

박손혁 목사는 1954년 1월 19일 부산 청년신앙운동(Youth for Christ)이 창립될 당시 한상동, 한명동 목사, 최의손, 한부선 선교사와 함께 4인 고문으로 추대되었는데,[45] 이는 그가 청년들의 존경받던 지도자였음을 보여주고 있다. 청년신앙운동은 1947년경부터 시작된 SFC에 참여했던 학생들이 나이가 들면서 '학신'에서 '청신'으로 분리된 조직이었고, '청신'이 분리된 후에도 '학신'과 고려신학교에서 주일 오후모임을 연합으로 갖기도 했다.

5) 〈파수군〉과 〈개혁주의〉에 기고

박손혁 목사는 자주 〈파수군〉에 기고하여 전국 고신교회 성도들의 신앙향상에 기여하였다. 당시에는 교회마다 담임목사가 아니라 전도사들이 교역하는 경우가 많았는데, 주중에는 학교에 가고 주말에 돌아왔기 때문에 주중 신앙생활은 전적으로 성도들 개인에게 맡겨져 있었다. 기독교 도서도 많지 않았고 구하기도 쉽지 않았던 때, 〈파수군〉은 단순한 잡지가 아니라, 고신교회 형성기에 교회쇄신운동을 지지하고 함께 하는 그리스도인들에게 큰 영향을 미쳤다.[46] 장로회신학교에서 평양에서부터 간행하던 〈신학지남〉이 복간된 것은 1954년이었기 때문에,[47] 한국장로교회에서도 흔치 않은 체계를 갖춘 정기간행물이었다. 〈파수군〉은 그 무렵 매월 2천 수백 권이 발행되어 평신도들까지 읽고 있었고,[48]

---

45. 〈파수군〉 1954년 2월호, 45.
46. 손양원 목사가 순교한 후에도 〈파수군〉을 정기적으로 구독했던 애양원교회 성도들은 표지를 만들어 너덜너덜 할 때까지 나누어 읽는다고 했던 것은 당시 〈파수군〉이 고신교회 성도들에게 미친 영향이 얼마나 지대했던 것인가를 잘 보여주고 있다.
47. 박형룡, "신학지남 50년", 《총신대학교 100년사》 제2권, 서울: 총신대 출판부, 2003. 267, 319.
48. 〈파수군〉 1954년 2월호, 44.

고려신학교가 이끌었던 교회쇄신운동의 나팔수가 되었다.

박손혁 목사는 〈파수군〉 간행 초기부터 설교를 기고하였고,[49] 1952년부터는 주일공과를, 1954년부터 장년공과와 통신성경학교 교재를 연재하기 시작했다. 또 공과가 단행본으로 출판된 후부터는 성경 강해나 논문을 발표했는데, '성령론'을 여섯 차례, '산상보훈'을 다섯 차례 연재하였다.[50]

그는 1962년 10월 고려신학교가 복교되고 〈파수군〉을 대신하여 〈개혁주의〉가 간행되기 시작하면서 〈개혁주의〉 편집위원과 논설위원으로서 여러 차례 글을 기고하여 신학생들과 고신교회에 속한 그리스도인들에게 개혁주의 신앙을 안내하였다.[51]

맺는 말

박손혁 목사는 제일영도교회 목회자와 고려신학교 교수로 기억되고 있지만, 고신교회 초기 교단교육에서 큰 업적을 남겼다. 고신교회가 총회로부터 단절되었을 때, 그는 열악한 환경 가운데서 총회 종교교육부장으로서 주일학교 교재개발, 통신 성경학교 설치와 운영, SFC집회를 통한 인재 양성, 〈파수군〉과 〈개혁주의〉 등 고신교회 잡지에 기고로 귀한 봉사를 했다.

---

49. 그는 〈파수군〉 초기에 "하나님의 아름다우심"(제5호), "하나님의 사람"(제6호), "예수와 개성"(8호), "감사의 생애"(11월호)를 기고하였고, "생명과 주님"(84호) 등의 설교를 기고하였고, 1951년 11월호부터 주일공과를 연재하기 시작하였다.
50. 박손혁, "성령론(1-6)", 〈파수군〉 1955년 8월호-1956년 2월호; "산상보훈" 〈파수군〉 1962년 3월호-8월호.
51. 박손혁 목사가 〈개혁주의〉에 기고한 글은 "예수의 부활과 우리의 믿음"(1966. 4), "개교 20주년 특집: 졸업생 관계에서"(1966. 9), "예수의 부활과 신자"(1967. /4) 등이 있다.

대한예수교장로회(고신) 총회는 교단 설립 60주년을 앞두고 2010년을 '총회교육의 해'로 지키면서 날로 어려워가는 교육적 상황에서 교회의 교육적 사명을 새롭게 하는 '총회장 목회서신'을 발표하였고, 고신교회 60년 역사 동안 교육 부문 공로자로 초기 박손혁 목사, 중기 오병세 박사, 후기 심군식 목사를 선정해 기리는 헌액 행사를 가졌다.[52] 그때 필자가 작성하였던 그의 공적문으로 이 소론을 마치고자 한다.

"박손혁 목사님은 대한예수교장로회(고신) 목사로, 고려신학교 교수와 교장으로, 제일영도교회 목사로 교단의 신학교육과 교회교육을 위해 평생 많은 수고를 하셨습니다. 목사님은 1952년 10월 대한예수교장로회 총로회가 조직된 후 오랫동안 종교교육부장으로 봉사하면서 교단교육의 기초를 놓았습니다. 전후 총회의 불비한 여건 가운데서도 주일학교 공과와 장년공과 등 교재개발에 힘썼으며, 통신성경학교를 설립하여 교장으로서 평신도 신앙교육에 힘썼습니다. 총회교육원은 2010년 총회교육의 해를 맞이하여 목사님이 교단교육을 위해 특별히 세운 공로를 기억하고 기념하며 이에 헌액합니다. 주후 2010년 9월 3일 대한예수교장로회 총회교육원"

---

52. 이상규, 강용원, 나삼진, 《대한예수교장로회(고신) 교회교육 역사》, 326-329.

박손혁 연보

1901. 7. 13
경남 밀량군 상남면 외산리에서 박수민의 장남으로 출생

1911
기독교 신앙을 갖게 됨

1922. 4. 1
마산창신학교 입학

1927. 9. 1
배재고등보통학교 4학년 편입

1929
배재고등보통학교 졸업

1929. 4. 1
마산 창신학교 교사

1931. 4. 1
평양 장로회신학교 입학

1938. 3. 16
평양 장로회신학교 졸업

1938. 5. 16
경남노회에서 목사 임직

1942. 1
함안 역전교회 목사

1947. 9
밀양읍교회 목사

1949. 10. 1
영도교회(현 제일영도교회) 시무, 고려신학교 강사 취임

1949
경남노회 서기로 이약신 목사와 함께 교회쇄신운동 앞장

1950
어더만 주석 《마태복음》 번역 출간

1950. 3. 1
고려신학교 이사

1952
총회 종교교육부장

1953
〈피수군〉에 장년공과 연재 시작

1957. 9
제57회 부산노회 결의로 통신성경학교 개교, 교장 취임

1964
부산노회 환원시 노회장

1952
경남(법통)노회 노회장

1954. 7
국제기독교연합회대회에 고신교단 대표단으로 참가
미국 칼빈신학교 방문 연구

1955. 8
〈파수군〉에 '성령론' 연재

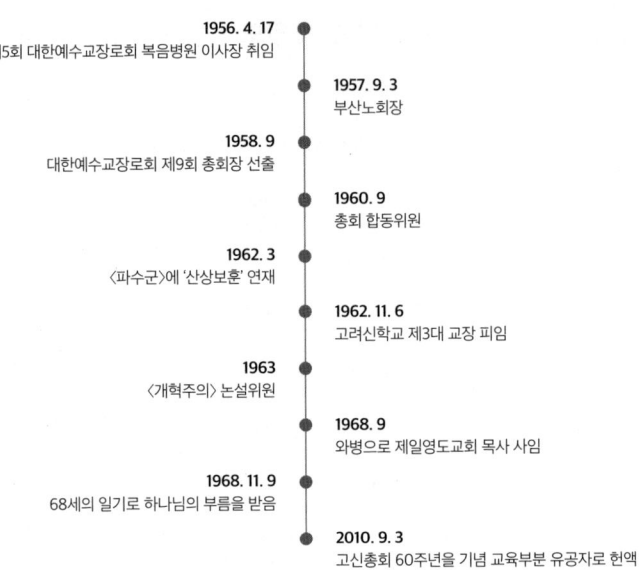

1956. 4. 17
제5회 대한예수교장로회 복음병원 이사장 취임

1957. 9. 3
부산노회장

1958. 9
대한예수교장로회 제9회 총회장 선출

1960. 9
총회 합동위원

1962. 3
〈파수군〉에 '산상보훈' 연재

1962. 11. 6
고려신학교 제3대 교장 피임

1963
〈개혁주의〉논설위원

1968. 9
와병으로 제일영도교회 목사 사임

1968. 11. 9
68세의 일기로 하나님의 부름을 받음

2010. 9. 3
고신총회 60주년을 기념 교육부분 유공자로 헌액

장기려 박사와 복음병원, 고신교회 평신도들의 디아코니아 사역

장기려

장기려는 한국전쟁기에 월남하여 전영창, 한상동과 함께 복음병원을 설립하고 평생을 복음병원과 함께하면서, 고신교회와 깊은 연관을 가지고 살았던 인물이다. 그는 가난한 사람들을 위한 사랑의 인술로 돌보면서 '선한 의사'로 불렸으며, 예수의 가르침인 산상보훈을 그대로 실천하기를 힘써 '성자와 같은 인물'로 일컬어진다.

장기려(1911-1995)는 한국전쟁기에 월남해 전영창, 한상동과 함께 구제 병원으로 '복음병원'으로 설립하였고, 고신교회 사회봉사의 핵심이었던 복음병원에서 25년 동안 인술을 베풀고 병원을 이끌었다. 또 병원이 성장하면서 복음간호학교를 설립, 기독교 신앙을 기반으로 한 간호사들을 양성하여 그리스도 정신으로 전인적인 간호를 하게 했다. 고신교회의 신앙과 경건을 주형하였던 인물들은 주로 목회자와 신학자들이었던 것과 달리, 그는 평생 의술로서 그리스도의 사랑을 실천하여 그리스도인이 어떻게 살아야 하는가를 삶으로 가르쳤던 인물이었다. 고신교회의 경건과 영성의 두 가지 축이 '신앙의 정통'과 '생활의 순결'인데, 그의 사랑의 실천은 신사참배 범과에 대한 회개운동으로 주형된 생활의 순결이 교리적 고백에만 머물지 않고, 만인을 향한 사랑의 실천으로 나아가게 했던 인물이었다.

장기려는 '사랑의 원자탄'이라 불린 손양원과 함께 예수의 가르침을 그대로 실천한 인물로, 이들의 사랑과 실천이 뜻있는 평신도들의 디아코니아 사역과 결합되어 고신교회의 사회적 혹은 실천적 영성 형성에 기여한 것이다. 이 소론은 장기려의 사랑의 실천을 중심으로, 여러 평신도들의 디아코니아 사역이 고신교회 초기 영성 형성에 어떤 영향을 미쳤는가를 논의하는 데 그 목적이 있다.

1. 선한 의사 장기려와 고신교회

1) 장기려의 성장과 교육과 신앙[1]

1911년 평안북도 용천에서 출생한 장기려는 의성소학교를 거쳐 개성 송도고등보통학교를 졸업하고 1932년 경성의학전문학교를 졸업했다. 1935년 24세에 첫 수술을 한 이래 경성의학전문학교 강사로 일하다가 1940년 나고야대학에서 의학박사 학위를 받았다. 1940년 11월 기홀

---

1. 지강유철,《장기려, 그 사람》, 서울: 홍성사, 2007. 535-541.

병원장에 취임했으나 이듬해 2월 해임되고, 1942년 '성서조선' 사건으로 체포되어 경찰서에서 구류를 살았다. 1943년 한국 최초로 간암의 설상절제수술에 성공했다.

일제강점기에 신사참배가 강요되면서 교회마저도 이에 자유롭지 못하던 시기에 뜻있는 그리스도인들은 가정예배를 드렸다. 독실한 기독교 신앙을 가진 장기려는 1944년부터 신사참배에 반대하여 그동안 출석하던 신양감리교회를 떠나 광복 때까지 가정에서 주일예배를 드렸다.[2]

광복 후 신사참배 반대자들이 주기철 목사 순교 후 광복과 함께 한상동 목사가 목회하던 산정현교회에 출석하였고, 1948년 37세의 나이로 장로로 장립받았다. 1945년 평양도립병원장과 외과과장으로 한 해를 일한 후 1947년 1월부터는 김일성대학 외과학 교수 및 부속병원 과장으로 초빙받아 일했고, 1948년 초에 북한 과학원 최초로 의학박사 학위를 받았다.

2) 장기려와 한상동의 만남

장기려의 복음병원을 통한 사랑 실천은 고신교회의 영성 형성에 기여하였다. 평안북도 용천 출신이었던 장기려가 고신교회와 연결된 것은 세 가지 이유에서였는데, 먼저 한상동과의 만남이었다. 장기려는 1945년 광복과 함께 산정현교회에서 한상동 목사를 처음 만났다. 한상동은 신사참배 반대운동으로 경찰의 1940년 일제검속으로 투옥되어 경남경찰서를 거쳐 평양형무소로 이송되어 옥고를 치루다가 광복과 함께 1945년 8월 17일 출옥하였다. 그러나 출옥성도들은 일제의 고문과 억압으로

---

2. 지강유철, 《장기려, 그 사람》, 536.

건강이 극도로 약해져 고향으로 가는 먼 여행을 위해서는 우선 건강을 회복해야 했고, 그와 함께 한국교회 재건 혹은 쇄신방안을 제시해야 했다. 그들은 한 달 동안 산정현교회를 시무하다 순교했던 주기철 목사의 집에서 생활하며 한국교회를 위해 기도하며 교회쇄신운동을 마련했다.

장기려는 한상동을 처음 만난 날을 1945년 9월 첫 주로 기억한다. 일제강점기에 평안북도 지방의 신자들은 신사참배 교회와 절연하고 전적으로 가정예배를 실행하던 중이었다.[3] 장기려는 당시 교회가 신사참배를 강요하므로, 교회에 출석하지 않고 집에서 예배를 드리다가 광복과 함께 신사참배 반대운동에 앞장섰던 출옥성도들이 함께하던 산정현교회에 출석했다. 광복 후 한상동 목사가 당회장격으로 교회 강단에 섰다고 기억한다.[4] 산정현교회를 시무하던 한상동 목사는 1945년 12월 그가 근무하던 도립병원에 심방을 오기도 했는데, 한상동의 산정현교회 목회시절을 "목사님과 교인의 관계가 진실과 사랑으로 아름다웠다"고 회상한다.[5] 산정현교회에서는 출옥성도들이 주기철 목사의 집에서 함께 기도회를 갖고, 복구된 교회에서 집회를 가졌는데 큰 은혜가 임했다. 당시 평양은 동양의 예루살렘이라 불렸고, 신앙적인 측면에서 한국교회의 수도와 같았던 곳이었다. 장기려는 한상동이 남하한 후 1948년 8월 14일 평양 산정현교회에서 장로로 장립받았다.

한상동은 산정현교회를 목회하는 동안 공산당과 함께하기 어려운

---

3. 출옥성도의 예심 종결문, 한상동 편 8항으로 이인재가 한상동에게 보고한 내용. 남영환 역, 《일제수난 성도의 발자취: 일본검사의 기소 내용》, 서울: 영문, 1991. 76.
4. 한상동 목사가 출옥 후 첫 강단에 섰을 때, 오랜 수형생활로 수염을 깎지 않았던 모습은 링컨의 초상화를 보며 예수의 모습을 생각하듯이, 예수님의 초상화를 보는 것 같았다고 증언한다. 장기려, "한상동 목사님과 나", 〈월간고신〉 1985년 1월호.
5. 장기려, "한상동 목사님과 나", 〈월간고신〉 1985년 1월호.

갈등이 내재되어 있었다. 한글학자 출신으로 북한 최고지도자로 인민최고회의 의장이었던 김두봉과는 처당숙 관계였지만, 그는 일절 정치에 관여하지 않았다. 그러나 1946년 3월 광복 후 첫 3.1운동 기념행사 과정에 갈등이 조성되기 시작했다. 총선거도 주일에 실시하는 등 여러 갈등 요인을 안고 있었다. 그는 1946년 4월 모친 별세 소식을 듣고 남하하였고, 38선이 더욱 강화되어 북으로 돌아갈 수 없어 초량교회의 청빙을 받아 목회하였다. 한국전쟁이 발발하면서 장기려도 아들 가용만 데리고 피난길에 올라 부산에 왔고 한상동이 시무하던 초량교회에서 한동안 출석했다.

둘째는 장기려는 제3육군병원에서 근무하던 중에 주변 사람의 신고로 간첩 혐의를 받아 삼일사에 연행되어 강도 높은 조사를 받았다. 이 소식을 들은 한상동 목사가 미동병원에서 일했던 의료선교사 최의손 선교사와 협력하여 구명운동을 벌여 한 주 만에 풀려났다. 장기려는 35년이 지났지만, 이를 두고 "항상 감사하고 있다"고 했다.[6] 한국전쟁 후 이북의 그리스도인들이 남하하고, 평양의 성도들이 부산에 모이면서 같은 고향, 같은 신앙을 가진 이들이 고향의 정을 함께 나누면서 이북 출신 그리스도인들이 함께 모여 예배하는 분위기가 형성되었다. 그 시기에 평양성 중심 52개 교회 피난민들이 1951년 6월 10일 평양교회를 설립하였고,[7] 평양 산정현교회 출신 성도들은 별도로 1951년 10월 7일 산정현교회를 부산에서 재건함에 따라 장기려도 이에 동참하여 그 교회에서 장로로 봉사하였다.[8]

---

6. 장기려, "한상동 목사와 나", ; 심군식, 《세상 끝날까지》. 서울: 소망사, 1977.
7. 강승철, 《대청교회 60년사》, 부산: 대청교회, 2014. 66.
8. www.bssjhch.modoo.at/?link=15seglgl. 2020년 6월 16일 인출.

3) 광복 이후의 장기려

장기려는 1950년 한국전쟁이 발발하면서 1·4후퇴 때 장남 가용을 데리고 남하하였으나, 전쟁 후 남북이 분단되어 아내와 자녀들과 영영 헤어지는 불행을 겪었다. 그는 남한에서 재혼하지 않고 평생 사랑하는 아내를 그리며 홀로 살았다. 그는 1951년 6월 한상동과 전영창의 방문을 받아 구제병원 설립을 요청받고, 복음병원 설립에 참여하여 평생 복음병원과 함께했다. 1953년 휴전 후 피난민들이 서울로 옮겨갔고, 교수로 요청을 받아 같이 올라가자는 요청을 받았지만, 그는 복음병원의 육성을 위해 많은 힘을 기울였고, 1976년 정년퇴임 때까지 25년 동안 원장으로, 은퇴 후에는 명예원장으로 있으면서 또 진료를 계속했다.

그는 복음병원에 재임하는 기간 동안 직원들과 함께 매월 한 차례 농어촌지역을 방문, 무료진료를 하였다. 그는 복음병원 원장으로 있는 기간 동안 1968년 복음간호전문학교(현 고신대학교 간호학과)를 설립하고 초대교장에 취임해 간호사들을 양성했다. 그는 1983년 원장에서 물러날 때까지 가난한 사람들을 위해 청십자병원에서 진료를 계속하였고, 1985년 이후 복음병원 옥상의 작은 방에서 생활하다가 1995년 생애를 마쳤다. 그는 '작은 예수' 혹은 '사랑의 성자'라는 평가를 받는 인물이다.

그는 1979년 8월에 아시아의 노벨상이라 불리던 '막사이사이상'을 수상하였고, 1987년에는 막사이사이상 30주년 기념으로 태국 국왕의 초청으로 세계일주 여행을 하기도 했다. 장기려는 복음병원을 은퇴한 후에도 고현보건원, 아동병원, 부산백병원 등에서 원장, 명예원장, 이사장 등으로 봉사의 삶을 이어갔다. 그의 작은자들에 대한 사랑에 대해 제1회 부산 선한시민상(1975), 국민훈장 동백장(1976), 대한적십자사 인도장 금장(1978), 인간상록수상(1990), 제1회 호암상(1991), 인도주의 실천 의사상(1995), 제1회 자랑스런 서울대인상(1995)을 받기도 했다.

그가 복음병원에서 은퇴한 후에 복음병원은 1978년부터 의예과 신설을 추진하였고, 1981년 10월에 고신대학 의예과가 신설되면서 복음병원은 고신의료원을 거쳐 고신대학 부속 복음병원으로 편입되었다.[9] 그는 이후 청십자의료보험조합을 설립하여 가난한 사람들이 적은 부담으로 치료를 받을 수 있도록 보건환경을 개선하였고, 이것이 국가 의료보험 제도가 한국에 도입되는 기초가 되었다.

2. 장기려와 복음병원과 고신교회

1) 복음병원 설립

1950년 6월 25일 한국전쟁이 발발하자 인민군은 3주 만에 서울을 점령했고, 계속 남하하였다. 낙동강 전선이 형성되면서 부산은 전국에서 몰려온 피난민들로 인산인해를 이루었다. 일제강점기에 고베 중앙신학교에서 공부했던 전영창은 광복 후 첫 미국 유학생으로 미국 웨스트민스터신학교에 유학을 떠나 웨스턴신학교로 편입하여 공부하다가, 졸업을 앞둔 시점에 귀국을 결심하고 각 교회를 다니며 설교를 통해 한국의 상황을 보고하고 도움을 요청하였다. 그렇게 모금된 미화 5천 달러와 미국개혁교회(Christian Reformed Church)로부터 매월 500달러 정도의 구호금을 보내주기로 약속을 받아 귀국했다. 그는 일본 고베신학교에서 공부하던 때에 한명동 목사가 시무하는 교회에 출석하였다.

---

9. 《고신의료원 50년(1951-2001)》, 95.

개원 초기의 **복음병원**

전영창은 귀국하여 한명동 목사를 통해 초량교회를 목회하던 고려신학교 설립자 한상동 목사를 소개받았고, 한상동 목사와 함께 장기려 박사를 만나 함께 병원을 설립하기로 하였다.

1951년 7월 1일에 제3영도교회 별관에서 '복음의원'을 시작했다. 장기려와 복음병원은 초기에 자선병원으로 운영하였기 때문에 한국전쟁기 고통당하던 사람들에게 의술로써 복음의 빛을 드러나게 했고, 평생 복음병원 발전을 위해 크게 기여했다.[10]

한상동과 전영창은 병원을 설립하여 전쟁부상자들을 구호하기로 하면서, 이들은 유엔원조처(UNCAC)에서 단순한 구호를 넘어 병원을 설립하면 약품을 지원하겠다는 약속에 따라 복음병원을 설립하고자 하는 계기가 되었다. 제3육군병원에 근무하던 장기려를 만나 진료소가 있음과 확보된 운영비 및 미군의 약품 지원 약속을 설명하고 함께 병원을 설

---

10. 장기려에 대해서는 지강유철, 《장기려 그 사람》, 서울: 홍성사, 2007과 이상규의 "선한 의사 장기려"를 보라. 이상규 편, 《한상동과 그의 시대》, 219-242.

립하기로 뜻을 같이 했다. 제3영도교회의 공터 300평에 천막을 치고 복음의원을 시작하였는데, 이것이 여러 과정을 거쳐 오늘의 고신대학교 복음병원으로 발전하였다.[11] 이들은 미국교회의 공적인 원조를 받기 위해 기독교경남구제위원회를 설립하였는데, 이 단체가 제54회 경남노회에서 승인되어 경남노회 산하기관이 되었고, 각 교회는 1951년 4월 29일 일제히 연보하여 구제회로 보내기로 결의하였다.[12] 이 단체가 고신교회의 모체가 되었던 경남노회 소속으로 있었다가 제3회 총로회에서 산하기관으로 편입되었다.[13] 학교법인 고려학원은 1967년 설립, 복음의원 개설 허가는 1951년에 법인이 설립되면서 오늘의 학교법인 고려학원의 모체가 되었다.[14] 이렇게 복음병원의 설립은 전영창 선생의 열정, 한상동 목사의 신앙, 장기려 박사의 의술이 하나가 되어 이루어진 것이었다.[15] 그는 병원의 설립에서부터 복음병원을 위해 헌신했고, 생애 마지막까지 복음병원과 함께 고신과 깊은 관계 속에서 살았다.

2) 복음병원과 고신대 송도캠퍼스 조성

1946년 고려신학교 설립 후 이듬해 용두산공원 입구에 자리한 고려신학교 광복동 교사는 부산시청 앞이라 시내 중심가라는 장점이 있었으나 번화한 도심이라 학교로서는 매우 복잡하였다. 고려신학교는 학생수가 점차 증가하면서 9년을 지내오면서 학교로 계속 사용하기에 협소

---

11. 정기상, "복음병원의 시작과 경남구제위원회", 《장로교회와 약사》 제3호, (천안: 고려신학대학원, 2009).
12. 〈제54회 경남노회 촬요〉, 1951. 3. 6-8, 문창교회당.
13. 경남(법통)노회 기독교문화연구위원회 편, 《경남(법통)노회 역사 자료집(1916-2010)》, 2011, 89.
14. 정기상, 위의 글, 91.
15. 정기상, 위의 글, 《고신의료원 50년(1951-2001)》, 62-68.

복음병원 암센터 개설(1978)

하여 새로운 교사를 물색해 송도캠퍼스를 조성하였다. 고신교회는 한명동의 주도로 1954년에 부산시 서구 암남동 34번지의 만 삼천 평의 대지를 구입하면서 고려신학교가 8천 평을, 복음병원이 5천 평을 사용하기로 했다. 이 건축은 토목공사에서 미국 군사고문단의 도움을 받았다. 이 일에 마두원(Malsbary) 선교사가 앞장섰고, 한부선(Bruce Hunt) 선교사도 함께 협력하였다. 이렇게 조성된 송도교사는 1956년 3월 새 학년도에 맞추어 완공되어, 고려신학교도 송도로 이전하였다.

한국전쟁 기간에 자선병원으로 시작된 복음의원은 1956년 송도 지금의 부지로 이전하였고, 그곳에 병원과 고려신학교를 신축, 이전하면서 두 기관이 함께 동역하였다. 이 관계로 어린아이 같은 순수한 신앙을 가졌던 장기려는 한상동과 평생 동역하면서 그에 대해 "하나님만을 전적으로 신뢰하고 순종하신 예수 그리스도의 종"으로 생각하고 "그의 관용의 신앙"을 앙모하면서 살고 있다고 증언했다.[16] 장기려의 신앙은 우찌무라 간조의 영향을 받았고, 함석헌과 깊은 유대를 가지고 있었기 때문에 고신교회의 신앙과 일정한 거리가 있었지만, 그의 진료, 병원 운영, 농어촌 의료 봉사, 사랑의 실천은 한결같았다. 그의 이러한 정신은 많은 평신도를 통해 이어지고 있다.[17]

이렇게 고려신학교가 송도캠퍼스를 조성하면서 송도교사는 고신교회의 중심이 되었다. 지금은 송도 캠퍼스 전체를 의과대학, 복음병원, 간호대학으로 사용되고 있다.

3) 장기려와 복음간호대학 설립

1967년 '학교법인 고려학원'이 설립되고, 1968년 복음병원 부속간호학교가 설치되어 복음병원에 간호교육이 시작되었고, 1988년 복음간호전문학교로, 2002년에는 고신대 간호대학으로 편입되었다. 복음간호대학은 장기려가 직접 '① 예수님의 마음을 품어라, ② 사명감을 갖고 사물을 대하라, ③ 문제는 과학적으로 해결하라'는 '교훈'과 '① 교실을 지나 집담회로, ② 도서실을 지나 집으로'라는 '장학방침'을 정하였는데, 오늘까지 사용되고 있다. 개교 50주년에 이르도록 간호사를 배출하였으며, 이들이 장기려의 선한 영향을 받아 간호사역에 임하고 있다.

---

16. 장기려, "한상동 목사님과 나", 〈월간고신〉 1985년 1월호
17. 안양샘병원 원장 박상은의 경우 고려대 의대를 다니며 한국누가회 창립에 영향을 주었던 OMF 의료선교사 배도선의 추천으로 장기려에게서 배우기 위해 복음병원에서 수련의 생활을 했고, 고신대학교 의과대학에서 의학박사 학위를 받았다. 그는 장기려의 삶을 통해 전인치유, 생명윤리, 의료 선교를 세 가지 비전을 발견하였다. 박상은은 이를 자신의 생애 비전으로 삼았고, 아프리카미래재단을 설립, 대표로 사역하였다. 1998년부터 북한 의료 지원, 2006년부터 아프리카미래재단을 통해 아프리카 선교와 사회봉사를 하였고, 대통령 직속 국가생명윤리위원장(장관급)을 맡아 봉사하기도 했다. 박상은과의 개인 서신교환. 2020. 6. 4.

1971년에 고려신학대학이 인가되었으며, 1980년에 의예과가 설치되면서 고려신학대학도 고신대학으로 개칭되었다. 복음간호전문대학이 고신대 간호대학으로 편입되면서 본격적인 의학교육과 간호교육이 시작되었다. 장기려의 신앙과 철학에 기초해 시작된 복음간호전문대학(현, 고신대 간호대학)은 장기려의 사랑의 정신을 이어받아, 많은 간호사 선교사를 배출하여 직업 세계에서는 물론 제3세계 선교현장에서 봉사하고 있다. 장기려의 조건없는 사랑의 실천 정신이 오늘날까지 면면이 이어진다고 하겠다.

4) 은퇴와 그후, 그가 남긴 영성

장기려는 복음병원을 설립한 후 25년 동안 가르치고 진료하고 병원을 경영하고 정년 은퇴했다. 그는 한국전쟁 후 서울로 올라가자는 권고를 받아들이지 않았고, 서울대 의대 교수로 서울과 부산을 오가며 가르치고 일하다가 복음병원 진료와 운영에 전념했다. 이는 복음병원을 하나님이 그에게 주신 소명으로 생각했기 때문이었다. 물질에 대해 초연하고 산상설교에 나타난 예수의 사랑을 그대로 실천하기를 원했던 장기려는 복음의원을 개원하면서 소박한 구제병원 혹은 자선병원에 관심을 가졌다. 그러나 병원의 운영에 어려움이 있어 진료비를 받기 시작하였고, 훗날 영리병원으로의 전환이 이루어져 그의 뜻과 배치된다는 주장도 있으나 복음병원도 그의 설립 정신을 따라 운영하기를 힘쓰고 있다고 할 것이다. 그것은 1946년 고려신학교 개교 당시 설립 취지서에서부터 기독교 문화운동을 언급한 바 있었고, 1960년대 이후 기독교대학에 대한 관심이 증대되었다. 장기려의 사랑의 의술은 오늘날까지 학생들에게 영향을 미치고 있다.

3. 고신교회 성도들의 디아코니아 영성의 실천

고신교회의 디아코니아 영성을 실천했던 인물로 장기려를 꼽을 수 있지만, 그와 같은 모습은 여러 목회자와 평신도 지도자들 가운데서도 다수 발견할 수 있다. 광복과 전쟁의 1950년대 열악한 삶의 자리에서 이웃 사랑의 디아코니아 영성을 실천한 인물들도 많았다.

1) 이약신 목사와 진해 희망원

평안북도 정주 출신의 이약신(1898-1957)은 주기철과 오산고보 동창이었다. 주기철은 연희전문학교를 다니다가 중퇴하고 조선예수교장로회신학교에 입학해 신학을 공부하고 제19회 졸업생이 되었다. 이약신은 일본 유학 등을 거쳐 늦게 신학교에 입학하였던 관계로 24회로 졸업하였다. 그는 초량교회를 목회하면서 경남노회장으로서 호주장로교회 100주년 예배에 한국 대표로 초청을 받아, 탁월한 영어 실력으로 설교와 함께 한국교회의 상황을 보고하여 강력한 인상을 남겼다.

이약신은 광복 전부터 활발한 사역으로 광복 당시 경남지역을 대표하는 목회자였는데, 광복 후 5년 동안 경남노회장으로 재임하면서 교회쇄신운동에 대한 총회파의 강압적인 처사에 저항해 고신을 변호하는데 앞장섰다. 그는 고신교회가 장로교 총회에서 단절된 후에는 대한예수교장로회 총로회로 발회시켰으며, 총로회장으로서 고신교회의 쇄신운동을 이끌었다.[18]

이약신은 초량교회 목회시절에 호주 장로교회 선교부의 지원을 받

---

18. 이약신은 일제강점기에 37-39회 경남노회장을 역임했고, 고신측과 총회측의 갈등기에 52-56회 노회장, 1952년 총로회로 승격한 후 1-3회 총로회장, 제6회 총회장을 역임했다.

아 예도의원을 개설, 운영하게 했고, 간호사 출신의 그의 누이 애시가 그 일에 함께 협력하였다. 그는 목회자이면서도 사회사업에 깊은 관심을 가졌고, 그러한 사역은 디아코니아 영성의 실천적 현장이었다고 할 수 있다. 사회복지 사역에 관심을 가졌던 부인 이옥경 여사가 희망원을 설립하여 운영할 때 그는 적극적인 협력자였고, 고아원은 아내가 주로 담당하였다.[19] 진해는 해군기지가 있어 군사도시였는데, 이약신이 유창한 영어로 미군들과 교류가 활발하여 다양한 지원을 유치할 수 있었고, 그러한 관계로 딸들의 미국 유학의 길도 열렸다.

한국전쟁 후 국가적으로 고아들을 다 책임지지 못하였던 시기에 이들을 돌보는 일은 이웃 사랑의 대표적인 사역이었고, 외국과의 깊은 관계 가운데 이들의 양육과 교육을 책임졌다. 1954년 7월 고신교회가 치리회를 발회한 후 ICCC세계대회의 초청을 받아 대표단을 미국에 파송하였을 때, 그는 일원으로 미국을 방문했다. 공식적인 행사 후에 1년 가까이를 미국에 체류하며 고아원 후원자들을 만나 후원을 받는 등 많은 노력을 기울였다.

이러한 이약신 목사의 디아코니아 사역의 실천은 가족들에게도 영향을 미쳤다고 할 수 있다. 그의 장녀 효주의 남편 이봉은 의사는 89세까지 가난한 이들을 위한 의료봉사를 실시하였고, 차녀 효재가 사회학을 전공하고 미국 유학을 거쳐 이화여대 교수로 평생을 재직하면서 한국여성운동을 이끌었고, 특별히 한국의 소외된 사람들의 대모가 되었던 것은 아버지의 디아코니아 영성을 이어받은 것이라 할 수 있다.

---

19. 이약신이 목회한 교회는 진해남부교회, 그가 남긴 복지사역은 경신복지재단으로 남아 그의 유지를 이어가고 있다. 그의 기록은 이효재, 《나의 아버지 이약신 목사》, 서울: 정우사, 2006을 보라.

2) 조수옥과 인애원

조수옥(1914-2003)은 기독교 신앙을 갖고 얼마 후 성경을 바르게 배우기 위해 경남성경학원에 입학, 1938년 졸업하였다. 그는 1938년 졸업과 함께 삼천포읍교회에서, 그리고 초량교회에서 전도사로 사역하였다. 1938년 9월 제27회 조선예수교장로회 총회에서 신사참배를 가결하면서 반대운동에 가담하였다.[20] 1939년 8월 수영해수욕장 백사장 기도회에 참여하였고 삼천포지역에서 반대운동을 전개하다가 경찰서장으로부터 지역에서 추방되기도 하였다. 그는 경남지역에서 한상동, 이인재 등과 협력하면서 반대운동 자금을 지원하기도 했다.[21] 그는 1940년 9월 20일 일제검속 때 체포되어 부산 북부경찰서와 경남도 경찰부에서 8개월 동안 고초를 겪었고, 평양 고등경찰서를 거쳐 평양형무소에 이송되어[22] 광복과 함께 8월 17일 출옥하였다. 한상동 목사의 신앙적인 동지로서 광복 후 교회쇄신운동의 동역자로 평생 함께 협력하였다.

그는 옥중에서부터 출옥한다면 거리에서 방황하는 아이들의 부모가 되고 안식처가 되고 싶다는 기도를 하였다. 이러한 기도와 소원은 광복과 출옥으로 이어졌고, 광복 후 마산에서 이약신 목사와 함께 잠시 일하다가, 1945년 12월 마산역 부근에서 방황하던 아이 셋을 데리고 '인애원'을 설립하였다.[23] 그는 1946년 정부의 허가를 받아 원장에 취임하여 평생 디아코니아 정신을 가지고 이웃 사랑을 실천하였다.

평생 고아들의 어머니로 살았던 조수옥은 사회봉사의 공을 인정받

---

20. 조수옥, "나의 신사참배 반대운동", 81.
21. 남영환 역, 《일제수난성도의 발자취》, 94-95
22. 한국기독교 100주년 기념사업협의회 여성분과위원회 편, 《한국기독교여성백년사》, 서울: 대한기독교출판사, 1985. 338.
23. 와따나베 노부오, 《신사참배를 거부한 그리스도인》, 서울: 동인. 2002, 219.

아 국민훈장 동백장(1986), 일가기념재단의 일가상(1997), 한국여성단체협의회의 용신봉사상(1997), 제1회 유관순상(2002)을 수상했다. 그는 평생 인애원을 통해 1,800명의 고아들을 자녀같이 양육해 믿음과 삶을 돌보았고, '고아들의 어머니'로서 평생 작은 그리스도의 모습으로 살았다. 그의 사회봉사는 고신의 경건과 영성을 하나님과의 관계만 아니라 사회적인 차원으로 승화한 것이다.

3) 한정교의 애린원, 한형세의 성로원

이같은 일은 애린원의 한정교의 경우도 마찬가지였다. 그는 광복 이전부터 고아원을 경영하였다. 손양원이 투옥되었고, 입대를 하면 신사참배를 할 수밖에 없었던 제2차 세계대전 말기에 신사참배를 하지 않기 위해 동인이 징집을 피하면서 온 가족이 뿔뿔이 흩어져야 했던 때, 손동희와 동생 동장이 한정교가 설립하였던 애린원 고아원에서 생활하였다. 주기철 목사의 아들 영진과 영해도 함께 고아원에서 생활해야 했다. 신사참배 반대운동으로 투옥된 목회자의 자녀들은 고아와 같은 눈물겨운 삶을 살아야 했고, 한정교 목사는 그들의 그늘이 되어 주었고, 구포제일교회 설립 주역이기도 했다.

한형세의 해운대 성로원의 경우 양로원이 주된 사역이었는데, 총회적인 지원을 받았다. 제10회 총로회의 결의로 총회적으로 각 교회가 한 주일 헌금하도록 결의하여 5월부터 8월까지 세 달 동안 전국 98교회가 헌금에 참여했는데, 이는 당시 500여 교회 가운데 20%에 달하는 것이었다.[24] 고신교회들은 이러한 이웃 사랑과 복지에 참여하였고, 성탄절

---

24. 〈파수군〉, 1956년 9월호, 83.

등에는 전국교회가 이들을 위한 헌금을 보내었으며, 자주 〈파수군〉에 사역 보고와 함께 감사 인사를 기록하고 있다.

4) 지득용과 소양보육원

지득용 장로는 경신중학교를 졸업한 후 경성제국대학(현 서울대) 문과 갑류에 수학하였지만 학업을 중단하였다가, 중앙신학교(현 강남대학교) 사회사업학과를 졸업하고 소양보육원과 함께 평생을 고아들과 함께 살았다. 그는 광복 후 버려진 아이들을 돌볼 마음으로 1946년 춘천에서 소양보육원을 설립하였는데,[25] 한국전쟁이 발발하면서 고아 77명을 이끌고 부산으로 피난을 왔다가 1951년 가덕도에 정착하였다. 그는 보육원 사역과 함께 고신교회 지도자로서 봉사한 것을 필생의 소명으로 받아들였다. 소양보육원은 1972년에는 사회복지법인으로 승격되었고, 이후 꾸준히 성장하면서 귀한 봉사를 했다. 지득용 장로는 보건사회부장관, 강원도지사, 경남도지사 표창, 대한민국 공익포장, 경상남도 문화상, 대한민국 국민훈장, 호암상 사회봉사부문을 수여하여 사회적으로 널리 그 공을 인정받았다. 지득용 장로는 경남노회와 고신교회의 핵심적인 평신도 지도자로 봉사하였다.

그는 교회의 장로로서 교계의 일에도 헌신적이었는데, 1960년 노회 부회계를 시작으로 1963년부터 1972년 은퇴 때까지 장로 부노회장 제

---

25. 소양보육원의 설립이념은 다음과 같다. "아동은 보다 나은 내일의 희망이며 그 흠 없는 심경 속에 인류 진보의 가능성이 깃들어있음을 감안할 때, 나라의 후계자요 사회의 상속자인 아동을 올바르게 양육하느냐 못하느냐에 따라 그 나라와 그 사회의 미래적 성패는 판가름난다고 단정해도 이의는 없을 것이다. 이러한 관점에서 가정으로부터 이탈되어 사회와 조정을 잃고 때로는 사회의 파문자로까지 부당한 대우를 받는 요보호아동들에게, 정체적 가정환경과 분위기 속에서 조물주 하나님을 경외하는 겸허한 신앙을 바탕으로 개성과 능력에 알맞은 교육과 훈련을 주어, 장차 이 나라 복지사회 건설에 이바지하는 정의로운 역군으로 양육하고자 이에 사회사업 소양보육원을 설립한다."

도가 도입되지 않았던 시기에 10년 동안 경남노회 회계로 봉사하였고, 장로 부총회장 제도가 아직 도입되지 않았던 시기에 20년 동안 총회 회계로 봉사하였다.

5) 이후의 평신도 디아코니안들

이같이 고신교회 평신도들은 광복 후 사회봉사 사역에 깊이 참여하였다. 한부선은 1970년대 초를 기준으로 고신교회 안에 고아원 등 사회복지시설이 30여 개에 이른다고 했다.[26] 총회 20회 기념화보로 출간된 《우리 교단의 어제와 오늘》에는 거창 박애원(주경중), 고성 숭의원(배환갑), 고성 애육원(김옥성), 마산 백양원(정도금), 무궁애학원(박재석), 사천 인애원(최한세), 소양보육원(지득용), 신망애 양로원(한형세), 영신보육원(박기창), 웅천 신애원(박춘식), 자생원(한남주), 진해보육원(박종갑), 진해 희망원(이봉은), 청학농예원(김순안), 호산나원(주경세), 혜린학원(김선영) 등 열 여섯 기관의 기록을 남기고 있다.[27] 이러한 경우는 고신교회 초기 지도자였던 주남선 목사의 딸 주경순의 경우도 마찬가지였다. 한부선은 주경순의 고아원 운영을 지원하기 위해 재봉틀을 구입해 전달하기도 했다.

맺는 말

지금까지 복음병원 설립과 평생 사회 봉사를 실천한 장기려의 이웃

---

26. 한부선, "찬사"《우리 교단의 어제와 오늘》, 1971.
27. 《우리 교단의 어제와 오늘》, 1971. 132-135.

사랑의 실천이 고신교회의 영성 형성에 기여한 바를 논의하였다. 역사적으로 볼 때 고신교회 안에서의 사회복지와 봉사는 생각보다 광범위하게 전개되었다. 고신교회가 보수적인 교회였지만, 앞서 살핀 것과 같이 이렇게 사회적 디아코니아 실천이 광범위하게 이루어졌던 것을 알 수 있다. 이러한 고신교회 성도들의 이웃사랑 실천은 손양원 목사의 사랑의 원자탄, 장기려 박사의 절대사랑의 정신이 대표적인 것이라 할 수 있다. 이들의 영향을 받은 이들이 지속적으로 이웃과 작은 자에 대한 관심을 가졌고, 그리스도의 사랑의 실천을 위해 노력하였다.

이러한 일은 오늘날도 활발하게 이루어지고 있는데, 고신교회에서 장애인부 사역을 담당하는 교회들이 장애인연합회를 설치하여 교육과 섬김에 협력하고 있는 것도 같은 경우일 것이다. 오늘날 교회 단위로 시행 중인 장애인 부서의 운영이나, 기독교 사회운동으로서 기독교실천운동과 관련 기관의 사역으로 나타나고 있다.

장기려 연보

- **1911. 8. 14** 평안북도 용천군 양하면 입암동 739번지 출생
- **1925. 여름** 감리교 감독에게서 세례받음
- **1928** 개성 송도고등보통학교 졸업
- **1932** 경성의학전문학교 졸업
- **1932. 4. 9** 김봉숙과 결혼
- **1932-38** 경성의학전문학교 외과 조수
- **1938-1942. 2** 경성의학전문학교 외과 강사
- **1940. 9. 20** 일본 나고야대학에서 의학박사 학위 취득
- **1940. 11** 평양 기홀병원 원장
- **1942** '성서조선' 사건에 연루되어 12일간 경찰서 구금
- **1943** 우리나라 최초로 간암의 설상절제수술에 성공
- **1944** 신사참배 반대해 신양감리교회 출석 중단하고 가정예배 드림
- **1945. 9. 7** 산정현교회에 등록
- **1945. 11** 평양도립병원 원장
- **1947** 김일성대학 의과대학 강좌장(교수)
- **1948** 과학원으로부터 북한에서 수여하는 최초의 박사 학위 받음
- **1948. 8. 14** 산정현교회 장로 장립
- **1950. 12. 3** 남하하는 국군과 함께 피난길에 올라 12. 18 부산 도착, 제3육군병원 근무
- **1950. 12. 24** 삼일사(현 국군기무사)에 연행되어 1주일 만에
- **1951. 7. 1** 한상동, 전영창과 함께 복음진료소 설립, 초대 원장
- **1953. 3** 한국전쟁 중에 서울대 의대 외과 교수가 됨
- **1956. 9** 부산대 의대 교수가 됨

1957
성서연구를 위한 부산모임을 만듬

1959
최초 간암에 대한 대량 간 절제술 성공

1961. 10
서울대 외과 교수가 됨
대한의학회 학술상(대통령상) 수상

1962. 9
5개월 첫 세계 일주

1965. 3
가톨릭의대 외과 교수

1968. 4
복음간호학교(고신대 간호대학 전신) 설립, 초대 교장이 됨

1968. 5. 13
청십자의료보험조합 설립, 초대 조합장,
국민건강보험의 모델이 됨.

1969
대학교수 삼선개헌 반대 서명에 참여

1973. 10. 14
MBC 선행상

1976. 4. 7
국민훈장 동백장 수상

1976. 6. 25
복음병원 원장 정년 은퇴, 명예원장 취임

1978. 10. 27
대한적십자사 인도장 금장 수여

1979. 8. 31
라몬 막사아사이상(사회봉사 부분) 수상

1980. 10. 5
부산시 문화상(지역사회개발부문)

1981. 12
부산 산정현교회 장로 은퇴

1985. 2. 5
고신대학 복음병원 옥상방으로 이사

1987. 11. 11
라몬 막사아사이상 30주년 기념 태국 국왕 초청으로 세계 일주

1990
인간 상록수상 수상

1991. 3. 22
제1회 효암상 수상

1992. 10. 14
서울대가 선정한 제1회 자랑스러운 서울대인상 수상

1995. 11. 18
제4회 인도주의실천 의사상 수상

1995. 12. 25
하나님의 부름을 받음, 마석 모란공원 묘원에 안장

고신교회
정신사
연구 I

제3부

고신교회 정신과 영성

고신교회 역사 연구와 편찬의 현황과 과제

대한예수교장로회 총회(고신, 이하 '고신교회'라 칭함) 설립 70주년을 지냈다. 조선예수교장로회 제27회(1938) 총회가 신사참배를 결의한 것을 기준으로 84년, 광복 후 고려신학교 설립 후 77년이지만, 교회쇄신운동을 거쳐 장로교 총회에서 추방되고 대한예수교장로회 총로회가 발회한 것을 기산으로 하여 70주년을 맞은 것이다.

고신교회는 일제의 신사참배 강요에 목숨을 걸고 항거하였던 출옥성도들이 고려신학교를 설립하여 개혁주의 신학운동을 전개하고, 일제강점기에 있었던 범과에 대한 회개운동으로 교회쇄신운동을 전개하면서 역사적, 전통적 '대한교회'의 회복을 꿈꾸었다. 고신교회는 그 형성의 역사적 독특성에 따라 역사를 소중하게 생각하고, 다양한 방식으로 역사를 정리, 보존하려는 노력을 계속해 왔다. 그동안 고신교회는 세 차례 역사 편찬, 세 차례 역사 화보를 발행하였고, 고려신학대학원은 고신역사기념관을 설치해 고신교회의 역사와 정신을 보존, 발굴, 계승하는 노력을 하고 있다.

역사 연구가 객관성을 생명으로 하고 있고, 어느 분야에서나 연구사가 있어 그 분야를 먼저 연구한 이들의 학문적 업적을 정리하고 있다. 이 글은 고신교회 역사의 역사와 결실을 서지학적으로 분석, 점평하는 것을 목적으로 하는데, 각 저술에 대한 학문적 평가보다는 그러한 노력을 정리하고 고신교회 70년 역사 편찬까지의 역사를 점검함으로써 고신교회 성도들의 교회 역사에 대한 이해를 높이고, 고신교회 역사 연구자들이 향후 역사 연구와 편찬의 지침을 얻고자 한다. 이를 통해 독자들이 고신교회가 장차 어디로 나아가야 할 것인가를 깨달을 수 있다면 다행일 것이다.

1. 고신교회 역사 편찬

고신교회는 한국교회와 역사적 맥락과 함께 하고 있지만, 독특한 역사적 배경 때문에 다른 교단보다도 역사에 대한 관심이 많았다고 할 수 있다. 고신교회 역사를 언제부터 기산할 것인가에 대해서는 논란이 있어 왔고, 역사의 출발을 오해한 총회 결의도 있었다.[1] 오늘날에는 1952

---

1. 1978년 8월 15일부터 5일간 고려신학대학에서 교단창립 30주년 기념대성회를 가진 바 있고, 직후에 열린 제27회 총회에서는 교단창립기념일 기산을 한상동 목사가 경남노회에 잠정적인 탈퇴 선언을 한 날을 기준으로 결의하였다. 그러나 그 탈퇴 선언은 탈퇴보다는 경고의 성격을 가진 것이었고, 박형룡 박사가 교장으로 부임한 후 이를 철회하였기 때문에 이를 교단의 창립 기산일로 볼 수 없다. 만일 이를 고신교회의 역사적 출발로 본다면 한국교회로부터 분리주의자라는 비난을 받는 근거가 될 것이다. 당시 교단 창립 30주년 기념대회는 한상동, 오종덕 두 목사 소천과 한부선 선교사의 은퇴와 미국 귀국으로 인해 리더십 공백으로 성도들의 마음이 허전한 시점에 개최되었다. 순교사업기념회가 기념성회를 준비하던 중에 총회교육부에서도 교육 행사를 준비하고 있어 대상이 사실상 동일하므로 이를 통합해 교단 최초로 대형집회를 갖기로 한 결과였다. 직전 총회에서 이러한 집회 계획이 보고된 바 없었음에도 불구하고 '교단창립 30주년 기념 대성회'라 이름을 붙여 행사를 가졌다. 한 달 후 회집된 제27회 총회에서는 이에 대한 노회의 문의가 있었는데, 총회 기산일을 신중한 검토 없이, 이미 마친 행사 보고를 받으며 행사 때 사용되었던 연대를 인준하면서 발생한 일이다.

년 9월 대한예수교장로회총로회 발회를 기준으로 하는 것으로 공식화되었다. 서부산노회의 헌의로 총회에서 연구위원회를 구성하여 그 연구를 바탕으로 2002년 교단창립 50주년 기념대회와 역사 편찬이 이루어졌다. 고신교회는 총노회의 발회를 기준으로 70주년을 맞이하게 되지만, 그 시작이 일제강점기 신사참배 강요와 조선예수교장로회 제27회 총회에서 치욕적인 신사참배를 결의한 것에서부터 연원한다.

1) 역사 편찬 이전

고신교회가 승동측과 합동한 이듬해 한국장로교회 총회 50주년을 기념하여 《대한예수교장로회 약사》를 편찬하면서, 고신측 역사를 이원적 사실로 병기하였다.[2] WCC 문제로 1959년 제44회 총회에서 한국장로교회가 양분되었을 때 4대 선교부와 한국장로교회가 보유하고 있었던 모든 자산이 연동측으로 귀속되었고, 승동측은 엄청난 시련에 봉착하였다. 이때 박형룡 박사와 승동측 지도자들이 고신측에 합동을 제안해 왔고, 박윤선의 이탈로 역시 시련 가운데 있었던 고신측이 난국을 탈피하려는 의도였던지 적극적으로 호응함으로 합동이 급속도로 이루어졌다. 그렇게 합동한지 1년만에 대한예수교장로회 총회 설립(1912) 50주년을 맞아 약사를 출간한 것이다. 이 약사 편찬은 한국장로교회 50주년 역사화보를 편찬한 바 있었던 송상석 목사가 중심이 되어 작업하였고, 합동총회의 결의대로 고신측 10년의 역사는 이원적 사실로 병기하였다.[3] 송상석은 역사를 정리하여 소논문을 작성해 총회석상에서 낭독

---

2. 《대한예수교장로회 50주년 약사》, 서울: 대한예수교장로회 총회 출판부, 1962.
3. 《대한예수교장로회 50년 약사》, 서울: 대한예수교장로회 총회, 1961.

하였고, 이를 〈파수군〉에 발표하였다.[4]

고신총회가 역사를 편찬하기로 하고 처음으로 위원을 선출한 것은 제17회 총회(1967)에서 구성한 역사편찬위원회가 시작이다. 총회는 송상석(위원장), 오병세, 정홍석 목사 세 사람을 위원으로 선정하였고,[5] 오병세 박사가 그때까지의 총회 결의사항이나 중요한 행사를 정리하여 제18회 총회에 '우리 교단의 역사'를 보고하였다.[6] 오병세는 그 자료를 근거로 1979년까지의 역사를 보완하여 《한국장로교(고신) 교회 약사》를 출판하였다. 46판 70면으로 출판된 이 약사는 한국장로교 준비시대, 조직시대, 황금시대, 수난시대, 재건시대, 장로교 분열과 (고신) 총회 조직시대, 합동과 (고신) 환원 시대, 환원 이후(고신) 총회 육성시대, (고신)총회 현대사 등으로 아홉 시대로 구분하였고, 각 시기마다 중요한 결의와 사건을 정리했다.

2) 《한국장로교사》(1989)

제31회(1981) 총회에서 한국기독교 100주년을 계기로 고신교회의 역사를 편찬하기로 결의하고, 오병세, 심군식, 남영환, 최해일, 신현국을 위원으로 하여 역사편찬위원회를 구성하였다.[7] 위원장 오병세 박사는 제18회 총회에 보고한 것에 1979년까지의 총회 결과를 정리하여 《한국장로교(고신) 교회 약사》를 출판하였다.[8] 46판 70면으로 출판된 이 약

---

4. 송상석, "대한예수교장로회 총회 창립 50주년 약사", 〈파수군〉, 1962년 10월호, 28-37.
5. 《대한예수교장로회 제17회 총회록》, 대한예수교장로회 총회회록(제11회-제20회), 부산: 대한예수교장로회 총회출판부, 1971. 192.
6. 나삼진, 〈고신역사 아카이브〉 고신교회 33: 오병세의 "우리 교단의 역사", 2021. 8. 15.
7. 《대한예수교장로회 제32회 총회록》, 93.
8. 총회역사편집위원회 편, 《한국장로교(고신) 교회 약사》, 부산: 대한예수교장로회 총회, 1982.

사는 앞서 언급한 아홉 시대에 따라 각 시기마다 중요한 결의사항과 사건을 정리했다.

역사편찬위원회는 정사를 편찬하기로 하고, 이상규 교수에게 그 집필을 의뢰하여 국판 양장본으로 304면으로 출간된 것이 《한국장로교사(고신)》이다.[9] 이 책은 제1편 기독교(개신교)의 한국 전래를 주제로 5장, 제2편 일제하의 교회를 주제로 4장, 제3편 광복 후의 상황과 고려파의 형성을 주제로 6장으로 구성하였다. 이 책은 역사편찬위원회가 펴낸 것으로 되었지만, 이상규 교수가 단독으로 교회론적 관점에서 집필했는데,[10] 완성된 원고를 각 장별로 제출하면 위원들이 독회를 하고, 필요한 부분을 언급, 보충하는 형식으로 완성되었다. 그러나 이상규 교수가 호주 유학을 떠난 후 책이 출간되면서 교열에 참여할 수 없었고, 편찬 작업을 비전문가 위원들이 담당해 편집과 교열에 문제가 적지 않았다. 더구나 한 위원이 교회사 관련 자신의 저서에 상당한 부분의 원고를 인용도 하지 않고 그대로 게재해 저자로서 낭패감을 표현한 바 있다.

이 역사서는 1985년 출판을 계획으로 편찬하여 1989년에 출간되었지만, 1974년 전후에 발생했던 송상석 목사의 면직과 경남노회의 행정보류가 민감한 문제여서 포함되지 못했다. 당시는 총회의 분규에 직접적인 역할을 했던 당사자들이 생존해 있어 이를 정리하기가 간단하지 않았고, 해석의 논란이 있을 것을 우려해 제외하도록 한 것이다.

---

9. 이상규, 《한국장로교사》, 부산: 대한예수교장로회 총회출판부, 1989.
10. 이에 대해서는 이상규, "한국 교회사 연구 및 사관에 대한 평가와 반성" 〈고신신학〉 제2호, 127-170를 보라.

3) 《한국장로교회사: 장로교회(고신) 50주년 희년 기념》(2002)

두 번째 통사 출간은 허순길 교수가 집필한 《한국장로교회사: 장로교회(고신) 50주년 희년 기념》이다. 이 책은 제1편 한국장로교회의 설립과 발전, 제2편 교회의 수난과 시련(1931-1935), 제3편 일제박해 하의 배교교회와 전투교회(1931-1945), 광복과 교회의 개혁재건운동(1945-1951), 제5편 개혁해가는 장로교회: 고신교회(1952-)로 모두 22장으로 구성되었고, 신국판 양장 592면으로 출간되었다. 부록으로 총회 임원 명단, 한국장로교사 연표, 참고문헌과 인명 색인이 포함되어 있다. 이 역사서는 편찬위원회 이름으로 편집되었으나, 기획과 출판에서 편찬위원들의 논의를 거친 것은 아니었고, 내용과 구조, 집필의 방향 등 모든 것은 전적으로 저자에게 맡겨져 있었다. 그가 학자적 양심으로 기술한 것이며 방대한 작업을 수행하고 혼자 교열까지 보아야 했다.

허순길 교수는 전통적 개혁주의 신앙고백에 기초한 사관을 가지고 저술했는데, 직접 "그리스도가 교회의 왕이라는 신앙고백과 교회는 하나라는 신앙고백 위에서 기술했다"고 했다.[11] 저자는 고신교회 역사 기술에서 합동과 환원이나, 법정소송 문제 등 민감한 문제에 대해 저자의 독자적인 판단으로 기술했고, 이 때문에 출판 후 선배 교수와 언쟁을 갖기도 했다.

허순길 교수는 이 책을 개혁주의 신앙과 원리에 입각하여 서술했고, 교단 지도자들에 대해서도 곳곳에 객관적인 기술과 비평적인 지적이 돋보인다. 이 책은 절판이 되면서 사진 자료를 다수 포함해 2008년

---

11. 허순길, 《한국장로교회사: 장로교회(고신) 50주년 희년 기념》, 서울: 대한예수교장로회 총회출판국, 2002. 8-10.

《한국장로교회사: 고신교회 중심》로 증보판을 출간하였다.[12] 이 역사서를 편찬하는 과정에서 위원들이 관여한 일은 전혀 없었고, 총회에서 출판비를 부담하는 것이 전부였으며, 출판된 역사서를 총대들에게 배부하였지만, 이를 위한 출판기념회를 따로 갖지 못했다. 이 책에서 허순길 교수는 교단의 정치적인 변화나 신학교육에 대해서는 상세하게 서술했지만, 교단교육, 선교, 학생운동 등에 대해서는 지면을 많이 할애하고 있지 못한 것은 아쉬운 일이라 하겠다.

4) 《대한예수교장로회 고신총회 70년사》(2022)

고신교회 70주년을 기해 편찬된 이 역사서는 교단 내 14인의 학자들과 연구자들이 공동으로 집필에 참가하였다. 이 책은 제1부 기독교 시원과 발전 8개 항, 제2부 기독교의 전래와 한국에서의 교회 14항, 제3부 고신총회의 형성과 발전 54개 항 등 모두 76개 항이 포함된 신국판 양장 788면으로 출간되었다. 이와 별도로 제4부 총회 산하 기관의 역사와 현황에서는 고신대학교, 고려신학대학원, 고신의료원, 총회세계선교회(KPM), 총회교육원, 군선교위원회, 전국남전도회연합회, 전국여전도회연합회, 전국장로회연합회, 전국주일학교연합회, 전국청년연합회, 고려신학대학원총동창회, 고신언론사, 총회은급재단, 이단대책연구소 등 열여섯 기관의 역사와 현황을 포함하였다. 부록으로 역대 총회 임원 명단, 고신총회 관련 주요 연혁을 포함하였다.

이 역사는 대표 집필 및 편집자로 이상규 교수가 책임을 지고 교단 내 학자들과 연구자들이 힘을 합쳐 주제별로 담당하여 집필하였는데,

---

12. 허순길, 《한국장로교회사: 고신교회 중심》, 서울: 영문, 2008.

강종환 장로, 김중락 교수, 나삼진 교수, 배정훈 교수, 신재철 목사, 양향모 목사, 이성호 교수, 정하태 목사, 최정기 목사, 황권철 목사가 집필에 참여했다. 원고가 이상규 교수에게 제출되면 원고를 읽고, 보필하는 형식으로 완성되었다.

2. 고신교회 역사 화보 간행

한국장로교회가 50주년을 맞이하였을 때 송상석 목사의 편집으로 1934년 《조선예수교장로회 50주년 역사화보》를 발행한 일이 있었다.[13] 이것이 전통이 되어 고신교회에서도 몇 차례 역사화보가 편찬되었다. 역사화보는 역사서는 아니지만, 유용한 사진 자료들과 역사적 가치가 있는 기록들을 포함하고 있다.

1) 우리 교단의 어제와 오늘(총회 20회 기념화보)(1971)

《우리 교단의 어제와 오늘: 총회 20회 기념화보》는 총회 20회 기념화보를 간행한 것으로, 앨범식으로 140면으로 되어 있다. 이 화보에는 장로교 신조를 먼저 넣었고, 대한예수교장로회 약사를 실었다. 노회 분포도와 노회별 교세 일람도, 교회 개척의 이모저모, 총회 편, 신학교 편, 성경학교 편, 부산복음병원 편, 선교사 편으로 구성하였다. 선교사편에서는 고신교회의 당시 재한 선교사 상황과 파송 선교사 상황과 국제모임을 알 수 있다. 화보에서는 경기, 경남, 경동, 경북, 부산, 성진, 전라, 진주 노회 등 8개 노회 단위로 각 교회의 사진과 목회자, 장로, 목사후보

---

13. 《조선예수교장로회 총회 50주년 역사화보》, 경성: 조선예수교장로회 총회, 1934.

생의 사진을 실었다. 교회 사진에 이름, 주소, 설립일, 장년교인 통계를 포함시켰다. 각 노회 단위로 교회를 소개하며, 시찰명, 교회 수, 목사 수, 장로 수, 교인 수를 정리하였다. 그리고 자선단체로 교단 소속 성도들이 운영하던 자선단체를 포함하였다. 송상석 총회장이 머리말을, 한상동과 한부선이 찬사를 적었다. '교단 창립 20주년 기념화보'라고 명시하고 있지만, 그해는 교단 창립 20주년이 아니라 제20회 총회를 기념한 것이었고, 송상석 목사가 총회장일 때에 그의 적극적인 협조로 이루어졌다.

이 화보집의 편집 실무를 맡았던 김도윤 장로는 제17회 총회 때부터 이를 추진하려 했지만, 제20회 총회에서 허락을 받았으며, 편찬위원회가 구성되어 함께 수고한 것이 아니라 편집자 혼자서 이 일을 담당하였고, 쉽지 않는 일이었음과 송상석 목사의 적극적인 협력과 지원으로 가능하였다고 편집후기에서 적고 있다.

2) 한국교회 100년(1985)

고신교회는 한국교회 100주년 기념대회를 개최하면서 김도윤 장로가 화보분과위원회에서 편집해 《한국교회 100년》이라는 화보집을 출간했다. 이 화보집에는 15개 노회 단위로 역사 사진 700매, 목사 450명, 장로 1,150명, 강도사 77명, 남녀전도사 295명, 장립집사 등 모두 4,755매의 방대한 사진이 사용되었다고 밝히고 있다. 이 책에는 선교시대, 조직시대, 성장시대, 수난시대, 전성시대 등으로 구분하여 역사적 사진에 설명을 붙였다.

이 화보집에는 '대한예수교장로회 제1회 회록'(1952), '최초의 총회 규칙', '총로회 발회식 선포문', 손명복, 이인재, 박인순, 조수옥, 출옥성도들의 '산 순교자의 증언', 한명동의 "제1회 총로회가 있기까지", "고려파 초창기를 회상한다", "학생신앙운동의 역사적 배경과 발단", 심군식의 "한상동 목사를 중심한 한국교회 재건과 진리운동", "송상석 목사의 생애", "통일된 찬송가가 나오기까지" 등의 역사적인 자료들이 포함되어 있다. 또 교단적인 행사들의 사진이 설명과 함께 나타나 있어, 고신교회 역사의 여러 장면을 이해할 수 있게 한다. 그러나 편집자의 의욕이 지나쳐 교단 역사와 관계가 없는 다수의 글이 포함된 것이나, 차례를 구분없이 편집하여 내용을 찾기가 쉽지 않다. 800면을 목표로 편집을 시작하였다가 900면이 된 것도 그런 이유였을 것이다.

3) 《고신교단 50주년 기념화보집: 사진으로 본 고신 50년사》(2004)

2002년 고신교단 50주년을 맞이하여 오랫동안 〈월간고신〉 편집인 겸 운영인으로 사역했던 서창수 목사가 편찬 책임을 맡아 '고신교단 50주년 기념화보집' 《사진으로 본 고신 50년사》가 출간되었다. 이 화보집은 46배판 1,256면으로 전면 컬러로 편집되었는데, 사진으로 보는 고신 50년사, 24개 항으로 구분하여 담당자들이 기록한 고신교단 50년 역사 조명, 34개 노회 산하 교회, 총회 본부와 총회의 기구, 총회 산하 교육기관, 해외교회 및 연합회 등을 취급하였다. 특히 '고신교단 인물사'로 한상동, 이약신, 박손혁, 이경석, 주남선, 손양원, 주기철, 오종덕, 박윤선, 송상석, 황철도, 손명복, 이인재, 윤봉기, 한명동, 장기려, 김영진, 심군식, 박요석, 한부선, 하도례 및 고신의 여성들 등을 특집으로 사진과 사료들을 정리했다.

이 화보집은 고신교단 50주년 기념화보집 편찬위원회가 책임을 맡았지만, 서창수의 전적인 노력으로 진행되었고, 몇 위원들이 조력하는 가운데 제작되었다. 편집을 맡았던 서창수는 〈월간고신〉 편집인과 운영인으로 17년 동안 수고하였지만, 제34회 총회에서 당시 총회장과 학교 법인 이사장의 탄핵을 받으면서 〈월간고신〉이 〈기독교보〉와 합쳐 고신 언론사로 통합되는 과정에서 타의로 그 직에서 물러나야 했다. 그는 이 작업을 하는 동안 건강에 어려움이 있었지만, '교단 50년 역사 정리에 마지막으로 수종들게 된 자부심과 긍지로' 심혈을 기울였는데, 그가 이 화보집을 내고 오래지 않아 소천해 사실상 그의 유작이 되었다.

이 외에도 고신역사기념관에서 소장자료를 포함하여 고려신학교, 고신총회의 사진들과 고신역사관 소장자료들, 역대 졸업생 사진, 상설 전기기념물 등을 엮어 《사료로 보는 고신교회 역사(1946-2014)》를 엮어 국배판 255면으로 출간한 바 있다.

3. 고신총회 산하 기관사 발행

고신총회는 헌법과 총회 규칙에 따라 교육, 선교, 사회봉사 등 전국 교회를 관할하고, 산하에 여러 산하기관이 존재하고 있다. 고신교회의 역사 편찬은 총회 역사 편찬만 아니라 교육, 선교, 학생운동, 산하단체 등에서도 활발하게 이루어졌다.

1) 《고려신학대학원 50년사》(고려신학대학원, 1996)

고려신학대학원은 개교 50주년을 맞이하여 허순길 교수의 집필로 《고려신학대학원 50년사》를 발행하였다.[14] 그는 고려신학대학원 역사를 운영 주체를 기준으로 다섯 시기로 나누었는데, 사립 고려신학교 시

---

14. 허순길, 《고려신학대학원 50년사》, 천안: 고려신학대학원 출판부, 1996.

대(1946-1964), 총회 직영 고려신학교 시대(1965-1970), 고려신학대학 신학 본과 시대(1971-1980), 고신대학 신학대학원 시대(1981-1987), 고려신학대학원 시대(1988-)로 구분하고 시대마다 고려신학대학원의 성장과 발전, 갈등과 난관들을 치밀하게 정리하였다. 4면의 사진과 부록을 포함하여 신국판 300면으로 구성되었고, 부록에는 부속기관, 부설기관, 역대 이사장과 원장 명단, 졸업생 명단을 포함하고, 인명 색인을 함께 넣었다.

그는 이 책에서 고려신학대학원 50년의 역사가 "삼위 하나님의 은혜의 역사"라고 했다. "초기 10년의 역사를 하나님의 주권적 은혜의 통치를 받고 한국교회의 재건에 기쁨으로 봉사한 은혜와 감격의 시대"라고 보았고, 이후 "40년은 인간적인 아집과 과실로 인한 실패로 점철"되었지만, 그 가운데서도 발전해 올 수 있었던 것은 "불가해한 하나님의 은혜"가 있었기 때문이라고 했다. 고신대학교는 한 번도 역사를 정리한 바 없어 아쉬운데, 개교 70주년에 《고신대학교사》를 화보로 출간한 바 있다.

2) 《고신 선교 40년》(총회선교부, 1998), 《고신선교 70년사》(KPM, 2025)

총회선교부(현 KPM)에서 총회 선교 40주년을 맞아 《고신선교 40년》을 간행하였다. 1958년 첫 선교사 김영진 선교사를 파송하였던 1958년을 기점으로 하여 40주년이 되던 2008년에 발간한 것이다. 40년의 해외 선교를 역사로 정리하기에는 이르다는 편찬위원장 이만열 교수의 신념에 따라 '고신 선교 40년사'라 이름하지 않았다. 역사는 사실을 인과적으로 분석, 종합하여 정확하게 기술하는 한편, 적출된 사실을 해석

하고 평가하여 표폄까지를 기해야 하는 일이기 때문이었다.[15]

이 책은 제1부에 40년 동안의 고신선교의 역사적 흐름을 정리해 '선교 40년 개황'을 이상규 교수가 집필하였으며, 제2부는 선교정책과 재정에서, 전호진 박사가 고신 선교 40년의 전략적 고찰 선교 활동과 재정 운용을, 이병길 총무가 후원교회와 후원기관을 정리하였고, 제3부는 선교지의 내력과 현황을 11개 선교지를 중심으로 그 지역의 대표선교사들이 역사와 현황을 정리하였다. 제4부에는 선교사들의 선교편지와 부록으로 교단 총회 및 선교부 약사표, 역대선교부 조직, 선교사 파송 일람표, 총회선교부 파송 선교사 현황, 제47회 총회기 나라별 선교비 수입 지출 현황표, 선교부 업무 규정, 선교부 시행세칙 등 선교부 자료들이 상세하게 실렸다. 신국판 양장본 500면에 50장에 가까운 사진을 설명과 함께 실었다.

《고신선교 40년》이 출간된 지 30년이 지나 2025년 고신총회 세계선교회(KPM)는 총회에 선교부가 설치된 것을 기준으로 개최한 70주년 기념 선교대회를 기해《고신선교 70년사》를 간행하였다. 모두 4부로 구성된 이 책은 제1부 '고신선교 70년 개관'을 이상규 교수가 집필, 고신 선교가 어떻게 이루어져 왔는가를 역사적 흐름 개관했다(117면). 제2부에서는 권효상 교수가 '고신선교 70년 정책 발전'을(84면), 제3부는 하민기 선교사가 '고신선교 70년 행정사'를(63면), 제4부에는 KPM 현황을 약사, 연도별 파송 현황, 선교사 현황, 재무 현황, 12지역부 운영팀, KPM 현장 이야기 등으로 구성하였다(182면). 부록에는 이사회 정관과 시행세칙을 담았다(55면). 이 역사서는 KPM의 어제의 역사와 오늘의

---

15. 이만열, 서문 "고신선교 40년을 간행하면서",《고신선교 40년》, 서울: 대한예수교장로회(고신) 총회선교부, 1998.

모든 현황을 알 수 있게 한다. 아쉬운 것은 현재 PKPM 소속 선교사가 모두 493명이라 선교사들의 수가 많아지면서 이런 공식적인 지면에 개별 선교사들의 선교 보고를 포함하는 것이 불가능하게 되었다. 이에 선교사들이 은퇴할 때 기념문집을 발간해 선교사의 사역 기록과 지인들의 회상기를 통해 그들의 선교를 알게 되는 경향으로 바뀌고 있다. 책은 신국판 양장 468면. 매우 짜임새 있게 편집되었다.

3) 《고신의료원 50년》(고신대 부속 복음병원, 2001)

고신대학교 부속병원은 《고신의료원 50년》(2001)을 발간하였다. 고신의료원(현 고신대학교 복음병원)은 1951년 한국전쟁기에 구호병원으로 설립되었다. 피난민들이 부산으로 몰리던 시절 영도에서 개원한 복음의원은 부산지역의 의료기관으로서 중대한 역할을 감당했다. 복음병원 역사 50년을 맞이하여 당시 학내 상황이 어려워 고신의대 교목이었던 황수섭 목사가 거의 극비리에 작업하였고 의료원 행정부서, 의학교육기관, 복음병원, 연구소, 부설기관, 유관기관 등의 역사를 각 부처에서 정리해 모았다. 고신의료원 50년에는 화보 20면, 역사 기술 60면, 기관별 역사로 정리하여 모두 592면으로 편찬되었다. 특히 각 과별 연혁, 중요활동, 학술지 논문 게재, 국내 및 국제 학회 활동을 정리하였다.

4) 《하나님의 주권을 이 땅 위에: 학생신앙운동 역사(1947-2012)》(SFC, 2012)

전국학생신앙운동(SFC)에서는 《하나님의 주권을 이 땅 위에: 학생신앙운동 역사(1947-2012)》를 60년사로 발간하였다. 학생신앙운동은 그동안 공식적으로 석원태 목사가 첫 20년의 역사를 정리해 1971년에 《학생신앙운동 20년사》로 출간된 이래 50년만에 출간된 것이다. 그동안 꾸준히 역사 편찬 작업을 했으나 자료집을 출간하는 수준이었고,[16] 필자가 40년사 편찬위원장과 50년사 편찬위원장으로서 《학생신앙운동 사료》(2권)과 《역대수양회지 영인본》(2권)을 발간하여 역사 편찬을 준비하였다.

이러한 자료들이 기초가 되어 2012년 60주년을 맞이하여 《하나님의 주권을 이 땅 위에: 학생신앙운동사(1947-2012)》를 간행하였는데, 필자는 편집위원과 간행위원으로 참여하였다. 학생신앙운동의 본격적인 역사서로 편찬된 이 책은 한국교회와 학생신앙운동, 학생신앙운동의 형성기, 조직기(1952-1960)에 이어 60년대, 70년대, 변화와 성장의 시기(1980-1996), 세계를 위한 도약(1997-2010)으로 구분하여 나누었고, 서론과 종합과 평가로 정리하였다. 동문회, 역대 전국위원, 역대 간사, 지도위원 명단과 수양회 일람표, 정관과 여러 자료들을 부록에 함께 담았다. 이상규, 나삼진, 박영호, 김동춘 등이 집필에 참여하였고, 화보 없이 440면으로 구성하여 여러 사람이 기술하였음에도 불구하고 통일을 유지하고 있다.

5) 《대한예수교장로회(고신) 교회교육 역사(1952-2012)》(총회교육원, 2016)

총회교육원은 총회 설립 60주년을 기해 《대한예수교장로회(고신) 교회교육 역사(1952-2012)》(2016)를 발간하였다. 1952년 9월 총로회가 발회되면서 종교교육부를 설치하였고, 1964년 교과과정심의위원회가

---

16. 필자는 세 차례 그 일의 실무적인 작업을 책임졌는데, 전국SFC 서기로 봉사하던 때(1976)에 30년사 간행을 위한 준비와 자료를 수집했지만 실질적인 결과를 얻지 못했고, 40년사 편찬위원회 주간으로 《학생신앙운동 사료》(I, II)를 간행하였으며, 50주년 때는 편찬위원장으로서 《역대 수양회 영인본》을 두 권으로 간행하여 초기 수양회를 소개했다.

설치되어 '생명의 양식'이 출간되었고, 1982년에 전문기구로 총회교육위원회가 설치되고, 이는 2005년에 총회교육원으로 승격했다.

이 책은 총노회 발회와 종교교육부 설치를 기준으로 60주년을 맞이하면서 2012년 이상규, 강용원, 나삼진 교수가 고신교회의 교육 역사를 정리하였다. 고신교회의 역사와 이념, 교회교육의 시작(50년대), 교회교육의 정초기(60년대), 침체의 늪(1970년대), 전환기의 교육(1980년대), 교회교육의 성숙(1990년대), 전문화기의 교회교육(2000-현재)으로 시대를 구분하면서 그 시기의 한국 사회와 한국교회, 교육적 상황 가운데서 교단교육이 어떻게 이루어졌는가를 정리하고, 마지막에 변화하는 시대와 교회교육의 미래를 제시하며 신국판 376면으로 출간하였다.

총회교육원은 이 역사를 편찬하는 과정에 적지 않은 아픔도 있었는데 총회회관 구조조정위원회가 구성되어 총회회관 내 모든 부서의 행정을 사무총장 중심으로 통일하면서 그 여파로 원장 해임사태까지 이르게 되었다. 역사 편찬은 교단교육 60주년이 되는 2012년에 완성되었지만, 원장이 해임되면서 공백 상태가 길어져 2016년 총회 교육대회를 기점으로 출간되었다.

이러한 기관사 편찬 외에도 이중구의 집필로《전국여전도회연합회 50년사》(2002)에서 여성도들의 헌신과 사역을 정리하였고, 심군식과 나삼진의 집필로《전국주일학교연합회 30년사》(1997)가 발간되었다. 총회군선교위원회는《총회(고신) 군선교 48년사》(2003)을 화보집으로 발간하였다. 총회 산하 각 노회사로《부산노회 70회》(1971),《성진노회록》(1984),《경북노회 80회》(1988),《진주노회 40년사》(1998),《경동노회 40년사》(2003),《부산노회 100회사》(2008).《경남(법통)노회 100년사》(2012), 《경동노회 50년사》(2013) 등이 정리한 바 있다. 특히 고신총회가 경남(법통)노회가 발전해 형성되었기 때문에 《경남(법통)노회 100년사》(2016)와 함께 발간한 몇 가지 자료집은 교단 형성의 역사 정리에 도움이 될 것으로 생각한다.

또 개별교회 역사로서는 김용섭의 《제일영도교회 100년사》(1997)가 체계적으로 정리되었고, 필자의 《서문로교회 60년사》(2012)와 《송도제일교회 50년》(2014) 고신교회 초기와 중기 역사를 잘 다루고 있어 사료적 가치가 있다. 해외총회의 역사로는 자료집 형식으로 《재미총회 10년사》(1995), 《재미총회 20년사》(2006), 《재미총회 30년사》(2016)가 자료집 형식으로 출간되었고, 《재미 고신총회 40년》(2025)가 필자의 집필로 9월에 정사로 출간되었다.

4. 고신교회 인물사 연구

그동안 고신교단의 인물들이 전기 형태로 발간된 경우가 많았는데, 문인 심군식 목사가 다수의 전기를 저술하였다. 그는 고신 출범기의 지도자들인 주남선(1977), 한상동(1977), 박윤선 목사의 전기를 엮었고, 〈기독교보〉에 초기 신앙인물들과 한국교회 순교자들의 신앙과 삶을 정리해 '한국교회 인물사'(전 12권)을 발간하였다. 이러한 저술들은 역사적 사실에 작가적인 상상력이 가미되어 학술적인 가치가 크지는 않지만, 고신교회 역사 연구에 주변자료로 활용할 수 있다.

고신교회 역사를 살펴볼 수 있는 중요한 인물들인 《나의 아버지 손양원 목사》(아가페출판사, 1994), 이효재의 《아버지 이약신 목사》(정우사, 2006), 박시영의 《신앙의 투사 이인재 목사》(영문, 2006), 일본신학자 와따나베 노부오의 조수옥 증언《신사참배를 거부한 그리스도인》(동인, 2002)이 출간되기도 했다.

본격적인 평전으로 지강유철의 《장기려, 그 사람》(홍성사, 2007)이 출간되었고, 한상동 강좌의 발표논문들이 모여《한상동 목사의 삶과 신학》(고신대 출판부, 2006)가 출판되었다. 미국 Evangelia University에서 주남선, 한상동, 박윤선, 한부선, 이근삼 등 고신교회 지도자들의 신앙과 신학을 정리하여《고신교회 역사와 정신》(2021)이 출간되었다. 앞으로는 그동안 출간된 전기류 보다는 신앙의 인물들의 신앙과 삶, 신학과 정신을 정리한 본격적인 평전이 출간되어 고신교회의 역사와 정신을 석명할 기초자료가 되어야 할 것이다.

5. 개인적인 연구들

1)《한국교회와 교단》(1988),《한국기독교 교단사》(1995)

남영환 목사는《한국교회와 교단: 고신교단사를 중심으로》를 펴내었다. 제1편 총론-암흑시대에서 조선왕조 500년의 역사와 신분제도, 외우내환을 다루었고, 제2편 여명기에 천주교의 전래와 사대교난을 다룬 후 제3편에서 기독교 전래, 제4편 일제하의 교회, 제5편 광복 후의 교계 형편과 고신형성으로 취급하였다. 모두 27장으로 구성하였는데, 고신교회의 형성기를 광복 후 교회재건운동, 경남지방에서의 교회재건운동, 고신교단의 형성, 진리운동의 계승과 확산, 난기류에 봉착한 교단, 박윤선 목사는 왜 고려신학교를 떠나야 했나?, 승동측과의 합동과 환원, 교단의 재정비, 재단 문제와 분열 그 후 등으로 나누어 596면 신국판 양장본으로 제작되었다. 이 책은 학자의 기술이기보다는 고신교회의 역사의 현장에 있었던 저자가 그의 경험을 정리해 연구자에게 도움을 준다. 이 책에는 이상규 교수의《한국장로교회사》원고 여러 편이 인용과 표기없이 거의 그대로 사용되었는데, 표절에 대한 문제의식이 없었던 시기였지만 아쉬운 일이다. 이 책은 1995년 재판에서 일부 증보되어 책이름도《한국기독교 교단사-고신교단사를 중심으로》로 개제해 출판되었다. 남영환 목사가 고신교회 초기 지도자들인 한상동, 박윤선, 송상석 등과의 관계에서 직접 경험했던 내밀한 스토리가 포함되어 있어 그 시대를 이해하는데 적지 않은 도움을 주고 있다.

2)《한상동 목사의 생애와 신앙》(1986) 심군식 외,《한상동 목사의 삶과 신학》(2006)

한상동 목사 서거 10주기에 그동안 교단지 지면에 발표되었던 자료들을 모아 출판된 책이다. 한상동에 대한 회고, 옥중기, 한상동론, 남겨둔 이야기들, 한상동 목사의 글과 말씀을 모아 편집하였다. 한상동 목사 해적이를 포함하여 현직 법관 김신 법관(훗날 대법관 역임)이 쓴 '한글로 풀어 쓴 예심종결서'가 포함되었다. 한상동의 "현하 대한교회에", "한국교회의 어제와 오늘"과 같은 중요한 논설이 포함되어 있다. 심군식 외,《한상동 목사의 삶과 신학》(2006)은 고신대에서 개최한 한상동 강좌의 발표문을 엮은 책으로 심군식의 "한상동 목사의 생애와 신앙", 정성구의 "한상동 목사와 그의 설교", 이상규의 "한상동 목사의 신학과 교회 건설"와 한상동과 개혁주의", 이근삼의 "한상동 목사의 생애와 고난", 이환봉의 "한상동 목사와 신학교육", 김성수의 "한상동 목사와 기독교교육" 등 논문 일곱 편이 포함되었다.

3) 《한상동과 그의 시대》(2006)

'교회쇄신운동과 고려신학교에 대한 인물중심의 역사'라는 부제를 붙인 이 책은 이상규 교수가 오랜 세월 동안 이룬 한상동 연구에 대한 중요한 논문들과 한상동 연구에 꼭 필요한 자료들을 담고 있다. 제1부 한상동과 고려신학교를 주제로 한상동과 고려신학교 설립, 한상동의 신학과 교회 건설, 한상동과 고려신학교, 호주장로교 선교부의 관계를 다룬 세 편의 논문이 포함되었다. 제2부 한상동과 관계되었던 주남선, 박형룡, 박윤선, 송상석, 한부선, 함일돈, 박손혁, 한명동, 장기려 등 열두 인물을 그들이 어떤 사람이며, 한상동과 어떻게 동역하며 고려신학교 혹은 고신교회에서 일하게 되었는가를 통해 인물중심의 역사를 기술하고 있다. 3부에서는 '고려신학교와 개혁주의 신학'이라는 주제로 세 편의 논문을 실었다. 첨부 문헌으로 고려신학교 혹은 교신교회 초기 역사와 관련된 중요한 1차 자료들이 포함되어 있다. 주남선 목사 옥고기, 한상동 목사 옥중기, 주남선과 한상동 목사의 대한예수교장로회 성도들 앞에 드림, '진리운동'이라는 이름으로 간행한 네 권의 소책자 내용과 '우리의 신앙노선'이 포함되어 있어 당시의 고신교회의 주장을 생생하게 대할 수 있다. 이 책에 한상동 목사의 신사참배 반대운동의 공적인 공적기록인 평양지방법원 예심종결결정서 내용이 빠진 것은 아쉬운 일이다.

4) 《고신교회, 어디서 와서 어디로 가는가》(1, 2)(2014)

그 외에도 고신교회 내 젊은 목회자 그룹 '미래포럼'에서 2012년부터 2014년까지 고신교회 60년 역사를 정리하기 위해 네 차례의 세미나를 갖고, 그때 발표되었던 논문들을 편집한 책이 출판되었다. 이 책에서는 고신교회의 초기와 고신정신(이성구, 이상규, 이만열), 박형룡과 박윤선, 합동과 환원(양낙흥, 허순길, 박용규, 최재건), 고려학원과 고신교회(김철봉, 옥철호, 양낙흥, 정주채, 이성구, 김순성), 법정 소송 문제(이성구, 이상규, 신재철) 등 네 주제로 각각 며칠씩 본격적인 학술 세미나를 가졌고, 발표된 글과 논찬을 엮어《고신교회 어디서 와서 어디로 가는가(I, II)》를 출간하였다.

1권 460면, 2권 396면. 이 포럼에는 성경연구와 특강 형식의 발표 외에 앞선 연구발표자들을 통해 고신교회 역사를 객관적으로 정리하고자 교단 안팎의 학자들의 연구 발표를 듣고 토론하며 역사 정리를 위해 노력한 흔적이 상당하다. 그러나 책의 부제 '60년 교회사 속에 고신성의 정립과 이탈과 붕괴, 그리고 향후 과제'와 몇 논문에서 발견되는 자학적인 진술은 아쉬운 면이 아닐 수 없다.

한국교회의 역사와 고신교회 역사가 깊어 가면서 교회마다 역사를 정리할 때, 사실에 기초하지 않은 조상들의 신앙과 사역에 대해 분칠을 해서도 안 되지만, 그 시대의 시대적 맥락을 고려하지 않고 오늘의 시각에서 평가함으로써 역사에 대해 자학적이 될 수 있다. 고신교회의 조직기에 장로교 총회에서 추방된 역사를 가진 고신교회가 한국교회의 분열의 역사에 대해 과도하게 책임질 필요는 없다.

5)《교회쇄신운동과 고신교회의 형성》(2016)

이상규 교수의 대표 저작으로 '광복 후 경남 지방에서 전개된 교회재건운동과 대한예수교장로회 고신교회의 형성에 대한 역사와 신학, 인물과 사상, 그리고 신앙유산에 대한 연구'라 설명을 붙였다. 서장 '한국장로교회와 고신의 전통'에 이어 제1부 교회쇄신운동과 고신교회의 역사에 관한 연구 9편, 제2부 고신교회의 지도자들 주제로 고신의 신학자들을 비롯하여 손양원, 박윤선, 송상석, 이약신, 한명동, 이근삼, 오병세, 여성 지도자들과 고신교회의 문서운동과 여전도회 활동 등 11편, 제3부 고신교회와 역사 편찬에 고신교회 역사 편찬과 관련된 글 4편이 실렸다. 부록으로는 고신교회 역사에 중요한 문헌들을 합동과 환원에 관한 여섯 편, 주일성수 문제로 고신을 떠난 박윤선 교수와 관련된 세 편, 그리고 고신교회 관련 중요 연혁(1940-1965)을 정리하였다. 이 책은 이상규 교수가 고신교회 역사와 관련하여 쓴 글들이 오롯이 모였고, 그의 또 다른 대표작 《해방 전후 한국장로교회의 역사와 신학》[17]과 함께 고신교회 역사를 이해하는데 소중한 논문들이 많이 포함되어 있다.

6) 《송상석과 그의 시대》(2021)

송상석 목사는 고신교회 초기 지도자로 행정과 정치 분야에서 중요한 역할을 하였다. 그가 광복 전 절제운동에 앞장서 중요한 역할을 하였고, 특별한 역사의식으로 조선예수교장로회 50주년 역사화보를 편집한 것을 비롯하여 대한예수교장로회 총회록 발간 등에서 특별한 사역의 열매를 맺었고, 고신교회에 기여한 바가 적지 않다. 그러나 그가 이사장으로 재임중에 교수들과 갈등이 심하였고, 임기 후 법적이사장직 주장에 따라 총회특별재판국의 목사 면직 상태에서 생을 마쳤고, 2008년 제58회 총회에서 마산노회가 헌의한 송상석 목사 사면 청원이 받아들여지면서 33년 만에 사면이라는 형식으로 일정부분 명예가 회복되었다.

이 책은 송상석 목사의 생애와 사역과 공헌에 대한 종합적인 연구서인데, 이상규 교수의 '서장 다시 보는 고신교회의 지도자 송상석 목사'

---

17. 이상규, 《해방 전후 한국장로교회의 역사와 신학》, 서울: 한국기독교역사연구소, 2015.

에 이어 제1부에는 송상석 목사의 생애와 사상에 회고기를 중심으로 11장이 실렸고, 제2부에는 송상석과 그의 시대에 그의 사역과 공헌 및 법정 소송, 금주단연운동, 문창교회당 명도 사건 등 중심 주제들을 중심으로 논문 9편이 포함되었고, 부록으로 몇 가지 자료를 실었다.

이와 별도로 송상석과 법정소송 문제에 대해서는 신국판 558면으로 출간된 신재철의《불의한 자 앞에서 소송하느냐?: 한국교회 고소문제에 대한 역사적 고찰》(쿰란출판사, 2007)도 직접적인 재판기록 등이 포함되지 못한 아쉬움이 있지만, 주목할만한 저술이다. 최근에 고신교회 안에서 송상석 목사의 역할에 대한 재평가가 이루어지고, 송상석 목사 강좌가 열리면서 이상규 교수가 편집한 송상석 목사 유고집《고신파 진리운동과 교회 소송 문제》(카리타스, 2023)와 1970년대 고신교회 내분과 관련된 각종 문서들을 취합한《1974년 전후 고신교회 내분과 분열》(굿트리, 2024) 등이 출판되었다.

7)《이약신과 그의 시대》(2022)

이약신 목사는 고신교회가 총회에서 단절된 전후 경남(법통)노회와 1952년 총노회 발회 후 고신교회 조직 전후에 귀한 역할을 했지만, 그동안 연구가 이루어지지 못하였다. 이를 아쉽게 여겼던 이상규 교수가 편집한 이 책은 이약신 목사의 생애와 활동(6편), 호주장로교회가 본 이약신 목사(3편), 이약신 목사의 삶, 신앙, 사역에 대한 회고기(8편)와 부록으로 '이약신 목사 가계'와 '이약신 목사 연보', 그리고 그가 힘써 돌 본 '경신재단의 70년 역사'가 포함되었다. 이약신 목사의 생애와 활동 편에는 이상규의 '이약신 목사의 생애와 활동', 나삼진의 '이약신 목사의 해방 후 사역과 고신교회', 황권철의 '이약신과 그의 설교', 고명길의 '복지

목회자 이약신 목사', 이종전의 '이약신 목사의 삼백만 구령운동', 이경민의 '이약신 목사의 실천적 삶, 진해 희망의 집' 등을 주제로 한 논문이 경신사회복지연구소를 통해 신국판 340면으로 발간되었다.

이와 별도로 딸 이효재 교수가 사회학자적 필지로《아버지 이약신 목사》(정우사, 2006)를 잘 정리하였고, 이 두 책은 그동안 고신교회에서 다소 기림이 부족하였던 이약신 목사 연구에 중요한 역할을 하고 있다. 최근 이약신 목사 설교집으로 이경민 편,《이약신과 그의 말씀》이 발행되어 짝을 이룬다.

맺는 말: 고신교회 역사 연구의 요약과 과제

1) 연구의 요약

이 논문에서 고신교회 70주년을 맞아 고신교회 역사는 지금까지 어떻게 연구되어 왔는가를 서지학적으로 정리했다. 고신교회 역사에 대한 연구와 출판은 몇 가지 특징을 보이고 있다. 첫째, 고신교회는 일제강점기 특수한 상황에서 발아되어 광복 후 한국교회 쇄신운동 과정에서 성장, 발전해 왔으므로 역사에 관심을 갖고 그동안 두 차례의 약사 정리와 세 차례의 역사 편찬이 이루어졌다. 역사 편찬은 한국교회 100주년을 맞아《한국장로교사》를 발행하였고, 고신교회 총회 설립 50주년을 맞이하여《한국장로교회》편찬하였다. 전자는 편찬위원회에서 주관하여 집필자 이상규 교수가 시기별로 원고를 제출하면 편찬위원들이 독회를 하였고, 후자는 허순길 교수의 단독으로 집필하였다. 세 번째 발간한《대한예수교장로회 고신총회 70년사》는 제1부 기독교의 시원과 발전, 제2부 기독교의 전래와 한국에서의 교회, 제3부 고신총회의 형성과 발전, 제4부 총회 산하 기관의 역사와 현황, 부록으로 역대 총회 임원 명단과 고신총회 관련 주요 연혁을 포함했다. 총회 임원을 중심으로 고신총회역사편찬위원회가 구성되어 감독하고, 이상규 교수가 대표 집필위원으로서 교단 내 교수와 역사 연구자들 열 명이 협력하여 각 주제를 따라 분담해 집필하고, 이상규 교수가 독회를 통해 내용의 통일성을 강화하여 완성할 수 있었다. 신국판 양장본 788면의 방대한 분량임에도 통일성을 유지하고 있는 것이 다행한 일이다.

둘째, 고신교회의 평소 교회 역사에 대한 깊은 관심은 산하기관의 역사 편찬에도 영향을 주었는데, 《학생신앙운동 20년사》(1971), 《고려신학대학원 50년사》(1996), 《전국주일학교연합회 30년사》(1997), 《고신선교 40년(1958-1998)》(1998), 《고신의료원(복음병원) 50년사》(2001), 《전국여전도회연합회 30년사》(2002), 《하나님의 주권을 이 땅 위에: 학생신앙운동사(1947-2012)》(2013), 《고신선교 70년사》(2025) 등으로 나타났다. 이러한 작업이 한두세대에 이루어진 것이라 역사라고 하기 어렵지만, 이들의 노력으로 중요한 사료들이 취합되었다는 데 의의가 있다고 하겠다. 이들 가운데는 화보 중심으로 편집된 경우도 있지만, 《고려신학대학원 50년사》나 《학생신앙운동사》, 《전국주일학교연합회 30년사》는 사료의 수집과 정리에서 정사 수준의 역사 편찬 노력을 잘 보여주고 있다.

셋째, 개인적인 관심에 따라 역사서를 낸 경우도 있었는데, 남영환은 《한국교회와 교단》을 출간하였다가 《한국교회 교단사》로 증보하여 출간하였으며, 이상규는 자신의 연구를 기반으로 《한상동과 그의 시대》를 펴내었고, 또 여러 학자들과 함께 《송상석과 그의 시대》를 펴내었으며, 《거창교회와 주남선 목사》(이상규, 2009, 거창교회)를 펴냈다. 한상동 목사와 주남선 목사의 전기가 심군식 목사에 의해 저술되었고, 그가 작업한 한국교회인물사(전 10권)에는 고신교회 인물들인 황철도, 윤봉기, 오종덕, 박윤선, 이인재 등의 인물사가 정리되었다.

넷째, 여러 노회가 의미있는 해에 노회사를 편찬하였다. 《성진노회록》(1984), 《경동노회 40년사》(2003), 《경북노회 70회사》(1988), 《부산노회 70회사》(1994), 《부산노회 일백회사》(2008), 《경동노회 50년사》(2013), 《경남(법통)노회 100년사》(2016)를 볼 수 있다. 특히 경남(법통)노회는 100년사 편찬을 앞두고 기독교문화연구위원회를 구성하여 사료 보존과 영인 작업을 했는데, 《경남(법통)노회 역사 자료집》(1916-201)과 그 《보유편》(2012), 《경남(법통)노회 상황보고》(1917-2013)를 펴내어 노회나 산하교회의 역사연구에 중요한 사료가 되고 있다.

다섯째, 그 외에도 고신교회 지도자들의 기념문집이나 회고기도 중요한 사료가 된다. 한명동 목사는 구순기념논문집을 증정받았고, 이근삼과 오병세 교수는 각각 화갑기념문집, 은퇴기념문집, 성역 50주년 기념문집을 헌정받았고, 홍반식 교수는 〈개혁주의 신학과 교회〉 창간호를 은퇴기념호로 헌정받았으며, 사후에 초기 제자들이 힘을 모아 설교집 및 논설집을 엮었다. 김병원, 황창기, 이상규 등이 은퇴기념문집을 헌정받았고, 근래에 은퇴한 이환봉, 강용원 등도 〈고신신학〉에서 은퇴기념호를 발간했다. 이런 문집에서 지도자들의 회고기나 연표, 저작목록, 회상기 등은 사료적 가치를 지닌다. 또한 총회적으로 중요한 사역을 하였던 민영완, 최해일, 유윤욱 등도 개인적인 회고록을 발간했는데, 그 속에서 역사의 조각을 얻게 한다.

최근 한국 기독교 학계 차원에서 학자들의 학문적 성과를 정리하는 《한국교회를 빛낸 칼빈주의자들》과 《한국의 신학자들 1, 2》에 주남선,

한상동, 박윤선, 홍반식, 이근삼, 오병세, 허순길, 김병원, 전호진, 이보민, 황창기, 김성수, 이상규, 강용원, 전광식, 정근두, 나삼진 등의 생애와 신학이 정리되었는데, 3권에 다수의 고신학자들이 포함되어 출간을 앞두고 있다. 이러한 연구는 한국교회나 고신교회 신학사를 정리하는 데도 의의가 있을 것이다.

2) 앞으로의 과제

지금까지 고신교회의 역사 연구사를 정리하였다. 고신교회의 역사 연구나 사료 발굴과 보존을 위해 앞으로의 과제를 정리하면 다음과 같다.

먼저, 고신총회 차원에서 역사위원회 혹은 역사연구소와 같은 기구를 설치하여 고신교회 역사 연구를 위한 사료의 수집, 관리, 연구와 함께 정기간행물을 발간하는 것이 필요하다. 그와 함께 연구자들의 연대가 필요하다. 고신교회는 초기부터 역사적 기록을 소중하게 여기고 이를 보존하려는 노력을 기울여 왔다. 이 일은 그동안 송상석, 오병세, 이근삼, 허순길, 심군식 등의 노력으로 일정한 성과를 얻었다. 송상석은 총회 10년 단위로 총회록을 두 차례 출간하였다. 이근삼은 박사학위 논문 외에도 고신교회의 역사와 정신을 정리해 단독저술을 가질 정도로 역사에 대한 깊은 관심을 가졌다. 오병세는 역사편찬위원으로 두 차례 봉사하며 고신교회 역사 편찬을 지휘한 바 있고, 고신교회 약사를 출판한 일이 있다. 심군식은 한상동, 주남선, 박윤선을 비롯한 나수의 고신교회 지도자들의 전기를 남겼다. 고신교회가 70주년을 맞으면서 제2, 제3세대 지도자들이 은퇴하고 초기 설립자들을 직접 대면하며 배우거나 함께 신앙생활을 하던 성도들이 이 땅을 떠나는 상황에서 그들의 경험을 잘 정리하고 남기는 것이 교단의 역사를 정리하는데 필요한 일이다. 1970년대 후반부터 총회회의록이, 1989년부터 총회보고서가 간행되어 총회의 역사적 자료가 되고 있으나, 교단역사의 중요한 순간을 기록으로 남기는 일에 관심을 갖지 못했다. 예를 들어 2002년 학교법인 고려학원에 임시이사가 파송되고, 총회적으로 250억 원 이상의 재정이 투입된 엄청난 시련을 겪고도 그에 관한 백서나 역사적 기록을 남기지 못한 것은 부끄러운 일이 아닐 수 없다. 김해복음병원 문제, 고신의료원 부도 문제 및 임시이사 파견에 대한 기록을 남기지 못했다. 또한 그에 대한 백서를 작성하기로 하고, 총회에서 백서간행 위원을 선정하였지만, 위원회가 정상적으로 가동되지 못하였고, 백서 간행을 점검하고 추진해야 할 학교법인 이사회나 사무국, 총회 사무총장 등이 임무를 방기했던 것이었다.

둘째, 고신교단은 총회 산하기관으로 고신대학교, 고려신학대학원, 고신대학교 복음병원을 가지고 있고, 총회 본부, 총회교육원, 세계선교위원회(KPM)을 두고 있다. 이들 기관은 각각 본부 건물을 가지고 있는데, 공간을 활용하여 총회본부 사료실, KPM 선교박물관, 총회 교육박물관 등을 설치하여 역사를 보존하는 것은 물론 전국교회나 방문자들이 역사적 흐름을 접할 수 있도록 하는 것이 필요하다. 이러한 공간은 고신교회의 영적 자산이 되어 그 지역의 교회나 그리스도인에게 고신교회와 그 풍요로운 역사에 자부심을 갖게 할 수 있을 것이다.

셋째, 고신교회 역사를 보존, 발굴하려는 노력을 계속해야 한다. 이제 고신교회 제3세대가 목회 현장에서 은퇴를 하였으므로, 이들의 증언을 취합해 망실되어가는 역사를 보존할 필요가 있다. 고신역사기념관 (당시 관장 이상규 교수)에서 〈장로교회와 역사〉(제1호, 2008), 제2, 3호 (2009)를 간행해 사료를 발굴, 수집한 바 있는데, 소중한 사료들이 다소 집적되었다. 〈기독교보〉와 고신역사기념관이 협력하여 2011년부터 2013년까지 '원로와의 대화'를 연재한 것이나, 〈기독교보〉 '나의 애장문헌' 연재도 소중한 자산이다. 그동안 이상규 교수가 애정을 가지고 보살핀 부산·경남지역의 초교파 교회사 연구지 〈부·경교회사 연구〉도 부산 경남지역의 교회사 사료 발굴에 중요한 역할을 했다. 고신교회 형성기에 미국정통장로교회와 깊은 관계를 가졌고, 한부선 선교사가 그 중심 역할을 하였다. 그는 광복 후 입국하여 초기 선교를 하면서 아내에게 거의 매일 보낸 개인 서간은 초기 고신의 교회쇄신운동을 잘 보여주는데, 이 서간들이 번역되어 고신교회 21개 교회의 헌금으로 《한부선 서간집》(전 4권)이 간행되었다.[18] 이러한 기록은 고신교회 초기 역사 연구에 소중한 자료가 되고 있다. 또 한부선, 하도례 등 선교사들이 OPC선교부에 보고했던 자료들을 확보한다면 고신교회의 당시 역사를 연구하는데 큰 도움이 될 것이다. 그런 면에서 웨스트민스터신학교 아카이브나 정통장로교회 선교위원회 아카이브도 고신교회의 초기 모습을 보여주는 자료의 보고가 될 것이다.

넷째, 한국교회와 개별교회의 역사가 깊어지고 세대가 바뀌면서 교회 단위로 역사 편찬이 요청되고 있다. 고신교회 초기에 교회쇄신운동의 결과로 시작된 교회도 70년이 넘는 교회가 많고, 초기교회들은 100년이 넘는 교회도 다수 있다. 교회는 각종 사료들을 수집하고, 초기 지도자들이나 성도들의 증언을 녹취하여 역사 편찬 작업을 서둘러야 한다. 그렇지만 역사 편찬은 집필과 출판에서 많은 재정이 소요되기 때문에 교회가 단독으로 진행하기 쉽지 않아 노회 단위로 역사 편찬을 하는

---

18. 《한부선 서간집(I-IV)》, 서울: KIATS, 2016.

것도 한 방법이 될 것이다.

다섯째, 고신교회 역사 연구에서 외국선교회와의 관계에 대한 연구가 필요하다. 고신교회는 초기 미국개혁교회(CRC)와 관계를 갖고 초기 복음병원 운영에 도움을 받았으며, 고려신학교 개교 이후 한부선과 하도례를 통해 미국정통장로교회(OPC)와 자매 관계를 가졌으며, 성경장로회 소속 선교사들과도 깊은 동역 관계를 가졌다. 1970년대에는 네덜란드 개혁교회, 남아공화국 개혁교회 등과 깊은 관계를 맺고 유학생들을 보내어 교수 요원들이 양성되었다. 그러나 이러한 분야의 사료는 물론 연구가 미진하다. 이 점과 관련하여 생각할 수 있는 것은 그동안 KPM이 파송한 선교사들이 선교지에서 오랫동안 선교활동을 해 왔고, 상당한 재정이 투입되고 있다. 그러나 선교사가 은퇴와 함께 그 모든 기록도 묻히고 마는 실정이다. 한부선이 아내에게 보낸 편지가 교회쇄신운동과 고신교회의 초기 역사를 잘 보여주고 있듯이, 앞으로 각 선교사들의 선교 보고, 정례 보고서가 선교지 교회 역사의 중요한 사료가 될 것이다. 선교사들의 사역을 선교사나 선교위원회 차원에서 기록으로 남겨야 하고, 개혁주의 세계교회 건설을 위해 함께 동역해야 할 것이다.

고신교회 경건과 영성 형성의 네 기둥[1]

서론

한국장로교회의 분열에 대한 연구가 활발하게 진행되어 왔고, 고신의 형성과 발전에 대한 연구도 많이 있었지만, 고신교회의 경건과 영성이 어떻게 형성, 주조되었으며, 어떤 특질을 가지고 있는가에 대한 연구는 많지 않다. 고신의 역사를 탐구하는 대부분의 한국교회사서들은 조선예수교장로회 제27회 총회에서 신사참배를 결의한 후부터 신사참배 반대운동을 전개하였고, 광복 후 고신교회가 회개운동 혹은 교회쇄신운동을 전개하는 과정에서 총회에서 단절되었거나, 혹은 총회를 이탈하였다는 식으로 기술하고 있다. 고신측을 중심으로 합동측과 합신측 학자들은 총회에서 단절되었음을 기술하고 있고,[2] 고신측이 총회에서 분리

---

1. 이 논문은 재미한인예수교장로회 총회 서부노회 30주년 기념집회(2018) 특강으로 준비된 원고와 한상동 목사 40주기 기념집회(2016. 1. 25) 강연문을 보완하여 독립적인 논문으로 준비한 것이다.
2. 고신측 허순길, 이상규, 최덕성, 합동측 홍치모, 김남식, 합신측 김영재 등의 학자들도 이런 입장을 취하고 있다.

될 때 총회측의 입장을 주로 반영하는 통합측은 고신의 분리를 이탈로 기술하는 경우가 많다.³ 이는 당시 총회가 고신측을 단절하였던 것을 의도적으로 외면한 가운데 연구된 현상으로 이해된다.

고신교회의 이념적 지향성에 대한 논의는 교단 역사에 비해 잘 연구되거나 정리하지 못해 왔다. 그동안 있었던 부분적인 논의를 정리하면 다음과 같다. 먼저, 광복 후 한국교회 쇄신운동에 동참해 현장에서 모든 과정을 현장에서 보았던 남영환은 "고려신학교의 설립 이념이 신앙과 생활의 순결을 실천하는 것이며, 박(윤선) 목사도 한평생을 신신학과 타협주의와 기회주의를 배격하고 오직 하나님 앞에서 참되어야 한다고 외쳤고, 고려신학교를 오늘에 이르도록 터전을 마련하는 데는 한상동 목사, 주남선 목사, 손양원 목사의 순교정신과 박윤선 목사의 빛나는 개혁주의 신학사상이 합치되어서 이루어진 금자탑임을 자타가 공인하는 바"라 했다.⁴ 남영환은 고신교회의 경건과 영성의 형성을 출옥성도들의 순교정신과 박윤선 목사의 개혁주의 신학사상의 결합으로 본 것이다.

둘째, 고신교회의 이념에 대한 논의에서 고신교회 출신 역사학자 이만열은 고신교단이 신앙에서는 옥중성도와 순교자들의 순교정신을 계승하여 한국교회의 새로운 신앙성을 정립하려고 모색하였고, 생활에서는 절제와 근검, 부정부패의 개혁 등을 그 이념으로 수용하였음을 언급한 바 있다. 순교정신의 계승과 생활에 있어서의 절제운동의 생활화, 퓨리터니즘의 생활화가 고신교단 초기의 교단이념이면서 뗄 수 없는 수

---

3. 민경배, 김인수, 이영헌 등이 이 입장을 취하고 있다.
4. 남영환, "은사 박윤선 목사님의 성역 50년을 기하여", 정암 박윤선 목사 성역 50년 기념논총 편찬위원회 편, 《경건과 학문》, 서울: 영암사, 1987. 52.

레의 두 바퀴와 같다고 했다.[5] 그는 또 고려신학대학원 개교 50주년 기념강연에서 교회사를 하는 사람으로서 고신이 출발할 때의 두 인맥이 신사참배 반대투쟁에 앞장섰던 인맥과 한국교회의 절제운동을 이끈 인맥으로 구성되어 있고, 그 인맥 속에 흐르고 있는 정신이 오늘날 고신에서 자란 젊은이들을 통해 확산되어 가고 있다고 했다.[6] 신사참배 반대운동을 전개하고 투옥되었던 한상동과 주남선, 손양원 등과 절제운동을 전개하였던 송상석이 고신의 정신을 형성하는 양대산맥이라는 입장이다. 이는 고신의 뿌리에 대한 주목할 만한 제안이라 할 수 있다.

셋째, 고신교회의 신앙과 신학에 대한 논의로 유해무는 고신교회의 신학의 세 가지 구성을 언급하는데, 박윤선 목사의 칼빈주의적 개혁신학, 주남선 목사와 한상동 목사의 성경중심적 보수주의, 이근삼 교수의 보통은혜에 기초한 문화신학을 제시한다.[7]

넷째, 고신교회의 영성에 대한 논의에서 김순성은 고려파 영성을 대표하는 인물로 고려신학교 설립자 한상동 목사, 주남선 목사, 총무 손양원 목사, 초대교수 박윤선 박사가 중심에 있다고 본다.[8] 그는 이들 초기 지도자들의 신앙과 삶에서 고려파 영성의 특징을 말씀과 기도 중심의 체험적 영성, 자기부정의 영성과 그리스도께 대한 충성, 주님과의 신비적 친교의 영성, 회개와 성화의 영성, 저항과 투쟁의 영성, 사회적 약자를 향한 디아코니아의 영성, 하나님 영광을 지향하는 영성 등 여덟 가지

---

5. 이만열, 《한국기독교와 역사의식》, 서울: 지식산업사. 1981. 153.
6. 이만열, "고신교단과 한국사회", 〈장로교회와 역사〉 제1호, 천안: 고려신학대학원 역사연구소, 1996. 73-74.
7. 유해무, "고신교회가 존속할 필요가 있는가?: 고신교회의 역사와 신학" 〈개혁주의 신학과 교회〉, 제22호(2009), 85-129.
8. 김순성, "한국장로교 내 소수파 영성으로서 고려파 영성의 특징과 평가"
www.kscoramdeo.com/news/article View.html?idxno=11127. (2020년 5월 14일 인출).

로 정리하고 있다.

이러한 몇 가지 논의를 바탕으로 연구자는 고신교회의 초기 신앙과 신학, 경건과 영성 형성을 네 인맥 혹은 네 기둥으로 정리하고자 한다. 초기 고신교회의 신앙과 경건은 한상동, 주남선, 손양원 목사의 경건과 순교정신이 바탕을 이루고, 그것이 박윤선 목사의 개혁주의 신학을 만나고, 한국전쟁기에 손양원 목사와 장기려 박사, 그리고 많은 평신도 지도자들의 사랑의 실천과 사회봉사와 어우러졌으며, 송상석 목사의 절제운동의 전통이 더해져 독특한 고신교회의 영성을 형성하였다.

이 소론은 그들이 고신교회 경건과 영성 형성에 어떻게 기여하였으며, 그들의 경건과 영성이 오늘날 어떻게 발현되고 있는가를 논의함으로써 고신교회의 경건과 영성의 뿌리를 찾아보려는 것을 목적으로 한다.

1. 한상동, 주남선, 손양원 목사의 경건과 순교신앙

고신교회의 신앙과 경건은 일제강점기에 신사참배 강요에 저항했던 한상동, 주남선, 손양원 목사의 신사참배 반대운동과 그들의 순교정신에서 시작한다. 1910년 한국을 점령한 일제는 정치적 억압, 경제적 수탈, 문화적 말살, 종교적 박해를 계속하며 아시아 정복의 야욕을 가졌고, 이는 중국 침략으로 구체화되었다. 일본제국주의는 이에 만족하지 않고 1930년대 초반부터 내선일체와 신사참배를 강요하면서 국민적인 통일을 추구하였다. 이 과정에서 한글 사용금지, 창씨 개명, 신사참배 강요 등이 나타났다. 1930년대 초에 시작된 신사참배 강요는 장로교회 제27회 총회에서 국가의식으로 인정하고 신사참배 결의로 나타났다. 언더우드 등은 신사참배 결의를 찬성하고 지지하였지만, 전국각지에서 강력한 반대 혹은 반대운동이 전개되었는데, 이기선(평안북도), 주기철(평안남도), 한상동(경상남도), 손양원(전라남도), 한부선(만주) 등이 대표적인 인물들이었다.

일제강점기에 신사참배가 강요되기 시작할 때부터 주기철과 한상동 목사는 신사참배에 강력한 반대 입장을 견지하고, 이를 교회에서 설교하였다. 그러나 둘은 신사참배 반대에는 뜻을 같이 하였지만, 반대운동을 전개하는 데는 생각의 차이가 있었다. 주기철은 개인적으로 신사참배를 반대하였지만, 교회의 피해가 가중될 것을 우려해 조직적인 반대운동을 전개하지는 않았다.[9] 이에 비해 한상동은 스스로 신사참배를 반대하였을 뿐 아니라, 조직적인 신사참배 반대운동을 전개하였다. 초량교회 시무 때부터 신사참배 반대 설교를 했던 한상동은 마산 문창교회에서도 강력한 반대 설교를 하였고, 교회와 성도들이 어려움을 겪게 되면서 교회를 위해 사면하였다. 그는 밀양마산교회의 청빙을 받아 시무하면서 전국을 다니며 반대운동을 전개했다. 한상동은 주기철의 개인적인 것보다 더 조직적이고 강력한 반대운동을 전개한 것이다.

한상동은 1940년 일제검속에 체포되어 6년 가까이 평양형무소에서 영어(囹圄)의 몸이 되었다. 장기수는 당시 형무소의 형편을 고려할 때 바로 죽음을 의미하는 것이었다. 더구나 그는 당시로는 심각한 질병이었던 폐결핵을 앓는 이유로 감옥에서 죽음을 기다리는 형국이었지만, 기적적으로 신유의 체험을 하였다.

그는 광복 후 8월 17일 출옥하여 다른 출옥성도들과 함께 극도로 약해진 건강의 회복과 요양을 하면서 출옥성도들과 기도회를 가지며 한

---

9. 한상동에 대한 종합적인 연구는 이상규 편, 《한상동과 그의 시대》, (서울: SFC, 2006) 제1부를 보라.

국교회쇄신운동을 준비했다. 그는 광복 후 주기철이 시무하였던 산정현 교회의 청빙을 받아 시무했는데, 당시 한국에서 각 지역을 대표하는 부산 초량교회, 마산 문창교회, 평양 산정현교회 등 세 번에 걸친 목회지 계승은 주기철과 한상동이 마치 엘리야와 엘리사의 관계와 같았음을 보여주는 것이다. 광복 후 평양 산정현교회가 주기철의 후임자로 그를 청빙하였던 것에서 광복 당시 한국교회는 한상동을 주기철을 이을 지도자로 생각하고 있었음을 알 수 있다. 그러나 한상동은 공산당의 교회에 대한 박해가 점차 심해지면서 3.1운동 기념식을 비롯하여 여러 차례 갈등 상황이 시작되던 끝에, 모친의 별세 소식을 듣고 남하하였다.

그는 전에 잠시 목회한 바 있던 부산의 대표적인 초량교회의 청빙을 받아 목회를 하면서 주남선과 신학자 박윤선과 협력하여 1946년 9월 20일 고려신학교를 개교하였다. 손양원도 기성회에 맞아들이며 뜻을 같이 하였다. 1951년 총회에서 고려신학교는 '총회와는 아무런 관계가 없다'고 선언함으로써 총회에서 축출되었다. 그는 총회가 시무하던 초량교회의 명도를 요구하였을 때 95%의 성도들이 그를 지지하고 있었음에도 불구하고 교회당을 양도하고 빈손으로 나와 삼일교회를 설립하였다. 이러한 자기희생의 자세는 당시 교단분열의 와중에서 한국교회의 귀감이 되었다.

한상동은 평생 고려신학교를 설립하고 성장시키는 것을 지상과업으로 삼았다. 그는 옥중에서 독일의 패망 소식을 들었고 곧 일본도 패망할 것을 내다보고 신학교를 설립하여 사명에 찬 목회자를 양성하려 했다. 이것은 한국교회가 신사참배 강요에 굴복하고 일본적 기독교 형성에 협력한 것이 바른 신학교육의 부재에 있었다고 보았기 때문이었다. 더구나 그가 평양 산정현교회에 시무하다 남하하였을 때 자유주의 신학을 가르치던 조선신학교가 남부총회로부터 인가를 받은 것이 고려신학교를 시급히 개교하게 했던 중요한 이유였다. 그가 주남선, 손양원, 박윤선과 함께 고려신학교를 개교했는데, 초대이사장 주남선이 별세한 후 이사장을 맡아 1952년부터 10년 동안 봉사하였다. 그는 신학교육이 정상적으로 이루어지도록 많은 기도와 후원의 노력을 기울였다. 그는 고신교회가 환원한 후 1964년부터 3년 동안 이사장으로 봉사한 후 전 재산을 총회에 조건없이 기탁하여 고려신학교는 고신총회 직영신학교가 되었다.

한상동은 1969년 신학교가 분쟁에 휩싸였을 때 학장으로 추대되어 생애 마지막 5년 동안 봉사하였다. 고려신학교가 고려신학대학으로 인가를 받으면서 학장으로 재임하던 기간에 네덜란드 개혁교회의 초청을 받아 방문하여 고려신학교 건축을 위한 모금 활동을 벌였다. 1972년 학장직에서 물러나 명예학장으로 재임 중에 그가 송도에 현대식 건물을 건축하느라 심혈을 쏟았고, 신학교가 현대식 건물로 준공된 것을 본 이듬해 별세했다.

2. 박윤선 목사의 개혁주의 신학

고신의 경건과 신앙을 주형한 또 하나의 기둥은 박윤선의 개혁주의 신학이었다. 박윤선은 평양 조선예수교장로회 신학교를 졸업하고 두 차례 미국 웨스트민스터신학교에서 유학하였고, 일제강점기에 신사참배 강요를 피해 봉천신학교에서 교수로 가르치다가 광복과 함께 귀국하였다. 그는 신학교육을 통해 한국교회를 위한 참된 지도자 양성을 꿈꾸었던 한상동의 요청으로 서울에서 만나 신학교 개교에 합의하였고, 함께

1946년 6월 진해 신학강좌를 개설했고, 이를 기반으로 9월 20일에 고려신학교를 개교하였다. 그는 14년 동안 고려신학교 교수와 교장으로서 귀한 봉사를 하였다.

그는 미국 웨스트민스터신학교에서 유학해 메이첸과 반틸에게서 개혁주의 신학을 배웠고, 독학으로 네덜란드어를 배워 네덜란드 개혁교회의 신학의 정수를 접할 수 있었다.[10] 그는 개혁주의 신학의 열정과 기도를 함께 한 신행합일의 신학자였다. 그는 광복 후 기독교 서적이 많지 않았던 시기에 성경주석을 발간해 20세기 한국교회 강단에 가장 강력하게 신학적 영향을 미쳤는데, 1979년에 모두 33권의 성경주석을 완간하였다. 그는 1975년 웨스트민스터신학교 50주년 기념행사에서 한부선과 함께 명예신학박사 학위를 받았다. 한부선은 웨스트민스터신학교 졸업생은 아니었지만, 웨스트민스터신학교 설립 초기부터 스승 메이첸을 지지했으며, 안식년이 되면 웨스트민스터신학교에서 연구하곤 하였다. 박윤선이 앞장서 이끌고 한부선과 웨스트민스터신학교 출신 학자들이 가르치던 고려신학교는 한국의 웨스트민스터신학교와 같았다고 평가받았다.

박윤선은 초기 고신의 신학을 대변하였기 때문에, 그가 고신에 있던 시절을 평전 작가는 '고려파교회의 신학자'로 불렀다.[11] 이 개혁주의 신학의 전파자로 활동한 것은 다양한 모습으로 나타나고 있다. 먼저 〈파수군〉의 창간과 간행의 실제적인 책임을 맡았다. 그는 매월 많은 기사

---

10. 박윤선의 신학적 평전으로 서영일의 박사학위 논문 《박윤선의 개혁신학 연구》(서울: 한국기독교역사연구소, 2000)와 이상규의 "개혁주의 신학의 초석 박윤선'을 보라. 이상규 편, 《한상동과 그의 시대》, 128-137.
11. 서영일, 《박윤선의 개혁신학 연구》, 서울: 한국기독교역사연구소, 2000, 203-283.

와 논문을 직접 작성하였으며, 그의 꾸준한 교수와 집필이 전국교회에 큰 영향을 미치게 되었다. 둘째로는 성경주석 간행사업이었다. 박윤선은 고려신학교 초기 14년 동안 구약과 신약을 가르쳤는데, 교실에서 가르치고 글을 쓰곤 했지만, 필생의 과제로 성경주석을 간행하였다.[12] 고려신학교에 있는 14년 동안 성경 25권을 주석해 성경주석 일곱 권을 간행하였다.[13] 이 일은 박윤선의 필생의 작업이었지만, 당시 고신교회의 일이기도 했다. 전국교회가 그의 주석을 구입하고 회원 제도를 통해 출판을 지원하여 주석 간행의 힘이 되었다. 당시의 열악한 출판 환경으로 보아 고신교회의 기도와 협력이 없었더라면, 이 일이 그렇게 열매 맺을 수 없었을 것이다.[14]

박윤선은 고려신학교 초기 거의 유일한 교수로서 고신의 신학은 그의 신학으로 주형화되었다. 박형룡의 신학은 미국의 청교도적 보수신학으로, 정통주의, 보수주의 혹은 근본주의라는 용어를 선호하였고, 박윤선은 개혁주의 혹은 개혁파라는 용어를 선호해 이를 일상적으로 사용하였다.[15] 그의 영향으로 이근삼과 손봉호도 네덜란드 자유대학교에 유학해 박사학위를 받았다. 박윤선은 1960년 고신을 떠나기까지 고려신학교의 교수와 교장으로서 14년 동안 귀한 봉사를 하였다.

이 시기에 박윤선과 박형룡의 신학하는 방식은 차이가 있었다. 박윤선은 개혁주의 신학이 교수되는 것과 교회쇄신운동이 함께 가야 한

---

12. 박윤선, 《성경과 나의 생애》, 서울: 영음사, 2015. 106.
13. 박윤선의 성경주석은 요한계시록(1949, 개정판 1955), 공관복음(1953), 로마서(1954), 바울서신(1955), 히브리서와 공동서신(1956), 시편(1957), 요한복음(1958) 순서로 출판되었다. 서영일, 《박윤선의 개혁신학 연구》, 243.
14. 실제로 한국전쟁 전에 안용준을 통해 서울에서 요한계시록 주석을 출판하려 했지만 여의치 않았던 것을 회고록에서 남기고 있다. 박윤선, 《성경과 나의 생애》, 105.
15. 이상규, 《한국교회 역사와 신학》, 235.

다고 믿고 주창하였지만, 박형룡은 신학교육을 우선으로 생각했다. 박윤선은 철저히 개혁주의 신학자였고, 경건과 학문이 하나가 되었던 인물이었다. 손봉호는 철저하게 그의 경건과 학문이 하나라고 했다. 그는 1960년 소송 문제와 주일성수 문제로 고신을 떠나게 되었고, 고신이 환원한 후 합동측에 참여하게 되었다. 이후 총신대학교에서 교수로 재직하면서 부산과 미국을 오가며 주석 집필에 집중하였다. 1970년대 말 합동측의 고질적인 교권이 총회신학교에 영향을 미쳐 정상적인 신학교육이 불가능하게 되면서, 김명혁, 신복윤, 박형용 등과 함께 합동신학교를 설립하여 교장으로, 명예교장으로 생의 마지막을 보냈다.

고신은 이후 그의 경건과 학문을 고려신학교 개교와 함께 예과 학생으로 입학하여 5년 동안 그의 가르침을 받았던 제자들 홍반식, 이근삼, 오병세에 의해 계승되었다. 고신이 일찍이 고신의 아들 세 사람을 교수 요원으로 추천해 유학 보내었던 것은 고신의 미래를 위해 매우 중요한 결정이었다. 그들은 준비된 돈이 없이 장학금과 고학으로 공부했는데, 전국의 고신교회가 공적예배에서 이들을 위해 기도하였던 것은 교회의 교사를 양성하는 중요한 모델이 되었다. 이들 가운데 이근삼은 특별히 인재 양성에 많은 관심을 기울여 네덜란드 캄펀신학교, 미국 리폼드신학교, 남아공화국 포쳅스트룸대학교 등과 고신대학이 자매결연을 맺게 하였고, 다수의 유학생들을 보내어 고신대학교 및 신학대학원 교수 요원 양성과 고신교회 목회자들의 인적 자원을 튼실하게 하였다.

3. 손양원 목사와 장기려 박사의 사랑의 실천운동

고신의 신앙과 경건을 형성하였던 셋째 기둥은 손양원의 사랑의 실천과 장기려의 사랑의 인술, 그리고 평신도들의 디아코니아 사역이다.

먼저, 손양원 목사의 절대 사랑이다. 손양원은 경남 함안군 칠원 출신으로 아버지 손종일 장로의 신앙양육으로 성장해 평양신학교를 졸업하고 나환자가 국가적인 과제였을 때 여수 애양원에서 목회하며 구라(救癩)선교를 하였다. 그는 일제강점기에 신사참배 반대운동으로 6년을 투옥되었다가 광복과 함께 출옥하였다. 손양원은 광복 후 다시 애양원으로 돌아가 목회하였고, 1946년 고려신학교 설립 당시에 설립기성회에 참여하였다.[16] 그는 1949년 여수순천반란사건 때 두 아들 동인, 동신이 순교를 당하였고, 자신도 한국전쟁 초기에 애양원을 지키다가 9월 13일 여수에 진주한 인민군에게 체포되었고, 내무소 창고에 갇혀 있다가 순천으로 이동하던 중에 9월 28일 여수 미평 과수원에서 순교하여 삼부자 순교자가 되었다. 그는 '사랑의 원자탄'이라 불리웠는데, 한국교회 140년 역사에서 가장 자랑스러운 인물이라 할 수 있다. 그는 경남에서 자라 경남노회에서 목사 안수를 받고 경남노회에 속해 있다가 생의 마지막에 여순노회로 이명해 갔다. 그가 순교했을 때는 고신교회가 별도의 치리회를 구성하기 전이었기 때문에 손양원 목사 삼부자 무덤이 통합측 역사유적으로 분류되어 있다. 손양원은 한국교회가 낳은 대표 인물이지만, 그는 고신의 아들로 자랐고, 고신의 사람으로 살다가 순교했다.

그의 장례식은 소속노회가 아니라 고려신학교에서 주관했는데, 고려고등성경학교 교장 오종덕 목사가 사회를 하고, 고려신학교 교장 박윤선 목사가 설교했다.[17] 1951년 그가 순교했을 때 유족들은 고려신학

---

16. 그는 1948년부터 순교 때까지 고려신학교 초대 총무로 봉사를 했다. 오병세는 이에 대해 당시 총무의 직위는 오늘날의 홍보대사와 같은 역할이었다고 증언하였다. 나삼진과 오병세와의 대화, 2012. 6. 10.
17. 심군식, 《박윤선 목사의 생애》, 서울: 영문, 1996, 107-110, 손동희, 《나의 아버지 손양원 목사》, 서울:

교에 이를 알렸고, 치안이 아직 불안했을 때 10월 10일 고려신학생 30여 명과 박윤선 교장, 고려고등성경학교 교장 오종덕이 장례를 위해 여수로 갔다. 그가 순교한 후 동인과 동신의 순교나 그의 순교를 이념화하는 작업은 고신교회에서 이루어졌으며 〈파수군〉을 통해 발굴되어 연재되었고, 책으로 엮여졌다.[18] 이 시기는 아직 고신교회가 총회로부터 분리되지 않았던 시기였기 때문에 행정적으로 총회측에 속하였으나, 그는 고려신학교가 추구하던 신앙과 정신을 갖고 있었고, 여러모로 고려신학교를 위해 협력하였다.

손양원은 고려신학교의 설립기성회 일원이었고, 박형룡이 고신을 떠난 후 총무로 수고하였다. 고려신학교가 설립될 때 교회에 속한 성도들이 다수 헌금을 하였는데,[19] 이는 손양원 목사의 격려와 응원으로 이루어졌던 것을 미루어 볼 때, 그가 설립초기부터 고려신학교를 향해 헌신했음을 볼 수 있다.

현재는 정주채, 이만열 등이 중심이 되고 경남일원의 교회들이 협력하여 손양원 생가를 복원하고, 그가 신앙생활을 했던 칠원교회 옆에 있던 생가를 복원하고 그 터에 손양원 기념관을 설치, 운영중이다.

둘째는 장기려의 사랑 실천이다. 복음병원을 설립하고 평생 병원과 함께 한 장기려의 사랑의 실천도 그와 맥을 같이 한다. 장기려는 예수를

아가페출판사.

18. 손양원의 딸 손동희 권사는 학창시절 순교자의 딸이 어디서 공부하는가에 따라 고신과 총신을 오가며 어려움을 겪고 대학을 마치지 못하였다가 고신대학교(고려신학교 후신) 개교 50주년 때 명예졸업장을 받았다.

19. 김태권, 김진수, 안인라, 차종석, 송재국, 서인순, 강두례, 김윤심, 정명남, 정O임, 김철년, 박봉이, 박상준, 이은재, 이끗선, 보육원 선생님 등이 보낸 헌금액, 교회 이름과 함께 실려 있다. 이는 손양원이 앞장 서 헌금을 독려했기 때문일 것이다. 한상동 목사 서거 40주년 준비위원회 편,《고려파교회의 정체성 개관》, 부산: 글마당, 2016, 253.

닮은 사랑의 인술로 '성자'라 칭송을 받는 인물이다. 그는 평안북도 용천군에서 태어나 독실한 그리스도인이었던 할머니 이경심의 신앙적인 영향을 받으며 자랐다.[20] 그는 경성의전에서 의학을 공부해 의사가 되었고, 1940년에는 기홀병원(평양연합기독병원)의 외과과장으로 일했으며, 잠시 김일성대학 교수로 일했으나, 그의 신앙으로는 공산당 정권과 함께 할 수 없어 한국전쟁이 발발했을 때 아들 가용 씨만 데리고 월남하였다.

평안북도 용천 출신이었던 그가 고신교회와 연결된 것은 세 가지 계기에서였다. 신사참배 반대운동으로 평양 형무소에 수감중이던 한상동 목사는 출옥한 후 주기철 목사의 후임으로 산정현교회의 청빙을 받아 목회했다. 장기려는 신사참배가 강요되던 시기에는 교회에 출석하지 않고 가정 예배를 드렸으나, 광복 후부터 산정현교회에 출석하였고 훗날 장로로 장립받았다. 또한 그가 한국전쟁 중 부산으로 피난을 와 한동안 한상동 목사가 시무하던 초량교회에 출석했다. 둘째는 장기려가 남하 후 부산 제3육군병원 군의관으로 일하였으나, 누가 보안대에 고자질 해 간첩 혐의를 받게 되었을 때, 한상동 목사가 미동병원에서 일했던 의사 치솜(W. H. Chisholm, 최의손) 선교사를 통해 구명운동을 벌여 풀려나게 되었다.[21] 셋째는 전영창이 미국에서 유학을 마치고 귀국하면서 미국 개혁교회가 모은 후원금을 가지고 귀국해 한상동과 함께 장기려를 만나 복음병원을 시작하게 되었다. 1954년 부산 송도에 복음병원과 고려신학교를 신축, 이전하면서 평생 동역하는 관계로 지냈다. 평생 어린아이 같은 순수한 신앙을 가졌던 장기려는 한상동을 평소 마음에 흠모하였다고

20. 지강유철,《장기려 그 사람》, 서울: 홍성사, 2007. 53-60.
21. 지강유철,《장기려 그 사람》, 262-264.

증언하고 있다.²² 그가 평생 산정현교회 장로로 봉사하였다가 생애 막바지에 '종들의 모임'에 참여하면서 고신교회가 지향하는 신앙의 형태와 달리하였으나, 마지막까지 고신과 복음병원의 울타리 안에 살았다.

그는 1951년 7월 1일에 제3영도교회 별관 천막에서 복음의원을 시작했다. 한국전쟁 발발 후 피난민이 부산에 몰리자 한상동, 전영창과 함께 복음병원을 시작하여 한국전쟁기 고통당하던 사람들에게 의술로써 복음의 빛을 드러나게 했고, 평생 복음병원에서 진료하며 병원의 발전을 위해 크게 봉사했다.²³ 그는 한국 최초의 민간 의료보험으로 청십자의료보험조합을 설립하였는데, 이것이 훗날 한국이 국민건강보험 시대를 여는 계기가 되었다. 장기려는 국가의료 발전에 기여한 공로로 아시아의 노벨상이라 일컫는 막사이사이상을 받았다. 그의 마지막은 산정현교회를 떠나 '종들의 교회'로 나가 신학적으로는 고신교회와 일정한 거리가 있었지만, 그의 사랑의 실천은 한결같았다. 이러한 사랑의 실천은 그가 동역한 의사들과 학장으로서 복음간호대학을 통해 양성한 간호사들, 그리고 병원의 직원 등 많은 평신도를 통해 이어지고 있다.²⁴

그리고, 이약신과 조수옥 등의 디아코니아 실천이다. 이약신은 교회쇄신운동으로 인한 총회측과의 분열기에 경남(법통)노회장이었고, 총회에서 추방된 후 고신교회가 조직될 때 초대 총노회장과 총회 승격 후

---

22. 장기려, "내가 만난 한상동 목사", 〈월간고신〉 1986년 1월호.
23. 장기려에 대해서는 지강유철, 《장기려 그 사람》, 서울: 홍성사, 2007과 이상규의 "선한 의사 장기려"를 보라. 이상규 편, 《한상동과 그의 시대》, 219-242.
24. 박상은의 경우 고려대 의대를 다니며 한국누가회 창립에 영향을 미친 OMF 의료선교사 배도선의 추천으로 장기려가 있던 복음병원에 인턴으로 왔다. 그는 장기려의 삶을 통해 전인치유, 생명윤리, 의료선교를 세 비전을 발견하게 되었고, 이를 자신의 비전으로 삼았다. 1998년부터 북한 선교, 2006년부터 아프리카미래재단을 통해 아프리카 선교를 하고 있다. 그는 제4기 국가생명윤리위원장(2014. 11-2017. 11)을 맡아 봉사했고, 아프리카미래재단을 통해 아프리카 보건환경 개선을 위해 많은 노력을 기울이고 있다. 박상은과의 개인 전자통신. 2020. 6. 4.

첫 총회장을 지낸 고신교회의 법적인 대표자였다. 초대 총노회장과 총회장을 지냈던 이약신도 목회와 사회사업을 병행했고, 당시 국가적으로 어려웠던 시절 전쟁고아를 돌보는 일은 이웃 사랑의 대표적인 사역이었다. 출옥성도 조수옥도 광복 후 온 나라가 가난하여 아이들을 책임지지 못할 때 고아원 설립을 통한 디아코니아 정신을 실천했다. 조수옥은 20세의 나이로 신사참배 반대운동에 동참하여 수영해수욕장 기도회를 비롯하여 한상동의 협력자였고, 평양형무소에서 5년 이상 옥고를 치루었다. 그는 출옥 후 마산에 정착하여 인애원을 설립, 사회사업에 헌신하였는데, 수많은 어린이들을 믿음으로 양육하며 헌신하였다. 그같은 봉사는 한형세, 한정교, 지득용, 박재석 장로 등에게서도 볼 수 있다. 특히 한형세의 성로원의 경우 총회적으로 헌금을 지원하여 복지사업에 참여하였고, 성탄절 등에는 전국교회가 이들을 위한 헌금을 보내었고, 〈파수군〉을 통해 감사 인사를 하고 있다.

1946년 고려신학교가 개교할 때 설립취지서에서는 '기독교 문화운동'을 언급한 바 있었고, 이러한 관심은 1980년대에 고려신학대학에 의예과를 설치함으로써 본격적인 의학교육과 함께 의료선교의 기틀을 마련하였다. 오늘날 고신대 의과대학과 간호대학은 단일 의과대학과 간호대학에서 가장 많은 의료선교사를 파송하고 있다.

4. 송상석 목사의 행정과 절제운동

넷째, 고신교회의 경건과 영성에는 송상석의 절제운동 전통이 함께 스며있다. 송상석은 일제 강점기에 조만식의 물산장려운동과 함께 대표적인 사회운동이었던 기독교 절제운동의 총무로서 기독교 절제운동을 전개하였고, 그는《조선예수교장로회 50주년 역사화보》를 편집하였으며, 박형룡의《신학난제 선평》편집과 교열을 하였다. 1960년 승동측과 합동 당시 총회장으로서 행정적인 예지로 중요한 기여를 했으며, 환원 이후 고신의 행정의 체계화에 중요한 영향을 미쳤다.

그가 평양노회 소속이나 경남 출신이라 광복과 함께 자연스럽게 고신교회에 합류하게 되었고, 고려신학교 개교 때에 목숨을 걸고 박형룡을 만주에서 모시고 오는 봉사를 하였다. 그는 총회측과 분리되면서 교회의 소송 문제에 집착하여 박윤선과 갈등을 겪게 되었다. 그가 오랫동안 교회 재산분쟁에 관여했는데, 초기에는 고신교회 성도들이 많이 있었지만 분쟁이 교회에 유익을 주지 못한다고 생각하였던 고신계 성도들이 몇 차례 교회를 설립해 떠나면서 교회 내 소수가 되었고, 그럼에도 불구하고 대법원에서 "교회의 재산은 교인의 총유"라는 대법원 판례를 얻어내었다.

박윤선은 고려신학교 개교 10주년을 맞아 고려신학교와 고신교회의 당면 과제를 제시했는데, 1958년까지 〈파수군〉에서 몇차례 격렬한 논쟁을 해 그 여파로 박윤선이 고신을 떠났다.[25] 그는 행정적인 예지로 합동과 환원 당시에도 총회 창립 50주년 약사 편찬에서 고신측 단절 이후 새로이 형성된 고신측 역사를 병기하였고,[26] 총회측의 일방적인 행정에 저항하였으며, 그는 평생 경남노회의 리더십을 가지고 총회 발전을

---

25. 박윤선이 고신을 떠난 것은 주일성수 문제가 아니라 송사문제가 가장 중대한 사유였다. 그와 함께 박윤선 주변에 직간접으로 영향을 미쳤던 이북 출신 목회자들의 지역주의가 또 하나의 요인이었다. 박윤선 교장은 고려신학교 설립 10년을 맞이하여 당면한 과제로 등의 문제를 제시했는데, 이는 그 중심에 있는 송상석 목사를 상대로 하는 것이어서 송사 찬성론자였던 송상석 목사와 치열한 신학논쟁을 하며 갈등이 극대화되었다. 두 사람은 평양신학교 제29회(1934년) 동기동창이었다. 송상석에 대해서는 이상규 편,《송상석과 그의 시대》, 서울: 한국교회와 역사연구소/발해, 2021을 보라.
26.《대한예수교장로회 총회 창립 50주년 약사》, 부산: 칼빈문화사, 1962.

위해 기여하였다.

그러나 송상석은 1960년대 후반부터 고려신학교 이사장으로서 학교 및 교수들과 오랫동안 갈등을 하다가, 총회가 정한 이사장 임기가 아니라 문교부 법적 이사장직을 주장하면서, 교단 내 갈등의 요인이 되어 결국 특별재판국에서 면직을 당하였다. 그를 따르던 경남노회는 총회행정을 보류해 교단이 분열되는 아픔을 겪었다.[27] 고신교회를 위해 평생을 바쳤던 지도자가 면직이라는 과도한 징계로 끝나게 되었던 것은 역사적인 비극이다.

그는 광복 후 절제운동의 재건을 위해 관심을 가지고 시도했지만, 조직적인 운동으로 전개하지는 못했다.[28] 그가 생애 마지막에 간행하였던 《한국절제교육연구사료집》을 출간하면서 절제운동을 잘 정리하고 있다. 그는 그 책의 서문에서 절제운동의 미덕이 소실됨에 따라 세태는 사치와 낭비, 향락의 풍조가 날로 짙어가서 있다고 진단하고, 국가사회의 양심이라고 자처하는 기독교단체에도 이 풍조가 물들어 날로 세속화 경향을 이루고 있음을 안타까워했다. 그는 "일제강점기에는 신사참배 반대투쟁에 총력을 기울였고 광복 후에는 진리 정립 투쟁에 열중하다보니 부지불식간에 이 절제교육의 미덕이 소실된 것을 뒤늦게 깨닫게 되었다"고 했다. 그가 이런 인식으로 사료집을 간행할 때는 한국 경

---

27. 경남(법통)노회는 송상석의 징계와 관련하여 행정보류로 분열되었다가 그의 사후 1982년에 합동이라는 형식으로 영입되었고, 송상석은 2007년 대한예수교장로회 제57회 총회에서 마산노회의 헌의로 사면, 복권하여 그 명예를 회복하였다. 1975년 나누어졌던 반고소파 고려측은 석원태측의 이탈을 계기로 교단 분리 40년 만에 2015년 제65회 총회에서 고신과 고려측이 통합되었다. 그러나 석원태의 개인적인 신상문제로 그를 따라 탈퇴하였던 교회들은 고려측이라는 이름으로 남아 있다.
28. 송상석은 광복 후 한부선을 통해 과거의 금주운동을 다시 함께하고 싶어 한부선이 클라크에게 연락해 주기를 원했던 일이 있었고, 클라크 박사와 함께 금주운동을 펼쳤다. 한부선이 아내에게 보낸 편지 (1947.5.20.). 한부선 서간집 제2권 105.

제가 발전하고, 한국교회가 고도의 성장기를 거치면서 여러 부작용들이 나타나기 시작했던 때였다.

송상석은 "50여 년간 운동을 통해 수집해 왔던 선배지도자들의 닦아둔 절제교육사상에 빛나는 절제운동에 호응하여 각 신문보도기관이 공명공조한 논설 및 논평은 국가사회에 큰 각성과 유익을 준 사례를 재검토하고, 국내외의 각계전문가 및 과학자, 교육자 및 각계명사들의 학서 및 논설을 기본소재 삼아"《한국절제교육연구사료집》을 간행했다.[29] 송상석은 1930년대 절제운동 총무로서 전국적으로 활동했지만, 이 절제운동 전통이 광복 후 고신교회 안에서 바로 계승, 발전되었다고 보기는 어렵다. 그것은 송상석이 경남노회는 물론 고신교회의 행정과 정치에 깊이 관여하면서, 절제운동에 대해 관심을 기울일 여유가 없었기 때문이었다.

이만열이 지적하는 고신교회에서의 절제운동의 맥은 송상석의 절제운동 전통을 이은 것이기 보다는 1962년 유학을 마치고 귀국한 이근삼의 기독교 문화관의 강조 관련이 있다고 보는 것이 옳다. 이근삼이 네덜란드 자유대학에서 한국인으로서 첫 박사 학위를 받았는데, 그리스도의 주권과 통치는 삶의 한 영역, 한 직업, 한 활동에만 국한되지 않는다는 아브라함 카이퍼의 가르침을 깊이 받아들였다. 그 영향으로 장기려, 손봉호 등에 의해 조직된 기독교윤리실천운동이 나타났고, 이후에도 손봉호는 기독교윤리실천운동을 주도적으로 이끌어 그 운동의 상징적인 인물이 되었다. 지금도 기독교윤리실천운동은 고신교회 출신들이 중심이 되어 이끌고 있고, 오늘날은 다양한 NGO사역으로 계승되고 있다.[30]

---

29. 송상석 편,《한국절제교육연구사료집》, 서울: 성광문화사, 1980.
30. 직전 이사장 강영안과 현 이사장 백종국과 공동대표 정병오, 정현구는 고신교회의 목사와 장로이다.

5. 고신교회의 영성과 경건의 좌절

고신교회의 초기 경건과 영성을 형성하였던 이러한 네 가지 흐름은 진리운동 10년을 지내면서 균열을 보이기 시작하였다. 첫 번째 갈등과 위기는 예배당 소송 문제로 인한 박윤선과 송상석의 갈등이었다. 그들은 격렬한 논쟁을 벌였고, 박윤선은 1960년 고신교회를 떠났다. 박윤선의 이탈로 고신교회에서 개혁주의 신학의 전통이 약화되었지만, 1946년 9월 20일 예과 1학년생으로 입학하여 5년간 그에게서 배웠던 홍반식, 이근삼, 오병세가 미국 유학을 마치고 귀국해 그가 없던 빈자리를 메우게 되었다. 고신이 개혁주의 신학을 계승하는 일에 심각한 어려움이 없었던 것은 크게 다행한 일이었다.

고신교회의 두 번째 위기는 1960년대 중반 한상동과 송상석의 갈등이었다. 고신교회는 초기부터 출옥성도 주남선과 한상동의 신앙적인 감화가 중심을 이루었고, 그들의 영적인 리더십에 기초를 두고 있었다. 출옥성도들과 달리 광복 후 고신에 합류했던 송상석은 한상동 보다 신학교 두 해 선배였고 나이도 세 해 더 많았으며, 교계 활동에도 전국적인 규모의 일에 일찍 관여하였다. 그러나 그는 출옥성도라 보기 어려웠기 때문에 한상동 만큼의 영향력이 없었고, 개인적으로는 언제나 한상동 중심의 교단 운영에 대한 피해의식을 가지고 있었다. 이러한 의식이 고려신학교를 신축하는 과정에서 법적이사장직 고수로 나타났고, 결국 법원의 판단을 받아야 했으며, 제24회 총회에서 구성된 특별재판국으로부터 목사 면직의 처분을 받았다.

이러한 두 차례의 위기는 고신교회의 초기에 형성되었던 영성을 어렵게 만들었고, 고신교회의 한국교회에서의 영향력을 크게 약화시켰다.

송상석과 한상동이 동역하였을 때 그들도, 고신교회도 행복했다. 그러나 두 사람의 갈등이 심화되면서 1975년 목사 면직의 중벌이 내려졌고, 두 사람의 관계는 불행하게 끝나고 말았다. 다행히 20년 후 2007년, 마산노회의 청원으로 제58회 총회에서 송상석이 복권되었다. 그는 고신의 역사에 지울 수 없는 족적을 남겼던 인물이다.

고신은 박윤선의 이탈과 승동측과의 합동·환원으로 1959년 590교회이던 교세를 600교회로 회복하는데 무려 20년 이상이 걸렸고, 고신교회는 영남중심교단으로 왜소해지고 말았다.

6. 고신교회의 경건의 실천과 계승

한상동 목사의 순교적 신앙에 이런 세 갈래의 신앙과 경건이 결합되어 고신교회를 형성하는 정신이 되었고, 이러한 독특한 전통과 정신으로 고신의 영성이 형성되었다. 중년에 이러한 초기 정신이 허물어지면서 고신의 경건과 영성의 약화는 물론 한국교회에서의 영향력이 크게 위축되었던 것을 살펴보았다. 그러면 이런 아름다운 경건과 영성을 소유한 고신교회에 오늘날 이런 전통이 얼마나 남아있고, 어떻게 계승되고 있는가? 이것이 문서화 된 것은 SFC강령과 교단교육이념과 목적에서 볼 수 있다.

첫째, 고신교회의 경건과 영성은 학생신앙운동을 통해 구현되고 있다. 학생신앙운동은 1947년 학생신앙협조회, 1948년 고려신학교 주최 청소년 수양회, 청년신앙운동이 하나로 엮어져 1952년 전국학생신앙운동이 조직되어, 발전되었다. SFC로 이름하는 이 학생신앙운동은 강령을 제정하고 견조한 학생운동을 형성하여 오늘에 이르고 있다. 한명동 목사가 작성하여 운동의 교리적 표준과 운동의 방향으로 삼은 SFC강령은 다음과 같다.

SFC 강령

1. 우리는 전통적 웨스트민스터 신앙고백서와 대소교리문답을 우리의 신조로 한다.
2. 우리는 개혁주의 신앙과 생활을 확립하여 세상의 빛과 소금이 됨을 우리의 목적으로 한다.
3. 우리의 사명은 다음과 같다.
    1) 개혁주의 신앙의 대한교회 건설과 국가와 학원의 복음화
    2) 개혁주의 신앙의 세계교회 건설과 세계의 복음화
4. 우리의 생활원리는 다음과 같다.
    1) 하나님 중심 2) 성경중심 3) 교회중심

고신교회가 크지 않는 교단이면서도 많은 목회자와 평신도 지도자들을 배출한 것은 이 학생신앙운동에서 강력한 훈련을 받았기 때문이었다. 온 나라가 가난하고 세계의 모습을 생각할 수도 없었던 그 시대에 '세계복음화'와 '세계교회 건설'를 사명으로 주창하고 논할 수 있었던 것은 놀라운 일이 아닐 수 없다. 고신교회는 SFC강령에서 보는 바와 같이 개혁주의 교회로서 교리적인 기초를 견고하게 하고, 이 세상에서 빛과 소금의 생활을 하며, 우리 시대에 국가와 학원의 복음화, 세계의 복음화를 위해 힘써야 한다. 그와 함께 하나님 중심, 성경중심, 교회 중심의 신앙생활로 이 땅에서 그리스도인의 삶 가운데서 하나님의 샬롬을 누리며, 이 샬롬을 전파하는 일에 힘써야 한다.

둘째, 고신교회의 경건과 영성은 고신교회의 교육이념과 목적에 잘 드러나고 있다. 고신교회는 장로교 총회에서 추방된 후 1952년 총로회 구성과 함께 종교교육부를 두어 교회교육에 힘써 왔다. 고신교회가 합동측으로부터 환원한 후 큰 위기를 맞이했는데, 교회교육 분야가 큰 과제가 아닐 수 없었다. 환원 이듬해였던 제14회(1964) 총회에서 교육과 정심의위원회를 구성하고 이 위원회에서 '교단교육 이념과 목적'을 제정하였는데, 이근삼이 기초하여 제14회 총회에서 인준되어 오늘에 이르고 있다.

고신교회의 교육이념, 교육목적, 부서별 교육목표로 구성된 교육방향과 세부 교육목표는 중간에 개정되었지만, 교육이념과 목적은 제정된 후 오늘날까지 그대로 사용되고 있다. 전국교회의 교육의 통일성을 갖고, 개혁주의 신앙과 신학에 기반을 두고 총화교육원을 통해 교육사업을 추진하는 중에 한국교회에서 가장 우수한 교재를 개발하여 고신교회의 신앙과 정신을 한국교회 전체로 영향을 미치고 있다.

교단교육 이념과 목적

교육이념
개혁주의 정신에 입각하여 웨스트민스터 표준서들(Westminster Standards: 신앙고백서, 대소교리문답, 교회정치, 예배모범)을 따라 하나님을 사랑하고 이웃을 사랑하는 그리스도인을 양성한다.

교육목적
성경을 가르쳐;
1. 삼위일체 하나님을 바로 알고, 사랑하며, 섬기게 한다. (예배적 인격)

2. 하나님의 형상인 사람을 이해하고, 사랑하며, 돕고 그리스도를 전하게 한다. (인화협동적 인격)
3. 자기의 존재 의의와 특수한 사명을 자각하여 자기 선 자리에서 맡은 일에 충성하게 한다. (문화적 인격)

이러한 그리스도인을 육성하여, 신앙의 정통과 생활의 순결을 겸비케 한다.

개혁주의 신앙에서 우리의 삶은 통전적이다. 흔히 보수적인 교회에서는 하나님과의 관계만을 강조하는 경향이 많지만, 우리의 신앙은 하나님과, 이웃과, 자신과 창조세계와 일과 직업세계 등이 모두 포함되어 있다. 개혁주의 신앙을 가진 그리스도인은 예배적, 인화협동적, 문화적 인격을 가지고, 삶의 모든 자리에서 하나님 나라를 이루기를 힘써야 한다. 고신교회의 신앙과 경건의 특성은 신앙의 정통을 확립하고, 생활의 순결을 추구함에 있다.

맺는 말

고신교회는 한국교회에서 여느 교단이 범접할 수 없는 믿음의 사람들을 조상으로 하는 자랑스러운 역사와 전통을 가지고 있다. 필자도 개인적으로 고신교회 성도가 된 것과 고신교회의 목사가 된 것을 자랑스럽게 생각한다. 그러나 우리는 신사참배 강요 당시의 일제강점기를 살지도 않았고, 또 그러한 강요를 반대하고 항거하여 투옥되지도 않았다. 더구나 오늘날 많은 고신교회 성도들은 물론 목회자들까지도 그 아름다운 역사와 정신을 잘 알지 못하고 있다. 그러나 그러한 선배들의 신앙 전통을 자랑하고, 그것에 안주해서는 안 된다. 그러한 선배들의 신앙운동이 우리 시대에 어떤 의미가 있는가? 우리들은 이 시대에 어떻게 조상들의 신앙을 잘 계승해야 할 것인가? 우리는 어떻게 이 땅에 하나님 나라를 세우고, 하나님의 주권을 드높일 것인가가 중요한 과제가 된다.

교회쇄신운동과 고신교회 정신사에 비추어 본 21세기 교회의 과제

지금까지 광복 후 교회쇄신운동 과정에서 형성된 고신교회 정신사의 흐름을 살펴보았다. 교회쇄신운동은 20세기 일제강점기 한국교회의 특수한 역사적 경험에서 출발하였다. 고신교회의 경건과 영성은 한상동, 주남선 목사의 신사참배 반대운동과 순교정신, 박윤선 박사의 개혁주의 신학, 손양원 목사와 장기려 박사의 사랑의 실천운동, 그리고 송상석 목사의 절제운동이 결합되어 영롱한 빛을 발하고 있다. 이는 한국교회에서 그 유래를 찾아볼 수 없는 독특성을 지니는 것이다. 이렇게 형성된 고신교회의 신앙과 경건, 영성과 삶으로 형성된 고신교회는 지난 60년간 아름다운 역사를 이루었지만, 자부심만 있는 것이 아니다. 이제 21세기의 다원주의의 역사적 노선 앞에서 고신교회가 어떻게 응전할 것인가 하는 과제를 안고 있다. 고신교회에 주어진 과제는 어떤 것인가? 이것은 한국교회가 함께 관심을 가져야 할 과제이기도 하다.

1. 개혁주의 신학의 확립

1960년대 이후 한국장로교회는 합동, 통합, 고신, 기장 등 4대 장로교단을 형성하였고, 그 이후 지속적으로 교단 분리 현상을 가져왔다. 한국의 연합기관에 가입된 교단이 70개가 넘고, 한국교회는 이미 200교단이 넘는다는 보고가 있다. 고신교회는 한국장로교회 안에서 개혁주의 신학의 정체성을 분명히 해 왔다. 초기 고신의 신학은 '박윤선의 신학'이라고 할 수 있는데, 고려신학교 설립기부터 교장으로 14년간 봉사했던 박윤선 박사의 한결같은 관심은 개혁주의 신학이었다. 평생 고신교회와 협력하였던 한부선 선교사의 개혁주의 신학과 선교도 마찬가지였다.

그를 이은 홍반식, 오병세, 이근삼 교수 등 제2세대 신학자들과 이후의 교수들 역시 견고한 개혁주의 신학의 기반 위에 서 있다. 또한 고신교회는 국제개혁주의교회협의회(ICRC) 회원교단으로서, 제3세대 교수들 다수는 네덜란드와 남아프리카공화국 개혁주의 신학을 공부하였고, 지금도 네덜란드와 남아프리카공화국 등의 개혁주의 교회들과 활발하게 교류하고 있다.

고신교회의 개혁주의 신학은 단순히 보수주의 신학을 의미하는 것이 아니다. 개혁주의 신학은 하나님 중심 신학, 성경의 신학, 거룩한 공교회의 신학, 창조주와 피조물간의 구별, 실제적인 학문, 지혜로서의 신학으로 정리될 수 있다.[1] 개혁주의 신학은 성경의 모든 교훈을 총괄한 것으로, 성경적인 기초를 분명히 하고 있다. 그 기반 위에서 개혁주의 신학은 정치, 문화, 경제, 사회, 문화 등 그리스도인의 삶의 모든 영역에서 하나님의 주권을 드러내고, 하나님의 나라를 이루어야 한다. 고신교

---

1. 이근삼, "개혁주의 신학의 특징", 《개혁주의 신학과 한국교회》, 119-128.

회가 작지만 강한 교회로 존재하는 것은 개혁주의 신학에 충실하면서도 사회적 책임을 다해 왔기 때문이라 할 수 있다. 오늘의 고신교회는 개혁주의 신학을 재확립하고, 그리스도인들의 삶의 모든 자리에서 이를 구체화해야 한다.

2. 개혁주의 생활운동과 사랑의 실천

고신교회는 초기부터 '신앙의 정통'과 '생활의 순결'을 함께 강조하여 왔다. 개혁주의 신학은 바른 신학만큼이나 개혁주의적인 생활을 함께 강조한다. 고신교회는 초기부터 일제강점기에 있었던 배교와 불신앙과 비신앙적인 행위를 철저하게 회개하고 삶을 새롭게 했다. 이러한 전통은 1930년대 절제운동과도 연관이 있다는 평가가 있고, 그러한 영향으로 기독교윤리실천운동이 출범되었다. 오늘날도 SFC와 동문들이 중심이 되어 다양한 분야에서의 영역운동으로 발전되고 있다.

고신교회는 신학적으로는 개혁주의 신앙을 유지해야 하고, 그와 함께 청교도적, 개혁주의적 경건성을 유지해야 한다. 고신교회의 생활의 실천은 '코람데오'(Coram Deo, '하나님 앞에서') 의식에 기반을 두고 있다. 한상동 목사의 한국교회 쇄신운동의 관심은 과거 일제강점기의 잘못을 회개하고, 깊은 기도생활에 기반을 둔 영성과 동시에 바른 생활을 예언자적으로 외치는 것이었다.[2] 그는 어떤 어려움과 고난 앞에서도 '하나님 앞에서' 살아야 한다는 강한 의지를 가지고 있었다.

고신교회는 개혁주의 신학을 신봉하고 따르는 교회로서 개혁주의

---

2. 한상동, 《주님의 사랑》, 47. 이상규, 《한상동과 그의 시대》, 331.

신앙의 우수성에 대한 강한 자부심을 가지면서도 삶의 전반적인 문제에 대해 기독교 진리의 적용에 있어서는 문화적인 유연성과 창의성을 가져야 한다.[3]

여기서 모든 그리스도인에게 사랑의 실천이 요구된다. 사랑은 이기심을 이기고, 사랑은 미움을 이기고, 사랑은 증오를 이긴다. 우리 주변에 사랑을 필요로 하는 수많은 사람들이 있다. 우리나라가 다문화사회가 된 이즈음 우리 곁에서 나그네로 살아가고 있는 다문화 사람들은 더욱 우리의 관심과 사랑을 갈구하고 있다. 사랑의 실천은 그리스도인을 그리스도인이 되게 하고, 교회를 교회되게 만든다.

3. 초기 고신의 경건과 영성의 회복

고신교회의 설립자들, 곧 주남선, 한상동, 손양원 목사 등은 경건의 사람이었고, 뜨거운 기도가 있었다. 이들은 또한 이 세상과 사람들의 평가에 대해 무관심하였던 지도자들이었다. 그들은 자신의 삶과 신앙, 사역에 대한 기록을 남기지 않으려 했다. 고신교회는 하나님의 말씀을 지키기 위해서는 목숨을 건 항쟁이 있었고, 분명한 개혁주의 신학을 기초하고 있으면서도 강렬한 기도가 뒷받침 되었다. 이미 살펴본 것과 같이 고신교회는 주남선, 한상동, 손양원 목사의 순교정신, 박윤선 목사의 개혁주의 신학, 송상석 목사의 한국교회 절제운동 전통, 손양원 목사와 장기려 박사의 사랑의 실천운동이 만나고 어우러져 독특한 경건과 영성이 형성, 발전했다. 무지개는 한 가지 빛깔이 아니라 일곱 색의 영롱한

---

3. 나삼진, "복음과 상황이 함께하는 복음주의 기독교교육의 모색"《성경과 신학》제59권, 192.

빛깔을 띄면서 아름다운 모습을 보인다. 고신교회는 지난 70여 년의 역사 동안 이러한 경건과 영성이 적절하게 균형을 유지하며 발전해 왔다. 어느 지도자에게 일방적인 모습이 강하게 나타날 때 고신교회에 위기가 오곤 했다.

고신교회는 21세기 한국교회에서 주도적인 역할을 감당하기 위해 고신교회의 독특한 영성을 회복하고, 회개운동과 말씀운동과 개혁주의 신학으로 대표되었던 초기 고신의 기도와 경건과 영성을 회복해야 한다. 오늘날 한국교회는 성장이 정체되고, 사회 내에서 무기력해진 모습을 보이고 있다. 교회의 지도자들의 연이은 도덕성의 실추와 추문으로 신뢰도가 크게 추락하고 있다.

고신교회는 이렇게 무너져가고 있는 한국 교회를 품고 기도해야 하고, 위기를 전환하기 위해서는 대각성운동이 따라야 한다. 우리의 영성이 약화되는 동안 어느새 고신교회가 거부하던 한국교회의 부패한 모습이 어느새 고신교회에 들어와 자리잡고 있음을 발견한다. 고신교회의 경건과 영성을 회복하기 위해 설립자들이 가졌던 철저한 회개운동과 대각성운동이 필요한 시기이다. 이것이 없이는 고신교회의 미래가 없다.

4. 교권주의 배격

고신교회의 설립자들인 한상동 목사와 주남선 목사는 한결같이 온유하고 겸손한 목회자들이었지만, 내면적으로 강직한 신앙을 함께 갖고 있었다. 그들은 스스로를 '출옥성도'라 부르지 않았다.[4] 그 호칭은 인간

---

4. 이에 대해 민경배 교수는 '성도'라고 표현하고, 김인수 교수는 '소위 출옥성도'라고 지칭하고 있다. 그

으로서 도무지 감당할 수 없는 시련을 믿음으로 이겨낸 그들에게 존경의 마음으로 붙인 영예로운 호칭이었다. 한상동 목사는 자신이 옥중에 갈 수 있었던 것도 전적으로 하나님의 은혜로 생각하였다. 그들은 출옥성도를 자처하며 교회와 지도자들에게 위압적인 태도로 회개를 요구하거나 개혁 방안을 제시하지도 않았다. 광복 후 노회가 정상화되면서 출옥성도 주남선 목사가 노회장으로 추대되어 인사할 때도 교회를 지키기 위해 수고한 이들을 치하할 정도로 겸손과 온유로 동료 목회자들을 대하였다.

한상동 목사가 초량교회 명도를 요구 받았을 때 예배당과 교회에 속한 모든 재산을 그대로 양도하고, 빈손으로 나와 삼일교회를 설립하였다. 이는 교권을 배격하고, 교회 재산보다도 믿지 않는 이웃에게 덕을 세우는 것을 소중하게 생각한 신앙인격을 보여주는 것이다. 그는 교권에 관심이 없었고, 어떤 직위나 감투에 관심을 갖지 않았다.

오늘날 한국교회에 교권주의가 활개를 치고 있다, 총회장 감투와 교권에 대한 욕심으로 200개가 넘는 교단으로 분리되어 있다. 장로교 원리에 노회장이나 총회장은 의장(moderator)이지만, 한국교회는 사회의 기층에 깔려 있는 독특한 유교적인 전통과 어우러져 어느새 교단장이 되었고, 교계 곳곳에서 권위주의와 교권주의의 병폐를 경험하고 있다. 한국교회가 140년의 역사를 지나면서 곳곳에서 무너져가는 소리가 들린다. 한 목사가 일제강점기에 거부했던 신사참배의 우상이 아니라, 오늘날 온갖 우상들, 특히 교권주의가 한국교회를 더럽히고 있다.

고신교회는 교권주의자들이 장로교 총회에서 지도자들을 추방함으

러나 통합측 인사로 초기 김양선은 '출옥성자'라 표기하고 있다.

로 생겨났다. 이에 한상동 목사는 이러한 교권주의를 철저하게 배격하고자 했다. 장기려 박사는 생전에 한상동 목사를 회고하면서 "자기의 의사를 죽이고 하나님의 뜻과 총회의 뜻에 순종하는 것으로 일관하셨다. 즉 관대하신 신앙생활로 본을 보여주셨다. … 나는 지금도 하나님을 전적으로 신뢰하고 순종하신 예수 그리스도의 종 한상동 목사님의 관용의 신앙을 앙모하면서 살고 있다."고 했다. 한상동 목사는 오늘날 한국교회와 고신교회가 교권주의에서 벗어나도록 호소하고 있다.

5. 인재를 소중히 여기는 교회와 유연성 회복

고려신학교가 시작될 때 박윤선 교수 혼자서 많은 과목을 가르쳤기 때문에 초기부터 교수 요원 양성이 깊은 관심을 가지고 유학을 보내었다. 이에 대해 김의환은 "고신은 초창기부터 홍반식, 이근삼, 오병세, 홍창표 등 많은 인재들을 추천하여 미국과 네덜란드의 신학교에 유학을 보내었다. 그러나 50년대 장신, 60년대 총신은 사정이 달랐다. 1959년 총회측이 분열될 때 총신은 한국인 교수 요원의 심각한 부족현상에 직면하였다."고 말한다.[5] 이는 장로교 총회가 연동측과 승동측으로 분리된 후 박형룡 박사가 눈물로 고신과 합동을 요청한 것의 한 이유이기도 했다.

---

5. 고신 출신으로서 총신 교수와 총장을 지낸 김의환은 "박형룡 박사는 신학은 보수신학을 따르면서 동시에 자유주의 신학으로 오염된 미국 선교부와 제휴함으로 말미암아 … 유학생은 보냈지만 막상 총신이 필요로 한 학자는 배출하지 못했다. … 총신과 고신의 합동은 합동측 교단에 단순한 숫적 증가 뿐만 아니라 고신 출신 신학자들의 총신 합류를 통한 총신의 교수진 강화라는 점에서도 고신이 개혁주의 운동에 신학적인 기여를 한 사실을 간과할 수 없다"라고 했다. 김의환, "한국 보수신학의 역사적 조명: 고신신학을 중심으로", 홍치모 교수 은퇴기념논문집, 《종교개혁과 개혁신학》, 서울: 성광문화사. 2000, 626.

한상동 목사의 리더십으로 형성된 고신의 진리운동은 초기에 수많은 인재를 양성하였지만,[6] 불행하게도 고신교회는 그 인재들을 많이 잃어버렸다. 1960년 박윤선 목사의 이탈로 그의 입장을 지지하던 이북 출신의 목회자들과 유수한 교회들을 잃었고, 1960년대 중반 고려신학교에서 있었던 학내 사태로 전망있는 고려신학교 대학부의 홍치모, 김영재 등 젊은 교수들을 다수 잃었다.

고신교회는 첫 10년 동안 왕성한 성장을 보였다. 1960년 승동측과 합동 당시 590교회였는데, 600교회를 넘어선 것이 1978년이었다. 1970년대는 연 220%씩 성장하던 교회성장의 시대에 고신교회는 초기의 개혁의지를 잃으면서 분쟁에 발목이 잡혀 제자리걸음을 하였다. 1970년대 중반에는 교단의 많지 않은 재원이 재판과 교계신문에 성명서를 발표하는 일에 다 사용되었다. 교단적으로 매우 불행한 시기였다. 1975년에는 송상석 목사의 면직과 경남노회의 행정보류로 고신교회가 분열되어 성장의 동력을 잃었다.

고신교회는 진리를 따르고 계명을 순종하는 일에 큰 관심을 가진 나머지, 하나님 나라를 위해 함께 할 형제를 소중히 여기지 못한 것은 아닌지 돌아보아야 한다. 진리를 바로 세워야 한다는 생각으로 형제의 작은 실수도 용납하지 못하여 정죄와 심판의 칼을 휘두르지는 않았는지 돌아보아야 한다.

고신교회가 교회쇄신운동기와는 달리 중기에 접어들면서 형제들과

---

6. 고신교회의 제2세대 목회자로 총회 총무와 총회장을 역임한 최해일 목사는 "한국 사회에 저명한 인사 혹은 군의 장성 가운데 많은 사람들이 본 교단 출신 인물이었다는 사실은 꼭 기억해둘 만한 사실"이라 했다. 이 말은 역설적으로 고신교회가 인재를 소중하게 여기고 관리하는 일에 아쉬움을 남기는 대목이다. 출판처와 연대 미상의 간행물인 최해일, 《교단(고신)의 역사》, 연대 미상. 49.

다투는 사이에 성장이 멈추었고, 한국교회에서 수많은 교단들 가운데 하나가 되었으며, 영남기반의 지방교단이 되고 말았다. 광복 후 재건교회가 교회 재건의 선명한 뜻을 가지고 출발하였음에도 불구하고, 한국교회 개혁운동에서 성공하지 못한 것은 극단적인 분리주의 경향, 독선적인 경향과 함께 신학교육을 통한 인재 양성에 실패하였기 때문이다.

고신교회는 이러한 역사적인 경험에서 볼 때 비본질적인 문제에 대해 유연성을 갖고 창의적으로 접근해야 한다. 고신의 아름다운 역사와 전통을 자랑하며 "처음 가졌던 고신의 주장을 절대화하여 독선적이고 폐쇄적인 주장만 계속한다면 한국교계에서 고립된 교단, 사회와 유리된 교단이 될 수 있음을 기억해야 한다."[7]

7. 다음 세대에 대한 관심

학생신앙운동(SFC)은 한명동 목사와 한부선 선교사의 리더십으로 시작되고 발전되었지만, 한상동, 박윤선 목사 역시 지속적으로 이들 학생운동에 관심을 가졌다. 이들 지도자들은 SFC초기 역사 15년 동안 수양회마다 강사로 참여해 말씀을 전하고 사진을 남기는 등 이들에게 큰 관심을 가졌다. 수양회에서 은혜를 받은 이들 다수가 신학교에 진학을 해 목회자가 되었고, 고신교회 설립자들의 경건과 영성을 물려받아 교회를 오늘날까지 지켜왔다. 또 학생 스스로 기도하면서 준비, 계획, 실행, 평가하면서 임원들은 스스로 리더십을 키울 수 있었다. 고신교회는 그동안 학생신앙운동을 통해 한국교회에 수많은 지도자를 배출할 수

---

7. 이만열, 앞의 글, 71.

있었다.

오늘의 학생신앙운동은 백여 명의 전임간사의 규모를 갖춘 대표적인 복음주의 학생운동의 하나가 되었다. 학생신앙운동은 학원복음화협의회에 속한 견실한 학생운동들 가운데 교회와 교단을 기반으로 하여 형성, 발전된 유일한 단체이다. 고신교회 초기 지도자들과의 관심과 같이 오늘의 교회는 다음 세대에 관심을 가지고, 이들을 양육할 수 있어야 한다. 교회 안에서 어린이와 청소년들을 잘 양육하고, 전도를 통해 젊은 청년들을 그리스도의 제자로 삼아 이들이 교회의 미래가 되게 해야 한다. 최근 한국 사회가 성장이 중단되면서 학생들은 졸업 후 취업 등의 문제로 미래를 위한 준비 외에 다른 관심을 가질 수 없게 되었다. 이러한 현상으로 대학생 운동은 물론 기독학생운동이 전반적으로 위축되는 경향을 보이고 있다. 한국교회는 이들에 대한 관심과 격려로 하나님 나라의 미래를 준비해야 한다.

8. 새로운 시대, 새로운 비전 제시와 실천

그리스도의 교회는 하나이고 영원하지만, 그 소명은 시대마다, 지역마다 다르다. 광복 후 출범 당시에 고신교회의 존재 이유는 신사참배의 죄를 회개할 것과 한국교회가 개혁주의 신학을 지키며, 이에 기반한 신실한 목회자를 양성하는 것에 있었다.[8] 지금은 1930년대 말 신사참배가 강요되던 일제강점기도, 광복 후 회개를 외치며 교회쇄신운동을 전개하

---

8. 이근삼, "고려파 교회의 존재이유", 《순교정신 계승하자: 교단 창립 30주년 기념대성회 자료집》, 부산: 대한예수교장로회 총회교육부, 1977, 44-48; 이근삼 전집 2 《개혁주의 신학과 한국교회》, 서울: 생명의 양식, 244-250.

던 시대도 아니다.

어느 시대나 시대마다 요구되는 시대정신이 있고, 교회 역시 시대마다 역사의 부름이 있다. 일제강점기에 우리 지도자들은 신사참배 반대운동을 통해 어둠 가운데 있던 한국교회의 촛불이 되었다. 광복 후 고신교회는 교회쇄신운동을 통해 한국교회의 역사적인 과오를 청산하기 위해 노력했다. 고신교회는 시대와 한국교회의 역사적 부름에 응답하여 교회에 바른 신앙을 심어주려고 노력했다. 이제 이 시대에 새로운 비전을 제시하고, 이를 실천하는 일에 앞장서야 한다.

오늘의 사회는 포스트모더니즘(Postmodernism) 사회이다. 포스트모더니즘 사회는 전통적인 권위와 절대적인 가치를 부정하고, 다양성을 추구하는 상대주의 경향, 이성보다 감성을 중시하는 경향성을 띠고 있다. 어떤 면에서 포스트모더니즘이 지배하는 우리 사회는 우리의 신앙 선배들이 고초를 당하던 시대보다도 진리를 따르며 바른 신앙생활을 하기가 더욱 어려운 시대가 되고 있다.

21세기에는 21세기의 한국 사회와 교회를 위한 하나님의 부름이 있다. 새로운 시대에 우리는 개혁주의 신앙에 충실한 건강한 교회, 건강한 신앙생활로 하나님의 교회와 이 땅을 새롭게 해야 한다. 선진들은 일제강점기에 하나님의 말씀따라 살기 위해 투옥도 두려워하지 않았다. 광복 후 한국교회를 새롭게 하기 위해서 단절되는 것을 두려워하거나 피하지 않았다. 시대마다 교회에 주신 비전이 있고, 공동체가 나아갈 방향이 있다. 고신교회는 새로운 시대에 필요한 새로운 비전을 제시하고, 이를 실천하기 위해 진력해야 한다. 고신교회가 한국 사회와 교회에 바른 기준을 제시해야 한다. 참된 비전 제시와 그 실천이 없는 교회는 미래가 없다.

에필로그
신앙의 정통과 생활의 순결로 빚은 60년
-대한예수교장로회(고신) 총회 60주년 기념대회에 부쳐-

나삼진

고요한 아침의 나라 은총의 빛 50년
희년 잔치 끝나기 무섭게
신사神社의 회오리 이 땅을 휘저어
조선 교회는 무너져 내렸다
밤나무 상수리나무 베임을 당해도
그 뿌리를 남겨둔 것은 하나님의 은총일지니
조선 교회는 평양 감옥에서 숨쉬고 있었니라

동방의 작은 나라 다시 빛 비칠 때
천황교회 세우려던 명리名利에 빠른 영혼들 부끄러움 모르며
다시 대한 교회를 경영하려 할 때
평양 감옥의 두 기도가 손을 모았거니
한상동과 주남선의 경건이 박윤선의 신학을 만나

신앙의 정통과 생활의 순결을 빚고
'사랑의 원자탄' 손양원 이어
바보 의사 장기려는 사랑과 복음의 인술을 펼쳤니라

'사람없이 돈없이 시설없이' 시작한 '보따리 신학교'
좌천동 언덕배기에서 초량으로, 다시 광복동으로
도서관 없었지만 성경과 기도가 교과서였고
교실과 기숙사 한 방에서 살 부대끼며
다윗과 요나단 만들고, 그 방 기도실 되어
사람을 세웠니라, 영적인 장수들 길렀니라

고신교회 그렇게 60년
누가 고신高神을 孤神이라 했던가, 苦辛이라 했던가
우리는 땅에서 높으신 하나님高神을 바라보는 사람들
우리는 지금 여기서 살지만 영원을 바라보는 사람들
세상 사람들 책 만들어 비난해도
-허허, 그 책 하늘나라에도 있다던가요?
언제나 하나님 앞에서
어디서나 코람데오Coram Deo의 삶이었다

선진들은 자손에게
땅이 만드는 떡보다는
창조의 아름다움을 먹이려 했을까
아름다운 송도 언덕, 태평양의 나들목
동삼동 언덕에 둥지를 틀었다

산이 높을수록 바람도 드센 법
세월은 곳곳에 얼룩을 만들고 빛나는 보석에도 때가 끼어
땅에 사는 고신은 세상 이치 벗어날 수 없었니라
사람 아끼지 못해 우리의 동량지재棟梁之材 한국교회로 보냈니라
70년대 송도 언덕에 미친바람 불어, 왼팔 잘라내었니라
반고소反告訴 형제 나뉠 때 독화살 맞은 듯이 아팠니라
거룩을 노래하던 신학교에도 더러움이 묻었니라

2003년 4월 부끄러운 우리 속살 드러낸, 고신의 바벨론유수 4년,
사단이 덩실덩실 춤출 때, 온 백성 재를 뒤집어쓰고
외환위기 나라 흔들 때 손가락에서 금가락지 뽑았듯이
수백 교회, 수천 성도 선배들 주신 유산 버릴 수 없어
새벽마다 눈물기도 뿌리며 과부의 두 렙돈 모았니라
아, 우리의 허물에도 주의 은총은 크고 넓어
품지 못할 아들 없어 아들 반지 다시 주셨니라

은은한 향기 발하며, 아름드리 자란 고신 백향목
아름다운 나이테 이제 60개
시대가 악한 만큼 할 일도 많다
송도 언덕에 큰 집 지어 병든 사람 고치고
서울로 가는 길목 천안에 튼 새 보금자리
14년 물 주어 이제 뿌리 내리게 되었나니

고려신학교 66년 연륜 그리며
배출한 4500 용사들 이제 엘리사되어

오대양 육대주에서 '개혁주의 교회 건설' 씨를 뿌리고
태평양 바라보며 큰 꿈 키운 고신대학교 젊음들 세계로 흩어지나니
선진의 고결한 역사와 정신에 두려움과 떨림 없어
지금은 현대화로, 대중화로, 세계화로 아름답게 꽃 피워야 할 때

그러나 지금은 대낮에도 불을 켜야 보이는 세상
일제 순사의 칼보다 따가운 다원주의, 우리의 영혼을 갉고
우리의 이름을 내자는 바벨탑 외침들 교회에 넘실대며
맘몬의 욕망들 교회를 넘나들어
한국교회 한켠 기둥 썩어가고 서까래 내려앉는데
우리, 애굽 고깃가마 곁에서 배 두드리지는 않는가

어둠이 깊을수록 등잔불은 더 밝은 법
2012년 6월 14일 부산 사직에 모인 13,000 작은 등불
우리는 이제 이 등불 들고
고신 100년을 향해 길 떠나는 나그네들
멀리 가려면 함께 가야 할지니

이제 싸움을 그치라
신발 끈 다시 묶고, 형제의 손을 잡으라
코람데오 정신으로 그의 은총을 노래하라
이 땅의 희망되거라
"진리를 생명처럼 여기고 생활에 순결을 묻어
네가 살아있는 한은 한국교회에 희망이 있느니라"

참고문헌

1. 단행본

고려신학대학원도서관 편, 《고신교회역사자료집》 제1-6권, 천안: 고려신학대학원. 연대미상.
고신의료원 편, 《고신의료원 50년》, 부산: 고신의료원, 2001.
《고신총회 설립 70주년 기념 학술집》, 서울: 고신언론사, 2022.
김남식, 《한국기독교 수난사》, 서울: 베다니, 2008.
김남식, 《한국장로교회사》, 서울: 베다니, 2012.
김남식, 《신사참배와 한국교회》, 서울: 새순출판사, 1992.
김남식, 《대한예수교장로회 총회 100주년사》, 서울: 대한예수교장로회 총회, 2012.
김성수, 나삼진 외, 《고신교회의 역사와 정신》, 부산: 카리타스/에반겔리아대학교, 2022.
김수진, 《일본 기독교의 발자취》, 서울: 한국장로교출판사, 2003.
김승태 편, 《한국기독교와 신사참배 문제》, 서울: 한국기독교역사연구소, 1992. 재판.
김승태 편, 《신사참배 거부 항쟁자들의 증언》, 서울: 다산글방, 1993.
김양선, 《한국기독교 해방 10년사》, 서울: 대한예수교장로회 종교교육부, 1956.
김양선, 《한국기독교사 연구》, 서울: 기독교문사, 1973.
김영재, 《한국교회사》(개정 3판), 수원: 합신대학원 출판부, 2009.
김영재, 《되돌아보는 한국 기독교》, 수원: 합신대학원 출판부, 2010.
김인수, 《한국기독교회사》, 서울: 한국장로교출판사. 2012.
김인수, 《한국기독교의 역사 상, 하》, 서울: 쿰란출판사, 2012.
나삼진 편, 《한명동 목사와 개혁주의 교회건설》, 서울: 생명의 양식, 2011.
나삼진 편, 《SFC수양회지 영인본 I(1949-1954)》, 서울: 전국학생신앙운동, 1997.
나삼진 편, 《SFC수양회지 영인본 II(1954-1959)》, 서울: 전국학생신앙운동, 1997.
남영환 편, 《한국교회와 교단: 고신교단사를 중심으로》, 서울: 소망사, 1988.
남영환 편저, 《한국기독교 교단사》, 서울: 영문, 1995.
남영환 역, 《일제통치와 일본 기독교》, 서울: 소망사, 1988
남영환 역, 《일제수난성도의 발자취》 서울: 영문. 1991.
노치준, 《일제하 한국기독교 민족운동 연구》, 서울: 한국기독교역사연구소, 1993.
대한예수교장로회 총회 20회 기념 화보, 《우리 교단의 어제와 오늘》, 1971.

문성모, 《한국교회 설교자 33인에게서 배우는 설교》, 서울: 두란노, 2012.
미래교회포럼 편, 《고신교회, 어디서 와서 어디로 가는가 (1, 2)》, 용인: 미래교회포럼, 2014.
민경배, 《부산노회사(통합) 1905-2005》, 부산: 부산노회, 2005.
민경배, 《대한예수교장로회 백년사》, 서울: 대한예수교장로회 총회교육부, 1984.
민경배, 《한국기독교회사》, 개정판, 서울: 대한기독교출판사, 1982.
민경배, 《교회와 민족》, 서울: 대한기독교출판사, 1981.
박용규, 《한국 기독교회사 1(1784-1910)》, 서울: 생명의 말씀사, 2004.
박용규, 《한국 기독교회사 2(1910-1960)》, 서울: 생명의 말씀사, 2004.
박용규, 《한국 장로교 사상사》, 서울: 총신대 출판부, 1992.
박윤선, 《성경과 나의 생애》, 서울: 영음사, 2015.
박윤선, 《박윤선과 한국의 초기 개혁주의: 1950년대 신학 사상》, 서울: 영음사, 2018.
박응규, 《가장 한국적인 미국 선교사 한부선 평전》, 서울: 그리심, 2005.
박혜련, 《목사의 딸》, 서울: 아가페북스, 2014.
서영일, 《박윤선의 개혁신학 연구》, 장동민 역. 서울: 한국기독교역사연구소, 2000.
서창수 편, 《하나님 앞에 자숙하자》. 부산: 월간고신사, 1983.
석원태, 《학생신앙운동 20년사》, 부산: 전국학생신앙운동, 1971.
손동연, 《결국엔 사랑》, 서울; 헤럴드북스, 2018.
손동희, 《나의 아버지 손양원 목사》, 서울: 아가페 출판사, 1994.
손양원, 《한국 기독교 지도자 강단설교-손양원》, 서울: KIATS, 2009.
송건호, 《한국현대사론》, 서울: 한국신학연구소, 1980.
송상석, 《문제의 기독교와 용공정책과 대한예수교장로회 총회내면상 폭로》, 부산, 1951.
송상석, 《법정소송과 종교재판》, 마산: 경남(법통)노회, 1976.
송상석 편, 《조선예수교장로회 50주년 역사화보》, 서울: 조선예수교장로회 총회, 1934.
송상석 외 편, 《대한예수교장로회 총회 창립 50년 약사》, 서울: 대한예수교장로회총회, 1962.
송상석 편, 《한국절제교육연구사료집》, 서울: 성광문화사, 1980.
심군식, 《박윤선 목사의 생애》, 서울: 영문, 1996.
심군식, 《해와 같이 빛나리: 죽지 못한 순교자 주남선 목사 생애》 개정판, 서울: 교회교육연구원, 1990.
심군식, 《세상 끝날까지: 한국교회의 산 증인 한상동 목사 생애》 3판, 서울: 대한예수교장로회 총회출판국, 1997.
심군식, 《손명복 목사의 생애와 설교》, 서울: 영문, 1997.
심군식, 《조수옥 권사의 생애》, 서울: 영문, 1997.
심군식, 《한국교회 순교자들의 생애》, 서울: 영문, 1994.
안용준, 《사랑의 원자탄》(제11판), 서울: 신망애사, 1977.
양낙흥, 《한국장로교회사》, 서울: 생명의 말씀사, 2008.

와따나베 노부오,《신사참배를 거부한 그리스도인》, 서울: 동인, 2002.
유동식,《한국신학의 광맥》, 서울: 전망사, 1982.
이근삼,《개혁주의 신학과 한국교회》, 서울: 생명의 양식, 2007.
이근삼,《기독교와 신도국가주의와의 대결》, 서울: 생명의 양식, 2008.
이덕주,《주기철-사랑의 순교자》, 서울: 홍성사. 2023.
이만열,《한국기독교와 역사의식》, 서울: 지식산업사, 1981.
이만열,《한국기독교 수용사 연구》, 서울: 두레시대, 1998.
이만열,《역사의 길, 현실의 길》, 서울: 푸른역사, 2021.
이만열 외,《한국기독교와 민족운동》, 서울: 종로서적, 1986.
이상규,《한국교회 역사와 신학》, 서울: 생명의 양식, 2007.
이상규,《해방전후 한국장로교회의 역사와 신학》, 서울: 한국기독교역사연구소, 2015.
이상규,《교회쇄신운동과 고신교회의 형성》, 서울: 생명의 양식, 2016.
이상규 편,《송상석과 그의 시대》, 서울: 발해커뮤니케이션/한국교회와 역사연구소, 2021.
이상규 편,《송상석 유고집: 고신과 진리운동과 교회소송문제》, 부산: 카리타스, 2023.
이상규 편,《이약신과 그의 시대》, 서울: 경신사회복지연구소, 2022.
이상규 편,《한상동과 그의 시대》, 서울: SFC, 2006.
이상규, 강용원, 나삼진,《대한예수교장로회 교회교육의 역사 1952-2012》, 서울: 생명의 양식, 2015.
이상규, 나삼진 외,《하나님의 주권을 이 땅 위에: 학생신앙운동사(1947-2012)》, 서울: SFC. 2012.
이상규·최수경 편,《한상동 목사, 그의 생애와 신앙》, 부산: 글마당, 2000.
이성삼,《한국감리교회사 II(1930-1945)》, 서울: 기독교대한감리회 본부 교육국, 1980.
이효재,《나의 아버지 이약신 목사》, 서울: 정우사, 2006.
장동민,《박형룡의 신학 연구》, 서울: 한국기독교역사연구소, 1998.
장로회신학대학 편,《장로회신학대학 100년사》, 서울: 장로회신학대학 출판부, 2002.
재건총회역사편찬위원회 편,《재건교회사》, 부산: 재건총회 출판부, 2017.
정성구,《한국교회 설교사》, 서울: 총신대학 출판부, 1986.
정성구,《나의 스승 박윤선 박사》, 서울: 킹덤북스, 2018.
정암 박윤선 목사 성역 50년 기념 기념논총《경건과 학문》, 서울: 영음사, 1987.
정하태,《고신의 시작을 걷다》, 부산: IMC, 2022.
조선예수교장로회 총회,《조선예수교장로회 사기》, 경성: 조선예수교장로회 총회, 1928.
《조선예수교장로회총회 제32회 총회록》, 서울: 대한예수교장로회 총회, 2012.
지강유철,《장기려, 그 사람》, 서울: 홍성사, 2007(2판).
차종순,《애양원과 사랑의 성자 손양원》, 서울: 키아츠, 2008.
총신대학교 편,《총신대학교 100년사》(역사편, 학술편, 자료편), 총신대학교 출판부, 2002.
최덕성,《한국교회 친일과 전통》(증보수정 4판), 서울: 본문과 현장 사이, 2000.

최덕성,《일본기독교의 양심선언》, 서울: 본문과 현장 사이, 2000.
최종고,《이 한 목숨 주를 위해》, 진서천/대한예수교장로회재건교회, 1981.
친일인명사전편찬위원회 편,《친일인명사전(1, 2, 3)》, 서울: 민족문제연구소, 2009.
한국기독교역사학회 편,《한국기독교의 역사 II》, 서울: 기독교문사, 2015.
한국기독교 100주년 기념사업협의회 여성분과위원회 편,《한국기독교여성백년사》, 서울: 대한기독교출판사, 1985.
한명동 박사 구순기념문집편찬위원회 편,《칼빈주의와 문화적 사명》, 부산: 고신대학교 출판부, 2000.
한부선,《한부선 서간집》1(1946. 10. - 1947. 3), 서울: KIATS, 2018.
한부선,《한부선 서간집》2(1947. 4. - 1947. 8.), 서울: KIATS, 2018.
한부선,《한부선 서간집》3(1947. 9. - 1948. 1.), 서울: KIATS, 2018.
한부선,《한부선 서간집》4(1948. 2. - 1948. 7.), 서울: KIATS, 2018.
한부선,《브루스 헌트》, 서울: KIATS, 2013.
한부선,《증거가 되리라》, 서울: 한국개혁주의신행협회, 1973.
한부선,《21 언약의 노래》, 서울: KIATS, 2013.
한상동,《주님의 사랑》, 부산: 성문사, 1954.
한석희 외, 남영환 역,《일제통치와 일본 기독교》, 서울: 소망사, 1989.
합동신학교출판부 편,《박윤선의 생애와 사상》, 수원: 합동신학교 출판부, 1995.
합동신학교출판부 편,《죽산 박형룡과 정암 박윤선》, 수원: 합동신학교 출판부, 2005.
허순길,《고려신학대학원 50년사》, 천안: 고려신학대학원 출판부, 1996.
허순길,《한국장로교회사》, 서울: 대한예수교장로회 총회 출판국, 2002.

Hunt, Bruce, "Feast in a Storm", *The Presbyterian Guardian*, March, 1947.
Dodrill, Mark A., "Youth for Christ International", *Evangelical Dictionary of Christian Education*, Grand Rapids: Baker Academic. 2001.
Dunn, Richard & Senter III, Mark ed., *Reaching a Generation for Christ*, Chicago: Moody Press, 1997.
Lee, Kum Sam, *The Christian Confrontation with Shinto Nationalim*, Philadelphia: The Presbyterian and Reformed Publishing Cpmpany, 1966.
Harvie Conn, "Studied in Theology of the Korean Presbyterian Church: An Historical Outline", *The Westminster Theological Journal* 29(Nov. 1966).
Rhodes, Harry, *History of the Korea Mission Presbyterian Church in the U.S.A.* vol. II(1935-1959). Seoul: Presbyterian Church of Korea. The Department of Education, 1965.
Thomas, Gary, *Sacred Pathway: Discover Your Soul's Path to God*, Zondervan, 2000.

2. 논문

간하배, "한국장로교 신학에 관한 연구", 〈신학지남〉 제34권 4집.
김순성, "한국장로교 내 소수파 영성으로서 고려파 영성의 특징과 평가" kdcoramdeo.com.
김승태, "손양원의 초기 목회 활동과 신사참배 거부항쟁", 〈한국기독교와 역사〉 제34호, 2011.
김영재, "신사참배와 한국교회의 대응에 대한 반성", 신복윤 명예총장 은퇴기념 논문집 출판위원회편, 《칼빈의 신학과 한국교회의 과제》, 수원: 합동신학대학원 출판부, 2002.
나삼진, "한명동 목사와 학생신앙운동", 《한명동 목사와 개혁주의 교회건설》, 서울: 생명의양식, 2011.
나삼진, "한국장로교회의 신사참배 결의와 1940년대의 부일과 배교", 〈코람데오 닷컴〉, 2018. 9. 10.
나삼진, "고신역사 아카이브 교회교육 2: '유년주일학교 통일공과'(1953)", 〈페이스북〉 2020. 7. 3.
나삼진, "나의 애장문헌 60: 박윤선의 '전국교회에 드리는 말씀'과 결의서(1957)", 〈기독교보〉 2012. 4. 28.
나삼진, "송상석 목사의 사역과 공헌에 관한 서지학적 분석", 이상규 편, 《송상석과 그의 시대》, 서울: 한국교회와 역사연구소/발해, 2021.
남영환, "박윤선과 한상동", 〈장로교회와 역사〉 제1호, 천안: 고려신학대학원, 2008.
남영환, "은사 박윤선 목사님의 성역 50년을 기하여", 정암 박윤선 목사 성역 50년 기념논총 편찬위원회 편, 《경건과 학문》, 서울: 영암사, 1987.
문성모, "한상동 목사 설교", 《한국교회 설교자 33인에게서 배우는 설교》, 서울: 두란노, 2012.
박병훈, "서문", 《주일학교 장년공과》, 서울: 대한예수교장로회(합동) 총회출판국, 1962.
박손혁, "통신성경학교 개학에 대하여", 〈파수군〉 1954년 2월호.
박손혁, "신학 10년 발전사", 〈파수군〉 1956년 9월호.
박용규, "한국교회와 정암 박윤선 박사의 역사적 의의", 《죽산 박형룡과 정암 박윤선》, 수원: 합동신학대학원대학교, 2005.
박윤선, "나의 걸어가는 길", 〈파수군〉 제61호(1957년 3월호), (영인본), 서울: 목양, 1990.
박윤선, "우리의 걸어갈 길", 〈파수군〉 제61호(1957년 3월호), (영인본), 서울: 목양, 1990.
박윤선과의 인터뷰. "고신의 산역사를 만난다", 〈고신대학보〉, 제111호(1986. 9. 16).
박응규, "한국교회에서 차지하는 박형룡의 역사적 의미", 《죽산 박형룡과 정암 박윤선》, 수원: 합동신학대학원내학교, 2005.
박재영, "나의 아버지 박손혁 목사", 〈장로교회와 역사〉 제3호, 천안: 고려신학대학원, 2009.
〈복음주의 신앙운동〉, 창간호, 부산: 부산청년신앙운동 본부. 1949.
손양원 목사 순교 70주기 기념 좌담회, 〈기독교보〉, 2020. 5. 30.
"송상석", 《기독교대백과 사전》, 제9권 서울: 기독교문사.
신명구, "부산남교회 설립 50주년을 감사하며", 〈기독교보〉 1999. 5. 1.
심군식, "송상석 목사의 생애", 《한국교회 100년》, 부산: 한국교회100년 기념사업회(고신), 1985.

오덕교, "한국교회에 미친 웨스트민스터신학교의 영향", 《웨스트민스터 역사와 신학》, 서울: 필그림, 2010.

유해무, "고신교회가 존속할 필요가 있는가?: 고신교회의 역사와 신학" 〈개혁주의 신학과 교회〉, 제22호(2009).

이근삼, "한부선 선교사의 해방이후의 사역", 《개혁주의 신학과 한국교회》, 서울: 생명의 양식, 2007.

이근삼, "SFC의 전역사". 2002년 6월에 저자에게 남긴 육필 원고.

이만열, "고신교단과 한국사회", 〈장로교회와 역사〉 제1호, 천안: 고려신학대학원, 1996.

이상규, "한국장로교 100주년, 역사적 고찰", 《한국장로교 총회 100주년 기념 학술세미나 자료집》, 서울: 한국장로교총연합회, 2012.

이상규, "이약신 목사의 목회와 고신교회", 《교회쇄신운동과 고신교회의 형성》, 서울: 생명의 양식, 2016.

이상규, "한명동 목사가 살아 온 삶의 여정" 《한명동 목사와 개혁주의 교회건설》, 서울: 생명의 양식, 2011.

이상규, 원로와의 대화 "한명동 목사와의 대화(2)" 〈기독교보〉 2011. 2. 26.

이상규, "해방 후 한국교회의 신학적 상황과 진해강좌" 〈장로교회와 역사〉 제2호(2009).

이상규, "원로와의 대화 홍치모 교수와의 대화." 〈기독교보〉 2012. 1. 21.

이인재, "학창에 맺힌 십자가의 두 열매", 〈파수군〉 1948년 12월호.

장기려, "한상동 목사님과 나", 〈월간 고신〉 1986년 1월호.

정기상, "복음병원의 시작과 경남구제위원회", 〈장로교회와 역사〉 제3호, 2009. 천안: 고려신학대학원, 2009.

정성구, "손양원 목사의 설교", 《한국교회 설교사》, 서울: 총신대학교 출판부, 1986.

정성구, "한상동 목사의 설교", 《한국교회 설교사》, 서울: 총신대학교 출판부, 1986.

조수옥, "나의 신사참배 반대운동", 〈장로교회와 역사〉 제2호, 천안: 고려신학대학원, 2009.

최병택, "손양원과 구라선교: 애양원교회에서의 활동을 중심으로", 〈한국기독교와 역사〉 제34호, 2011.

최성환, "내가 알고 있는 이약신 목사", 〈장로교회와 역사〉 제2호, (2009).

최훈, "신사참배와 한국재건교회의 역사적 연구", 김승태 편, 《한국기독교와 신사참배 문제》, 서울: 한국기독교역사연구소, 2003.

한명동, "옛 선배의 음성을 들으며", 김요나, 《주기철목사 순교일대기-일사각오》, 서울: 한국교회뿌리찾기선교회, 1992.

한부선, "헌사", 《우리 교단의 어제와 오늘》, 부산: 대한예수교장로회 총회, 1971.

한석희, "신사참배의 강요와 저항", 《한국기독교와 신사참배 문제》, 서울: 한국기독교역사연구소, 1992, 재판.

홍반식, "내가 만난 한부선 선교사" 〈월간 고신〉 1986년 12월호.

홍치모, "한국교회사에 있어서 한상동 목사의 위치", 〈장로교회와 역사〉 제2호, 2009.

3. 교회 역사

경남(법통)노회 편, 《경남(법통)노회 100년사》, 창원: 대한예수교장로회 경남(법통)노회, 2017.
경남(법통)노회 기독교문화연구위원회 편, 《경남(법통)노회 역사 자료집(1916-2010)》, 경남(법통)노회 기독교문화연구위원회, 2011.
〈경남노회 제52회 촬요〉, 1949. 9. 6.
《경남(법통)노회 역사 자료집(2016-2010)》, 창원: 경남(법통)노회 기독교문화연구위원회.
〈경남노회 제27회 정기노회 촬요〉, 1945. 12.
《경남(법통)노회 역사 자료집(1916-2010) 보유편》, 경남(법통)노회 기독교문화연구위원회, 2012.
《경남노회 촬요(제26회-65회)》, 대한예수교 경남노회, 연대미상.
《경북노회사》. 대구: 경북노회, 1971.
《고려신학교 설립 찬조원 방명록》, 부산: 고려신학교, 1946.
고려(반고소) 역사편찬위원회, 《고려 25년사》, 서울: 경향문화사, 2002.
고려신학교 편, 〈학교 소식〉, 부산: 고려신학교, 1963.
고려파 역사편찬위원회 편, 《고려총회 40년사》, 서울: 대한예수교장로회 총회출판국, 2018.
《기독교대백과사전》제8권, 서울: 교문사.
김도윤 편, 《우리 교단의 어제와 오늘》, 1971.
김용섭, 《제일영도교회 100년사》, 부산: 제일영도교회, 1997.
나삼진, 《서문로교회 60년사》, 대구: 서문로교회, 2012.
나삼진, 《송도제일교회 50년사》, 부산: 송도제일교회, 2014.
나삼진, 《물금교회 100년사》, 물금: 서문로교회, 2022.
나삼진, 《재미총회 40년사》, 서울: 고신언론사, 2025.
《대한예수교장로회 총회회록(제1회-제10회)》, 부산: 대한예수교장로회 총회 출판부, 1961.
《대한예수교장로회 총회회록(제11회-제20회)》, 부산: 대한예수교장로회 총회 출판부, 1971.
《대한예수교장로회 제58회 총회보고서》, 서울: 대한예수교장로회 총회, 2008.
민경배, 《대한예수교장로회 부산노회사(1905-2005)》, 부산: 부산노회, 2005.
《부산노회 100회사》, 부산: 부산노회, 2008.
〈부산남교회 설립 20년 약사〉, 부산: 부산남교회, 1969. 5. 11.
〈부산남교회 설립 30주년 약사〉, 부산: 부산남교회, 1979. 5. 6.
《부산남교회 설립 30주년 기념》, 부산: 부산남교회, 1979. 12. 4.
《부산남교회 당회록》, 1984. 5. 12.
〈부남교보〉 창간호, 1973. 6. 25.
부산진교회 편, 〈동행: 부산진교회 130년사〉, 부산: 부산진교회, 2023.
연규홍, 《제주성내교회 100년사》, 제주: 성내교회, 2008.

이현찬,《칠원교회 100년사》, 함안: 대한예수교장로회 칠원교회, 2009.
《조선예수교장로회 제31회 총회회의록》, 경성: 조선예수교장로회 총회사무국, 1943. 김남식 역, 서울: 대한예수교장로회 총회, 2012.
초량교회 편,《초량교회 100년사》, 부산: 초량교회, 1994.
〈국민일보〉, 2018. 8. 9.
〈동아일보〉, 2011. 2. 22.

4. 고신교단 정기간행물

〈파수군〉, 1-129(1948-1963)
〈개혁주의〉, 1-61(1963-1974)
〈고신대학보〉, 1-35(1974-1977)
〈개혁신앙〉, 1-27(1978-1980)
〈월간고신〉, 1-99(1981-1989)
〈기독교보〉, 1-1644(1989-2025)

찾아보기

ㄱ

가미다나 56 85

감리교/감리교회 24 56

강성갑 101

강신명 223 337

강용원 140

간하배 30

개혁신학원 177

개혁주의/개혁주의 전통/개혁주의 신학 60 113 421 446

거창교회/거창읍교회 74 131 147 145-166 148 154 159 283

거창성경학교 154 159 164

경기노회 37

경기노회 보류측 29

경남노회 64 89 98 99 100 103 107 108 109 158 159 224 227 232 233 256 339

경남노회 교역자 수양회 108

경남노회 쇄신방안 103

경남노회 유지재단 135

경남노회 전권위원/별위원 130 161 233

경남(법통)노회 34 99 110 115 130 131 337 244 251-260 269 271 343

경남부인전도회 66

경남성경학원 223

경술국치 45 149

계일승 223 337

고려고등성경학교 123 132 184 227 236

고려신학교 33 34 59 95 107 119-125 130 132 156 158 160 169 193-222 228 232 235 297 315 341 421-423 427

고려신학교 회개운동 132

고려신학대학 125 137 328 389 427

고려신학대학원 37 38 140 383 394 415

고려파/고신측 38 135 290 307 405 413 429

고명길 405

고베신학교 313 337

고신교단 창립 50주년 기념대회 385

고신교회 403 432 445

고신대학교 37 38 137 163 164 328 422 427

고신 선교 394

고신성 403

고신역사관 393

고흥봉 57 69

곽삼찬 24

광혜원 24

교단교육이념과 목적 434 435

교회/교파 통폐합 88 90 339

교회/목회세습 43 93

교회쇄신방안 98 103 104 105 106

교회쇄신운동 95 100 104 107 108 110 120 132 133 137 140 160 250 269 437 447

《교회지략》 154 155 163

교회회복을 위한 실천 계획 214

구영기 101

구츨라프(Karl A. Gutzlaff) 19

찾아보기 461

구포제일교회 131
국민정신총동원조선예수교장로회연맹 82
국제개혁주의교회협의회(ICRC) 438
국제기독교연합회(ICCC) 263
국제기아대책기구 42
권남선 97 115 128
권서 146 147 154
권성문 257
궁성요배 56
〈기독공보〉 112 302
기독교경남구제위원회 136
〈기독교보〉 295-297 302 410
기독교아동복리회 41
기독교윤리실천운동 265 276 282 430 431 439
기독교조선감리교단 55
기독교조선감리회연맹 55
기독교학교 49
기전여학교 50
김관식 35 80 90 91 102 130 131
김길창 52 53 55 97 99 107 109 115 128-130 339
김도윤 391
김만우 140
김문제 98
김병원 140 408
김상복 187
김선지 66
김순성 403
김승태 47
김양선 97 98 114 115 223 253 337
김영주 102
김영진 140 394
김의창 57 66
김의환 187 443
김인식 110
김인희 57 69

김재준 29 30 33 37 63
김종우 53
김중락 389
김차숙 65 76
김치선 213
김창인 38 140
김철봉 140
김해읍교회 131
김해중앙교회 131
김현정 35
김현숙 65
김형규 140
김형락 57 69
김화준 57 69

ㄴ

나삼진 339 389 397 398 405 408
남부대회/남부총회 91 102 103 156 158 203
남영환 33 55 59 69 111 122 159 228 400 414
내선일체 46
네덜란드개혁교회 125
네비우스 선교정책 28 200 216 217
노진현 97 100 101 129

ㄷ

대구서문교회 206
대구제일교회 179
대한예수교장로회총노회 34 110 131 141 259 263 267 269
대한예수교장로회 총회 97 131 250
대한예수교장로회 총회 50년 약사 289 290
대한예수교장로회 총회유지재단 137
대한제국 25
데이비스(Joseph Henry Davis) 23

도시산업선교 39 40
도잔소 선언 42
동북신학교 55

ㄹ

런던선교회 20
로스(John Ross) 21

ㅁ

마두원(Malsbarry) 57 306
마산문창교회 57 58 64 70 76 79 134 250 252 253 273-310 284 336 417
마스덴 206
마펫(Samuel Moffet) 23
매산학교 50
맥코믹신학교 28
맥킨타이어(John McIntyre) 21
메이지 유신 46
메이첸 196 199 420
메이첸파 선교사 200
명성교회 93
명신홍 35
모펫(Samuel M. Moffet) 23
무디(D. L. Moody) 28
무디성경학교(Moody Bible Instite) 29
문선명 190
문성모 109
물산장려운동 276
미국개혁교회(CRC) 136 365
미국 남장로교회/선교부 23 50
미국 북장로교회/선교부 23 29 31 161 196
미국정통장로교회(OPC) 161 196 201 210 412
미나미 총독 48
미소기바라이 85

민간원조기관한국연합회(KAVA) 41
민경배 21
민족복음화운동 38 39
민청학련 사건 40
밀양마산교회 58 64 79 134 336 417

ㅂ

바이람(Roy M. Byram) 199
박관준 57 66
박손혁 147 223 257 263 306 316 335-358
박수민 54 147
박시영 399
박신근 69
박아론 122 295
박용규 402 403
박유생 140
박윤선 55 121 123 124 132 158 164 167-192 243 263 325 399 414 437 438 445
박응률 51
박인순 76
박재석 376
박정덕 54 158
박종수 159
박종칠 123 140
박창환 112
박태선 190
박현진 140
박형룡 30 35 36 37 55 111 121 122 123 168 202 294 428
박희천 38 132 133 135 140
반민특위/반민족행위특별법 32 113
방계성 57 69 153
배성근 97
배재학당/배재고보 24 337
배정훈 389

배추달 159
배학숙 65 71 76
백만인 구령운동 25
백영옥 65
백영희 147
법정소송과 종교재판 286 287
베어드(W. M. Baird) 23
변재창 140
복음병원 136 137 210-212 259-379
복음간호대학 369 379
복음주의자들 27
봉천노회/봉천신학교 161 419
부산남교회 185 239 311-326
부산진교회 226 342
브라운(Brown) 27
빌리그레함 전도대회 40

ㅅ

《사랑의 원자탄》 221 237 244 423
《사료로 보는 고신교회 역사》 393
산정현교회 56 57 58 104 106 119 134 252 361
3.1운동/삼일운동 26 55 147 150
4.19학생혁명 38
스다기/서덕기 66 72 73
서문밖교회 31 78
서영일 179
서울의 봄 41
서정환 69
서창수 393
석원태 318 396
선명회 41
세계교회협의회(WCC) 33 35-37 91 103 385
소송문제 논쟁 175-178
손동희 224
손명복 69

손봉호 138 140 187 265 422
손동연 245
손양원 32 54 57 59 100 109 123 126 156 157 221-248 257 403 416 417 423 437
손종일 222 423
송상석 33 109 111 112 124 125 175 202 257 260 273-310 404 405 431 437 445
송창근 102
숭실학교/숭실전문학교 24 289
슈투트가르트 죄책고백 91 114
스콧(Scott) 29
승동측 38 124 307 432
시월유신 40
신도/신사 45 47
신사불참배운동/신사참배 반대운동 31 32 56-80 98 152-153 164 197 338
신사참배 강요 31 45 49 54 55 95 97 225 417
신사참배 결의/취소 31 81 82-85 131 196
신재철 389 403 405
신학난제선평 428
신흥학교 50
〈신학지남〉 30 34 169 180 354
심군식 68 146 356 398 399
심문태 97 101 126 129
심익현 53
심창섭 140

ㅇ

아빙돈 주석 29
아펜젤러(Henry Appenzeller) 22 24
안용준 306
안이숙 57 69 153
안재선 227 243
애양원교회 224 225 228 241
알렌(Horace Allan) 22

야스다게 49
양주삼 51 53 55
양낙흥 109 403
양향모 389
어변선언 199
엑스폴로 74 40
언더우드(Horace Underwood) 22 23 25
엄주신 54 301
여수순천반란사건 423
연동측 112
염애나 66 76
영도교회/제일영도교회 131 183 283 335-358 341 342
예원배(Albert Wright) 336
예양협정 23
오병세 140 183 206 230 259 356 386 403 408 422 437
오산학교 249 268 270
오십일인/51인 진정서 사건 112
오윤선 57 66 69
오종덕 54
오형선 147 148 150 151 155
옥철호 403
우찌무라간조 46 224
윌리엄슨(Alexabder Williamson) 20
웨스트민스터신앙고백 28
웨스트민스터신학교 169-180 187 191-201 420
유환준 140
윤산온(George S. Mccune) 49 146
윤술용 65 234
윤인구 101
윤현주 140
을사늑약 30
이경석 122
이광록 57 69
이규갑 303-304

이근삼 51 59 140 183 265 282 325 400 401 403 415 437
이기선 31 57 69 98 101 417
이만열 21 26 67 140 187 275 414 415 424 430 445
이명직 53 55
이병길 140
이상규 140 164 387 389 395 401 402 403 404 405 406 407
이선 140
이성구 403
이성호 389
이수정 21
이수필 97 129
이승만 26 134 267
이승훈 169
이약신 55 57 64 115 124 133 233 242 249-271 269 271 372 399 405
이용호 140
이원영 26
이원홍 238 187
이웅찬 21
이인재/이주원 57 58 65 66 69 122 152 153 399
이정자 65
이종성 34
이종전 495
이학인 132 223 260 337
이현속 58 69 153 147
이화학당 24
이환봉 140
이효재 265 399 406
인신기념사업회 236
일본기독교조선감리교단 85
일본기독교조선교단 26 80 90 102 128
일본기독교조선장로교단 90 102 259 339
일본제국주의 47 49 54 77 79 88 89

찾아보기 465

일본적 기독교 89 90
일신여학교 329

ㅈ

자유대학교 178
재건교회/재건파 98 445
장기려 56 136 187 212 265 359-379 400 425 437 440 443
장대현교회 91
장두희 69
장로교회와 역사 410
장로회신학교 34 35
장로회신학대학교 38
장로회 정치를 쓰는 선교공의회 25
장로교 언약문서 58 197
장석인 260
전군신자화운동 38
전성도 260
전영창 136 212 364
전천년설 60
절제운동 273-310 428
절회주간 107 160
정교분리정책 39
정근두 140
정문호 38 40
정상인 55
정성구 133 138 139 140 187
정신여학교 24
정주채 403 424
정춘수 85 90
정판술 140
정하태 389
제너럴 셔먼호(General Sherman) 20
제네바대학 327
제2차 세계대전/대동아전쟁 84 197

조만식 276
조선감리교회 24
조선기독교연합회 103
조선기독교합동준비위원회 90
조선신학교 33 35 112 120 129 130 158 171
조선예수교장로회 독노회 25
조선예수교장로회신학교/평양신학교 27 28 50 57 64 111 122 133 147 148 173 223 249 251 337
조선예수교장로회연맹 82
조선예수교장로회총회 25 26 29 52 53 58 78 81-94 193 277
조선예수교장로회 50주년 역사화보 277 288 289 293 428
조선신궁 46 47
조선총독부 47 56
조수옥 58 65 69 76 153 242 261 265 273 274 373 427
조재태 140
주기철 31 32 57 66 75-76 100 106 126 134 153 312 417
주남선/주남고 32 34 58 60 69 70 77 100 106 121 125 126 145-166 154 234 338 399 409 415 437 441
주남수 150
《주님의 사랑》 68 79 127 179
지득용 265 375
진교교회 131
〈진리운동〉 123
진해 신학강좌 121
진해교회/진해읍교회 158

ㅊ

차영배 140
창세기 저자 문제 29
창씨개명 48
채정민 57 66 69
천조대신 45 328 330 339
청교도 신앙 27

청년신앙운동/YFC 183 184 208 209 234 235 320
청소년수양회 210
청일전쟁 47
참여민주주의 43
초량교회 64 76 123 127 131 132 133 134 135 250 253 283 342 418 442
총신대학교 38 93
총회신학교 35 177
총회교육원 389
총회측 115 135 283 299 414 427 428 429
최덕성 140 413
최덕지 58 66 69 74 76 98 109 338
최봉석 66
최상림 58 100 126 234 338
최성환 251
최의손(치솜) 425
최재건 403
최재화 108
최정기 389
최종규 389
최해일 140 444
최훈 38 140
추루딩거 70 75
출옥성도 97 98 156
칠원교회 222 424

ㅍ

〈파수군〉 123 162 171 175 180 189 215 217 230 237 284 293 302 307 315 349 351 354 355 386 424 428
평북노회 교역자 수양회 101 110
평양기독교친목회 52
평양대부흥운동 25
평양신사 52 78 84
평양형무소 79 417 427
포스트모더니즘 447

풀톤(Darby Fulton) 50
프레지어(Frezier) 29
프린스톤신학교 169 196 198-199

ㅋ

칼빈대학/칼빈학원 327 328 330
칼빈주의 17 171
캐나다장로교회 선교부 23
코람데오 439

ㅌ

테미시(M. Tait) 66
토마스 선교사(Robert J. Thomas) 19 20
통신성경학교 350-352
통합측/통합총회 93 414

ㅎ

하나님의 나라 60
학생신앙운동/SFC 168 183 187 311 318-326 433 445 446
학생신앙운동/SFC수양회 137 138 139 167 182-189 207 311 318-326 353 354 433
학생신앙협조회 182
한가태(Kathrine Hunt) 190
한경직 37 63 255
한국기독교100주년 기념대회 41
한국기독교교회협의회(NCCK) 41 42
한국기독교총연합회 42
한국전쟁 33 36
한국신학대학/한신대학교 38 327
한국절제교육연구사료집 429 279-280 429 430
한명동 106 108 158 183 210 257 311-333 403 433
한부선(Brus F. Hunt) 32 57 58 98 122 158 161 183 193-220 228 255 400 417 445

한부선 서간집 193-220 411
한위렴(William Hunt) 195 206
한상동 32 34 37 57 58 63-80 97 99 100 106 107 112 119-143 152 153 156 158 183 201 228 234 257 260 299 361-364 399 403 415 417 437 439 441
한신대학교 38
한영서원 24
한영원 147
한일합방 20 48
한정건 140
한정교 65 223 374
한형세 265 374 376
황국신민서사 48 85 339
함일돈(Floyed E. Hamilton) 57 66 75 199 205 402
함태영 26
합동신학교 187
합동측 38 39 413
합신측 413
해외선교를 위한 신학교 연합회 23
허순길 140 229 388 393 403 408
헤론(J. W. Heron) 23 24
황권철 389 405
황민화정책 49 338
황보연준 140
황상호 140
황성학 110
황수섭 396
황창기 140 164 408
황철도 55 140 147 255
현유광 140
혁신복구파 98
호수돈학교 24
호주장로교회/선교부 23 51 64 133 147 203 249 251

호킹 70 71 72 75
홀트아동복지회 41
홍반식 208 408 422 438
홍택기 31 52 55 101 110
홍치모 140 187
홍선대원군 20
〈활천〉 55

영문

AFAK 212
CCC 40
KAVA 41
NAE 37
NCCK통일선언 42
KPM 410
KSCF 40
Presbyterian Gurdian 205